蔡美彪 李 洵 南炳文 汤 纲 著

第八册

人民出版社

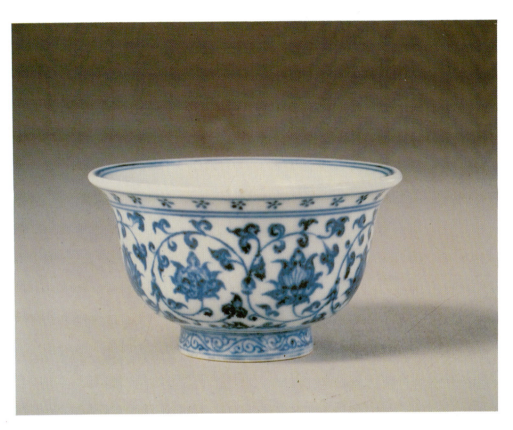

明永乐青花瓷碗

明皇都积胜图（局部） （中国历史博物馆藏）

明宪宗行乐图(局部) （中国历史博物馆藏）

嘉峪关形势图

明北京智化寺万福阁藻井

明神宗定陵金丝翼善冠

明神宗定陵镶嵌猫睛石宝花

明十竹斋彩印画谱

第八册编写说明

(一)本书第五编起自明太祖建国,止于清仁宗统治时期,分编为三册。本册第一章包括明太祖至明武宗统治时期,第二章包括明世宗至明神宗统治时期。两章都只叙述政治、经济的发展状况。关于明代学术文化概况,将在第十册与清代文化一并叙述。

(二)明朝是汉朝以后又一个由农民起义军建立的王朝,又是辽、金、元统治四百余年后再建的汉族地主阶级统治的王朝。明太祖建国后,随即建立起高度集权的专制制度,以巩固新王朝的统治,社会经济也随之得到恢复和发展。成祖以后,皇帝集权的专制制度与皇帝无能或无为的矛盾,日渐显著,以致出现宦官干政。本编第一章叙述到明武宗时期。这时,皇帝的怠政与宦官的擅权,都已达到高峰。第二章叙述世宗至神宗时期。世宗初即位,曾有志于革故鼎新,倚用内阁,削弱宦官外戚,但中年以后即怠于政事。神宗初年,也曾有所兴革,中年以后耽于逸乐。内宦四出,搜括财富。阁部科道诸臣,相互攻讦,形成朋党。明王朝在昏乱中走向衰落。这一时期,商品经济的发展,超越了前代。生产技术的进步,却日益落后于西欧诸国。皇室贵族的掠夺,造成经济发展与技术进步的严重障碍。本册两章均依年代先后,对政治经济的发展做综合的叙述,以便读者了解历史发展的进程。

(三)明朝建立后,元朝王室北迁。有明一代,北方草原,始终为明朝称作鞑靼和瓦剌的东、西蒙古贵族所占据,与明廷时战时和,互相影响。本册两章以一定的篇幅叙述蒙古历史发展的概况。对藏族和边疆各族与明朝的关系也做简要地叙述,以便显示这一时期历史的全貌。关于各个少数民族状况的分别叙述,将在第十册另立专节。

(四)本册第二章叙事至明神宗末季。编入本书第九册的第三章将叙述清朝的建国、农民战争与明朝的灭亡。关于努尔哈赤与明朝的战争以及神宗传位光宗等有关史事,也将在第三章中叙述。

(五)本书由蔡美彪主编。本册两章政治史事部分由蔡美彪与南炳文、汤纲合作编写。统治制度与经济状况各节由李洵编写,经主编者修订。

本册所附明代纪年表与行政区划简表,由刘小萌同志编制。地名表与人名索引,由李小林同志编辑,修晓波同志校录。王熹、陈杰同志为本书选录图版。中国社会科学院近代史研究所中国通史研究室的同志们对本书的编写给予许多支持和帮助。在此一并致谢。

本书由编者分工合作,主编者定稿。书中涉及的

2

内容,在编者各自的著述中,或持有不同的论点,自是有利于百家争鸣的展开。本书论点,不当之处,当由主编者负责。期待着专家的指正,读者的批评。

目　录

第五编　明清封建制时期

第 五 编

明清封建制时期

第 一 章

明朝的建立与集权统治的发展

第一节 明朝统治的建立

农民出身的明太祖朱元璋在元末农民战争中推翻元朝。一三六八年夏历正月,在应天府建国号明,年号洪武。同年八月,征虏大将军徐达领兵攻下元大都,明太祖改大都名北平,以应天府为南京。元顺帝北逃。此后三年间,明朝先后降服占据广东的何真和四川的夏国明升(参见本书第七册),元末农民战争中建立的政权,归于一统。

明朝建立后,与元朝王室诸王连年作战。元室溃灭后,蒙古汗仍据有大漠南北,与明朝对峙,形成明朝的强大威胁。

明太祖在位三十一年,依据元朝旧制,有因有革,制定各项统治制度,建立起明朝的统治。

（一）对元朝王室及诸王的征战

明兵攻下大都后，大都以北至漠北地区，东起辽东，西至陕甘，仍为元朝王室所控制。云南地区则为元梁王所占有。新建的明朝处在元朝势力的包围之中。明太祖一朝对元王室及诸王的征战，延续二十年之久。

一、对元朝王室的追击

元顺帝妥欢贴睦尔于一三六八年七月逃往上都，命河南王扩廓帖木儿（汉名王保保）自山西反攻大都。徐达进攻山西，扩廓败逃甘肃。一三六九年春，徐达进军陕甘，元地主武装李思齐在临洮降明。四月，明太祖调副将军常遇春回北平与平章李文忠同率步兵八万、骑兵一万，攻取元上都开平。六月，明兵攻下开平，元顺帝逃往应昌。常遇春在途中病死。

洪武三年（一三七〇年）正月，朱元璋再命徐达为征虏大将军，李文忠、邓愈为左副将军，冯胜、汤和为右副将军，统领大军北征。兵分东西两路：西路由徐达率军，自潼关出西安，攻取扩廓帖木儿。四月，徐达军出定西，于沈儿峪口大败扩廓，擒元郯王、文济王及国公阎思孝、平章韩扎儿等官一千八百六十五人，将校士卒八万四千五百余人，获马万四千八百余匹。扩廓与妻子从宁夏奔和林。东路李文忠军，二月间出野狐岭，沿途在云州（独石口南云州堡）、宣德（河北宣化）、东胜州（托克托县）及武州（山西五寨县）、朔州（山西朔县）等地屡与元兵作战，获胜。四月二十八日，元顺帝在应昌病死（明谥顺帝，元谥惠宗），皇子爱猷识理达腊（元昭宗）继位，五月，李文忠军攻下开平，破应昌，元昭宗与数十骑逃遁。幼子买的里八剌及后、妃、宫人、诸王、官属俱为明兵俘获。李文忠领兵追击元昭宗至北庆州（白城子）不及而还。明军获得重大胜利。

一三七一年明太祖在平定广西和四川后，对臣下说：现在天下一家，还有三事未了。一是传国玺仍在蒙古。二是王保保尚未擒获，三是元太子下落不明。（《皇明通纪》卷三）元太子爱猷识理达腊这时的境况是，自应昌北上庆州后，往蒙古旧都和林，倚任扩廓帖木儿，继续称帝，蒙古尊号称必力克图可汗，仍奉大元国号，并建年号宣光。元廷遣使高丽。高丽已于一三六九年接受明朝封号，故称岭北的大元为"北元"。（郑麟趾《高丽史·恭愍王世家》）

洪武五年（一三七二年）正月，明太祖发兵十五万，大举远征岭北，号为"清沙漠"。仍命徐达为征虏大将军，李文忠为左副将军，冯胜为右副将军，各率五万骑，分三路出兵。徐达中路军出雁门直捣和林。李文忠东路军经应昌赴岭北。冯胜西路军进兵甘肃。二月，徐达率领中路军至山西，都督蓝玉为先锋，先出雁门，至野马川，遇蒙古军，获胜。进至土剌河。扩廓帖

5

木儿败走诱敌。五月，徐达亲率大军深入岭北。扩廓与骁将贺宗哲领兵来战，徐达军大败。死亡数万人（一作万余人）。副将汤和别道出兵，也被蒙古军击败。徐达是一代开国名将，遭此惨败，对明朝的打击是沉重的。李文忠所率东路军，出应昌，六月，经胪朐河（克鲁伦河）、土剌河，又进至阿鲁浑河，到称海（蒙古国西南部）还师。沿途与元军屡战，互有胜负。明军将领多人战死，损失甚重。西路军由冯胜率领，六月间，至兰州。副将傅友德为先锋，直趋西凉，败元兵。又至永昌，获胜。冯胜军来会师，北攻亦集乃路，元守将以城降。傅友德进兵至瓜州、沙州，败元兵，多有俘获。冯、傅两军经此战役，先后掳获驼马牛羊十余万。十月，冯胜班师回京，被告发私匿驼马。明太祖不予行赏。十一月，明在甘州置甘肃卫。明廷此次远征岭北，只有西路获胜。中路主力惨败，兵力大损。此后十余年间，明王朝与岭北的元廷，暂时处于对峙状态。

　　一三七四年九月明太祖将在应昌俘获的元昭宗之子买的里八剌送还元廷，招谕修好。买的里八剌被俘五年，明廷封为崇礼侯，赐给宅第。明太祖对他说："今既长成，不忍令尔久客于此。"命宦官两人护送北归，并致书元昭宗，附赠织金文绮及锦衣各一件。信中说："必得一族于沙漠中，暂尔保持，或得善终"，又说"君之祖宗有天下者几及百年"，"运虽去而祀或未终，此亦天理之常也"。（《明太祖实录》卷九三）这实际上

6

即默认元廷在大漠蒙古地区的统治,劝谕修好。元廷并无回报。

明太祖信中曾指责元昭宗"流离边境,意图中兴",又说"今闻奥鲁(当指元廷宫帐)去全宁未远",故送归皇子。大抵此时元廷宫帐已迁至全宁路以北地带,倚用辽东兵力,以图再举。次年八月,扩廓帖木儿死于元廷。《明太祖实录》卷一百说他"后从徙金山之北,至是卒于哈剌那海之衙庭"。此金山在辽河以北,为元将纳哈出屯兵之所。哈剌那海所在不详,当在全宁路庆州以北,岭北行省境内。

这时,辽东一带的形势是:元辽阳守将刘益于一三七一年二月降明。元平章洪保保杀刘益,走依元太尉纳哈出。纳哈出是蒙古名将木华黎国王后裔,世袭辽东,统领蒙汉诸军,一三五五年曾在太平与朱元璋军作战被俘。朱元璋遣归元廷。一三六九年,据辽阳封地,屯兵金山。刘益被杀后,部将张良佐领兵降明,上书说:"本卫地方辽远,肘腋之间,皆为敌境。元平章高家奴固守辽阳山寨,知院哈剌张屯驻沈阳古城,开元则有丞相也先不花之兵,而金山则有太尉纳哈出之众,互为声援。今洪保保逃往其营必有扬兵之衅。"(《明太祖实录》卷六六)明太祖遣使至金山,致书纳哈出劝降。七月,在辽阳设定辽都卫指挥使司,以马云、叶旺为都指挥使。

自辽阳至岭北行省东部克鲁伦河流域,蒙古东部诸王后裔分驻各地。纳哈出在金山一带有兵数十万，是元廷依恃的主力。扩廓帖木儿死后，一三七五年十二月，纳哈出领兵南下攻打盖州。马云命城中坚壁不战。纳哈出南至金州，先锋乃剌吾在城下中箭被俘。纳哈出领兵北还，在盖州城外及连云岛等地，遇明伏兵，损失惨重。纳哈出大败而回。这实际上是元廷东迁后"意图中兴"的又一次失败。

　　一三七八年四月，爱猷识里达腊病死，元臣上庙号为昭宗。六月，明太祖遣使臣去元廷吊祭，并自撰祭文。七月，遣使至金山，诏谕纳哈出通使修好，九月，再遣使吊祭。三次遣使，均不得返。十一月，明太祖又将山西俘获的元平章完者不花遣还，致书元丞相驴儿，说三次遣使不通，再遣内臣送还平章。明太祖得知元廷议立新君，又在十二月致书元丞相哈剌章、蛮子、驴儿及哈剌出等人，说："或闻欲立新君，其亲王有三，卿等正在犹豫之间"，"若欲坚忠贞之意，勿抑尊而扶卑，理应自长而至幼。"（《明太祖实录》卷一二一）意在明廷送还的买的里八剌。买的里八剌返元后，赐名脱古思帖木儿，封益王。他是昭宗的次子。（见《弇州史料·前集·虏北始末志》，参《明太宗实录》卷五十五。《蒙古源流》作"弟"误）长子不见记载，或已夭亡。一三七九年，元脱古思帖木儿即帝位，蒙语尊号称乌斯哈勒可汗。（《汉译蒙古黄金史纲》），仍奉大元国号，并依元制，改年号为"天元"。

二、平　云　南

云南地区自元世祖忽必烈时归属元朝,始设行省。元世祖封子忽哥赤为云南王,子孙世袭。泰定帝时,进封云南王王禅为梁王,仍镇云南,驻中庆路(治在昆明县)。元顺帝时,梁王把匝剌瓦尔密袭封。顺帝以后,梁王拒不降明,仍向岭北元廷遣使进贡,沿用"宣光""天元"等年号。

洪武五年(一三七二年)正月,明太祖派遣翰林院待制王祎去云南,招谕梁王归附明朝,并送还北平俘掳的梁王遣往岭北的使臣。王祎到云南,适遇岭北元廷来使脱脱。梁王杀王祎,以示忠于元廷。一三七五年九月,明太祖又命湖广行省参政吴云使云南,送还俘获的梁王派往岭北的铁知院等人。吴云行至云南沙塘口,被铁知院杀死。

一三八一年九月,明太祖命傅友德、蓝玉、沐英等领大兵征云南,并亲自制定作战方略,向傅友德等面授机宜。

傅友德等受命为征南将军,率兵至湖广,依据明太祖的部署,从东、北两方面进攻云南。北路从四川南下,遣都督郭英、胡海洋等帅师五万由永宁(四川叙永县)趋乌撒(云南镇雄县)。攻取四川、云南、贵州三省交界处的军事据点。东路从湖广西进,傅友德副将军与蓝玉、沐英由辰、沅趋贵州,进攻普定、普安。梁王遣司徒平章达里麻将精兵十万屯曲靖,希图阻扼明军。十二月,傅友德师至曲靖,于白石江大败元兵,生擒达里麻。曲靖为云南东部门户,此处水陆交通四达。明军占领曲靖后,扼住云南咽喉,兵分两路:蓝玉、沐英率军直趋云南;傅友德率军向乌撒接援郭英、胡海洋。梁王闻明军逼近,逃入罗佐山,又逃到普宁州忽纳砦,于草舍中自杀。同月,蓝玉、沐英军进入昆明。傅友德军攻下乌撒,东川(今云南会泽)、乌蒙(今云南昭通)、芒部(今云南镇雄),诸部相继降明。明军转向大理进军,洪武十五年(一三八二年)闰二月,攻下大理。傅友德受命出征,百余日攻下昆明,六月余攻下大理,平定云南。

明朝在昆明建立云南都指挥使司和云南布政使司,管理云南军政事务。并于军事冲要地区,设置卫所,屯兵守御。次年,将乌撒、乌蒙、芒部等划归四川统辖。明军占领云南后,当地各族人民仍不时起而反抗。傅友德、蓝玉等征滇大军在云南留驻两年,至一三八四年三月班师回朝。副将军沐英仍留镇云南。十年后病死,封黔宁王。子春袭爵,继镇云南。此后沐氏子孙世守云南,直至明亡。

三、降纳哈出与元室覆亡

元帝脱古思帖木儿继位后,与明朝处于对峙状态。一三八一年春徐达曾领兵至潢河,击败元军。西平侯沐英曾一度深入克鲁伦河,擒元知院李宣。元将纳哈出自辽东败后,退守金山北开元路一带。据守开元的也先不花也是木华黎后裔。两军似已合并,统归于纳哈出。木华黎子孙世袭国王称号,因而纳哈出或被称为开元王(《国朝献征录》卷五),统领军兵仍有十余万人。明太祖几次遣使招谕,纳哈出不理。明太祖在平定云南后,一三八七年年初,命冯胜为大将军,自云南班师回朝的傅友德、蓝玉为副将军,领兵二十万,大举征讨纳哈出。二月,蓝玉率轻兵至庆州,杀元平章果来。从俘虏处得知,元廷仍在迤北,纳哈出已出金山。明太祖告谕冯胜等,说"纳哈出去金山未远,以兵促之,势必来降",又说元主"必顺逐水草,往来黑山(大兴安岭)鱼湾(贝尔湖)之间",乘其无备,可以尽获。这时,纳哈出分兵三处扎营,主力在龙安(农安)一秃河。冯胜驻兵大宁,分建大宁、宽河、会州、富峪四城屯营。留兵五万守大宁,率大军越过金山,纳哈出部将观童投降。冯胜遣俘将乃剌吾至松花河见纳哈出劝降。纳哈出见明朝强兵压境,至一秃河向蓝玉投降。部下诸将相继降明。明朝命傅友德编为新军,驻守大宁。九月,纳哈出等进京谒见,明太祖封他为海西侯。次年夏六月,命纳哈出随傅友德赴云南,途经武昌,死于舟中。

元帝脱古思帖木儿的宫帐驻牧在捕鱼儿海(贝尔湖)一带。这一带牧地原属元太仆寺管领,历来是直属汗廷的地区。纳哈出等人降明后,元廷失去辽东兵力。元丞相哈剌章等前往和林,做西迁的准备。一三八八年四月，蓝玉奉明太祖命，率马步兵十余万自大宁至庆州追击，得知元帝在捕鱼儿海附近地带，遂领兵越黑山，四月十二日至捕鱼儿海，直捣元营，获得重大胜利。元太尉蛮子战死，部众降明。明军俘获脱古思帖木儿次子地保奴及宗室诸王、官属两千余人，军士及家小近七万人。获得宝玺、金银印及牲畜数万。蓝玉班师。明太祖封蓝玉为凉国公。

脱古思帖木儿与太子天保奴及知院捏怯来、丞相失烈门等率领余众西逃和林。行至土剌河，也速迭儿大王与斡亦剌惕（瓦剌）合兵来袭。脱古思帖木儿与捏怯来等十六骑败逃。丞相咬住率三千骑来迎。也速迭儿又命宗王火儿忽答孙等领兵追袭，擒获脱古思帖木儿，以弓弦缢死。天保奴也被杀。捏怯来、失烈门等率部东归，派遣使臣至南京进贡马匹降明。一三八九年四月，明太祖在元全宁路设置全宁卫，以捏怯来为指挥使，失烈门以下各授武职。失烈门拒不受命，杀捏怯来。明太祖在金山以北设置泰宁、朵颜、福余三卫。以辽东地区元降将为三卫指挥使。脱古思帖木儿次子地保奴被远迁到琉球安置。

袭杀脱古思帖木儿的也速迭儿大王，是一百二十多年前与元世祖忽必烈争夺汗位的阿里不哥大王的后裔，子孙世袭王位。也速迭儿夺得脱古思帖木儿的汗印，在和林自立为汗，称卓里克图汗（尼咱木丁沙迷《武功记》）。蒙古汗位由忽必烈一系转入阿里不哥一系。忽必烈采用汉法，取《易经》"大哉乾元"之义，建国号大元，历代帝王均有汉语谥号并建汉语年号。但蒙语国号仍称"大蒙古国"，依十二生肖纪年，元朝诸帝也另有蒙语尊号。阿里不哥是当时反对用汉法的贵族代表。也速迭儿即汗位后，不再依汉法为脱古思帖木儿立谥号，也不再建年号。国号仍称蒙古。明人则依汉人旧称，称之为鞑靼。忽必烈建立的大元王朝最后灭亡了。

（二）豪富的迁徙与官员的诛杀

农民战争中建立的明王朝，不仅需要与元朝王室继续斗争，而且还面临着巩固王朝内部统治的严重课题。

中国历史上，农民战争曾经多次推倒旧王朝，但农民军建立起来的新王朝，却只有汉朝和明朝。汉高祖刘邦起义前是沛县亭长，可算来自底层。明太祖朱元璋则是出身于真正的贫苦农民，由起义农民的领袖转化为地主阶级的首脑。一介贫苦农民成为一代开国皇帝，明太祖可谓千古一人。这种独特的经历，使他既对地主豪富怀有深刻的仇恨，又不能不严肃考虑新王朝能否巩固以及如何巩固的严重问题。他既担心故元王朝的地主官员对他不服，又恐怕同起草昧的文臣武将对他不忠。在位期间，对地主豪富、开国将领和大小官员一再采取极为严厉的镇压措施，广加杀戮。明太祖的专制统治显得较前朝更为酷虐。新建的明王朝却因而得以巩固了。

一、迁 徙 豪 富

　　明太祖出身农民,深知地主豪富的横行乡里,操纵官府,是朝廷的一大威胁。特别是江南地区,元朝灭宋后,地主豪富的经济势力继续发展,并进而在政治上左右地方官吏,元廷难以控驭。明太祖对刘基说:"胡元以宽而失,朕收平中国,非猛不可"。(《诚意伯文集》卷一)明太祖对地主豪富的猛政之一,就是强迫迁出本地。建国不久,即下令迁江南民十四万户到凤阳。此后,一三九一年再迁天下富户五千三百户到南京。一三九七年,又强迫各地富户一万四千三百余户迁到南京。明太祖定都南京后,以凤阳为中都。京师与中都,都是朝廷直接统治的地区,拥有较强的统治力量。地主豪富迁徙到京畿地区,难以操纵官府为非作歹了。明太祖的这一猛政,为历史上所罕见。他自称是取法于汉高祖徙天下豪富于关中,是"事出当然,不得不尔"。(《明太祖实录》卷二一〇)贝琼作《横塘农诗序》说:"三吴巨姓,享农之利而不亲其劳,数年之中,既盈而复,或死或徙,无一存者"(《清江贝先生文集》卷十九)说三吴大姓"无一存者"不免夸张,但江南地主豪富在明初遭到沉重的打击,则是事实。元末江南土地兼并已极严重。明太祖迫令大批富户迁离本地,是基于巩固统治的需要,客观上却也多少有利于江南

14

经济的发展。

二、开国将相的诛杀

明太祖建国后,为防范文武臣僚的背叛,于一三七二年颁布申诫群臣的《铁榜文》。一三七五年编录《资世通训》,告诫臣僚,"勿欺、勿蔽"。一三八〇年编《臣戒录》,纂录历代诸侯王宗戚宦臣之属,悖逆不道者凡二百十二人的行事。一三八六年又颁发《志戒录》,采汉唐宋为臣悖逆者凡百有余事,赐群臣及教官诸生讲授,使知所鉴戒。明太祖一再以历代悖逆之事告诫臣僚,表明他一直心存疑虑,对臣下防范甚严。而他的臣下,也在为了争夺权位相互倾轧。一三六九年,明太祖起用攻克金陵时留用元代官员杨宪为中书省右丞,又进为左丞,以中书省参政高邮人汪广洋为右丞。杨宪嗾使御史刘炳劾奏汪广洋"奉母无状"。汪广洋被罢还乡。中书左丞相李善长、御史中丞兼太史令刘基等揭发杨宪奸谋。明太祖又处死杨宪、刘炳,召回汪广洋。明太祖对文臣武将的诛杀,由此开始了。

胡惟庸案——濠州定远人胡惟庸,在和州随明太祖起事。明太祖建号吴元年(一三六七年),委为太常寺卿。明朝建国后一三七〇年为中书省参知政事。一三七三年进拜左丞相。汪广洋被贬黜后奉召还朝,为右丞相,平日饮酒自遣,依违其间,以求自保。胡惟庸因而得专相权,接纳四方贿遗。朝中希图升迁的官员或阿附于胡。明太祖认胡惟庸是擅权植党，威胁到皇权的统治，决心除胡惟庸，夺回相权。一三七九年，御史中丞涂节迎合帝意，多方罗织罪状，告胡惟庸与御史大夫陈宁谋反。明太祖先将右相汪广洋贬谪海南，十二月行至太平，驰送敕书斩首，敕中指责汪广洋"前同杨宪在中书，宪奸恶万状，匿而不言。观尔所为，君之利视之，君之祸亦视之。如此肆侮，法所难容，特追斩其首，用示柔奸。"（《国榷》卷六）洪武十三年（一三八〇年）正月，明太祖亲自审讯胡惟庸案，斩胡惟庸、陈宁，诛其三族。又以涂节告发，必曾参预其事，也一并斩首。明太祖随即撤销国初依元朝旧制设立的中书省，不再设丞相。六部直接统属于皇帝。随后又追查依附胡惟庸的官员和六部官属。大小官员被处死者多至一万五千余人（《国榷》卷七），朝野震动了。

李善长案——濠州定远人李善长，《明史》本传说他"少读书，有智计，习法家言"。明太祖起义，在滁州礼聘为军中掌书记，依用为谋士。此后，明太祖用人行政以至开国定制，都由李善长与儒臣谋议。建国后，一三七〇年，明太祖大封功臣，以功勋大小封予公、侯、伯等爵号。封国公者六人，李善长位列第一，封韩国公，比之于汉萧何。特授太师、中书左丞相，进而总中书省、都督府、御史台，同议军国大事，是朝中权位最尊的重臣。李善长弟李存义，取胡惟庸侄女为子媳。胡惟庸被杀后，一三八五年有人告发李存义也是胡惟庸一党,明太祖诏免死,流放到崇明安置。一三九〇年,明太祖又逮捕李存义父子,审讯胡惟庸与李善长的交谊。明太祖指斥李善长"知逆谋不发举,狐疑观望,怀两端,大逆不道"(《明史》卷一二七),赐死。李善长年已七十七,奉诏自缢死。妻女弟侄等家口七十余人被杀。此案又涉及列侯陆仲亨等封侯的功臣七人,都以胡惟庸党的罪名处死。已死的侯爵多人,也追论其罪。明太祖命刑部将涉及此案治罪的都督以上至公侯二十人名氏,汇为奸党录昭示天下。工部郎中王国用上书为李善长申辩说"故太师李善长与陛下一死生,毕谋智,以得天下,为勋臣第一","现在说他辅佐胡惟庸,万一成事,也不过是勋臣第一,并无重福,却必有重祸。他现在已七十多岁,老迈不堪。平居安闲,忽然发生此事,臣不能不怀疑"。最后说:"善长已经不幸失刑。臣还愿陛下作戒于将来。"此疏为著名文士御史解缙代为起草,传诵一时。明太祖无辞以解,对王国用不加罪,但也并没有"作戒于将来"。两年之后,便又兴起大狱。

　　蓝玉案——蓝玉也是濠州定远人,是开国名将常遇春的内弟。明太祖起义过程中,屡立战功。建国后,多次出兵与元室作战,在捕鱼儿海大获全胜。明太祖把他比之于西汉名将卫青。一三九二年,元降将月鲁帖木儿在建昌起兵反。蓝玉领兵平乱,擒月鲁帖木儿父子,送京师处斩,进封太子太傅。这时开国诸将多已死去或告老。蓝玉军功显赫,不免志得意满,擅权行事,养家奴游猎,侵占民田。明太祖在一三八二年设锦衣亲军都指挥使司,护卫皇室并侦察官员言行,通称锦衣卫。一三九三年初,锦衣卫指挥蒋瓛告发蓝玉在私第蓄养家奴披甲,将有变。又拘审元将纳哈出之子察罕,追讯蒙古降将与蓝玉来往事。明太祖以谋反罪将蓝玉处以磔刑(剐死),诛灭三族。察罕处死。受此案牵连的文武大臣以至将官兵士,被处死者近两万人(《国榷》卷十)。诛杀之广甚至超过了胡惟庸案。清初谷应泰著《明史纪事本末》说胡、蓝之案是明太祖"遂疑尾大之图""傅会难明之事"。清修《明史》,置胡惟庸于"奸臣传",蓝玉仍入列传,不入"奸臣",表明编者对谋反案的怀疑。蓝玉谋反,并无确证。宿将名臣,经此诛杀,所余无几了。

功臣之死——明太祖先后兴起胡、李、蓝三大狱,文武臣僚被诛杀者近四万人,在官员中造成极大的恐怖。大案而外,开国功臣或被明令处置,或被暗中毒害,多不得善终。

开国名将李文忠,是明太祖姐之子,年十二丧母,由明太祖收养,改姓朱氏。随明太祖起义,转战浙东,屡立战功,复姓李氏。明朝建国,曾从常遇春领兵攻上都。遇春死代领其兵。其后,为副将军北征,一再获胜,封曹国公。一三七七年,与李善长同议军国重事,一三七九年平洮州番族还师,掌大都督府兼领国子监事。李文忠能武能文,家中多文客来往,曾劝太祖少诛杀,远宦者。太祖不悦,尽杀李文忠家客。一三八三年,李文忠惊恐得病。明太祖派淮安侯华中前往监护医药。次年三月中毒而死,年仅四十六岁。明太祖贬华中,又族诛医者及侍婢六十余人。李文忠追封歧阳王。

傅友德在砀山随刘福通起义,后在和州降明太祖,为军中名将。国初封颍川侯,副徐达北征,败扩廓,平夏国,征云南。一三八四年进封颍国公。一三八七年,与冯胜北征,降纳哈出。一三九一年为征虏将军,驻北平备边,加太子太师。次年练军山西、河南。定远侯王弼随明太祖起义,明朝建国后在傅友德军中转战南北。一三九三年蓝玉被杀,王弼对傅友德说,早晚要除掉我们了。明太祖侦知,将傅友德召还。次年十一月借故切责。傅友德被迫自杀。《明史》本传说是"赐死"。王弼也"赐死"。

宋国公冯胜,国初六国公之一。一三九二年加太子太师。徐达、李文忠死后,为第一名将。一三八七年为征虏大将军,降纳哈出军还,因被告私匿良马,娶蒙古女,收夺大将军印。一三九二年,与傅友德同练兵山西河南。次年,蓝玉诛后,同被召还。一三九五年二月,赐死。谈迁《国榷》记冯胜自杀事说:"去傅友德之死才两月,开边之猛将尽矣"。

明太祖起兵,倚用浙东儒臣,参与谋议,首推刘基、宋濂。明太祖攻下金华礼聘刘基为谋士,常与密议,视为汉之张良。明朝建国后,刘基对明太祖说:"宋元宽纵失天下,今宜肃纪纲"(《明史》卷一二八)。一三七〇年封诚意伯,赐归老于乡。刘基恐遭疑忌,不敢归乡,仍留住京师。洪武八年(一三七五年)正月得病,三月,明太祖遣使送归青田故里。四月病逝,年六十五。胡惟庸案起,涂节告发胡惟庸送毒药毒死刘基。明太祖问汪广洋,汪广洋说并无此事。明太祖责汪广洋欺罔。《明史·胡惟庸传》说刘基病中,胡惟庸曾与医者送去毒药,但又说这是受明太祖差遣,真相难明。刘基子琏在胡惟庸案中受牵连,被迫坠井自杀。

金华宋濂,元末荐授翰林编修。明太祖攻下金华,聘为经师。一三六九年,奉诏修《元史》,除翰林,后进为侍讲、学士,承旨知制诰。教皇太子朱标读书,先后十余年。明太祖密使人侦视宋濂行止,然后察问,宋濂俱以实对。一三七七年,年六十八致仕。一三八〇年胡惟庸案起,宋濂孙宋慎因事牵连。明太祖处死宋慎,并连坐宋慎叔父宋璲(濂次子)处死。皇后及皇太子力救宋濂,得免处死,流放四川茂州。一三八一年四月,濂行至夔州,自缢死。年七十三。(《国榷》卷七)

以上功臣都是与明太祖共同创业并身居太祖左右的一代名臣勇将,虽然死因或明或暗,但多不得善终。国公以下,爵封侯、伯的名臣,遭显戮者至数十人。《明史·汤和传》说:"当时公侯诸宿将坐奸党先后丽法,稀得免者,而和独享寿考,以功名终"。汤和死于一三九五年,卒年七十。平居极为恭慎,遇太祖面责,即顿首谢罪。五十三岁进封信国公,知太祖不愿诸将久掌兵权,即请解官归里,太祖大悦。死后追封东瓯王。汤和"独享寿考",在武将中算是例外,在功臣中也是屈指可数。清代史学家赵翼说,明太祖"借诸功臣以取天下,及天下既定,即尽举取天下之人而尽杀之,其残忍实千古所未有。"(《廿二史札记》卷三十二)明太祖在位三十年,以前所未有的猛政,刻意诛杀文武名臣,以确保新建的明朝和独尊的皇室,明初统治集团的实力却由此大为削弱了。

三、处治贪污弊政

明太祖起义前即对元末贪官污吏的刻剥深为嫉恨,也深知官吏贪污横行对朝廷统治的危害。他即位后即采取极为严厉的措施,惩治贪污。官吏贪污钱财,银六十两以上的,斩首,并且剥去人皮,实以稻草示众。府、州、县、卫衙左的土地庙,作为剥人皮的场所,称为"皮场庙"。官府公座两旁,各悬挂一个填满稻草的人皮袋,官吏到任上堂触目惊心。又有挑筋、剁指、刖足、断手、刑膑、钩肠、去势等酷刑。各级官吏因贪污治罪不下数万人。一三七六年以前,发往凤阳屯田的获罪官吏,即达万余人。明太祖为惩治贪污又兴起两次大狱。

空印案——元朝早在蒙古太宗时,即有所谓"御宝空纸"。在空白文书上预先钤上皇帝御宝,由中书省臣填充发布,不必再经皇帝用印。各级地方官员也采用类似的办法,由色目、汉人官员填充钤有官印的文书,不必再经蒙古长官亲自用印。相沿既久,习以为常。明初地方官吏沿用旧例,持这种所谓"空印文书"到户部审核钱粮军需,这自然为贪污作弊提供了便利。一三七六年,明太祖因考校钱粮册书,察知此事,认为这是欺罔,将各级主印官员逮捕入狱。自户部尚书至府县守令等署印官长数百人以"抵欺"罪处死。副职以下官吏榜笞一百,流放戍边。湖广佥事郑士利因兄士元涉及此案,上书诉冤说:"自立国之初未尝有空印之律,有司相承,不知其罪"(《明史·郑士利传》)。明太祖命将郑士利与郑士元一起治罪,流放拘役(居作)。

盗粮案——一三八五年,明太祖查处户部侍郎郭桓贪污案。查得郭桓应收浙西秋粮四百五十万石入仓,实入粮钞少收一百九十万石。郭桓及浙西地方府县官吏,通同作弊,受贿五十万贯。明太祖兴起大狱,追查六部及全国十二布政司。共查得偷漏及盗卖仓粮七百万石,并隐漏税粮及鱼盐等项税课,共合粮二千四百余万石(《大诰》)。此案除郭桓及户部官员外,又涉及礼部尚书赵瑁、刑部尚书王惠迪、兵部侍郎王志、工部侍郎麦志德等,并处死。全国各地官吏被处死刑及流刑(迁徙去乡一千里)者至数万人。各地豪富交通官府,隐漏税粮者也都受到严厉处置,据说"民中豪以上皆破家"(《国榷》卷八),明太祖痛恨的豪富也由此又受到一次沉重的打击。

明太祖严惩贪污,被治罪的各级官吏多至数万,虽施政不免严酷,但元末官场积久的贪风,由此而得到抑制,作用还是积极的。

(三)统治制度的制订

明太祖初即位,沿袭元朝的统治制度,分置官属,建立起明朝的统治。在位期间,一再对原有制度进行改革,使朝廷军政大权更加集中于皇帝,地方军政也更集中于朝廷,从而建起一整套皇室专权的统治制度。这种制度,比宋元等朝,权力更加集中,专制统治也更为加强了。

一、皇室分封

明太祖对开国功臣,多有疑虑,以致诛除。与此同时,又建立皇室分封制度,把皇族子孙分封各地称王。元朝宗室原有投下分封制度,实际上是来源于蒙古国时期对战争中俘获的人口、财产的分配。元代诸王主要是从投下封地分取赋税收入,并非裂土为王。明太祖继承元朝旧制而有所损益,目的还在于依靠朱氏子孙辅翼皇室,以确保朱明王朝的统治。一三七〇年四月始封诸王。明太祖对臣下说:"天下之大,必建藩屏,上卫国家,下安生民,今诸子既长,宜各有爵封,分镇诸国。朕非私其亲,乃遵古先哲王之制,为久安长治之计"。群臣对答说:陛下封建诸王,以卫宗社,天下

万世之公议。(《明太祖实录》卷五一)

明太祖有子二十六人，长子朱标封皇太子。第九子朱杞及幼子朱楠早亡。其余诸皇子及从孙一人先后封为藩王。一三七○年首次分封诸皇子：朱樉封西安为秦王，朱㭎封太原为晋王，朱棣封北平为燕王，朱橚先封吴王，后改封开封，为周王，朱桢封武昌为楚王，朱榑封青州为齐王，朱梓封长沙为潭王，朱檀封兖州为鲁王，明太祖侄朱文正之子朱守谦，封桂林为靖江王，共九人。受封的藩王每年得禄米万石，可在藩王府置相傅和官属，拥有护卫军少者三千人，多者至一万九千人。首次分封的诸王在一三七○年至一三八五年间先后就藩。

一三七八年第二次分封诸王：朱椿封成都为蜀王，朱柏封荆州为湘王，朱桂先封豫王，后改封大同为代王，朱楧封甘州为肃王，朱植封广宁为辽王，共六人，洪武末年就藩。

一三九一年第三次分封：朱㮵封宁夏为庆王，朱权封大宁为宁王，朱楩封岷州为岷王，后改云南，朱橞封宣府为谷王，朱松封开原为韩王，但迄未就藩，朱模封潞州为沈王，朱楹封平凉为安王，朱桱封南阳为唐王，朱栋封安陆为郢王，朱㰘封洛阳为伊王，共十人。

明太祖初封诸王时，诏谕全国，说分封是为了"屏藩国家"(《明太祖实录》卷五一)。北方蒙古是明朝的主要威胁。明太祖分封习兵事的皇子于北边军事要

24

地,皆预军务,习称"塞王"。晋王、燕王,皆受命指挥边防大军,筑城屯田,大将军冯胜及傅友德,都曾受其节制,军中大事,二王得直接奏闻。宁王受封后,也拥有军兵,以防御北边。其余诸王中,秦、代、肃、辽、庆、宁、谷、安等王,大体上都分布在东北、北方和西北的一条边防线上。广东、福建、浙江邻近京师南京,不建藩府。山西、河南、湖广等省则藩府较多。长江以北的藩府数又大大超过长江以南。

明初分封王室,仍参据元朝旧制,"列爵而不临民,分藩而不锡土"(《明史稿》列传三,诸王)。诸王虽分封各地,拥有王爵,但藩府之外,没有封地和臣民。由朝廷颁给"宗禄"。除宁王、燕王、晋王拥军防边外,其余诸王只能拥有少数护卫军,随后也被撤销。在明太祖看来,分封皇室子孙控驭各地,防止外姓臣僚跋扈,便足以"外卫边陲,内资夹辅",长久之计,莫过于此了。

二、中 枢 官 制

明太祖建号吴王,设置官属,即依元朝中书省制度,以李善长为右丞相、徐达为左丞相,总理吏、户、礼、兵、刑、工六部事务。又依元制,设御史台,以汤和、邓愈为御史大夫。当时仍在用兵作战,改行枢密院为大都督府。大都督府原是元朝管领钦察两卫军的专设机构,明太祖沿袭此名,命侄朱文正为大都督,指挥全军。这样,明朝在建国前即形成中书丞相总行政,大都督掌军兵,御史大夫司监察的简要的国家机构。

明朝建立后,明太祖与臣下讨论元朝灭亡的教训说:"元之大弊:人君不能躬览庶政,故大臣得以专权自恣。"(《明太祖实录》卷五九)明太祖把巩固新朝加强皇权作为建国建制的指导思想,着手对元朝的旧制进行改革。一三六八年即位后,在南京设应天府,废江浙行中书省,直隶中书省。一三七六年六月又把各地行中书省改为承宣布政使司,作为行省的地方政府,长官布政使,官阶正二品,位与六部尚书相等。这一改革主要是削弱中书省的权力,使行省直属于皇帝。中枢设通政使司,管理百官章奏和民间陈诉,废除元朝奏事必经中书的旧制。

一三八〇年,胡惟庸案后,明太祖以此事为契机,决定废除中书省丞相制,不再设"代天子理万机"的丞相,皇帝以"至尊之位,操可致之权,赏罚予夺,得以自专"。(《明太祖实录》卷一二九)。自秦汉以来,一千六百多年间,丞相一直是与君主相互依存又相互制约的力量。废丞相是中国政治制度史上的一件大事,皇权专制统治进一步加强了。

丞相制废除后,管理朝廷政务的吏、户、礼、兵、刑、工六部各司所事。六部尚书与都察院(一三八二年改御史台为都察院)之都御史,合称七卿。七卿与通政司的通政使、大理寺(督审刑狱)的大理卿又称为"九卿"。九卿分别理事,互相制约,各自向皇帝负责,所有权力都集中于皇帝。综理军务的大都督府也划分为中、左、右、前、后等五军都督府，五军都督分别由皇帝指挥，不相统属，皇帝掌握了全部军权。

中枢官制经明太祖改革后，基本状况如下：

六部——吏部掌官吏铨选、考课。户部掌户籍土田、赋役实施、财政会计、漕运物价等政。礼部掌制定礼仪、贡举、祭祀、番国边夷朝贡。兵部掌武官升转、军户版籍、军令、武器制备及全国驿传。刑部掌司法行政、刑法实施、考核犯罪、颁行律令。工部掌土木工程兴造、公共工程修葺、屯田管理、手工制造、水陆道路管理。各部设尚书一人，正二品，侍郎二人，正三品。一三九五年明太祖颁布《皇明祖训条章》，规定"嗣君不许复立丞相"，臣下有请立丞相者，处以极刑。有明一代，中枢机构中，不再有丞相一职。

都察院——一三八〇年罢御史台，置谏院官。一三八二年始设都察院，左、右都御史，正二品。左、右副都御史，正三品。左、右佥都御史，正四品。都御史的职责是"纠劾百司，辩明冤枉，提督各道，为天子耳目风纪之司。凡大臣奸邪、小人构党、作威福乱政者，劾。凡百官猥茸贪冒坏官纪者，劾。凡学术不正、上书陈言变乱成宪希进用者，劾。"（《明史》卷七三）又设十二道监察御史一百一十人，正七品，察纠内外官吏。在京师巡视京营、仓场、内库，监临乡会试。外出巡按地方，清勾军伍，提督学校，巡查盐政、茶马、漕政、屯政等务。

皇明祖訓
祖訓首章

一朕自起兵至今四十餘年親理天下庶務人
情善惡真偽無不涉歷其中奸頑刁詐
之徒情犯深重灼然無驚者特念法外
加刑意在使人知所警懼不敢輕易犯
法然此特權時處置頓挫奸頑非守成
之君用常法以後子孫做皇帝時止
守律與大誥並不許用黥刺剕劓閹割
之刑云何蓋嗣君宮生內長人情善惡

祖訓 四

未能周知恐一時喜怒將此刑法不當誤儒善良
臣下敢有奏請設立者文武群臣即時
勸奏將犯人淩遲全家處死

一自古三公論道六卿分職並不曾設立丞相
自秦始置丞相不旋踵而亡漢唐宋因
之雖有賢相然其間所用者多有小人
專權亂政今我朝罷丞相設五府六部
都察院通政司大理寺等衙門分理天
下庶務彼此頡頏不敢相壓事皆朝廷
總之所以穩當以後子孫做皇帝時並

不許立丞相臣下敢有奏請設立者文
武群臣即時勸奏將犯人淩遲全家處
死

一皇親國戚有犯在嗣君自決除謀逆不赦外
其餘所犯輕者與在京諸親會議重者
與在外諸王及在京諸會議皆取自
上裁其所犯之家止許法司與奏並不
許擅自拿問

今將合議親戚之家指定名目開列于後
皇后家
皇妃家

祖訓 五

東宮妃家　　王妃家
郡王妃家　　駙馬家
儀賓家　　　魏國公家
曹國公家　　信國公家
　　　　　　武定侯家
西平侯家

一四方諸夷皆限山隔海僻在一隅得其地不
足以供給得其民不足以使令若其自
不揣量來撓我邊則彼為不祥彼既
為中國患而我興兵輕伐亦不祥也吾
恐後世子孫倚中國富強貪一時戰功

皇 明 祖 訓

（一四三五年增为十三道）。

中枢监察系统中，另设六科给事中。吏、户、礼、兵、刑、工六科，各设都给事中一人，正七品。左右给事中各一人，从七品。给事中若干人，各科不等。其职权是"掌侍从、规谏、补阙、拾遗、稽查六部百司之事。"都察院是朝廷监察机关，给事中则是皇帝的近侍之臣，是皇帝控制六部行政的耳目。给事中有封驳权，可以封还执奏，驳正章奏违误，规谏君主，参与朝中大事的会议。都察院的御史，习惯上称"道"，六科给事中称"科"，统称"科道官"或"言官"。

通政使司——早在一三七〇年，就曾设"察言司"收受各方章奏。一三七七年正式设置通政使司，职责是接受并汇呈内外官吏的章奏，凡民间的陈情建议、申诉冤枉、举报官吏不法等文书，也登记并汇呈给皇帝。设通政使一人，正三品，左右通政各一人，正四品。通政使也和六科都给事中一样，被允许参与朝廷大事的会议。

大理寺——明太祖建号吴王时，即设有大理寺，其后因革不常。一三八一年正式设置。大理寺卿，正五品。原来只是对司法行政、财政收支等案件，进行监察。后来凡刑部、都察院和五军都督府的断事官所审理的案件，都要送大理寺甄审。凡不按律例或案情有出入的判决，有权驳回改拟。大理寺与刑部、都察院被称为"三法司"，凡重大案件要经过"三法司"的"会审"。司法机关、行政监察机关和司法监察机关相互配合,彼此制约,是明初重要的法制成果。

翰林院——明太祖建国前即因元制置翰林院,设学士及侍讲等官。学士为正三品,名儒宋濂即曾任翰林学士,一时名士多在翰林院供职。一三八一年以后,翰林学士降为五品,但职掌制诰、史册、文翰之事,代皇帝草拟文告,兼充皇帝在文史方面的顾问,资深的学士有时也为皇帝或皇子讲述儒经,参议致治之道。翰林院学士以下的侍讲、侍读、编修、检讨等官员,往往也是皇帝的参谋。翰林院学士被允许参加商议大政事、大典礼的诸臣会议,与诸司参决其可否。(《明史》卷七三)

五军都督府——大都督府改为中、左、右、前、后五军都督府,每府有左、右都督各一人,正一品。都督同知各二人,从一品。都督佥事各二人,正二品。其长官多以公侯伯爵的武臣充任,品级高于六部。五军都督府除分领在京卫所外,还分领设在全国的十三个都司。五军府各有所辖军区,相互平行,以达到"使事不留滞,权不专擅"的目的。(傅维鳞《明书》卷六六)

五军都督府与兵部各有职掌,相互制约,大体上兵部掌管军事行政事务,五军府掌管统兵作战。兵部受皇帝之命,发令调兵,但统兵权在五军府,统兵将官由皇帝亲自指派。军官的任免、赏罚由五军府与兵部会同办理。五军府的将官平时并不统军,遇有战事,兵部发出调兵令,五军府派出指挥官,统率京营兵或各地卫所兵作战。战事结束,军兵回归原地,统兵官归五军府。

三、地方官制

明初地方官制沿袭元朝行中书省制度,但撤销"路"一级建制,改路为府。如改龙兴路为洪都府,绍兴路为绍兴府,平江路为苏州府,汴梁路为开封府,大都路为北平府,奉元路为西安府等等。地方建制只存府(州)县两级。

一三七六年撤销行中书省后,继续沿用"行省"这一名称,作为地方区划,而不是地方政府。省的行政权分属于承宣布政使司、提刑按察使司、都指挥使司,合称"三司"。三司分别隶属于朝廷。

承宣布政使司——设左右布政使各一人,初为正二品,一三八〇年定为正三品。全国先后设十三布政使司:浙江、江西、福建、北平、广西、四川、山东、广东、河南、陕西、湖广、山西、贵州。布政使掌一省之政,传布朝廷政令,考察本省官吏。管理户口、田土及科举贡士行政。对省内宗室、官吏、学校师生、驻军,班发禄俸、廪粮。呈报自然灾害情况并实行赈济。均衡全省赋役额度,规定征收标准。地方的重大行政事宜或有所兴革,要会同都指挥使司、按察使司商定。布政使司通称"藩司"。

提刑按察使司——设按察使一人,正三品,副使一人,正四品。按察使掌一省刑名按劾之事。纠劾官吏,抑制豪强,平反冤狱,澄清吏治。副使与金事等官分道巡察,负责管理兵备、提学、抚民、巡海、清军、驿传、水利、屯田、招练、监军等监察行政事宜。按察使司通称"臬司"。

都指挥使司——设都指挥使一人,正二品。都指挥同知二人,从二品。都指挥佥事四人,正三品。都司掌一方之军政,各率其卫所隶于五府,听于兵部。责任是管理一个军事区的武官考选,地方卫所兵训练,卫所屯田,地方巡警,军器保管、漕运、京操以及地方防务。明初曾于各行省置行都督府及都卫指挥使司。一三七五年改各都卫为都指挥使司。废行中书省后,也废止行都督府,职权转入都指挥使司,成为与布、按二司平行的地方军事行政机构。地方的卫所隶属各地都司,都司又分隶中央的五军都督府。都指挥使司常简称为"都司"。

"三司"制确立后,布政使司掌全省的行政、民政、财政;按察使司掌全省的司法监察;都指挥使司掌全军区的军事行政和治安。政、法、军三权并立,彻底改变了行中书省总理地方大权的旧制。布、按、都三司分别直接受命于朝廷,朝廷对地方的控制大为加强了。

省以下地方机构,基本上是府、县两级。直隶州与府平行,一般的州与县平行。布、按二司派遣副职到各地区,称为分守道、分巡道等等。道隶于省,但并不是一级地方政权。

府设知府一人,正四品,同知正五品,通判,无定员,正六品,推官一人,正七品。府下设有经历司、照磨所和司狱司。又设立吏、户、礼、兵、刑、工六房,处理政务。知府掌一府之政,行政上受布政使的领导。职权范围包括一府各县的教育、科举、户籍田簿、军匠、驿传、马政、治安、仓库管理、河渠水利、道路修治等事宜的决策和处理。府的推官主持司法工作。全国共设一百五十九府。

州分两种,一为府所属的州,与县平级。一为省直属的州,称为直隶州,与府平级。州设知州一人,从五品,同知、判官无定员。直隶州的知州职掌与知府同,属州的知州与知县同。全国共有二百三十四州。

县,设知县一人,正七品,县丞一人,正八品,主簿一人,正九品。属员有典史一人。知县掌一县赋役之政,凡养老、祀神、贡士、读法(向群众宣讲法律)、表善良、恤穷乏、稽保甲、严缉捕、听狱讼,都要亲自处理。(《明史》卷七五)县丞、主簿分掌粮、马、巡捕之事。典史办理文书出纳,亦设有六房,分管日常事务。

在府、县两级地方政权中,还设有一些专业的管理机构。府、县境内的关津要害设巡检司,巡检、副巡检率领弓兵(按徭役征集民兵的一种)负责警备。有的州县设有驿丞,负责管理驿站的舟车、夫马供应。府设有税课司,县设有税课局,设大使,负责征收商税、市税及民间的契税。另有河泊所掌收鱼税。有些地方设批验所,负责查验盐、茶引。府设僧纲、道纪两司,县设僧会、道会两司,管理佛教、道教徒众。

四、法　律

　　明太祖称吴王时,即命丞相李善长为制定律令总裁官,参知政事杨宪、御史中丞刘基、翰林学士陶安等文臣参与编定律令。制令一百四十五条,后称《大明令》,"律"二百八十五条,后称《明律》。"令"以记载诸司制度为主,"律"是根据唐律损益调整。一三七四年加以修订,去掉原来临时性的条文,增加新的条款。一三八九年又本着"因时以定制,缘情以制刑"的原则,从法律的系统与体制方面,作更多的修订,使之趋于完备。一三九七年最后修订完成《大明律》,颁行全国。

　　《大明律》的体例以吏、户、礼、兵、刑、工六部分类以适应当时的以六部为中心的政权体制。条文共四百六十条。内容继承唐律,参据元律,而有所添加,如军官、军人犯罪免徒流,杀军人者以余丁抵充以及大臣不得专擅选官,军民不许上言大臣德政,官吏不许交结近侍官员,功臣不得私置田土等限制官员的律文。户律中增入有关征收课程、钱债、市廛等条款,兵律中规定军民不得违禁下海等等。此外,如豪民隐蔽差役、揽纳税粮、典雇妻女、逐婿嫁女、取乐人为妻妾、僧道娶妻、禁巫师邪术等等有关条款,则是继承元律的条文。

　　《大明律》的制定,反映出加强皇权统治的特征,如对"十恶"罪的处置较前朝更为加重,贵族犯罪的"八议"制要由皇帝亲自决断,对大臣的政治权益也做

明太祖大誥

了多方面的限制,加强了钳制。大明律颁布后,明太祖明确规定,后世君臣不得更改修定。因而明代二百七十多年间,《大明律》的条文,不再有变动。(《明太祖实录》卷八二)。

《大明律》之外,明太祖又以皇帝的名义,先后颁行了《大诰》四编,目的是"取当世事之善可为法,恶可为戒者,著为条目,大诰天下。"(《明太祖实录》卷一七九)。《大诰》一编颁行于一三八五年共七十四条,次年续编共八十七条,三编共四十三条。一三八七年又颁《大诰武臣》共三十一条。《大诰》的内容是选编刑事犯罪案例,由皇帝亲写按语和判决处理,作为一种范例,具有法律效能。《大诰》选编的案例多属于惩治地方胥吏和豪强,对于揽纳户、诡寄田粮者、倚法为奸者,官吏长解卖囚者都加以重罪,对"寰中士夫不为君用"的不合作者,也处以极刑并抄没家产。《大诰》中的"例"实际成为律外之法。因《大明律》不准改动,此后历朝不断增加新"例"。以例为名,以至律外附例的数量超过了律文,成为明朝法律的特点。

五、军 制

明太祖在起义过程中,依元制建立统军元帅府,后改大都督府。军兵的建制也参据元朝旧制,分为万户、千户、百户。尔后兼并诸军,称号混杂。一三六四年始建营伍法。下令说:"诸将有称枢密、平章、元帅、总管、万户者,名不称实,甚无谓。其核诸将所部,有兵五千者为指挥,满千者为千户,百人为百户,五十人为总旗,十人为小旗。"(《明太祖实录》卷十四)一三七四年左右,立卫所制,设置内外卫所。一卫统五千户,一千户统十百户,百户领总旗二,总旗领小旗五,小旗领军十。在千户之上原有领五千人的指挥,现定五千六百人为一卫,长官为指挥使。改为五千六百人,是因为各级都增加了军官人数。正规的卫所制是:卫(五千六百人)由五个千户所组成(每个千户所为一千一百二十人),千户所下分为十个百户所(每个百户所为一百一十二人),百户所下辖两个总旗,每个总旗下辖五个小旗,每个小旗有十名军士。元代于民户之外,另立军户。卫所军兵也单独立"军籍",家属为军户。在卫的军士为正军,子弟称为余丁或军余,正军出缺,由军户子弟补充,是世袭兵制,也是职业兵制。军队的武器装备、军装及军粮由官府供给,军户家小的生活则靠军士屯田生产来维持,按月发米,称为月粮。明初规定,每个军士授田五十亩为一份,官给耕牛农具,实行屯田。边地守军十分之三守城,七分屯种,内地二分守城,八分屯种。卫所军是一种常备军,明太祖曾说"攘外者所以安内,练兵者所以卫民。凡中国之民安于畎亩衣食,而无外侮之忧者,有兵以为之卫也"。(《明太祖实录》卷八五)据一三九二年统计,全国共有卫所军一百二十万人。(《明太祖实录》卷二二三)如据次年所建都司、卫所应有军士数推算,应有一百八十余万人。

卫所军制是在改革元朝旧制的基础上建立的新的军事制度。它适应防御北边稳定秩序的需要,对巩固明朝的统治,起着重要的作用。

六、学校与科举

明太祖在建国前即设立国子学,作为培养人才之所。明朝建立后仍依元制在京师设国子监作为高等学府。设祭酒、司业及监丞、博士、助教、学正、学录、典籍、掌馔、典簿等官。祭酒、司业、监丞主持国子监事。博士、助教司教育,其余为管理教务、庶务的官员。学生来源有贵族、官员子弟及各地送考的优秀学生,还有少数的来自琉球、日本、暹罗等国的留学生。学生通称监生,由国子监负担费用,已婚者并可携带家口就学。监生分为率性、修道、诚心、正义、崇志、广业六堂(班),每半个月有假一日。学习内容有《大诰》、《大明律令》、四书、五经、刘向《说苑》等书。学制两年到三年,初入学在正义、崇志、广业三堂(班),然后升入修道、诚心二堂,学习满七百天,经史成绩优秀者升入率性堂,如在一年内考试满八分者即可授任官职。(《南雍志》卷一)

国子监立有严格的校规,对监生的思想行为、学习生活管束极严。一三九三年的统计,国子监的学生达到八千一百二十四名。(《南雍志》卷十五),是当时世界上规模宏大的国立大学。

一三六九年十月,令各府州县都设立学校,"育人材、正风俗"(傅维鳞《明书》卷六二)。曾选派监生中年长学优者三百六十多人到各地方学校担任教职。地方学校不仅设立在府州县所在地,也在边远卫所及少数民族地区开设。学习内容"自九经四书三史通鉴,旁及庄老韬略。侵晨学经史学律,饭后学书学礼学乐学算。晡后学射。"(《鲒埼亭集外编》卷二二)各地乡里也都开塾立师,以普及教育,据说"天下穷乡僻壤,咸有学有社。"(傅维鳞《明书》卷六二,学校志)"乡里则凡三十五家,皆置一学,愿读书者,尽得预焉。"(《鲒埼亭集外编》卷二二)府、州、县学都设有教育官员,府设教授,州设学正,县设教谕各一人。又设训导,府四、州三、县二。生员额数是京府六十人,府四十人,州三十人,县二十人。生员可免差徭二丁。正额外增收,叫作增广生员。学校师生有月廪食米,每人六斗,另给鱼肉。初入学者为附学生,经过考试,为秀才,或称诸生,取得参加科举考试的资格。

官府对学校管理十分严格,并规定各级学校学生对军国政事不许建言,作为禁例。国子监到府州县学都置有刻有禁例的"卧碑"。(谭希思《明大政纂要》卷六)

府县学校只是培育人才。生员入仕的途径,主要还是通过科举考试。一三七〇年明朝始行科举考试。在京师(南京)及各省开乡试。考试分三场,初场试五经义二道及四书义一道。第二场试"论"一道。第三场试"策"一道。中式后十日举行复试,科目是骑、射、书、算、律五科。乡试各有限额。京师直隶府州百人,河南、山东、山西、陕西、北平、福建、江西、浙江、湖广各四十人,广东、广西各二十五人。一三七一年各地举人在京师举行会试,取中进士一百二十人。以后的科举,大体上都按此程序进行。府州县学先举行县考,中式者为秀才。每三年举行一次省试,即乡试,中式者为举人。第一名为解元。举人可参加京师举行的会试,第一名称会元。会试中式者才有资格参加皇帝主持的最高考试,称作"廷试"或"殿试",考中者为"进士"。进士分三甲(等),一甲只取三名,一甲第一名为状元,第二名为榜眼,第三名为探花,资格是"赐进士及第"。二甲若干人为"赐进士出身",三甲若干人为"赐同进士出身"。取得"进士"资格者,便可被任用为官员。状元授翰林院修撰,榜眼、探花授编修。二甲考选庶吉士者皆充翰林官,其余授给事中或御史,或六部的主事,内阁中书,行人、太常、国子监博士,或任府推官、知州、知县等官。(《明史》卷七十)

明初科举考试的程序和办法,大体上都是沿袭元代科举的旧制。元代的"御试"改称"廷试"。元代的举人,原是各地推举应试的考生的泛称,明代才逐渐成为省试中式而取得的专称。考试内容以四书、五经朱熹、蔡沉等注本为依据以及考试经义、策等体制,也都是承袭元朝。元仁宗行科举后,为便于考生特别是蒙古、色目考生撰写合格的文卷,有所谓"八比"的文章格式(制义矜式)。明初称为"八股"。应试的文章,分为起、中、后、末四个段落,各有二股即二比。文句排偶比对。比与比之间用文句相连。最后以末比(又称束比)收结。各场应试文卷,均有限定的字数。元制限三百字至五百字。以经书为内容,以八股为格式的应试文章,自然不能不极大地束缚人们的才思和文思,流为应考求官的陈词滥调。

元代科举,蒙古、色目与汉人、南人分别考试,分榜录取。明初取消此制,除法律规定的"贱民"外,一般平民和农民不分族别和贫富都可应考。依此制度,明王朝可以从社会上广泛吸收人才,补充官吏,但仅凭应考的八股文章并不能选取经世人才。一三七三年二月,明太祖下诏说:"朕设科举以求天下贤才,务得经明行修、文质相称之士,以资任用","朕以实心求贤,而天下以虚文应朕,非朕责实求贤之意也"(《明太祖实录》卷七九)。诏令暂停科举,改由地方官员荐举各种人才。荐举科目有贤良方正、孝弟力田、儒士、孝廉、秀才、人才、耆民等科目。实行荐举后,出现更多的弊病。一三八四年又诏令恢复科举,并颁布科举成式,以为定制。科举成式基本上仍是原来实行的考试程序和考试内容。依元朝旧制,增加了考拟判语和诏诰章表等文体。四书义增为三道,经义增为四道,但各许减一道。经史时务策增为五道,许减二道。每道题目的答卷字数,减为二百字至三百字。科举定制后,历朝沿袭,影响是深远的。

(四)赋税与屯垦

明朝建国前后,面临着社会经济残破,人口流失,田土荒芜,经济制度紊乱,财政拮据等严重困难。明太祖在位时期,为订立赋役制度和商业货币制度,恢复农业生产,而采取了一系列重大措施,从而建立起新王朝的社会经济秩序。

一、粮长与里甲

明太祖出身于农民,对农村基层状况最为熟悉。在迁徙江南豪富的同时,又建立粮长制与里甲制,以便形成农村基层的新秩序。

粮长制——一三七一年,明太祖命户部通令各地,核查民间耕地,以税粮万石为一征粮单位,一县分若干区。每县选正副粮长二名,以田土最多的大户为粮长,督收税粮,解送官府。时称"民收民解"。元末地方官吏,横征暴敛,侵扰百姓,是贫苦农民的最大的祸害,也是农民起义的基本原因。明太祖以为实行粮长制是"以良民治良民,必无侵渔之患矣"(《明太祖实录》卷六八)。以田土最多因而也纳税最多的大户为粮长,也可使税粮的交纳,得有保障。明朝的税粮一半以上来自浙江、江苏(直隶)、江西、湖广等地,粮长制首先在这些地区实行,而并未普设于全国各地。粮长制实行初期,大户慑于明太祖的猛政,曾取得一定的效果。一三八一年,浙江、江西粮长一千三百余人,输送税粮到京师,明太祖亲自召见嘉勉。但行之既久,粮长不免成为实际上的基层官吏,依然可以恃势侵渔舞弊。

里甲制——里甲制是基层居民组织。元代农村每五十户结为一社,推选通晓农事、家有兼丁者为社长,督劝农事,也兼管究举游民、调解纠纷,协同赈济及传

42

布禁令等事。城坊也有社长,各社户数不一。乡都(乡的下级)人户及城坊另设有里正、主首催督差税。社长、里正等都是一种差役,由富户轮流充任。一三八一年,明太祖改设里甲。元代的都合并为里。以一百一十户为一里,其中十户为里长,推选丁粮多者十人充任。里以下每十户为一甲,设甲首一人。里长也是一种差役,轮流充当。服役期间,所有追征钱粮、勾摄公事、祭祀鬼神、接应宾旅以及官府征求、民间争斗等等都在职责之内。乡村里长也还要经常督课农事。里中年高望重者,被推为"老人"。"老人"职在导民向善,平息民间各种纠纷,剖决是非。里中建有旌善亭,张榜公布民间善事,申明亭张榜公布恶行,以示奖惩。里正与老人有政绩者,可被皇帝召见。老人甚至可以会同村众逮解不法官吏。里甲的设置,旨在减少官吏欺压,使村民编组自治,以维护基层的社会秩序。

二、户籍与田籍

明太祖由农民成为皇帝,并不能改变原有的土地占有制度,新建的明王朝依然建立在地主占有制的基础上。明初田地分为"官田"与"民田"两类。"官田"是专门为皇室宗族供给农产品的皇庄田土,牧放官马的草场,园陵坟地,公共占地,皇帝赐给诸王、公主、勋戚大臣、内监、寺观的庄田,以及职田,学田,边境军官的养廉田,军、民屯田等等。"民田"是民间自有田,包括地主占有的土地和农民自有的少量土地,可以买卖。民人佃种官田,只有耕种权而无土地所有权。贵族官员由皇帝赏赐的赐田,官吏的职田,也无所有权,皇帝和朝廷可以随时收回。屯田禁止私人占有。

明初,在某些战乱较多的地区,官田的数量甚至超过民田。"官田"可用以直接向劳动者征收租税,也可以用来进行军、民屯田,以奖励垦荒,恢复生产。

明王朝依据各地官田民田占有的多少征收田赋。依据户口人丁征派差役。战乱之后,人口流徙,田土占有也多变动。明太祖命户部对各地户口和田土普遍核查,编成户籍册和田土册,存于官府。两种册籍的编制,是明太祖整顿赋税制度的一大建树。

户籍册——明太祖曾说"夫有户口而后田野辟,田野辟而后赋税增。"(《昭代经济言》卷一),一三七〇年发布圣旨,派遣户部官员去各州县普查户口。先颁发"户帖",要求民户据实填写,作为编制户籍册的根据。又派出军兵,随同办理。百姓如有隐瞒,治罪充军。明王朝在掌握了普填的户帖后,于一三八一年,下令府、州、县编制户籍册,称为"赋役黄册"。每"里"各编一册,里中每户详列男女年龄(男成丁、不成丁。女大口、小口)、田土房屋等本户状况。册首为"总图",册尾登记鳏寡孤独等不服役的人口,称为"畸零带管"。规定每十年重编一次,以记载变动情况。将表格发给里长,令各户填报。官府比对先年的册籍,死者除名,生者添注,田产买卖者记录其税粮的过割情况。(傅维鳞《明书》卷六八,赋役志)户籍册编成后呈交户部一份,用黄绢封皮,故称"黄册"。省、府、县各留一份,用白色封皮,通称"白册"。户籍是征发赋役的主要依据,故又称赋役黄册。

明初的徭役,分为"里甲正役"与"杂泛"。里甲役即轮流充当里长、甲首,上级官府派征的各项物料及费用,里长出十分之三,甲首人户出十分之七。杂泛是临时性的各种差役,如修路、筑城、修仓、修河等劳役,由里长、甲首根据各户丁粮多寡按甲签发。明初江南地区还曾有过一种按田土多少签发的工夫役。田一顷出丁夫一人,称为"均工夫"。应天十八府州,江西九江、饶州、南康三府曾编制"均工夫图册"。赋役黄册编成后,这种均工夫役便行废止。

田土册——大约一三六八年建国时,明太祖就曾对一些地区的田土进行过丈量,为编制田籍作准备。一三八〇年派国子监生武淳等到各地监督绘制土地册籍。土地丈量的重点是江南地区和北方各省,因为这两个地区的土地册籍,散失最甚,土地占有情况也变动最多。各地田土册的编制,至一三九三年才全部完成。

新编田土册,又称鱼鳞册,分为总图和分图两种。分图以里为单位,相邻田土按顺序编号绘图并记录各号田土的名称、类别、面积和四至,以及田主或管业人的籍贯姓名。总图以乡为单位,把分图合并绘图,置于分图之前,使阅者一目了然。然后再把分乡之图,合成一县之图。田土图形相接,有如鱼鳞,故称"鱼鳞图册"。图册编成后,官府可据以掌握土地占有及粮户情况,征收田赋。各地的田土所有权也由此得到合法的确认,有据可查。现存明初鱼鳞图册以小块田土居多,反映着农民战争诛除大户和明太祖迁徙豪富所带来的变化。

明初征收税粮按田亩计算。开垦荒地可以免税。夏税征麦,秋税征米。南北方粮产不同,可各以其地产供纳。以粮交纳者,为"本色",以丝绢或钞交纳者,为"折色"。田赋率,大抵是"官田亩税五升三合,民田减二升,重租田八升五合五勺,没官田一斗二升。"(《明史》卷七八),这是历史上很轻的田税。明太祖实行轻税,一是因为建国之初农业生产尚不发展,一是因为有意体恤农民疾苦,以稳定秩序。江南如苏松嘉湖等经济发达地区的税率高于其他地区。亩税可加重到二、三石。洪武初,浙西地方,因其民富实,一亩田税相当二亩,征税加倍。江西某些地区的田赋也高于邻省。苏州府一年交纳的田赋曾达到二百八十万九千余石,有人说:"苏州之田居天下八十八分之一弱,而赋约居天下十分之一弱。"(《日知录》卷十,苏松二府田赋之重)

三、屯 田

明太祖在战争时期,已开始建立军事屯田。建国之后,为垦荒就业,恢复生产,在民间推行屯田,以后又发展为商屯。明初屯田,因而形成军屯、民屯和商屯三

46

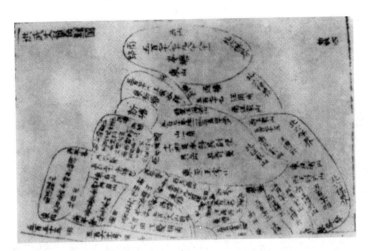

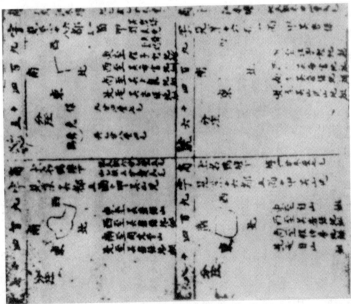

洪武鱼鳞图册

种类型。

军屯——又称卫所屯田,可分为边屯和营屯两种。边屯设在边境,守军进行屯田,谓之"且耕且守",就地生产粮食,以供军需。营屯是内地卫所军的屯田,生产粮食,作为军粮。军屯制规定,每军受田五十亩为一"分",各地田土及生产条件不同,屯军受田数额不一,以五十亩为中制。军屯产粮,洪武初年一度免征粮税,一三八七年开始,征收屯粮,亩税一斗。洪武末改定税则:"每军屯一分,正粮十二石,给本卫官军俸粮。"(《明会典》卷十八)每军屯实际交粮二十四石,较洪武初年的亩税一斗,增加一倍半左右。军屯是以军事管理为特点的屯田,屯军全家生计主要依靠屯粮收入,生活十分艰苦。明初原额军屯田土曾达到八十九万二千余顷。(《春明梦余录》卷三六)

民屯——明初,官府掌握了大量无主荒地,需要移民垦荒或募民屯种,因而实行民屯。屯户的来源是:一、强制迁移民户,二、召募的人户,三、犯罪迁徙户。

明初移民包括南北各地,人多田少地区的多余人户及流动人口迁移到人少田多的宽乡,湖、杭等地的无田人户到濠州屯种,由官府资助牛具种子,免征三年。同时又移江南民十四万户于凤阳。一三七六年徙山西及真定民无田产者于凤阳屯田。一三八八年徙山西泽、潞二州民无田者去彰德、真定、临清、归德、太康等处宽乡,设屯。一三八九年移两浙民,去淮河以南的

48

滁、和等州屯种。移山西的贫民往大名、广平、东昌三府,分给田地达二万六千七十二顷之多。这一年曾有山西沁州民张从整等一百一十六户,自动申请屯田,被分给田地,赏赐财物,并受命回沁州召募居民,应募屯种。(《明太祖实录》卷一九七)元大都蒙古遗民三万余户,曾被安置在北平府管内屯田。历年官民罪犯都集中在凤阳屯田,多达一万余人。

民屯田土实属官田,各地根据屯户的丁力,分给田土,北方地区每人可分田十五亩,菜地二亩。在管理上,以屯分里甲,纳入府县行政系统。民屯赋税,大致上按官田税额征收。

商屯——是商人经营的屯田。明初为加强边防,常在边境地区设立军储仓,由内地召募商人运粮,输仓。官给粮价及运费。一三七〇年山西行省商人向大同仓入米一石,太原仓入米一石三斗,发给淮盐引票一引(二百斤),商人凭引贩盐获利,以偿粮费。一三七一年"开中法"在各地实行。商人为多获盐引,依民屯办法在边地募民屯田,以获粮食,就近输仓,形成商屯。商屯地为官田,且多为新垦荒田。商人出资召募边地无田农民或流民耕种,供给牛具种子。此制推行后,内地盐商多来边地经营商屯。

四、商　　税

明太祖为重建社会经济秩序,对商业采取低税政策。明朝建国前对商人征收"官店钱",税率是十五税一。建国后放宽到二十分取一。不久又放宽到三十税一。对于民间生产工具、生活资料、文化用品以及嫁娶丧祭物品等的贩卖,并予免税。

明初商税分为两种,一为营业税,即三十税一的商税;一为通过税,即商品通过关津渡口时的关税。一般是按比例抽取实物。县设税课局,府设税课司征收商税。统由京师税课司管理。

商人赴各地经商要取得官府验发的"商引"。商引载明贩卖货物的种类、数量,及贩运道里远近。无"商引"者,被视为"游民"治罪。京师城内由兵马指挥司管理市场,每日校准市场度量衡器,检查商人活动及物价情况。京师及其他大城市设有官办货栈,称为"塌房"。商人在塌房存放货物,就地征税。

五、大明宝钞的发行

元代开始广泛发行纸币,称为"宝钞"。元顺帝时,宝钞无限制地大量发行,造成货币贬值,物价暴涨,带来社会经济的崩溃。明朝建国后,大量铸造铜币"洪武通宝"钱,民间贸易都采用为价值标准,币价相当稳定。对社会经济的发展,起了重要的作用。一三七四年,设立宝钞提举司,又开始印造纸币。名为"大明通行宝钞",次年由中书省正式发行。"宝钞"以桑树皮造纸印制,高一尺,宽六寸,质地青色。面值分一百文、二百文、三百文、四百文、五百文和一贯六种。每钞一贯准铜钱千文、白银一两，四贯宝钞准黄金一两。(《明太祖实录》卷九八)民间交易百文以上用钞，百文以下用铜钱。商税钱钞兼收。官员禄米也发给宝钞。

大明宝钞发行后，由于不设钞本，宝钞不能兑换金银，而且发行量过大，所以发行不久，即逐渐贬值，重蹈了元末的覆辙。洪武末年，两浙民间钞一贯只折铜钱

洪武大明通行宝钞

二百五十文,尔后又下降到一百六十文,加以伪造宝钞充斥市场,钞值难于稳定。不少地方的商品,不得不以金银定价。宝钞只是在颁赏、俸禄或估产计赃等官方活动中使用,在社会经济中则被视为"劣币"而被排斥。

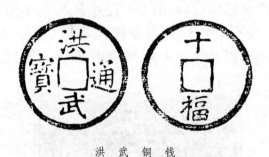

洪 武 铜 钱

第二节 疆域的奠立与国都迁徙

(一)惠宗削藩与燕王夺位

一、惠宗的统治

洪武三十一年(一三九八年)闰五月,明太祖朱元璋在南京病逝。临终前颁遗诏说:"今年七十一,筋力衰微,朝夕危惧,惟恐不终。今得万物自然之理,其奚哀念之有。皇太孙允炆,仁明孝友,天下归心,宜登大位,以勤民政。"(《国榷》卷十)

明太祖建国称帝时,立长子标为皇太子。一三九二年四月,太子标病死。九月,立朱标次子允炆为皇太孙。明太祖死后,允炆(南明追谥惠宗)奉遗诏即帝位,年二十二岁。改次年年号为建文。兵部侍郎齐泰受太祖顾命辅政,进为尚书。东宫伴读、太常寺卿黄子澄兼翰林院学士,同参国政。

明惠宗生长深宫,幼读诗书,并无执政和作战的实际经历。明太祖定制,军政大权集中于皇帝和朝廷,新即位的年轻皇帝不得不肩负起不堪承受的重担。惠宗即位时朝野状况是:(一)经过明太祖三十年的猛政,开国名臣,相继死去。朝中文官武将,声威与才干都远逊于前朝,中枢渐趋虚弱。(二)明太祖分封诸子为王,以辅翼王室。诸王权势日盛。为防御蒙古,北边藩王,得拥军兵,权势尤重。明惠宗与诸王,国中为君臣,族内为侄叔。诸叔王分据各地,是新王朝难以控驭的威胁。(三)江南地区经济发达,是朝廷财赋的重要来源。江南地主在农民战争中遭到严厉的打击。明太祖迁徙豪富,重赋东南,更招致了江南地主的嗟怨。

明惠宗即位后,企图从两个方面建立起他的统治。一是宣告实行宽猛得宜的维新之政,以争取朝野的支持,一是削夺藩王权势,以减除朝廷的威胁。

维新之政——惠宗在即位诏中即宣告:"永惟宽猛之宜,诞布维新之政"(《国榷》卷十一)。所谓"宽猛之宜",实际上是以宽矫猛。所谓宽,主要是宽刑与宽赋。当年七月间下诏行宽政，赦免罪犯，捐免逋（欠）租。十二月，又下诏说："朕即位以来，小大之狱，务从宽减，独赋税未平，农民受困，其赐明岁天下田租之半"（《国榷》卷十一）。此后，一四○○年二月，又诏均江浙田赋。太祖时江浙赋税独重，悉与减免，每亩纳税不过一斗。同时废除江西、浙江、苏州、松江等地人不准在户部任职的规定，仍得在户部为官。

惠宗维新之政的另一内容，即所谓"更定官制"。惠宗即位后任名儒宋濂之弟子汉中府教授方孝孺为翰林院侍讲，参据《周礼》更定官制。此事自建文元年正月起陆续进行，至四月大体告竣。所谓更定官制，其实只是某些官员品级的改定、机构的调整和官职名号的更易，并非制度上的实际改革。如六部尚书由正二品改为正一品。工部增设照磨司，兵部裁革典牧所。都察院改为御史府，设御史大夫。通政司改名通政寺。大理寺改名大理司。官员职名六部侍郎改称侍中，原通政使改称通政卿，大理寺卿改称大理卿。他如太常寺卿改称太常卿，光禄寺卿改称光禄卿等等，大体类此。地方官制主要是改左、右布政使制，只设布政使一人。提刑按察司改为肃政按察司。此次匆促进行的所谓改制，旨在表明新朝的维新，对实际实行的官制，并没有什么重大意义。

削夺藩王——惠宗即位前，早已感到诸藩叔王的威胁，曾与东宫伴读黄子澄议论其事。诸藩中，防守北边的晋王、宁王和燕王各拥重兵,尤以燕王朱棣权势最为显赫。燕王驻守元朝旧都北平,元室亡后,曾多次与边地蒙古军作战获胜,受命节制诸军,声名大振。在诸王中也最年长。燕王的兄长太子标、秦王樉、晋王枫,在太祖在位时已先后病死,由王子袭封。藩封开封的周王橚是燕王的同母弟,又同为太祖马皇后收养。燕、周二王关系最密。惠宗与黄子澄等聚议,欲削燕王,当先除周王。

太祖病死后,惠宗诏令诸王在藩国听朝廷节制,不准来京师奔丧会葬。燕王行至淮安,被迫返回北平。惠宗即位后月余,即派遣曹国公李景隆(李文忠之子,袭父封)领兵去开封,围周王府擒捕朱橚审讯,坐实谋反罪。一三九八年七月初,惠宗将周王橚贬为庶人(平民),革去王封,迁置云南蒙化。

代王桂(太祖十三子)封藩大同,受晋王节制。一三九九年初,以贪虐罪,削王封,贬为庶人,幽禁大同。

岷王楩(太祖十八子)原封岷州,后改镇云南。因西平侯沐晟(沐英子)奏其过失,废为庶人,徙置漳州。

湘王柏(太祖十二子),封藩荆州。好读书,尤喜道家,自号紫虚子。惠宗以王府擅杀人等罪,遣使拘捕。湘王惧祸,在王府自杀。

齐王榑(太祖七子)封藩青州。曾从燕王北征,出塞作战,以军事自负。惠宗将齐王召至京师,以有人告变为由,废为庶人。

一三九九年春四月以前,惠宗先后贬废数王,削藩之势已成,诸王均不自安。诸王中燕王年辈最长、权势最大、军功最高。太子标死后,太祖传孙而不传子,燕王早已心怀不满。惠宗削藩更使燕王惴惴不安。太祖时曾命僧人道衍入侍燕王府诵经,主持北平庆寿寺,与燕王过从甚密。燕王与道衍在王府后苑铸造军器、训练士卒,密谋起事。户部侍郎卓敬密奏惠宗,请将燕王徙封南昌。惠宗不听。一三九九年二月,燕王奉召入京师朝觐,四月返回北平,称病家居。惠宗得密告,逮捕燕王府训练士卒的官校于谅、周铎处死。燕王伪装疯癫避祸。早在一三九八年十一月,惠宗以工部侍郎张昺为北平左布政使、谢贵为都指挥使,驻北平,密察燕王动静。一三九九年六月,惠宗密诏张昺、谢贵擒燕王,北平指挥使张信奉命往王府逮捕。张信投附燕王,告以密谋。燕王以护卫壮士八百人入卫。七月间,诱骗张昺、谢贵入府饮宴,在席间杀张、谢,起兵反。明太祖病逝刚过一年,原来用以夹辅王室的燕王,成为谋夺皇权的主将,明朝宗室间的一场争夺皇位的内战开始了。

二、燕 王 夺 位

燕王起兵誓师,发布文告,以除奸臣齐泰、黄子澄为名,说是效法周公辅成王,并引据明太祖制定的《皇明祖训》:"朝无正臣,内有奸逆,必举兵诛讨,以清君侧之恶。"《祖训》规定清君侧需有天子密诏,又上书惠宗,说是待命入诛奸恶。燕王起兵时,宣告废除建文年号,也就是否认惠宗的皇位。上书待命,不过是为了掩人耳目,师出更加有名。惠宗得报,削去燕王属籍,起用六十五岁的开国老将长兴侯耿炳文(子璇娶太子标之女江都公主)为大将军,驸马都尉李坚(娶太祖女大名公主)为左副将军,领大兵号称三十万伐燕。

燕王起兵前,惠宗以备边为名,已在北边各重镇部署兵力,形成对北平的包围。燕王誓师后,先攻蓟州,擒斩都督指挥马宣,进取遵化,遵化卫投降。转攻怀来,擒斩都督宋忠。燕王府精锐兵士原已划归宋忠指挥,临阵倒戈归燕。山后诸州,自开平至云中相继降附燕王。八月,耿炳文领大军至真定,燕王领兵至涿州,先后攻取耿军先锋军驻在的莫州、雄县,进至真定城下。耿炳文出战,大败。李坚被擒,械送北平,死于途中。耿炳文退兵城内,坚守不出。燕王领兵回北平。惠宗得到败报,召耿炳文回京,改任李景隆为大将军。

九月,李景隆至德州,收集溃散士卒,调集各路军马五十万,进驻河间。燕王留世子高炽坚守北平,亲自率军趋永平,败明军,十月,转向大宁。大宁为宁王封地,所属朵颜诸卫,蒙古骑兵,骁勇善战。惠宗削夺宁王府三护卫。燕王致书宁王联络,至大宁城下,败明守军,只身入城,与宁王相见,拥宁王赴北平,尽收朵颜三卫军队。

李景隆听说燕王去大宁,帅师度卢沟桥,直抵北平城下。几次攻城,不下,屯兵城郊郑村坝。十一月,燕王回师至北平郊外,进逼李景隆军营,城内燕军出击,内外夹攻,景隆不能支,乘夜逃跑。士兵溃散,败逃到德州。

李景隆军败的消息传到南京,惠宗问黄子澄,"外间近传军不利,果何如?"黄子澄隐瞒战败实情,谎称:"闻交战数胜,但天寒,士卒不堪,今暂回德州,待来春更进。"黄子澄并派人密告李景隆隐瞒兵败事,勿奏。一三九九年四月,李景隆会武定侯郭英及安陆侯吴杰等军六十万,号百万,进抵白沟河,以都督平安率精兵万骑为前锋。燕王使张玉将中军,朱能将左军,陈亨将右军,为先锋,丘福将步骑,马步军共十余万。双方激战于白沟河,燕兵数败,陈亨败走。燕王坐骑,三次被创。明军虽多于燕军数倍,但将帅不专,政令不一。平安部被燕军朱能战败,军阵大崩。燕兵乘风纵火,烧其营垒,郭英等西溃,李景隆南奔,委弃器械辎重山积,死者十余万。李景隆单骑走德州。燕军跟踪追至。五月,李景隆自德州逃到济南。燕军追及,败李景隆所率残部十余万人,围攻济南城。都督盛庸与参政铁铉死守,燕军围城三月不下,屡遭袭击,被迫撤回北平。惠宗以盛庸代李景隆为大将军,擢铁铉为兵部尚书,赞理大将军军事。

九月,惠宗命大将军盛庸总率诸军北伐,副将军吴杰进兵定州,都督徐凯等屯沧州。十月,燕军破沧州,俘徐凯。十二月,燕军进入山东,至临清、馆陶、大名、

58

汶上、济宁。盛庸与铁铉于东昌誓师励众,检阅精锐,准备背城一战。燕军屡胜轻敌,进至东昌,鼓噪前进,被盛庸军打得大败,张玉战死,燕王被围。朱能援军接应燕王突围,返回北平。盛庸军追击,杀伤燕兵甚众。惠宗出兵伐燕,屡次告诫诸将"勿使朕有杀叔父之名。"燕王数次处于危境,明军不敢置死,因而得以逃脱。

一四〇一年二月,燕王再次率军出击,先后于滹沱河、夹河、真定等地败盛庸、吴杰、平安军。惠宗下诏窜逐齐泰、黄子澄等,以平息燕军。三月至四月间,燕军继续南下顺德、广平、大名等地,河北郡县多降。七月,盛庸联络大同守将,进兵保定。燕王闻报,自大名率师返回北平。建文四年(一四〇二年)正月,燕军入山东,铁铉驻守济南,燕军绕过济南,攻破东阿、汶上、邹县,直至沛县、徐州。惠宗命中军都督府魏国公徐辉祖(徐达子)率京师卫军往援山东。四月,燕军进抵宿州。平安率军跟踪至肥河,袭击燕军。总兵何福率军列阵十余里,沿河向东挺进,徐辉祖率军来援,与燕军大战于齐眉山。燕军损失甚重,骁将王真、陈文、李斌,都指挥韩贵等战死。时值暑雨连绵,道路泥泞,燕军北方士兵多不习惯,又染疾疫,多想北归。两军在肥河相持。惠宗纳廷臣议,以为京师不可无良将,命徐辉祖率军撤回南京。何福军孤立失援,粮运为燕军所阻。燕军乘势全力进攻何福军,破灵璧,何福单骑败走,平安等军将三十七人被燕军俘掳。灵璧战后,燕军士气大振。燕王率军直趋扬州,攻下高邮、通州、泰州等地,六月初三日,自瓜州渡江,盛庸沿江列兵抵御,被燕军冲溃。盛庸单骑逃走。燕军于十三日进抵京师金川门,守卫金川门的李景隆和谷王穗开门迎降。徐辉祖率兵抵御,战败。惠宗与诸妃在宫中纵火自杀(一说出逃为僧,无确据)。

惠宗自焚之日,朝中诸臣拒不降燕,战死及自杀者甚多。佥都御史程本立、翰林院修撰王艮、编修陈忠、刑科给事中叶福、户科都给事中龚泰、监察御史魏冕、大理寺丞邹瑾、工部郎中张安国等先后自杀。弃官逃走者四百六十余人。六月,燕军渡江,燕王进入南京,张布奸臣榜,列黄子澄、齐泰、方孝孺、徐辉祖以及六部官员数十人。燕王(明成祖)在南京即皇帝位,以天子礼葬惠宗,不加庙号,私谥孝愍。直到一六四四年,南明福王才追上庙号惠宗。其后,清乾隆帝又追赠谥号惠帝。

明成祖夺得皇位,又有朝野名臣礼部右侍郎(侍中)状元出身的黄观、翰林院修撰黄岩、王叔英、浙江按察使王良等多人自杀拒降。明成祖依奸臣榜诛杀惠宗群臣。齐泰、黄子澄被捕处死,族诛全家。名士方孝孺在惠宗死后,穿孝服痛哭。成祖要他起草即位诏书。方孝孺掷笔痛骂。成祖说我能杀你九族。方说,你就要死了,怎么能杀我九族。成祖大怒,割去方的舌头,以磔(剐)刑寸割处死,年四十六。方孝孺九族及其门生,号为十族,八百七十三人被处死。流放治罪者,尤众。礼部尚书陈迪,当面指斥成祖,与其子六人都被处磔刑,宗戚一百八十人被流放。户部左侍郎卓敬曾建策改封燕王,全族处死。左副都御史练子宁坚持不屈,被族诛,姻亲处死一百五十余,流放数百人。大理寺少卿胡闰被召不屈,被剥皮处死,全族诛灭。被牵连而死者至数千人。户科给事中陈继之,曾指斥燕事,被责问不屈,磔死,诛夷三族。黄子澄曾藏匿于袁州知府杨任家,杨任被处磔刑,族诛九十三人。其他如刑部尚书暴昭、吏部左侍郎毛泰、户部侍郎郭任、兵部侍郎卢植、监察御史(左拾遗)戴德彝、高翔等多人均不屈处死,籍没家产,妻女给配为奴。魏国公徐辉祖被捕下狱,坚持不屈,举出明太祖允诺不杀徐达子孙的铁券文书作答。明成祖无法,只好赦免。兵部尚书铁铉,在成祖进南京后,拥兵淮南,企图兴复。十月间被逮不屈,直立阙下。明成祖命划开膝骨,割去耳鼻,以磔刑寸割处死,年仅三十七岁。继明太祖诛杀群臣之后,明成祖又一次残酷屠杀惠宗群臣,在血泊中登上了皇位。

一四〇二年七月朔日,明成祖祭告天地,在奉天殿正式登极,接受朝贺,诏告天下。改明年年号为永乐。明成祖初起兵时,以清君侧、辅成王为号召,夺得皇位后则说是奉天靖难。随从起兵的有功军将丘福、朱能等晋封国公,加号奉天靖难功臣。群臣论功,以僧道衍为第一。一四〇四年拜资善大夫太子少师,恢复俗姓姚,赐名广孝。

惠宗朝降燕诸将中,盛庸曾奉命镇守淮安。一四〇三年,致仕,被劾自杀。平安降燕,被派驻北平,为北平都指挥使,一四〇九年,成祖北巡,被迫自杀。李景隆开门迎降有功,加太子太师,一四〇四年被劾下狱。削去勋号,回乡。

(二)皇权的巩固与边疆统治的建立

明成祖在南京即位后,将原封地北平改为北京,设顺天府。又在北京设北京留守行后军都督府,掌管军事。设行部国子监,招纳生员。北京成为明朝的第二京城,陪都。明成祖长子高炽仍守北京。一四〇四年召回南京,封为皇太子。

一、巩固皇权诸措施

明成祖即位后,即宣布废除惠宗时改建的官制,恢复太祖时的旧制。旧制中存在的种种积弊却依然有待清除,不得不有所改易。明成祖在恢复旧制的名义下,采取多种措施,以巩固皇权的统治。

削夺藩王卫军　明太祖末年,边地藩王权势日盛,渐成皇室的威胁。惠宗削藩失败,带来成祖夺位的成功。成祖即位后,仍然面临着如何处置藩王的严重课题。边地藩王通称“塞王”,有权指挥边军。塞王的护卫军可多至二十万人以上。明成祖起兵,指责削藩是出自君侧的奸逆,即位后不得不为被削夺的周王、岷王、代王、齐王、湘王等恢复王封。当皇位确立后,明成祖密切监视诸王行动,在较长的时间里,逐个地削夺塞王护卫,收取军权。永乐元年(一四〇三年)正月代王桂复封归藩后,十一月间,明成祖敕列代王纵戮取财等三十二罪,革去三护卫军及官属。齐王榑复封后,以护卫兵据守青州城。一四〇六年,成祖召齐王来京,面斥其过。齐王反驳说,奸臣们喋喋不休,又要学建文时么? 当尽斩此辈。成祖大怒,将齐王拘留京师,削去王封,废为庶人。岷王楩复封云南后,一四〇八年,成祖指其杀戮吏民等罪,削去护卫及官属。辽王植(太祖十五子)封藩广宁,防守北边,屡建军功。成祖起兵,辽王渡海至南京,改封荆州。一四一二年,成祖削夺辽王护卫军,只留供役使的军校厨役。谷王橞(太祖十九子)原封宣府。成祖进兵南京时,在南京城中开门迎降。改封长沙。一四一七年,被告发谋为不轨,削去王封,废为庶人。周王橚复封开封,一四二一年成祖召他进京,说有人告他谋反。周王顿首谢罪,被迫献还三护卫军。明成祖吸取惠宗的教训,有步骤地分别削夺诸藩,收取军兵,取得一定的成效,但太祖制定的分封制度并没有改变。成祖立长子为皇太子,次子高煦封汉王,藩国云南。高煦不肯就藩,留居南京,请增两护卫,得有三护卫军。从成祖北征,有功。一四一五年改封青州,私募兵士劫掠。次年召回南京,削去两护卫。一四一七年,徙封乐安州。明成祖由抵制削藩而一再削藩。皇室诸王,恃权不法,仍然是他在位期间始终困扰的难题。

倚任阁臣 明太祖在胡惟庸案后,废除丞相,六部直属于皇帝。由此高度集中了政权,也增加了日理万机的负担。曾有人统计,八天内的内外诸司奏札,即多达一千六百六十件,涉及三千三百九十一事。(《明太祖实录》卷一六五)一三八〇年九月,明太祖依仿古制,设四辅官,称春、夏、秋、冬官。依时序辅佐皇帝阅处章奏。春官夏官各选老儒三人。每月三旬轮流任事。秋官冬官不专设,由春官夏官兼理。此制实行约两年余。一三八二年又改为依仿宋朝制度,设立殿阁大学士。以礼部尚书刘仲质为华盖殿大学士、翰林学士宋纳为文渊阁大学士。翰林院检讨吴伯宗为武英殿大学士,典籍吴沉为东阁大学士。刘仲质随后即降职为监察御史。大学士是皇帝的侍从文臣,兼备咨询,由文官兼任。明成祖即位后,参据此制,简选翰林院文臣入值文渊阁。建于皇宫之内的文渊阁原为皇帝与文臣研读之所。入阁侍读的文臣由此得以备咨议,拟制诰。惠宗朝降燕的翰林待诏解缙、修撰胡广、编修杨士奇、编修杨荣被简选入阁。一四〇四年立太子后,解缙进为翰林学士兼右春坊大学士。春坊属詹事府,辅导太子。杨荣进侍讲,杨士奇进侍读。又简选中书舍人,进士黄淮,授翰林院编修。户科给事中,进士金幼孜授翰林院检讨,通晓天文的举人、原桐城知县胡俨,因解缙推荐,授翰林院检讨。三人也同时入阁。入值文渊阁的七人,本职仍是翰林院官员,不另置官属,但受到皇帝的礼重,在皇帝左右,参议朝廷政务,成为皇帝的参谋。为与外朝的六部大臣相区别,殿阁文臣泛称为阁臣。阁臣无行政权,不得直接管理六部诸司事务,诸司奏事也不得通告阁臣。明成祖的这一措置,为明朝的内阁制奠定了基础。

信用宦官 宦官又称内官或内臣,是历史形成的一种恶制。元朝,不任宦官。元末,顺帝娶高丽女奇氏为后,信用宦者朴不花(高丽人),后被处死。明太祖即位,力斥宦官。说宦官"善者千百中不一二,恶者常千百。若用为耳目,即耳目蔽。用为心腹,即心腹病",所以只可供洒扫使令。明太祖定制,内官不许读书识字,诸司不得与内监文移往来,"内臣不得干预政事"(《明史》卷七四及卷三百四)。洪武末年,设置内官监、司、库、局等机构,制定内官品级,但仍属于内廷服役,不预外朝。

明太祖以农民即帝位,时刻疑虑臣僚军将的不忠和不服。明成祖依兵力夺取皇位,更不能不疑虑臣下的不服和不忠。明太祖防范宦官而信赖皇室诸王。明成祖为防范诸王和臣下而又倚用宦官。为侦察臣民的行动,成祖除加强原有的锦衣卫外,又设置东办事厂,简称东厂,任用宦官掌管,秘密侦察朝内外官员动静。阁臣的日常行动,也由宦官秘密陈报。锦衣卫加东厂,使朝廷侦察工作日益严密,宦官也由此得以上下其手。为防范驻防军将专权,成祖派宦官赴外地监军,甚至委派宦官出任军职统军镇守。出使外国也虑臣僚不忠而任用宦官。《明史·宦官传序》说：从永乐年间开始，宦官得有出使、专征、监军、分镇、刺臣民隐事诸大权。宦官成为皇帝的耳目和心腹，明朝的心腹之病不可免了。如果说，内阁的设置，开始了阁臣执政的端绪，宦官的倚用又开创了内臣干政的恶例，影响是深远的。

建三大营 明成祖由掌握军权而夺得皇权，深知军兵的重要。尤其是京师的军兵，更是皇权的重要支柱。明太祖时，京师设有京军，是最精锐的兵力。一三七一年统计，共有二十万七千八百余人。但其中精锐，据说只有七八万人（《典故纪闻》卷十七）。京军分编四十八卫，由五军都督府统领教练。明成祖为加强京军，在京师组建三大营。一是"五军营"，即原由五军都督府教练的军兵，分为步兵与骑兵两个兵种，包括京师卫所军和各地抽调来京的班军。二是"三千营"，由边境少数民族即所谓"边外降丁"组成，主要是骑兵。原来只作为仪仗，后来主要用于巡哨。三是"神机营"，用火器装备起来的步兵军团。据说当时采用安南神机枪的制造方法，制成神机枪和神机炮两种火器，炮利于守，枪利于战。神机营成为作战力较强的机械兵种。

三大营都设有"提督内臣（宦官）"或"坐营内臣"，另有武臣及坐营官、司官、把总。神机营还设有"监枪内臣"。京军三大营兵多用于朝廷的重大军事行动，平时捍卫京师。

二、出征蒙古与北部边疆的统治

明成祖即位前,因防守北边,而壮大了兵威。即位后曾先后领兵亲征鞑靼与瓦剌,并在广阔的北部边境,建立起了统治机构。

朵颜三卫 明太祖在大宁地区设北平行都司,封十七子朱权为宁王镇守。蓝玉平纳哈出后,当地蒙古诸部皆降。一三八九年设置三卫:自大宁前抵喜峰,近宣府,为朵颜卫;自锦、义历广宁,渡辽河至白云山,为泰宁卫;自黄泥窪逾沈阳、铁岭至开原,为福余卫。明成祖起兵,合并宁王军众,挟宁王南下(后徙封南昌),以三卫蒙古首领脱儿火察为都督佥事,哈儿兀歹为都指挥同知,掌朵颜卫事;安出及土不申俱为都指挥佥事,掌福余卫事;忽剌班胡为都指挥佥事,掌泰宁卫事,三卫三百五十七个头领,各授指挥、千户、百户等官。成祖与三卫约定,脱离宁王而自为藩部,每年发给耕牛、农具、种子等从事农耕,在广宁等地互市。成祖弃大宁,旨在使三卫为北边屏障,解除南下夺位的后顾之忧。三卫由此成为半独立的藩部,处于明朝与鞑靼之间,有明一代时叛时服。三卫中以朵颜卫为最强,原为元代朵颜山兀良哈千户所蒙古兀良哈部人住地。明人不明诸部情势,将三卫各部都泛称为兀良哈。

北征鞑靼 蒙古阿里不哥后裔也速迭儿杀死元帝脱古思帖木儿后,不再沿用忽必烈所建立的元朝国号,在和林自立为蒙古卓里克图汗。死后,子恩克汗继位。其后汗位转入额勒伯克汗,被瓦剌袭杀,另立坤帖木儿汗,他大约也是阿里不哥一系。成祖即位时,蒙古汗位已为鬼力赤所篡夺,曾出兵侵犯辽东。一四〇三年和一四〇六年,成祖曾先后两次遣使持玺书招谕。明人记载鬼力赤非元裔。蒙古史籍不见此名。波斯史籍中与他相当的汗,名乌鲁特穆尔(Uruk Timur),说是窝阔台系的后裔。明人沿袭汉人的旧称,称和林蒙古为鞑靼。

鬼力赤为蒙古枢密知院阿鲁台所杀,阿鲁台等迎立忽必烈系的本雅失里(一作完者都)为汗。本雅失里在元亡后曾逃入中亚的帖木儿帝国(见下节),其后至别失八里,被迎入和林。一四〇八年春,成祖得报,致书招谕,说到"太祖高皇帝于元氏子孙,加意抚恤",又说:"元氏宗祧,不绝如线",可见明廷已确认本雅失里是元朝宗室的后裔。次年四月,成祖又遣都督指挥金塔卜歹、给事中郭骥持书去和林,并赐阿鲁台等彩币。郭骥至和林,被蒙古汗廷杀死。成祖大怒,决意发兵出征。

一四〇九年七月,成祖任淇国公丘福为大将军,武城侯王聪为左副将军,同安侯火真为右副将军,靖安侯王忠、安平侯李远为左右参将,五将军领兵十万北征。八月,丘福率先锋军至胪朐河(克鲁伦河),蒙古诱敌深入。丘福等五将军皆战死,明军全军覆没。成祖得报,选将练兵,储备粮饷,准备来春大举亲征。永乐八年(一四一〇年)正月,成祖自北京发兵五十万,亲自率领出

68

塞。四月,经阔栾海(呼伦湖)西进,五月至斡难河,大败本雅失里军。本雅失里随七骑逃走。回师大败阿鲁台军,追奔百余里。成祖亲征,获得大胜利。七月,经开平,返回北京。

本雅失里败后,于一四一二年被瓦剌马哈木杀死。马哈木另立家世不明的答里巴为汗(一说,出自阿里不哥后裔)。一四一三年七月,阿鲁台奉表纳贡,请为故主复仇。成祖封阿鲁台为和宁王。

北征瓦剌 瓦剌即元代蒙古外剌部,又译斡亦剌。元末已发展到四万户,住地扩展到谦河流域,南至金山(阿勒泰山),与阿里不哥后王的封地为邻。元初皇位争夺中,曾支持阿里不哥,反对忽必烈。明初,又支持阿里不哥后裔也速迭儿除灭元帝,夺取汗位。一四〇九年五月,瓦剌三首领应明朝的招谕来朝。明成祖封马哈木为顺宁王,太平为贤义王,把秃孛罗为安乐王。马哈木杀本雅失里后,阿鲁台请求明成祖为主复仇,讨马哈木。马哈木则奏请论功行赏,给予军器,并请早诛阿鲁台。明成祖封阿鲁台王位,马哈木更为不满,拘留明朝来使。明成祖以为瓦剌骄纵,遣宦官海童前往切责。马哈木扬言出兵攻阿鲁台,成祖大怒。一四一四年二月,亲征瓦剌。四月出塞,六月至土剌河畔忽兰忽失温,答里巴、马哈木等率三万骑来战,被明军战败。明军也损失相当。《明实录》记此役"杀其王子十余人",答里巴大约在作战中败死。马哈木脱身逃走。次年冬,马哈木遣使入

69

明,贡马谢罪,陈说虑阿鲁台将为己害。一四一六年三月,阿鲁台击败马哈木,向明遣使献俘。九月,瓦剌马哈木与太平也来明朝贡。次年,马哈木死。子脱欢袭封顺宁王。蒙古瓦剌部在元代隶岭北行省,地处西北,接近西部蒙古诸王,与忽必烈系及东部诸王,历来属于不同的集团。明朝灭元,瓦剌三王接受明朝招谕,只求互市,无意南侵。明成祖亲征鞑靼,起于明使被杀,防范元裔再起,总算师出有名。出兵瓦剌,双方受损,只是由于明成祖不明蒙古内情,措置失宜,征战并非不可避免。明成祖有意压抑瓦剌,左祖阿鲁台,由此失去瓦剌的信任,阿鲁台则更加猖獗了。

设哈密卫 明太祖追击逃往甘肃的元兵,招抚当地各族首领,曾先后在河州、西宁、洮州等地设卫,又在甘肃西境撒里畏兀儿安定王领地设置安定、曲先、阿端等卫,在嘉峪关西北置罕东卫。沙州蒙古部众降明,永乐初置沙州卫。哈密,是元哈梅里王兀纳失里据地,西与东察合台汗国为邻,北接鞑靼,地处明朝通往西域的要道。一三九一年,明太祖曾命左军都督佥事宋晟领兵攻占哈密城,次年,兀纳失里遣使向明朝进贡。成祖即位,兀纳失里弟安克帖木儿袭王位入贡。次年,受明封忠顺王。随后即被鞑靼鬼力赤害死。一四〇五年,成祖扶立安克帖木儿之侄脱脱,袭忠顺王爵。次年,在其地设置哈密卫,封授当地畏兀儿、哈剌灰等族首领为指挥、千户、百户等职。又派遣汉人官员为王府长史、纪善(官

70

名,王府辅导),协同理事。明朝在哈密设卫,确立了西部边陲的统治,意义是重大的。

建奴儿干都司 明太祖时,元辽阳行中书省平章刘益奉辽东地图降明。后在其地设辽东都指挥使司,领有二十五卫,东至鸭绿江,西至山海关,南至旅顺口,北至开原的三万卫,北部辖区包有辽河。明太祖降纳哈出后,明军曾出开原,进据松花江南北两岸。成祖即位,亟待确立东北边境。一四〇三年遣使臣往奴儿干(今特林)招谕黑龙江下游吉烈迷(金元时代的吉里迷)等渔猎部落。十一月,女真部落首领阿哈出等入朝,明廷沿用金恤品路建州之名,在其地设建州卫(黑龙江东宁县境),以阿哈出为指挥使。十二月,忽剌温(呼兰)女真部首领西阳哈、锁失哈等来朝,在其地设兀者卫(呼兰河中下游),以西阳哈为指挥使,锁失哈为同知。次年二月,奴儿干女真首领把剌答哈来朝,在其地建奴儿干卫。明廷对乌苏里江、黑龙江流域从事渔猎的各少数民族,都泛称女真或女直。成祖即位后的六年间,被称为女直的诸部落与吉烈迷部落相继来朝,明廷先后设置一百三十二卫。

一四〇九年初,奴儿干官员忽剌佟奴来朝,奏请在奴儿干设立元帅府。明廷于闰四月定议在其地设置奴儿干都指挥使司(简称奴儿干都司),任命东宁卫指挥康旺为都指挥同知,千户王肇舟等为都指挥佥事。六月,又置奴儿干都司经历司,设经历一员。一四一一年春,明成祖特遣内官亦失哈等率军官一千余人,巨船二十五艘,护送康旺等顺黑龙江而下,至亨滚河口对岸特林的奴儿干地就任,奴儿干都司作为明廷在东北边境的统治机构,正式建立。

一四一二年明成祖命内官亦失哈巡视自海西至奴儿干各地居民以及苦夷(库页岛)诸部落。十月,在苦夷岛北部的囊阿里设囊哈儿卫,颁发囊哈儿指挥使官印。康旺等在奴儿干城元代征东元帅府地设立治所,又在治所附近建造永宁寺,供奉观音。一四一三年,建立《敕修永宁寺记》碑石,铭刻汉文碑记,并以蒙古字、女真字摘译,刊于碑阴。碑文中还记述了奴儿干都司的建立及苦夷岛诸民来附的事迹。

奴儿干都司建立后,辖境东至鲸海(日本海),西至朵颜三卫,南至鸭绿江,北至北山(外兴安岭)。辖境各族居民向明朝进贡狩猎土产。首领被授任各级官职,进京纳贡获得回赐。明成祖成功地争取到各族部落首领附明,确立了东北边疆的统治。

三、乌斯藏及西南地区建置

明太祖立国后,随即遣使往元代的吐蕃地区招谕,并在该地区建立乌斯藏行都指挥使司和朵甘行都指挥使司等机构。明成祖封授各地藏族政教首领,确立了藏族地区的统治秩序。云南平后,成祖又开设贵州建置,以巩固西南地区的统治。

乌斯藏、朵甘都司　元世祖尊奉吐蕃萨迦喇嘛八思巴为帝师，封大宝法王，统领十三万户。元朝历代帝师，都由萨迦寺喇嘛袭封。必力工（止贡，在拉萨东北）和帕木竹（在拉萨东南）等地信奉噶举（口授）派喇嘛教的贵族，相继起兵，与萨迦派争夺领地。元朝衰亡时，吐蕃地区也已陷于混乱。明太祖即位后，一三六九年即遣使去吐蕃地区告谕明朝建国，又派遣陕西行省官员前往各部落，招谕元朝旧封官员来朝授职。一三七三年，萨迦派摄（代）帝师喃加巴藏卜来京，封授"炽盛佛宝国师"，所举乌斯藏及朵甘思地带官员六十人，分别授予指挥同知、佥事、宣慰使、同知、副使、元帅、招讨等职。乌斯藏指以拉萨为中心的前后藏地区。朵甘包括乌斯藏以东至陕西、四川邻界的藏族居地，元代曾设朵甘思都元帅府。明廷在其地推行卫所制，分设乌斯藏卫指挥使司及朵甘卫指挥使司。次年，在河州设西安行都指挥使司，总管河州、乌斯藏及朵甘。原设乌斯藏卫及朵甘卫指挥使司也升为行都指挥使司，又任命各级官员五十六人。洪武八年（一三七五年）正月，在纳里（阿里）地区设置俄力思军民元帅府。两都司指挥使以下各级官员及元帅府元帅，均由明廷任命藏族贵族首领担任，依明朝制度建立起军政统治秩序。

封授诸王　元末吐蕃萨迦派逐渐衰落，噶举派、格鲁派等教派相继兴起。明成祖即位后，不再沿袭元代独尊萨迦的旧制度，对各地宗教首领分别封王。僧王也各自向明朝进贡,接受封敕。帕木竹巴喇嘛章阳沙加监藏曾受元封灌顶国师。明初袭封。明太祖曾遣内地僧人智光(武定人)两次入藏区招谕。成祖即位后,再遣智光往帕木竹巴地招谕。一四〇六年二月,帕木竹巴袭封灌顶国师的吉剌思巴监藏巴里藏卜遣使入贡。三月,明成祖遣使封授为灌顶国师阐化王,颁赐玉印并白金五百两及绮绢茶等。智光又到朵甘思地区的馆觉(贡觉)及灵藏招谕,命当地喇嘛为灌顶国师。两地分别遣使入贡。一四〇七年三月,明廷封授馆觉灌顶国师宗巴斡即南哥巴藏卜为护教王,赐金印。封授灵藏灌顶国师着思巴儿坚藏为赞善王,亦赐金印。一四一三年五月,明廷又分别封授萨迦派思达藏的喇嘛南谒烈思巴为思达藏辅教王,噶举派必力工瓦喇嘛领真巴儿吉监藏为必力工阐教王。明成祖先后封授五王。帕木竹巴一直受到明廷的优礼,最先封王。朵甘两王因地近陕蜀,特赐金印崇礼。后二王则明著地区性王号。五王为宗教领袖但各有分地,为一方之长,每三年向明廷朝贡一次。

明成祖还先后封授三位纯属宗教领袖但地位更高的"法王"。乌斯藏卒尔普寺(楚布寺)寺主是噶举派的噶玛系。此派早在南宋时即已创立,奉行活佛转世制,分黑帽、红帽两支。明初,黑帽寺主哈立麻(哈尔麻)为转世活佛。一四〇六年,明成祖先后派遣云南沐昕及宦官侯显往乌斯藏迎请。当年十二月,哈立麻来京师,受到明成祖的礼遇和厚赐。次年正月,封授"如来大宝法

74

王、西天大善自在佛、领天下释教"。

萨迦派领袖、主持萨迦寺的喇嘛昆泽思巴由明廷宦官迎请,一四一三年二月,到达京师南京。明成祖封授正觉大乘法王、西天上善金刚普应大光明佛,领天下释教。次年正月,由宦官护送回藏。

格鲁派是明初新创的教派。创始人是罗桑扎巴(善慧称吉祥),因出生于宗喀(青海湟中一带),故称宗喀巴(人)大师。早年入藏学习各派佛法,兼通显密二宗。鉴于当时各派僧官兼为领主,戒律废弛,沉溺享乐,因创新派,弘扬戒律,严禁娶妻,整饬寺院。入教喇嘛戴黄帽,以示持律,俗称黄教。明使入藏招谕。宗喀巴曾于一四〇八年上书明成祖答谢。一四〇九年,得帕木竹巴阐化王之助,格鲁派在拉萨举行祈愿法会,获得僧众的拥戴,成为一大教派。一四一四年十二月,宗喀巴弟子释迦也失(又名绛钦却杰),来明京师朝见。次年,明成祖封授为辅国显教灌顶弘善西天佛子大国师(其后明宣宗时加封大慈法王),一四一六年五月自京师启程回藏。

明成祖于三教派,均加招谕,分别封授。授两法王"领天下释教",实即统领本教派僧众,与元代帝师的统领天下释教,含义不同。明朝历代相承,三教派分别遣使向明朝进贡,明廷各有回赐。

开设贵州 元朝在湖广行省与云南邻界地区设立八番顺元宣慰司统治。在贵州(今贵阳)设顺元宣抚司。其北播州、思州等地各设宣抚司,以统治当地各族居民。明太祖设置贵州宣慰使司。又在思州分设思州与思南两宣慰使司。又设都指挥使司镇守贵州等地。成祖即位,在云南与湖广邻境的元普安路,设普安安抚司,隶属于四川。元末,水西彝族暖翠为贵州宣慰使,明军平云南后,降明。明太祖仍命为宣慰使。暖翠死,妻奢香继任,进京向明太祖陈告,明都指挥使司的都督马烨在当地苛虐,明太祖斩马烨。彝部感服。思州和思南两宣慰使,由田氏兄弟分任。永乐初,思州田琛与思南田宗鼎争地。明成祖遣使臣蒋廷瓒前往勘查。田琛及田宗鼎被密捕来京斩首。明成祖将内地各省的建置推行于贵州,于一四一三年二月,设贵州等处承宣布政使司,任蒋廷瓒为左布政使。原湖广西境贵州、思州地均划归贵州布政使统辖,下设思州、新化、黎平、石阡、思南、镇远、铜仁、乌罗等八府。一四一六年,又设贵州提刑按察司。贵州由此成与云南平等的省区,只是科举乡贡附于云南。明成祖开设贵州建置后,全国的布政使司,也由十二增为十三。

(三)周邻诸国的交往

元代蒙古诸汗国横跨欧亚,因而与域外诸国有着极其广泛的联系。元代称为色目的西域南海商民,定居中国,也增强了域外的来往。明初皇室诸臣,起于阡陌,对

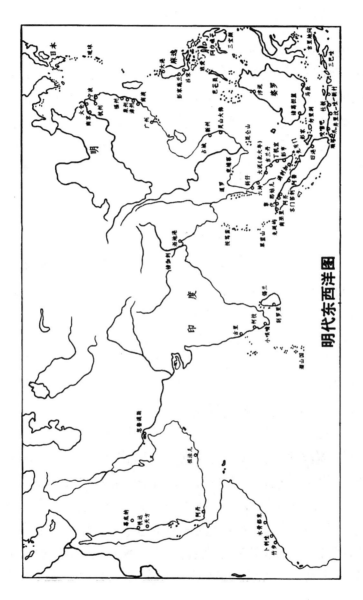

明代东西洋图

海外形势,似不甚了了。明太祖在位期间,全力巩固明朝内部的统治和防御蒙元的再起,无心也无力向海外开拓,因而与域外诸国的联系,多处于被动地位。明成祖初即位,即遣使告谕周邻诸国,以增强明王朝及皇帝本人的地位。在位期间,以所谓"怀柔远人"的方针,力求与周邻诸国和睦相处,避免战祸,并进而通过来使朝贡和遣使封赏等形式建立起经济的和政治的联系,取得很大的成功。

一、西域诸国的交往

明朝西邻的蒙古察合台汗国(兀鲁思)在元朝统治时期合并了窝阔台后王的封地和畏兀儿亦都护领地,其后又逐渐形成为相互对立的两大地区。西部地区以河中地带(阿姆河与锡尔河之间)的布哈拉、撒马尔罕为中心,以农业经济为基础,接受突厥文化,信奉伊斯兰教,自称为察合台人。东部以别失八里为中心,主要从事牧业,保持蒙古的传统文化,自称为蒙兀儿人(又译莫卧儿人。蒙古的音转)。蒙古诸王贵族之间频繁争夺汗位,陷入长期的纷争。元朝末年,出生于突厥巴鲁剌思部的驸马帖木儿在河中地区被拥立为沙(王),又称古儿汗。冒称察合台也花不花后裔的秃黑鲁帖木儿在东部阿克苏被立为汗。秃黑鲁帖木儿曾进兵攻占河中地区,留其子亦里牙思火者驻守。不久之后,帖木儿又起兵击败亦里牙思火者,占有西部广大地区,成为中亚盛国,被称为帖木儿王国。秃黑鲁帖木儿死于一三六三年,此后诸部混战。亦里牙思火者败归后,被杀。明初,帖木儿王国曾先后五次向东部进兵。一三八三年,秃黑鲁帖木儿之子黑的儿火者在阿力麻里被立为汗,后迁都别失八里。因而被称为别失八里国,又称东察合台汗国。

明太祖在位期间,两国即曾遣使来贡。明成祖先后亲征鞑靼、瓦剌,但对帖木儿王国遣使修好,使臣和商旅往来不绝。

帖木儿王国 帖木儿在位初期,对东方的明朝纳贡修好。一三八七年(洪武二十年)九月,帖木儿首次遣使到明朝,贡马十五、驼二,自此后频年贡马驼。一三九四年八月,帖木儿遣使到明朝贡马二百,并携带表文,说"臣帖木儿僻在万里外,恭闻圣德宽大,……今又特蒙施恩远国,凡商贾之来中国者,使观览城池都邑,富贵雄壮。……又承敕书恩抚劳问,使站驿相通,道路无壅,远国之人咸得其济。"(《明史·撒马尔罕传》)帖木儿王国输入中国的主要是马匹,其次是骆驼、玉石及刀剑等物。中国与之交换的货物主要是丝绸、瓷器等。除了官方的朝贡贸易外,民间贸易也得以恢复,中亚商人曾请求到凉州卖马,明太祖命到京师货卖。

一三九五年,明朝派遣给事中傅安、郭骥等率将士一千五百余人,赴撒马尔罕。帖木儿扣留使臣,领兵东征,大败东察合台汗国的黑的儿火者,进而攻入阿力麻里,焚毁其城。黑的儿火者辗转迁往别失八里。一四〇二年,帖木儿在西方战败奥斯曼帝国,俘掳奥斯曼的苏丹(国王),名震中亚。一四〇四年末,帖木儿领兵八十万东进,扬言要征服明朝。次年春初,行在中途病死。大军返回。

帖木儿死后,贵族间又掀起争夺王位的内战。其孙哈里承袭王位,占据呼罗珊的哈烈(赫拉特)地区的帖木儿第四子沙哈鲁起兵夺位。一四〇五年和一四〇六年,叔侄间曾两度激战。一四〇七年六月,哈里遣使臣虎歹达等送明使傅安归还明朝。傅安被帖木儿扣留十三年,备尝艰苦,同行御史姚臣、太监刘惟都已病死,随行官军千五百人,生还者只十七人。北平按察使陈德文在洪武末年出使,也在这年返回。

一四〇八年,明成祖派遣傅安再为使臣,赴哈烈通好。沙哈鲁遣使随傅安来明朝贡,于一四〇九年到达南京。一四一〇年,沙哈鲁再遣使入明朝进贡。明成祖遣都指挥白阿儿忻台随使臣去哈烈,持书劝谕沙哈鲁与哈里和好。说:"比闻尔与从子哈里构兵相仇,朕为恻然。一家之亲,恩爱相厚,足制外侮。亲者尚尔乖戾,疏者安得协和。自今宜休兵息民,保全骨肉,共享太平之福。"(《明史·撒马尔罕传》)。沙哈鲁又遣使随白阿儿忻台入贡。

在此期间,沙哈鲁已废除哈里的王位,成为帖木儿王国的君主,依突厥的传统,称算端。以哈烈为中心,不断向外扩展,在中亚以至西亚地区,建立起幅员广阔的大国。境内诸城邦,经济富庶,各自对外通商。一四一四年,明成祖特命宦官李达与吏部员外郎陈诚、户部主事李暹等随同帖木儿王国使臣出使西域,向沿途所经各城邦首领,分别赠送货物,建立联系。李达、陈诚等于次年返国。一四一六年六月,陈诚与宦官鲁安再次随哈烈来使出使,返国时沙哈鲁又派遣使臣陪同来明朝,并致书明成祖,劝告信奉伊斯兰教。明成祖复书说:"愿自是以后,两国国交,日臻亲睦,信使商旅,可以往来无阻。"(原载拉柴克《沙哈鲁史》,译文引自张星烺《中西交通史料汇编》第三册第二七三页)一四一九年,沙哈鲁派出五百余人的使团和商团,经肃州、甘州,到达北京。向明成祖进献马匹。一四二二年,再次遣使来贡。

陈诚等两次出使帖木儿王国,哈烈、撒马尔罕以外,又先后经过南部的八答里商(巴达哈伤)、迭里迷(忒耳迷),西至卜花儿(不花剌)、俺都谁(安德胡伊),北经忽章河畔的阿鹿海牙至达失干、赛蓝(赛兰)。明使所到之处,受到各城邦的接待,并都派遣使臣随明使朝贡、贸易。明成祖在帖木儿逝世后,一再遣使西域,与帖木儿王国修好,从而稳定了西部边陲。元代西域色目商人来内地经商的道路也重又开通。明王朝与西域诸国建立起广泛的联系,使臣与商旅往来频繁,意义是重大的。

东察合台汗国 东察合台汗黑的儿火者迁往别失

八里后,被迫向帖木儿臣服。一四〇三年,黑的儿火者死,子沙迷查干嗣位。一四〇四年,遣使明朝,进贡玉石、马匹。明廷宴赉使者。此后连年遣使入贡,明廷也遣使随赴其国回赐。沙迷查干曾在边地先后与鞑靼、瓦剌作战,获胜。一四〇七年六月,遣贡使来明,并陈说撒马尔罕乃是祖先旧地,将出兵收复。明成祖遣宦官把太、李达与鸿胪寺丞刘帖木儿持敕书及币帛随使者往其国,劝谕慎勿轻动。把太等至,沙迷查干已病死。弟马哈麻嗣位。

东察合台汗国,自秃黑鲁帖木儿开始信奉伊斯兰教。但国内居民,特别是蒙古部众并未真实信奉。马哈麻在位时,在境内各地,大力推行伊斯兰教,强迫居民入教为穆斯林。这时,汗国辖境北与瓦剌邻接,南至于阗,东接哈密。伊斯兰教逐渐成为这一广漠地带最为流行的宗教。明朝去撒马尔罕的使臣,多经其境。马哈麻厚待使者,明廷遣使赐以彩币。一四一一年,马哈麻遣使贡名马、文豹。明成祖遣傅安随使臣往其国,赐以金织文绮。明廷自瓦剌处得报,马哈麻将进攻瓦剌,命傅安告谕马哈麻与瓦剌和好,保境安民。一四一三年,明成祖又敕告甘肃总兵官,厚待马哈麻来往的贡使,并听任在沿途贸易。明成祖对西境蒙古诸国劝谕和好,不以其相互争战为己利,又广开商业通道,准许贡使贸易,对于稳定西陲,取得了成效。

一四一五年,陈诚等奉使西行,曾途经哈密、于阗、吐鲁番、盐泽、柳城、火州等地及别失八里。沿途各地,均颁赐明朝的彩币等物品。这年,马哈麻病死,从子纳黑失只罕嗣位。一四一六年,明成祖命傅安及宦官李达前往吊祭,封赏新王,赠以文绮、弓、刀、甲胄等厚礼。次年,因新王送嫁公主于撒马尔罕,又赐给绮、帛各五百匹。一四一八年,纳黑失只罕被从弟歪思杀死。歪思夺取王位,西迁至伊犁河的亦力把里,即元阿里麻里行省的亦剌八里。此后,明人即以亦力把里称其国。明成祖遣宦官杨忠赐歪思弓刀甲胄及文绮彩币,各部首领也各有赏赐。歪思连年向明朝入贡,始终修好。

二、南海西洋的交往

明太祖在位时期,南海地区的琉球、暹罗、占城、爪哇诸国王先后遣使入贡。明成祖即位,多次派遣宦官,出使亚、非诸国,招徕各国使臣入贡,开拓贡使贸易。宦官郑和几次出使,扬威海外,尤为一时的盛举。

南海与西洋 成祖即位后,即在一四〇二年九月,派遣使臣到安南、暹罗、爪哇、琉球及苏门答剌、占城等国通告即位。次年,建元永乐,又遣使去这些国家颁赏国王。同年九月,爪哇国西王(时有东、西二王)都马板遣使入贡。明成祖随即派遣宦官马彬出使爪哇,赐给都马板敕书及王印,并往谕苏门答剌等部,带去文绮纱罗等织品。又遣宦官李兴等持敕书往暹罗,见暹罗国王。宦官尹庆等往满剌加(马六甲)、柯枝(科钦)等国。一四〇五年六月，派遣宦官郑和、王景弘等率领船队，开始了规模浩大的出使。

云南昆阳州人郑和，世奉伊斯兰教，父马合只曾往天方（默伽）朝圣，尊号哈只（朝圣者），在元代称为色目或回回。一三八一年明军平云南，郑和被俘，在燕王府服役，随燕王作战有功，擢升为内官监长官太监（正四品），赐姓郑，称三保太监。一四〇五年，郑和奉使出洋时，年约三十五岁。据说他幼习孔孟，又通晓伊斯兰教诸国的文化习俗，知兵习战，能武能文，而且是明成祖即位前就已宠信的宦官，自是恰当的人选。《明史·郑和传》说，郑和首次出使，率领士卒二万七千八百余人，修造长四十四丈宽十八丈的大船六十二艘。郑和携带成祖诏谕诸国的敕书，去各国开读，并持有颁赐各国王的敕诰和王印。又携带大量金银、铜钱、运载大批货物作为赏赐。他既是明朝奉敕的使臣，又是船队军兵的统帅。

元代海上交通发达，东起琉球，西至非洲东岸，都已有商船来往。造船技术及航海技术也相应发展，取得很大的进步。江苏太仓刘家港是元代海运和海外交通的繁华港口。郑和的船队即从刘家港出发，经福建五虎门出海，到达占城（今越南中部）。占城、暹罗、爪哇等国在东南海中，习称南海诸国或东南诸国。南洋海域，自宋元以来，大体上以昆仑岛为界，以东称东洋，以西称西洋。郑和经南海入西洋，途经苏门答剌、阿鲁

（亚鲁）、旧港（三佛齐国）、满剌加（马六甲）、小葛兰（奎隆），一四〇七年到达印度半岛西海岸的古里国回航。一四〇三年宦官尹庆出使柯枝时，曾到达古里。古里王遣使者随尹庆入贡，一四〇五年至京师。郑和到古里后，颁赐诰、印，赏给冠服，并在古里立碑，称"刻石于兹，永垂万世"。一四〇七年九月，郑和返回京师。郑和此次出使途经旧港时，广东商人陈祖义据地从事海盗活动，劫夺贡使。郑和擒陈祖义回朝，由明成祖处死。

郑和出使的两年间，南海诸国继续遣使入贡。一四〇五年，明成祖曾封授满剌加国王，并为王撰写镇国碑铭。浡泥（文莱）国王麻那惹加那乃遣使入贡，明成祖赐予国王印诰。爪哇东、西二王分别遣使入贡，而又相互攻战。当明朝的使团到达东王城时，正值西王攻灭东王，明军卒七百余人在战乱中被杀。西王向明朝请罪，明成祖命他输纳黄金六万两自赎。（后献一万两，免除其余）当郑和回京时，苏门答剌、古里、满剌加、小葛兰、阿鲁等使臣也随船同来，到京师入贡。

郑和首次远航归国的次年，浡泥国王麻那惹加那乃为感谢明朝的封授和厚赠，也为了观览明京盛况，率领妻子弟妹等家属及亲戚、陪臣等共一百五十余人来明朝京师，奉表朝贡，于一四〇八年八月到达京师南京。明成祖在奉天殿召见，亲与交谈，在华盖殿和奉天门，接连设宴款待，并命大臣一人在馆舍陪侍。锡予仪仗及金银丝绢等器，甚为丰厚。域外国王来朝，是明朝前所未有的大事,举朝欢庆,传为盛举。麻那惹加那乃不幸于十月间病死于南京,葬于南京安德门西,建陵树碑,谥恭顺王。子遐旺继承王位。

福建长乐县现存郑和等立《天妃之神灵应记》碑石,记载永乐五年(一四〇七年)郑和舟师曾再次出使爪哇等国,可能只是送贡使回国,现存文献并未留下较详的记载。一四〇八年九月,明成祖命郑和与宦官王贵通等率领官兵二万七千余人,海船四十八艘再次出使南海西洋,以锦绮等颁赏诸国。郑和等仍循旧路,自福建五虎门出海经占城、爪哇、满剌加,于次年年初到达锡兰。锡兰是佛教圣地。郑和、王贵通等向锡兰山佛寺布施金银钱币及丝绢、铜器,在二月朔日刻石存记。由锡兰西行,北至印度半岛西岸的小葛兰、柯枝、古里等国。在各国开读明成祖的敕谕,主要是劝告各国"循理安分""庶几共享太平之福",倘若来朝,皆予赏赐。郑和船队返回时,再经锡兰。其王亚烈苦奈儿发兵五万人,堵塞道路,劫掠郑和货船。郑和以三千人乘夜攻入王城。亚烈苦奈儿及妻子等家属被擒,押解到南京。一四一一年七月九日郑和至京。明成祖得报大喜,封赏下西洋官军锡兰山战功,又将亚烈苦奈儿及妻子开释遣回,另立新王,从而提高了明朝的声威。明成祖对此次战役极为得意,两年后,在颁给乌斯藏大宝法王的诏书中还曾历述其事,并说在锡兰得到佛牙。

郑和于一四〇九年途经满剌加时,曾颁成祖诏书,封授满剌加国王,赐以银印。满剌加原来为暹罗所控制,向暹罗纳税;得明封授,遂得自立。一四一一年,国王拜里迷苏剌率领妻子陪臣等五百四十余人,来南京朝见谢封。明成祖在奉天殿设宴会见、赐给黄金、锦绮等甚厚。

南海西洋诸国相继来朝,贡使贸易频繁。郑和等不辱使命,明成祖对南海西洋诸国的共享太平之策获得了成功。

西洋与西域　郑和等三次出使,完成了预定的使命。但明朝的船队到达西洋最远之国,大概只是印度半岛西岸的古里。一四一二年冬,明成祖再命郑和率领船队作更远的航行。《明史·外国传·忽鲁谟斯传》说,因为西洋近国已航海入贡,"远者犹未宾服",乃命郑和持玺书前往诸国。所谓远国,主要是指忽鲁谟斯。忽鲁谟斯《元史》作忽里模子,原在波斯湾忽里模子海峡北岸建城,元代城毁,在海峡岛上立国(今伊朗霍木兹岛)。此国是伊斯兰教的盛国,也是伊斯兰世界与海外通商的要地。元代泛称穆斯林为回回,或西域人,因而也泛称忽鲁谟斯等阿拉伯海以西诸回教国为西域。(《天妃之神灵应记》《通番事迹记》)

一四一二年冬,宦官少监杨敏率一支船队往榜葛剌(孟加拉)国,吊唁其国王之丧,封授新王。一四一三年春,郑和统领舟师往忽鲁谟斯,于次年到达。赐给国王及诸臣锦绮彩帛等物。忽鲁谟斯于当年至京师奉表贡马。一四一五年，郑和归国途中，经苏门答剌。苏门答剌国王宰奴里阿比丁向明朝申诉，部落贵族苏斡剌领兵作乱。郑和领兵擒苏斡剌，押解回京师。明成祖将苏斡剌处死。

郑和此次西行，似自古里西航，约一月达忽鲁谟斯。一四一五年七月，返回京师。一四一六年十一月，非洲东南海岸的木骨都束、卜剌哇（今索马里境）及著名回教国西域贸易中心阿丹（也门亚丁）等国随忽鲁谟斯朝贡。十二月，明成祖命郑和为钦差总兵太监率舟师随使臣往其国回赐，并去柯枝颁赐国王印诰及封镇国山的碑文。一四一七年五月，郑和在福建泉州回教徒墓进香祝祷，出海。郑和在前引两碑记中都称此行是"往西域"。大约自苏门答剌、锡兰，经回教国之溜山（今马尔代夫群岛）径西航向木骨都束等国，再北航至阿丹、忽鲁谟斯，然后东返古里、柯枝，再循旧路经苏门答剌回国。一四一九年七月，郑和回到京师。随同前来进贡的忽鲁谟斯、阿丹、木骨都束、卜剌哇、古里、爪哇等国使臣，贡献了稀见的狮子、金钱豹等珍奇动物。明成祖命群臣在奉天门观赏。文臣纷纷作诗祝贺。明成祖厚赏自西域归来的官兵。

永乐十九年（一四二一年）正月，明成祖迁都北京（详见下节）。自苏门答剌以西至忽鲁谟斯，共有十六国使臣在京朝贡祝贺。其中包括一四一九年来朝未归的使者。阿丹以北，阿拉伯半岛东南岸的回教国祖法儿则是第一次随阿丹使臣来明。明成祖命郑和等率领舟师护送十六国使臣回国。此次护送,并无其他使命。郑和到达南海一带,似未再西行。一四二〇年八月即返回北京。各国使臣由舟师分队分头护送。太监李克率领的舟师送阿丹国使臣至苏门答剌后,命宦官周某率船三艘送至其国。

明成祖在位时期,先后六次派遣郑和率舟师出使南海西洋以至西域诸国,远至今西亚与东非,见于记载的所经国度,多至三十余地。在古代中国的对外关系史和航海史上都是罕见的壮举。以郑和为首的官兵数万人,远航海域,作出了重大的贡献。使团随行人员马欢著《瀛涯胜览》、费信著《星槎胜览》,分别纪录了航行诸国的见闻。

三、与朝鲜、日本的交往

朝鲜 元代高丽国王接受元朝封号,用元朝年号纪年。明太祖初即位,即遣使高丽告即位。次年,高丽国王颛即停用元朝至正年号,遣使入明请封。一三七〇年,明太祖遣使持金印文诰,封王颛为高丽国王。高丽始用洪武年号,对辽东元朝来使称北元。一三七四年,高丽权相李仁任杀王颛,拥立权臣辛旽之子辛禑为王,遣使来明入贡,明太祖却而不受。直到一三八五年,明太祖才加给辛禑高丽国王封号,并追谥王颛为恭愍王。一三八八年高丽东北面都指挥使李成桂除李仁任,囚禁辛禑,辛禑让位于子昌。次年李成桂废辛昌而立王颛之后王瑶,杀辛禑。一三九二年七月,王瑶(恭让王)让位于李成桂。李成桂(李朝太祖)即位,改国号为朝鲜,次年,改名李旦,遣使来明,贡马九千八百余匹。明太祖回赐纻丝棉布等近二万匹。一三九八年九月,朝鲜太祖以年老,逊位于次子芳果(定宗),一四〇〇年十一月,芳果因病让位于太祖第五子芳远(太宗)。

明成祖即位,朝鲜太宗遣使朝贡。一四〇七年,朝鲜十四岁的世子禔得明朝允准,作为进表使率领各级官员五十余人,随从三十余人自北平府路至明京师南京,贺正。十二月,世子禔至辽东,明成祖特派官员赴辽东迎接。次年正月,朝鲜世子禔在南京进贡马匹金银器物。明成祖数次召见。厚加赏赐。世子禔告归,明成祖赋诗一篇赐世子,并赐白金千两及《大学衍义》等书籍、笔、墨、丝、罗等物品多项。四月间,世子禔回到朝鲜京城,群臣郊迎,街巷结彩,朝鲜太宗设宴慰劳使臣,说明朝"圣恩重大、报谢无由"。(朝鲜《李朝太宗实录》)

一四一八年,朝鲜太宗芳远以年老逊位,废世子禔,传位于第三子祹。明成祖不加干预,诏谕"听王所择"。八月,李祹(世宗)在朝鲜即位,明成祖遣使赴朝,封为朝鲜国王。

朝鲜建国后,与明朝聘使往来,关系是和睦的。

日本 元世祖发舟师东侵日本,覆没海中。终元一代,日本与中国不再通使。明太祖建国后,于一三六九年,派遣行人杨载出使日本。次年又派莱州府同知赵秩去日本,见日本国王良怀,告以大明天子,非蒙古比,劝谕修好。日本国王遣僧人祖来奉表贡马,并送还在明州台州掠去的中国人口七十余人,于一三七一年十月抵明都南京。明太祖宴赏使臣,并命僧人祖阐等八人送日本使者回国,回赐良怀文绮纱罗。胡惟庸案后,明太祖疑胡惟庸欲借日本为助,不再向日本遣使。一四〇三年,明成祖即位后,即派左通政赵居任、行人张洪偕僧道成出使日本。将行,日本使臣已至宁波,十月到达南京。明朝优礼相待,对使臣所带货物,包括违禁的兵器之类,均准按时价出售,并遣使随日本来使回访,赠日本国王源道义冠服及龟纽金章。此后,两国又恢复了贡使往来。

明初,在宁波设市舶司,日本商人须持明朝发给的"勘合"即凭证贸易。成祖永乐初,定议每十年贸易一次,人限止二百,船限二艘。但实际上日本来中国贸易的船舶和人数以入贡为名,远远超过上述规定,也不受十年一次的限制,贡物以外的走私货物超过贡物十倍。日本运来的货物主要是刀、扇、硫磺、铜、苏木、漆器等。自中国带回的是银、钱、绸缎、布帛、陶瓷等。日本折扇自宋代输入中国,行用不广。成祖时,日本作为贡品输入,明成祖赏赐群臣,折扇在明朝官员和文士中逐渐流行。

倭寇 明初,日本一些在国内失意的土豪与浪人,在中国沿海地区，武装走私，抢掠商民。当时称为"倭寇"。从辽东、山东到广东漫长的海岸线上，倭寇不时出没，甚至登岸剽掠。一三六九年，明太仓卫指挥佥事翁德率领卫所士兵力剿倭寇，生擒数百人，但倭寇仍时出剽掠，明朝大力加强海防，增置卫所，添造战船。明太祖一朝，先后在辽东到广东沿海设置五十余卫，计有士兵二十余万。每百户设一战船，千户所十船。一卫五所，有船五十，每船旗军五十名。

明成祖与日本修好，仍继续加强沿海防御。永乐九年（一四一一年）正月，命丰城侯李彬、平江侯陈瑄等率浙江、福建舟师剿捕海寇。一四一六年，命都督同知蔡福率兵万人，在山东沿海巡捕倭寇。一四一九年，总兵刘荣（刘江）领导军民在辽东望海埚进行了一次大规模的抗倭战役。望海埚，位于金州卫金线岛西北，距金州城七十余里，是辽东沿海的要塞，地势高广，可驻兵千余。刘荣任辽东总兵后，筑石堡，置烟墩瞭望。一日，二千余倭寇乘船前来。刘荣自烟墩得报，命都指挥徐刚伏兵山下，百户江隆率壮士潜绕贼船，截其归路。倭寇到埚下，刘荣举旗鸣炮，伏兵奋勇杀敌。倭寇大败，死者枕藉。逃脱者被江隆部擒拿。望海埚之役明军生擒倭寇数百，斩首千余。大获全胜，成祖一朝，倭寇不再敢来侵扰。

四、对安南的战事

安南国王陈氏受元朝封授,世为国王。明初,国相黎季犛杀逐陈氏,立子黎苍为皇帝,自称太上皇,改姓胡氏。黎苍改名胡奃。明成祖即位,黎苍遣使来求封号,诈称陈氏宗嗣已绝。明成祖不明安南内情,于一四〇三年闰十一月封黎苍为安南国王。次年,前安南国王之孙陈天平来朝,陈诉黎氏篡逐真相,请讨黎氏。一四〇五年,明成祖遣使往安南查问。黎苍遣使谢罪,并诈请陈天平归国。明成祖再次受骗,派使臣聂聪送陈天平回安南,并命征南副将军黄中、吕毅、大理卿薛喦领兵五千护送。一四〇六年三月,黄中等行至安南境内的芹站,黎苍伏兵山中,杀陈天平,聂聪、薛喦均被杀。黄中,吕毅败退。成祖得报大怒,发大兵征安南。

一四〇六年七月,明成祖命成国公朱能为征夷大将军,镇守云南的西平侯沐晟及新城侯张辅为左右副将军,调兵八十万,大举出征。京畿及荆、湖、闽、浙、广西兵出广西凭祥,巴蜀、建昌、云南、贵州兵出云南蒙自,两路并进。十月,朱能病死,张辅受命代朱能领兵。安南全线布兵堵截,号称二百万。张辅等攻下多邦城,进克东都。一四〇七年三月,张辅、沐晟追击黎氏父子于富良江中,斩首数万,夺船三百艘。黎季犛、黎苍先后被俘,九月,缚献京师,囚禁。

明成祖败黎氏后,在安南依内地各省建置,设置交趾布政使司、都指挥使司和按察司,分其地为十五府,下设州县。以原北京行部尚书督安南军饷黄福为布政使兼掌按察司。安南战事,缘起于安南权臣谋位。成祖不明真相,一再失误,终致出动大兵远征,劳军费饷。安南军民死伤数万,也遭受沉重的损失。战争之后,明成祖不立新王,而据地设官,直接统治,更是违背安南人民的意愿,于明朝无益而有损。

一四〇八年八月,安南陈氏旧官简定起兵反明,称日南王,建年号兴庆。明成祖得报,再命张辅领兵二十万出征。一四〇九年,简定称上皇,立陈氏后裔陈季扩为大越皇帝,改元重光。张辅兵至安定,简定兵败被擒,押解至京师处死。一四一〇年十二月,陈季扩遣使请降,明成祖不复王封,而以陈季扩为交趾布政使,季扩拒不受命。一四一一年,张辅、沐晟再出兵征安南,安南继续抵抗。战争延续三年,至一四一二年,陈季扩被擒处死。张辅受命镇守交趾。

一四一六年冬,张辅在安南已逾十年,奉召还京。次年正月,交趾清化府土官黎利再起兵反。此后连年作战,直到明成祖病死。明朝军兵始终陷于安南军民的抗击之中,难以自拔了。

（四）迁都北京与北征蒙古

一、国都的迁徙

明成祖以燕王封地北平为基地，起兵夺得皇位。即位后即将北平改名为北京，作为明朝的陪都，建顺天府。一四〇九年，明成祖来北京，依朝廷建制，在北京建立五府六部等官署，称为行在。北京由此成为名副其实的第二国都。明成祖削弱诸藩，并奠立了边疆的统治后，于一四一七年春，开始营建北京都城，作迁都的准备。永乐十九年（一四二一年）正月元旦，宣告国都自南京迁至北京，称北京为京师。奠都北京是明成祖晚年完成的一件大事。北京从此成为明、清两代的国都，影响是深远的。

自明太祖建国以来，国都所在地的选择，曾经过几度变易。一三六八年三月，明军攻下开封，朱元璋亲往察看。军中谋士多建策定都中原。同年八月，明太祖宣布以金陵为南京，开封为北京，两京并立。次年，明太祖在南京召集群臣，商议建都事。群臣议论不一，明太祖亲自定议，以南京为国都，另在临濠府（濠州）建中都，理由是中都建在淮水以南，足以控制中原。濠州是明太祖的故乡，群臣自无异议。一三七〇年，明太祖设"行工部"，营建中都，命李善长总理其事。中都城规模宏大，周回五十里,内外城垣三重,内建宫殿、官署、宅第,施用五彩琉璃,极为豪丽。中都城建于明太祖的祖陵凤凰山下。一三七四年,改名凤阳府,治凤阳。中都之建历时五年,每年用工上百万,先后耗资至万万,尚未竣工。一三七五年四月,明太祖曾亲临中都,祭祀祖陵。随后以营建过于劳费,下诏停止役作。九月,改建南京宫殿,务求俭朴。一三七七年十月,南京宫殿建成。次年正月,明太祖诏定南京为京师。废北京,仍为开封府。

徐达军攻入元大都时,大都城阙宫室多在战乱中被毁,幸存的太液池畔的隆福宫,成为燕王的府第。明成祖建顺天府后,曾发流罪以下刑人开垦北京农田,又迁徙直隶苏州等十郡和浙江等九省商民来北京。一四〇四年又迁山西居民一万户来京。明成祖迁徙商户,旨在充实北京的财富,以促进经济的发展,与明太祖的打击豪富,用意不同。一四〇六年夏,北京大雨,旧城墙塌坏五千三百余丈。此后,连年修浚北京通惠河等河道并疏浚大运河,以通漕运。一四一七年,命平江伯陈瑄充总兵官,督办漕运,南方各省木材由运河运至北京。寿宁侯都督佥事陈珪督工建造京城宫殿,工部尚书吴中与中官阮安等主持营建。一四二一年,京师建成,正式迁都,大运河的修浚也同时完工。

北京城营建在元大都城的基础上。东、西城垣依大都旧城包砌。北城墙南移约五里,南城墙南移约二里。因而东西距离与元大都相同,南北略有缩短,周回约五十五里。城中偏南十八里为皇城。皇城之内建造周回六里的宫城，又称紫禁城。元大都的太液池括于皇城之内、宫城之西。皇帝宫殿与后妃、太子诸宫集中于宫城之内。宫城正南门称承天门，门外左侧建太庙，右侧建社稷坛。皇城的正南门为大明门，门外两侧建置中枢官署，左文右武。都城的正南门称正阳门，左为崇文门，右为宣武门。都城的东、西、北三垣，各有二城门，全城合共九门。明初的北京城略小于元大都。但宫殿、祭坛、官署等设置更为集中，布局也更为严密了。

明成祖定都北京后，南京中枢各官署仍在当地继续理事，依然实行两京并立的制度。

二、北 征 蒙 古

明成祖定都北京，显然是由于北京是燕王的基地，同时也还为了便于北征蒙古。

蒙古族鞑靼与瓦剌两大势力互斗，明成祖处置失宜，左袒鞑靼阿鲁台，远征瓦剌。瓦剌败后，阿鲁台得势，转而在明朝边境骚扰劫掠。明成祖大怒，决意再征鞑靼。定都北京后，当年十一月即召集群臣，集议亲征。户部尚书夏原吉、兵部尚书方宾、刑部尚书吴中等都以为连年北征，军储已消耗十之八九。车驾亲征，劳师费饷，建议兵不当出。明成祖固执己见，力排众议，将夏原吉、吴中罢职下狱。方宾畏罪自杀。明成祖命各地征发民夫，赶造粮车，明春运送军粮北上。

一四二〇年春,阿鲁台来攻兴和城,杀明都指挥使王焕。明成祖随即率领大兵十万亲征,随军运粮的民夫多至二十余万。明军出发,阿鲁台得讯逃遁。明军进退两难,沿途阅兵演武,缓行待命。六月初,行至开平附近,鞑靼军围攻万全,以为牵掣。明成祖不理,继续前进。七月间进至呼伦湖,确知阿鲁台已率众远走。明军劳师无功,难以回师。明成祖命兵众转而袭击支持阿鲁台的兀良哈三卫。三卫军无备,败溃。明成祖下诏班师。九月间,返回北京,庆祝这次出征的所谓胜利。

次年夏季,边将奏报从鞑靼降人中得知,阿鲁台可能又要南犯。明成祖不甘于前次的出师无功,决意再度北征。对臣下说:他(阿鲁台)一定以为我不会再出兵,我当领兵先到塞外等他,可以成功。七月,明成祖亲自领兵出宣府北进。命宁阳侯陈懋为前锋,统领陕西、甘肃、宁夏三镇兵,自西路包剿。九月,明成祖进军到万全西阳河,从鞑靼降官得知,阿鲁台已被瓦剌脱欢击败,部落溃散北逃,并无南犯之事。边将原奏失实。明军出不遇敌,再次陷入进退两难的境地。同月,陈懋前锋军进至贺兰山后,蒙古贵族也先土干率部众降明。(《国朝献徵录》卷七《陈懋神道碑》,卷九《毛忠传》)十月初,陈懋遣人驰奏万全。陷于困境的明成祖此时驻在万全以北的上庄堡,得报大喜,诏令陈懋对也先土干的部落资财,不可侵损,并诏谕也先随陈懋来见。《明宣宗实录》说也先土干是元太保不花六世孙。也先不花出于克烈部,先世降蒙,世居高位。不花在世祖朝曾为太子真金的师傅,文宗朝追赠太傅、恒阳王。不花子亦怜真赠太傅武昌王,秃鲁太师广阳王,按滩太保、赵国公。也先一家是元代望族。元亡后,也先土干在鞑靼、瓦剌之间,自成势力。《明太宗实录》说他"在虏中以黠桀自豪",直到一四二三年七月,明成祖出兵前,仍然遣使来明朝见,与明朝之间从无战事。明人李贤撰《陈懋神道碑》,以也先之降为陈懋的战功,不免有所夸张。《明史》及《明实录》称他为蒙古王子或迤北鞑靼王子。他与阿鲁台的鞑靼,并非统属。称王子也只是因为他是元代诸王的后裔,并非鞑靼的汗或太子。但是,也先土干的来降,却足以使明成祖摆脱困境,有理由称无功为有功了。十月下旬也先土干与陈懋来见。明成祖亲加抚慰,封也先土干为忠勇王,赐姓名为金忠。次日,即下诏班师。明成祖车驾自万全出发,与金忠并马偕行。十一月初,经居庸关返回北京。文武群臣跪在道旁迎驾,欢呼万岁。北征鞑靼又算是取得了胜利。

明成祖晚年多病,为蒙古边事所困扰。阿鲁台降而复叛,使他耿耿于怀,必欲擒灭而后快。两次出师无功,表面的祝捷并不能掩盖内心的羞愤。回京后刚满两月,永乐二十二年(一四二四年)正月,大同、开平又奏报阿鲁台部众来袭。降明的金忠力请出兵,愿为先锋作战。金忠原遭阿鲁台胁迫,力请出兵也借以表明对明室的忠贞。明成祖征发山东、山西、河南、陕西、辽东五都司军兵,以陈懋、金忠为前锋,四月初,再次发兵亲征,英国公张辅与内阁大学士杨荣、金幼孜等文武大臣随行。兵出独石口,至隰宁,得知阿鲁台已率领骑兵,北移至哈剌哈河支流的答兰纳木儿河一带。五月初,明军到开平,稍停。随即北进,经原应昌路,于六月中到达答兰纳木儿河附近。陈懋、金忠回报,前锋军已到河畔,并无阿鲁台踪影。明成祖命英国公张辅等领兵搜山。张辅回报,搜索山谷周回三百余里,不见一人一骑。张辅请给一月粮深入搜索。明成祖见广漠之地,难望必得。六月二十一日,下诏班师。

明大军分东西两路回师,预期在开平会合。明成祖亲率东路军由近路返回,七月七日途经清水源,命大学士杨荣、金幼孜等撰文纪行,在数十丈摩崖上刻石,说是"使后世知朕曾亲征过此"。十七日,到达距开平尚有十一日路程的榆木川。明成祖自定都北京以来的三年间,三次出征,徒劳往返,劳瘁愤恼,病体日益不支,惭悔不听夏原吉等的忠言。对左右说"夏原吉爱我!"。次日,在榆木川中病死,年六十五岁。死前向英国公张辅传遗诏:传位皇太子。皇太子高炽(仁宗)即位后,上谥号为太宗。其后明世宗时改谥成祖。

明成祖即位前,以抗御蒙古有功,权势日重,进而夺得皇位。即位后,对鞑靼作战获胜。纳降阿鲁台,转而进攻瓦剌。阿鲁台得势复叛。明成祖自知失策,在愤恼中一意孤行,一再举行不明敌情也并非必要的亲

100

征,终至身死军中,为天下笑。明成祖在北征中结束了他的一生,明王朝也由此结束了对蒙古的北征。

(五)皇位之争与宣德诸政

一、仁宗的短暂统治

明成祖病死,随行的文武臣僚集议,秘不发丧,护送遗体至开平。由大学士杨荣驰赴京师向皇太子奏报。八月,太子高炽命皇孙瞻基去开平奉迎,在军中发丧。太子高炽(仁宗)在京师迎成祖遗体棺殓,奉遗诏即皇帝位。改明年年号为洪熙。

明仁宗是成祖的长子,太祖时册封为燕世子。成祖起兵夺位,奉命驻守北平。成祖即位后,一四〇四年召至南京,立为皇太子。成祖几次出征,均奉命监国。成祖次子汉王高煦随军北征有功,多次谗构高炽,太子詹事蹇义和辅导太子的黄淮、杨溥等东宫官属先后被罪系狱。成祖病死,仁宗随即释放夏原吉,即位后恢复夏原吉原职,倚为重臣,咨议朝政。因谏阻北征系狱的刑部尚书吴中和黄淮、杨溥等都自狱中释放。仁宗为稳定统治,锐意擢用东宫旧臣和阁臣。恢复成祖时罢废的三公(太师、太傅、太保)三孤(少师、少傅、少保)等尊职,以公侯伯尚书兼领。武臣中英国公张辅掌中军都督府加太师。文臣中蹇义在成祖末年得释,进为少傅兼吏部尚书,杨荣原曾在东宫为谕德,加太子少傅兼谨身殿大学士,进为太常寺卿,又擢为工部尚书。阁臣杨士奇曾任太子左谕德,成祖时也因太子被谗入狱,不久获释,进为少保兼华盖殿大学士,擢礼部侍郎,又进为尚书。原右谕德金幼孜加太子少保仍兼文渊阁大学士,任户部右侍郎。黄淮为通政使兼武英殿大学士,又进为少保户部尚书。他们大都是仁宗东宫旧臣,兼尚书衔后,仍是皇帝左右的辅臣,但禄位提高,职任也加重了。

明成祖在位二十二年,继承太祖的基业,巩固了明王朝的统治。但一些过猛的弊政也不免积怨臣下,愤抑难平。一是即位之初,对惠宗朝的旧臣广加诛杀,以至株连亲族,处置过于严酷。一是晚年一意北征,严惩谏臣,劳师费饷,招致边境不宁。仁宗力求缓解积怨,诏令礼部将建文诸臣家属因获罪在教坊司、锦衣卫、浣衣局等处为奴者,一律释免为民。建文诸臣外戚全家获罪流放戍边者,只留一人,其余全部放还。以前因言事失当而充军者也予赦免。谏阻北征获罪的臣僚,已相继释免起用。阿鲁台于仁宗即位三月后,遣使臣贡马。仁宗给予回赐并派中官持诏书往谕阿鲁台,宥其前过,令通使往来如故。又遣使招谕兀良哈官民,仍前朝贡,听往来生理。

明成祖迁都北京,群臣多持异议。迁都后三月,皇宫奉天殿等三大殿起火焚毁。群臣应诏上疏,多称迁都不便。主事萧仪激切陈言,竟被处死。言官数人被贬官或下狱。一四二五年三月,仁宗诏令北京诸司复称行在。四月,命皇太子瞻基去南京居守,作还都南京的准备。五月,仁宗病死,年仅四十八岁。死前命召皇太子回北京,传遗诏即位。

仁宗在位不满十月,曾力图矫除积弊,有所作为,宏图未展而早逝。在位期间,起用文臣,组成了中枢统治机构,为明王朝此后的施政,奠立了基础。

二、皇 位 之 争

皇太子瞻基奉召回京。六月初抵卢沟桥。户部尚书夏原吉、礼部尚书吕震与太监杨瑛奉仁宗遗诏来迎。六月十二日在北京即皇帝位。改明年年号为宣德。瞻基(宣宗)早在一四一一年即由成祖立为皇太孙,曾随成祖三次北征,深得成祖喜爱。辅导仁宗的阁臣黄淮、杨荣、杨士奇、金幼孜等都曾受命辅导皇太孙,讲授经史。老臣夏原吉也屡侍太孙,往来两京。仁宗即位,皇太孙立为皇太子,朝野视为当然。仁宗崩逝,宣宗由皇太子即帝位,也自然得到东宫旧臣的拥戴。但即位不久,汉王高煦即起兵夺位,明王朝又出现了皇位之争。

汉王高煦谋夺皇位,由来已久。成祖起兵夺位,留世子居守。高煦随成祖转战南北,屡立战功。成祖立太子前,淇国公丘福曾数劝立高煦。解缙、杨士奇等文臣则称高炽仁孝。成祖不喜高炽,但极爱太孙瞻基,终于立高炽父子为太子、太孙。高煦封汉王,藩国云南。

高煦不肯就藩,仍留南京,乘成祖北征,与近臣屡次谗陷太子高炽。又奏言解缙乘成祖北征,私觐太子,成祖将解缙下狱处死,株连朝臣多人。一四一五年,高煦改封青州,仍拒不就藩,受到成祖的斥责。成祖渐闻高煦有意夺嫡,私募军士,一四一七年三月徙封乐安(山东广饶),责令即日就藩。仁宗即位,曾召高煦来京朝见,仁宗病死,朝中传言汉王将起兵犯京,卫军整兵以待。宣宗来京,悉令撤去。宣宗自信有文武大臣的支持,不以高煦为意。

一四二六年八月初一日,高煦在乐安起兵夺位。立五军:指挥王斌领前军,韦达左军,高煦自率中军,世子瞻坦居守。又遣亲信枚青潜至京师约英国公张辅为内应。张辅当夜缚枚青奏闻。乐安人御史李浚,父丧家居,也赶到京师,向宣宗奏报高煦乱谋。宣宗遣中官侯泰持玺书往乐安见高煦,信中说:"昨枚青来言,叔督过朝廷,予诚不信"。又说:"且传播惊疑,或有乘间窃发者,不得不备"(《国榷》卷十九),高煦遣百户陈刚上章,指责仁宗违旧制封文臣,又请诛奸臣夏原吉等。宣宗知高煦已反,拟遣阳武侯薛禄率军往讨。杨荣、夏原吉劝宣宗亲征,说:"兵贵神速,一鼓可平"。八月初十日宣宗亲统大营五军将士出征,蹇义、杨士奇、夏原吉、杨荣等扈从。阳武侯薛禄、清平伯吴成为先锋。十九日前锋至乐安,次日宣宗率大军至乐安城外。高煦原约山东都指挥靳荣等于济南起兵接应,被山东布政使与按察使阻止不得发。大军至，高煦护卫军不敢出，固守乐安城。宣宗大军发火炮（神机铳箭）攻城，声震如雷，城中战栗。宣宗以敕书谕降，射入城内。军心瓦解。二十一日，宣宗擒高煦，解回京师，禁锢于皇城内的囚室，名曰逍遥城，其后处死。因此案处死及充军者，二千余人。

宣宗出兵十日，迅速平定高煦，避免了一场争夺皇位的战乱。宣宗的统治稳固了。

三、宣 德 诸 政

宣宗二十七岁即帝位，依靠曾经入值东宫的阁臣，继述仁宗稳定政局的大计，建立起明朝的统治。在位十年间，先后实行了几件大事。

控制藩王 汉王高煦之乱，曾经涉及成祖第三子赵王高燧。群臣上章劾汉王与赵王通谋事。宣宗将奏章送与高燧阅看。高燧惧，奏请交还常山中护卫。此后，楚庄王孟烷、蜀靖王友堉、肃康王瞻焰相继交还一至二护卫。诸王护卫军被削，此后不再增设。藩王失去军力，难以再谋反乱。宣宗进而颁布禁令，对诸王权力多方限制。

藩王不得如前干预地方行政，王府官员不得兼任地方官职。

藩王不得与朝内勋戚贵族联姻，嫁娶要选自民间，以防干预朝政。

藩王不得自行来京朝觐奏事。藩王及其宗亲族人如私自来京或越关奏事,要受到严厉惩治,直至废为庶人。

诸藩王之间不得会见。藩王在封地驻守,不得随意出城。清明祭祖须奏报朝廷允准。子女婚嫁也须奏经朝廷。

分封宗室是太祖定制,势难变改。诸王经多方控制,失去军政权力,或寄情诗文,优游自处,或广置田产,货殖经商。诸王子孙繁衍,多成豪富。明王朝每年还要给与宗禄和赏赐,也是朝廷财政的极大负担。

阁臣与巡抚 仁宗时,文渊阁之外,另建弘文阁,选儒士五人入值,侍论经籍,并铸弘文阁印,许以此印封白民事,翰林学士杨溥受命掌阁事。宣宗即位,罢弘文阁,命儒士四人仍还原任。杨溥与杨士奇等同值文渊阁。文渊阁建于皇宫之内,又称内阁,以别于外廷。宣德元年(一四二六年)入值文渊阁的阁臣六人,杨士奇、杨溥、杨荣、黄淮、金幼孜等五旧臣,又新增原东宫左谕德张瑛为礼部侍郎、华盖殿大学士。次年二月,原东宫侍读陈山晋为户部尚书兼谨身殿大学士入阁,合共七人,与成祖时阁臣人数相当。杨士奇历事三朝,受顾命辅立宣宗,在七人中最有声威,也最得宣宗的倚重。一四二七年,黄淮以老病辞官。张瑛在阁中少所建白。一四二九年,调任南京礼部尚书。陈山因少学术也被解除阁职,专授小内史(宦官)习书。一四三一年金幼孜病死,年六十四岁。阁臣只余杨士奇、杨荣、杨溥三人,世称"三杨"。

成祖时,入值文渊阁的文臣,逐渐参议国政,又多受命辅导太子。仁宗、宣宗时,前朝的阁臣既是东宫师保,又是受命辅立的重臣。权位更加崇隆,也更加受到新君的倚任。阁臣的职责,仁、宣两朝尚无明确规定,在侍论经史、草拟制诰之外,已从多方面参预军国重事。史籍所载以下事例,足以说明阁臣地位日益隆重。

咨议——阁臣原只备顾问。但仁宗传位太子,宣宗出平汉王、曲赦赵王、调免陈山以至举任官员、捐免租税等重大国事,均曾向杨士奇等阁臣咨议,然后决策实行。

建言——阁臣近在皇帝左右,便于上章建言。仁宗朝曾特许杨士奇、杨荣、金幼孜等密封言事。仁、宣两朝,杨士奇等曾多次上章建策。阁臣直接向皇帝建言,从而参与国事。

纠弹——纠弹原是谏官的职责。仁宗朝特赐阁臣杨士奇、杨荣、金幼孜等"绳愆纠缪"银章,说:"朕所行,未善,当尽言。"宣宗朝杨士奇奏称"前诏减官田租,户部征如故"(《明史·杨士奇传》),是弹劾户部的一例。

决狱——洪武时定制,三法司审理重囚须奏报皇帝遣官往决。仁宗曾亲谕大学士杨士奇、杨荣、金幼孜:三法司决审多滥。诏命三法司"今后审决重囚,必会同三学士同审"(《仁宗实录》卷三)

军务——成祖时已命阁臣参与军务。宣宗朝出兵

107

作战,均由阁臣参决。进士出身的杨荣,成祖朝即受命经办军务,与金幼孜扈从北征。进为文渊阁大学士后,随从成祖出塞,成祖将军务悉委杨荣。宣宗朝,杨荣首先建策亲征高煦,并随军出战。其后又随宣宗北巡,并曾将兵出击。

边事——仁、宣两朝的边事,北有蒙古,南有安南。或战或和,是军国重计,也由阁臣参与决策。

以上一些事例表明,仁、宣时期的阁臣,事实上已经通过不同形式,参与朝廷行政、监察、司法、军务以至对外事务等军国重事。由原来的侍读学士逐渐成为皇帝的辅佐。老臣户部尚书夏原吉、吏部尚书蹇义,于一四二八年十月特命停辍政务,仍原职禄,专备咨议。宣宗诏谕蹇、夏与杨士奇、杨荣:"可辍所务,朝夕在朕左右,共宁邦家"(《宣宗实录》卷四十七)。蹇义、夏原吉与杨士奇等阁臣由是组成为皇帝左右最高的决策核心。

仁、宣两朝都标榜遵守太祖旧制。太祖定制的显著特点是:朝中撤销丞相,皇帝亲掌六部。朝外分封宗室诸王以屏藩皇室。但自成祖以来,这一旧制即在默默地演变。宣宗时,诸王经过几次削弱和控制,在军事政治上已不再有力量。朝廷中则在皇帝以下六部以上出现了主要由阁臣组成的辅佐皇帝的决策核心。这一政治格局的变动在宣宗朝已基本形成,为此后历代皇帝所继承和发展,对有明一代政治产生了深远的影响。

宣宗时在地方政体上的建置,是始设巡抚。

明太祖废行中书省,藩王分驻要地,各省设三司使,不相统属,以削地方之权。成祖遣御史巡行天下,渐成定制,但只司监察,不理政事。一四二一年,派遣尚书、侍郎、都御史、少卿等十三人巡行各地,称为"巡抚",义为巡视地方,安抚军民。官无定员,事毕回朝。仁宗时,命广西布政使周干巡视浙江。宣宗即位,周干还奏浙江土豪肆虐。一四二五年八月,宣宗命广西按察使胡概(原姓熊。《明史》作熊概)为大理寺卿,与四川参政叶春巡抚直隶及浙江诸郡(《宣宗实录》卷八)。次年,胡概捕送地方府县不能制驭的松江土豪、无赖、奸吏等至京,由都察院审理。一四三〇年,宣宗因各地税粮隐漏,弊病甚多,命大臣举荐一批官员擢升侍郎衔,分别巡抚各地,总督税粮。(《国榷》卷二十一)吏部右侍郎赵新去江西,户部右侍郎赵伦去浙江,礼部右侍郎吴政去湖广,兵部右侍郎于谦去河南、山西,刑部右侍郎曹弘去北直隶及山东,工部右侍郎周忱去南直隶苏、松诸府。宣宗颁给敕谕,说:"敢有阻粮事者,皆具实奏闻。但有便民事理,亦宜具奏"。(《宣宗实录》卷七十)巡抚有权处理诉讼,审问奸猾,成为皇帝特命的专职重臣。

安南复封 明成祖以重兵攻占安南,依明朝内地建置,设交趾布政使司与按察使司,以尚书黄福领二司事。安南反明武装,不断兴起。战事连年不止。一四一七年,清化府黎利起兵反明,声势日盛。仁宗即位,召还黄福复任工部尚书。命兵部尚书陈洽总领交趾二司,参赞军务。宣宗即位后，一四二六年总兵陈智与黎利作战兵败，改命成山侯王通为总兵官进讨。宣宗因安南连年用兵，与群臣议，拟复封安南，如太祖时自为一国，岁奉常贡。蹇义、夏原吉等以为二十年之功，不应弃于一旦。杨士奇、杨荣等附和宣宗。一四二六年冬，黎利拥兵数十万攻交趾，陈冶战死，王通败走。工部尚书黄福再掌交趾二司事。次年正月，宣宗再召杨士奇、杨荣议交趾事，说蹇义、夏原吉拘牵常见，欲为安南陈氏立后复国，使中国之人皆安于无事。杨士奇、杨荣盛赞宣宗"兴灭继绝"，说"三代之圣，不过如此"。（《宣宗实录》卷二四）宣宗命黄福访求陈氏后人。逃居老挝的陈暠，自称安南国王陈日煃之后，上表请封。十一月，宣宗遣使去安南，宣诏赦黎利，封陈暠为安南国王，命王通军及三司官全部撤退还朝。诏命未至，王通已败走广西。次年，黎利遣使入明，奉表称谢，但陈暠已死，请立黎氏。宣宗命再访陈氏后裔。一四二八年，黎氏仍称陈氏无后，奏请封立。次年，又遣使来明贡纳金银器，请摄国政。一四三〇年，宣宗遣礼部右侍郎章敞持敕印，往封黎利权署安南国事。黎利建年号顺天，建东都交州，西都清华府。全国分为十三道，各设布政司统治。宣宗结束了对安南的长期战事。安南重新立国，向明朝进贡。

再下西洋 仁宗即位，采夏原吉议，诏令停罢西洋取宝船。宣宗即位，政局稳定后，南海西域诸国又相继来明朝贡、贸易。安南战事停止后，一四三〇年宣宗命郑和率领船队,再经占城出使南海西域诸国,开读诏谕。五月间,敕命守备太监准备大小船只六十一只以及颁赏诸国彩币、交易物品、航海应用的物件(巩珍《西洋番国志》)。六月,正式颁诏遣郑和、王景弘等诏谕忽鲁谟斯等二十国即位改元并颁赐彩币(《宣宗实录》卷六七)。此次航行,郑和、王景弘为正使,副使太监李兴、朱良、周满、洪保、杨真、张达、吴忠等七人。船队人员共二万七千五百五十人。

　　当年闰十二月,郑和的船队,自南京龙江宝船厂开船,经龙江关,入长江口。一四三一年春二月到达福建长乐港,在当地等候朔风出海。十一月间,曾在长乐南山寺刻石纪事。据祝允明《前闻记》所录记事,十一月自长乐启航,十二月到占城。次年正月开船,二月到爪哇,七月到满剌加,八月到苏门答剌,十一月到锡兰山、古里,十二月到达忽鲁谟斯。一四三三年二月,大𫘧船回洋,六月到江苏太仓。七月初返回南京。这个纪录大约只是反映了郑和亲自率领的大𫘧船队的行程。宣宗诏书中列入的东非诸国卜剌哇、木骨都束、阿丹、祖法儿、竹步等地,可能是由副使率领的分𫘧前往。副使洪保率领的分𫘧在古里国遇到天方国(默伽国)的使臣,遂命通事七人随同前往天方,购得麒麟等珍贵动物。天方国也派使臣随船队来明朝进贡。天方国是伊斯兰教的圣地,原不在宣宗诏谕的二十国之内。作为回教徒的郑和虽然未能亲往默伽(麦加)朝圣,但由此建立了明朝与天方的联系。

郑和的第七次也是最后一次远航,恢复了明朝与亚非诸国的往来。随同来明朝贡的还有苏门答剌、古里、柯枝、锡兰、祖法儿、阿丹、甘巴里(坎贝)、忽鲁谟斯等国的使臣。宣德八年(一四三三年)闰八月朔日,宣宗在京城奉天门接受使臣们的贡物,重又建立起与诸国的政治联系与贸易关系。

蒙古边务　宣宗即位后,蒙古鞑靼阿鲁台与瓦剌脱欢连年遣使入贡,边境无大战事。兀良哈三卫蒙古自成祖以来渐被阿鲁台控制。兀良哈人或到滦河一带放牧。宣宗谕令禁止。一四二八年八月,宣宗率领众臣巡视北边,蹇义、夏原吉、杨荣等扈从。九月初至蓟州,得到谍报,有兀良哈蒙古兵民经会州来宽河。宣宗留诸臣于遵化,自将三千骑兵,由熟悉北边军务的杨荣随从,出喜峰口至宽河。骑兵以神机铳(大炮)轰击兀良哈兵民,俘获甚众,追击至会州。宣宗此举,显然仅在炫耀兵威,无意大举北征,遂自会州班师回京。次年春,三卫兀良哈首领完者帖木儿来京朝贡谢罪。宣宗放还俘掳家属,升任完者帖木儿为都指挥同知。其余首领也各有赏赐。

明初,在元上都设开平卫,驻军屯饷。成祖设兀良哈三卫后,开平孤立北边,时遭部属不明的蒙古部众的劫掠。一四二九年夏,开平又遭扰掠,镇抚张信被杀。宣宗命阳武侯薛禄为镇朔大将军总兵官护饷开平。次年四月,薛禄奉命修筑宣府镇北的独石堡、云州堡、赤城堡、鹞鹞堡,加强边防。宣宗乃放弃开平,将开平卫南迁三百里,移守独石,为开平前屯卫。六月又在宣府镇设万全卫都指挥使司,统辖十六卫。独石以北之地由此入于蒙古。十月,宣宗与内阁诸臣及蹇义等(夏原吉已卒)同至宣府,巡视边防。杨溥、杨荣、吴中等扈从宣宗至洗马林视师,劳问将士。

瓦剌脱欢与鞑靼阿鲁台的争战,仍在继续。阿鲁台立鬼力赤之子阿台王子为汗(《突厥系谱》)。一四三一年初,被瓦剌战败,五月率二千骑屯驻张家口外集宁海子。兀良哈三卫首领见阿鲁台失败,转而依附明廷。七月,宣宗遣使臣持敕书往告福余、朵颜、泰宁三卫都指挥使,准其来朝,往来市易,但须严饬部属,勿再侵犯边境。次年正月,泰宁卫脱火赤奏请明朝颁赐新印。秋初,明廷又分别赏赐三卫兀良哈首领。兀良哈三卫得明朝支持,八月间,出兵攻掠阿鲁台,被阿鲁台打得大败,逃奔海西,阿鲁台势力侵入辽东女真地界。

阿鲁台声势复振,又西向与瓦剌争战。一四三三年秋,瓦剌脱欢遣使臣来明朝贡,又遣使来陈奏蒙古事,明廷令其遣还以前扣留的明使。阿鲁台一支部属西行至凉州永昌,曾被甘肃明军擒斩百余人。额勒伯克汗家族的后裔脱脱不花曾于永乐时在甘肃镇降明。这时,又叛明西去,投依瓦剌,被脱欢拥立为汗(《蒙古源流》作岱总汗)。脱欢自为丞相。一四三四年初,脱

113

脱不花与脱欢军在兀剌海(《国榷》作兀良哈海,即元兀剌海路)袭击阿鲁台部。阿鲁台部大败,溃散。四月间,阿鲁台遣部下头目向明朝奏报,被瓦剌击败,溃逃。宣宗遣锦衣卫百户马亮持敕书前往慰问,赐予彩币,但不参与战事。七月,明廷自来降的阿鲁台部众得报,阿鲁台子失捏干及部将朵儿只伯等将往凉州掳掠,敕告甘肃总兵严加戒备。事实是,这时朵儿只伯部与阿鲁台所立阿台王子已自兀剌海北逃至亦集乃路,仍遭瓦剌脱脱不花军围困。阿鲁台、失捏干父子则率领轻兵东逃到母纳山地(今乌拉特前旗)。瓦剌脱欢率重兵追袭至母纳山,斩阿鲁台父子,获得大胜利。八月,瓦剌脱欢遣使臣昂克来明朝奏报杀阿鲁台事,向明廷进贡马匹并奉献所获元朝玉玺。宣宗给予敕书说:"王(明封脱欢袭顺宁王)克绍尔先王之志,来朝进贡,具见勤诚"(《国榷》卷二十二),玉玺可以自留。九月,宣宗命蹇义、杨士奇、杨荣等扈从巡边,至万全卫洗马林,历阅各城堡。十月初,返回北京。次年正月病死。

宣宗一朝,对北边以防御为主,甚至不惜弃地移防,以求边境的安宁。在蒙古瓦剌与鞑靼之争中,虽然双方均望求得明朝的支持,明廷仍两俱安抚,不予介入。宣宗在位十年间,蒙古诸部争战频仍,明朝边境仍能始终保持稳定,对明朝的统治还是有利的。但鞑靼败后,瓦剌势力日益强大,又使明王朝面临着新的威胁。

114

第三节　经济的发展与各地的农民起义

明初自太祖至宣宗约七十年间，政局渐趋稳定，社会经济也逐渐恢复和发展。明太祖移民垦荒，迁徙豪富。战乱破坏的一些地区，重新建立起社会秩序。社会安定，农业恢复后，户口与垦田逐渐增多，粮食产量与官府的赋税收入也随之增加。官营和民营的手工业各部门，陆续恢复生产，商业城市相继复苏。以南京和北京为中心，形成沟通南北的商路。西北商道受阻后，以东南沿海诸港为基地，开拓了与海外诸国的贸易往来。

元末农民战争不曾扫荡的南方一些省区，农民与地主的矛盾在继续激化。明朝建立初期，各地农民相继举行了武装起义。湖广、川陕边地和山东地区的农民，因不堪租税与徭役的压榨，也先后展开了反抗明朝统治的斗争。社会经济恢复和发展后，农民群众的武装斗争，渐趋停息。

（一）户 口 与 农 业

明初农业经济在元末残破的基础上得到恢复与发展。元末连年动乱之后，明初社会出现了几十年的相对稳定时期，是经济恢复的必要条件。战争破坏了元代的大土地占有关系,无数农民在斗争中获得了一定数量的田地,垦复荒田,开发新田,加速了农业生产的恢复。明初实行恢复农业政策,承认战后农民既得土地的占有权、耕种权。开垦荒地归垦者所有。新开垦的田地"永不起科"。赋役制度的改革也在某些方面有助于农业生产的恢复与发展。

一、户 口 增 殖

经过元末战争,全国户口锐减。各地居民除在战争中死亡者外,更多的是流亡外地,成为流民,形成官府的户籍人口大减,各地人口疏密不均。江南、江西、山东人口多于其他地区,而北方诸省和淮北、西北地区的人口显见稀少。官府户籍人口减少,不利于政府的赋税征收,各地人口过分集中或过分稀少的状态,也不利于农业的恢复与发展。明初迁移窄乡农民往宽乡,实行移民屯垦政策,取得了成效,加快了农业的恢复,也刺激了人口的增殖。

据明初编制黄册时的统计,一三八一年全国户口数是一千〇六十五万四千三百六十二户,五千九百八十七万三千三百〇五口(《明太祖实录》卷一四〇)。一三九三年全国有一千六百〇五万二千八百六十户,六千〇五十四万五千八百十二口(《明史》卷七七,《食货志》一)。两个统计数字,相距十二年,户增加五百三十九万八千四百九十八,口增加六十七万二千五百

116

○七。户的增加额高于口的增殖额,是因为建立黄册户籍制后,户内人口减少而独立户加增。但人口的增殖,仍然是显著的。如果以一三九三年全国户口数与元世祖末年元朝最高的户口数一千一百六十三万三千二百八十一户,五千三百六十五万四千三百三十七口(《元史》卷九三)相比较,增加四百四十一万九千五百七十九户,六百八十九万一千四百七十五口,也就是说,从元世祖末年到明太祖末年约一个世纪左右的时期内,全国人口有了显著的增长。两个时期的统计,当然都并不完全反映实际状况,也都不包括蒙古、西藏等边境诸族在内,但显示出人口增长的趋势,是可以肯定的。

二、农田的垦辟

经过明初几十年的稳定时期,随着农业经济的恢复,农田面积在不断增加。各地因战争而抛荒的农田,逐渐垦复,同时也有大量原非农田的荒地被开垦成耕地。从洪武元年(一三六八年)到十六年(一三八三年)的十五年中,除洪武五、十一、十五年缺乏统计数字外,其余十二年都记录有"增辟耕地"的数字。最高数字是洪武七年(一三七四年),共增辟耕地九十二万多顷,最低的年份也增辟八九百顷,表明当时增辟耕地的速度是相当快的。增辟的耕地,应该包括战争中抛荒的原有垦熟的耕地和新开辟的荒地,也就是明初才开垦出来的新耕地。这些耕地数量大约占当时全国耕

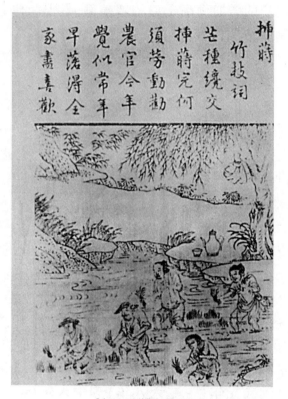

插秧

竹枝词

芒种绕交
挿蒔完何
须劳勤勤
农官令年
觉仆常年
早落淳全
家寿喜歡

《便民图纂》插秧图

地的三分之一。

明太祖洪武时期全国田地面积的统计,有两个系统,一是纪录在《明太祖实录》各年之末的户部统计数字,以洪武二十四年(一三九一年)为例,是三百八十七万四千七百四十八顷。另一系统是黄册所载数字,洪武二十四年为八百八十万四千六百二十三顷,《明会典》所载洪武二十六年(一三九三年)数字是八百五十万七千六百二十三顷。这两个系统的统计数字,相差甚大,可能是由于户部的统计只是根据两税征收定额而规定的田土限数,而黄册或会典的纪录数字则是军民田土以及山荡荒地的总和。北宋初六十年间,垦田数由二百九十五万多顷,增长到五百二十四万多顷,到北宋末年尚保持在四百六十一万多顷。元代的诸王公主功臣寺院赐田及屯军屯田数,共约二百一十九万多顷。而元文宗天历元年(一三二八年)河南、江西、江浙等省的官民荒熟田数,就有二百六十五万多顷。明洪武时全国田数八百五十多万顷的统计,可能也如元代天历时的统计方法,将征税与不征税的荒熟田综合计算,所以不同于户部。户部的田土统计只是表明农田税收,它的增长速度与前朝约略相仿。至宣宗宣德九年(一四三四年)约近四百二十万顷。洪武朝荒熟田的综合统计,数字容有不实,但至少表明明初的田土开发,取得了显著的进展。

三、粮食产量与生产技术

明初随着农田的垦辟,全国粮食的总产量不断增长。全国本色税粮,一三八五年为二千〇八十八万九千六百一十七石,(《太祖实录》卷一七六)一三九三年是三千二百七十八万九千八百石。(《太祖实录》卷二三〇)增加约三分之一。与《元史·食货志》所载元文宗时岁入税粮一千二百十一万四千七百〇八石相比，增加了两千万石，约一点六倍。

一三九二年山西移民到彰德、卫辉、广平、大名、东昌、开封、怀庆七府垦耕，共五百九十八户。当年收获谷粟麦三百余万石，棉花一千一百八十万三千余斤（《太祖实录》卷二二三）。平均每户生产粮食五千多石，棉花一万九千多斤。这可能是一个突出的事例，呈报数字也可能不实，但也反映出粮棉产量的增长。这五百九十八户移民耕地一万三千一百八十余顷，平均每户二十二顷。如所有耕地均为粮田，每顷产量可达二百到三百石左右，亩产在二石到三石之间。即使低于此数，在当时北方农业生产技术条件下，也还是相当高的水平。

明初对边疆的开发，也是全国税粮增加的重要因素。洪武时，沐英奉命镇守云南，垦田一百多万亩，子沐春继守云南，七年就开辟田地三十万五千多亩，增产粮食四十三万五千八百多石。（明李元阳《云南通志》卷九）平均每亩产量在一石五斗左右。这个亩产量在边疆地区，也是相当高的。

粮食产量的提高还表现在地方官仓存贮粮食的增多。各地官府除征发上缴朝廷的税粮运缴京师外，还存留一部分粮食，作为储备。洪武时，山东济南府的官仓蓄积的粮食达七十五万七千石之多，以致年久红腐（《太祖实录》卷二四一）。永乐时，陕西官仓积存贮粮一千九十八万四千多石，可支陕西官军俸粮十年（《太

120

下壅

竹枝詞

稻禾全靠

糞澆根豆

餅河泥下

得匀要利

運須着本

做多收還

是本多人

《便民图纂》施肥图

宗实录》卷七七)。宣德时福建汀州府官仓所积粮食，据说可支官军百多年的俸粮(《宣宗实录》卷六七)。

明廷为充实粮食储存以备灾年，曾派遣各地的里甲“老人”携带宝钞赴湖广、江西、山东、福建、南直隶等地民间籴粮。自洪武二十三年(一三九〇年)闰四月到次年八月之间，购粮用费多达三百八十一万两千余锭。可见粮食增产后，各地民间也有较多的储存。

明初农业生产技术水平在前代基础上有所提高。元王桢《农书》对当时农业生产技术和生产工具的应用，曾有系统的记录。明初农业生产工具，仍是王桢《农书》中所描绘的犁、铧、镰、耙、镢、镈、耰、龙骨水车和开荒用的镢刀等，但农业作物耕作制度、栽培方法、防止虫害、施肥、果树嫁接、农业授时等方面，却有明显的改进。某些地方已实行农业作物的套种增产措施，如桑树与蔬菜的套种。浙闽地区还出现水稻田的套种法，早晚稻苗间种，可获一年二熟。麦田大都施行精耕细作。各种农作物，按品种的不同，耕耘时间各有规定。江浙地区的稻作，注意优良品种的选育。有的农作物实行以虫治虫，以防止虫害。按土地的酸碱度施用不同的肥料。果树的嫁接方法也有提高，如枣树与李树嫁接，获得成功。洪武时俞宗本著《种树书》，记录了当时农业技术的水平。生产技术的改进，需要长期的积累，但在明初几十年的相对稳定的社会环境中，才得以显现出应有的效益。

四、植 棉 的 推 广

大约从元代开始，棉花织物与原有的蚕丝织物的发展并驾齐驱，且有取代之势。棉纺织材料，成本低于蚕丝，种植范围广泛，加工工艺简单。棉纺品除不如丝织品华丽美观外，更便于广大民众穿着。早在明朝建国之年,明太祖即命令各地推广棉花种植,规定民田五亩至十亩者,种植桑、麻、棉各半亩,十亩以上加倍,以解决民间的穿衣问题。棉花的种植在山东、河南、河北等地蚕丝业不发达地区,得到推广。江南地区在元代就已经出现棉布纺织业,松江地区的棉布每年可供给军衣用料几十万匹之多。河南、河北地区移民屯垦也多种棉。一三九二年彰德、东昌等七府的棉花丰收,产量高达一千一百八十万三千余斤(《太祖实录》卷二二三)。军需所用棉花、棉布常常多达数十万斤或数十万匹。明初民间推广植棉,对此后的农业生产和人民生活产生了深远的影响。

(二)手　工　业

明初手工业,仍同于前代,存在两个系统。一是为皇家消费和军需服务的官工业,一是民间为供应生活资料服务的民间手工业。官府征发匠籍工匠,无偿地为皇家修筑宫室,织造服饰龙衣及其他贵族需用品,同时也制造各种军器。产品不进入市场交换,只求精美,不计成本,不具有商品的性质。官工业征集全国最好的工匠进行生产,工艺技术水平也比较高。民间手工业,仍然与农业结合在一起。但自宋元以来,一些手工业部门逐渐趋向与农业分离,独立发展,出现以商品生产为主的民间手工业。在明代经济中占有重要地位。

明初官工业中的劳动者仍是前代匠籍制度下的工匠。人身依附关系很强，除口粮外，别无报酬，行动不自由，社会地位低下，形似工奴，子孙承业，不得脱籍改业。一三八六年明廷改定工匠制，"议定工匠验其丁力，定以三年为班，更番赴京，输作三月，如期交代，名曰轮班匠。……量地远近，以为班次，且置籍为勘合付之，至期，赍至工部听拔。"（明何孟春《余冬叙录摘抄内外篇》卷四）按照这种新的规定，虽然工匠仍需为官工业做无偿劳动，但是除服役三个月外，其余时间可以自行从事手工业劳动，较元代的无限期服役，有较大的改善，削弱了工匠的人身依附关系。这种轮班匠被称做民匠，多在工部所属的手工业工场服役。

成祖时，轮班工匠外，又有住坐匠。住坐匠不同于轮班服役的工匠，就地服役。每月为官府服役十天。服役期虽比轮班匠为长，但是外地住坐匠不必长途跋涉来京，每月服役十天后，还有二十天可以由自己生产手工业品出售。轮班匠和住坐匠在自由时间内生产的手工业产品，投入社会的商品流通中，促进了手工业的发展。

明初民间手工业，还并不发达。广大农村的手工业，仍只是农村的副业。但在某些城镇，已出现一定规模的手工业作坊。如杭州的丝织作坊，景德镇的民窑，手工业生产已脱离农业，劳动者成为独立的手工业工人。

124

一、纺 织 业

官工业中纺织业是重要部门。南京设有织染局，拥有织机三百张，每年生产各色绢布五千匹(《明会典》卷二〇一)。现存的"明锦"，织造工艺精湛。

民间的丝织业，也很发达。元末明初，浙江钱塘相安里，有"饶于财者"雇工十数人设手工工场，纺织丝绸。这种民营的丝织工场，已具一定规模(徐一夔《始丰稿》卷一)。

官工业主要是丝织业，官府需用的棉布，主要从民间棉纺业取得。一三六九年一次赐给北征军士的木棉战袄，就达十一万件。一三七一年发给在京军士棉布，每名二匹，共十九万一千四百余名，用棉布三十八万二千八百匹。一三七九年发给陕西军士十九万六千七百余人的棉布五十四万余匹，棉花十万三千三百余斤。北平都司卫所士卒十万五千六百余人，用布二十七万八千余匹，棉花五万四千六百余斤。一三八〇年给辽东诸卫士卒十万二千一百二十人，棉布四十三万四百余匹，棉花十七万斤。一三八三年给四川卫所士卒五十二万四千余人，棉布九十六万一千四百余匹，棉花三十六万七千余斤。上举一三七一年以来的四个年度，共发军需棉布二百五十九万六千匹，棉花六十九万四千九百斤(俱见《太祖实录》)。可见，明初棉布的生产量，相当巨大。这些棉布主要是从民间棉纺业以"折

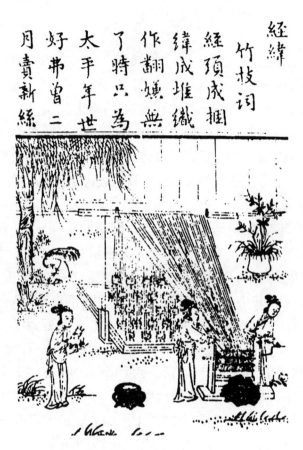

经纬

竹枝词

经纬成捆

纬成堆织

作翻媷无

了特只为

太平年世

好带曾二

月卖新丝

《便民图纂》织机图

色"税收形式征收而来，民间棉纺业的棉布产量当然远远超过这个数量。

　　丝织业所使用的生产工具，仍然沿用元代以来的提花机、绸机、缎机。其中花机需要二人操作，是较高

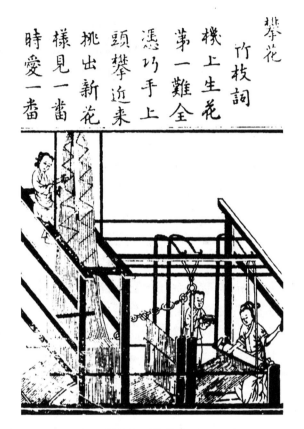

攀花

竹枝詞

機上生花
第一難全
憑巧手上
頭攀近來
挑出新花
樣見一蕃
時愛一蕃

《便民图纂》攀花图

级的丝织工具,只有官工业和民间手工工场才能用以
纺织贡品或高级锦缎。一般手工业作坊或农民家庭使
用的丝织工具,要比花机简陋得多。

棉纺业所使用的工具,包括去除棉籽的搅车,弹松
棉花的弹弓,整理棉条的卷筵,纺制棉纱的纺车以及织

棉布的织机等工具,虽仍沿用元代棉纺业的旧工具,但渐有改进。搅轧去除木棉籽的辗轴,由木制改为铁制。小型织布机已普遍使用,明初松江等地,几乎家家有织布机。

二、制　瓷　业

明初制瓷业中,江西景德镇仍然是生产的中心,生产规模大,技术工匠多,工艺水平和瓷器产量都居全国的前列。景德镇的窑场,分官窑、民窑。官窑属于官工业,专门烧造皇家瓷器,宣德时官窑增至五十八座,工匠三百余人,分为二十三作。官窑的产品,工艺高超,所生产的半胎薄釉瓷器、勃青瓷器、三彩瓷器,成为名重一时的艺术品。一四三三年一年烧造的瓷器,就有四十四万三千五百件(《明会典》卷一九四)。景德镇官窑之外,还有河南钧窑、河北磁州窑、真定曲阳窑。宣德时,光禄寺每年需用缸坛五万一千多个,主要由这三个官窑制造。

景德镇的民窑主要生产民用瓷器,部分产品行销南洋各地,有时也承担官窑的生产任务。

三、冶　炼　业

冶炼业主要是冶炼铁、铜、银等金属的行业,以冶铁业最为重要。铁用以制造武器和农具,宋元以来即是官工业的重要部门。明初的冶铁工业,规模较大。

128

一三七三年全国设置十三个铁冶所,计有江西的进贤、新喻、分宜,湖广的兴国、黄梅,山东的莱芜,广东的阳山,陕西的巩昌,山西的太原、泽、潞。每地设一铁冶所,吉州地区设铁冶所二个。以后又增设河南、四川及湖广茶陵铁冶所。每年向官府输铁共一千八百四十七万五千零二十六斤(《明史》卷八一、《明会典》卷一九四)。铁冶所的生产或停产,常根据官府库存铁量的多少来决定。官营铁矿的采炼工人由民间征调服役。洪武二十八年(一三九五年)曾因内库贮铁达到三千七百四十三万斤,遂命罢各处铁冶所,允许民间自行采炼,岁输课程(实物税),每三十分取其二。一四一四年铁课为三十八万九千六百零五斤。一四三四年增至五十五万五千二百六十七斤。如以铁课率每三十分取二来计算,这年的铁产量当为八百三十二万九千余斤。

永乐时建立的遵化铁厂,规模大,技术高。炼铁炉深一丈二尺,前宽二尺五寸,后宽二尺七寸。矿石入炉后,"用炭火置二鞲扇之,得铁日可四次"(孙承泽《春明梦余录》卷四六)。铁厂有住坐工匠二百名,民夫一千三百六十六名,军匠七十名,军夫九百二十四名,此外还有轮班匠及罪囚,共有二千余名匠役(《明会典》卷一九四)。

铜、铅是铸造铜币的原料,官府控制较严。明初在江西德兴、铅山置有铜场。宣宗时二县铜场每年可获浸铜五十余万斤(《明宣宗实录》卷四七)。铅矿于洪武时在山东设场,采铅达三十二万三千四百余斤(《续文献通考》卷二三)。

银是贵金属,具有货币价值,官府对银矿的开采和冶炼,控制极严。一三八六年在福建龙溪县银屏山开设银场局,立炉冶四十二座。在浙江的温、处二州,丽水、平阳等县,也设有场局。洪武时福建银场的银课,仅有两千六百余两,宣德时增至四万余两。浙江银场,洪武时银课,只有二千八百余两,宣德时突增到八万七千余两。两地的银产量都以十几倍乃至几十倍的速度增长。由于官府对银矿开采垄断甚严,所以民间私自开采,形成所谓"盗矿"风潮,一些农民或流民深入闽浙银矿地区,隐蔽开采,官府严厉禁止,常常激起武装反抗。

四、军 器 制 造

明初有一百多万人的常备军,军队的武装装备需要许多部门来生产。军器制造是一种特殊的官工业,军器包括盔甲、弓箭弦条、弩弓、刀枪、火器。工部下属的军器局,专门制造京营所用的常规军器和军装。军器局下辖有盔甲厂和王恭厂(火药厂)。二厂工匠定额九千二百余人,分两班全年生产。火器由工部奏行兵仗局铸造。兵仗局不属工部,由内府监局统领,有太监一员,原生产"御用兵器",后来专门制造各样火器。

一三八七年规定全国都司卫所都要置局制造军

器。军队中不堪作战的士兵,可以学军器制造手艺,充当"军匠",生产军器。一三七一年曾把一种叫做"脚蹬弩"的武器发给边地将士使用,并将式样发给全国卫所如式制造(《明会典》卷一九二)。民间手工业原来也要受命制造弓箭。一三八〇年因在民间制造弓箭扰民,改为征发各地"轮班工匠"来京制造。

成祖时设立京军三大营,其中"神机营"就是用火器装备起来的特种兵团。所谓"神机"包括手把火铳、碗口炮之类的火器。永乐时从安南获得"神机枪炮法",改进了火器制造技术。"神机营"使用这种改进型的火器,由官工业制造。军器、兵仗二局制造的火器有神机炮、碗口炮、流星枪、手把铜铁铳及其他军用火器等几十种(《明史》卷九二)。火枪制造已用铁代铜,常选用福建的建铁为原料。

五、造 船 业

明初造船业十分发达。民间造船业主要生产小型的民运船只,大规模的造船业都属于官工业。南直隶设有龙江船厂、福建福州设有五虎门船厂,广东新会设有东莞船厂,其他如太仓、临清、直沽、辽东吉林等地也都设有造船厂。造船的种类有海上远航用的大型海船,海上或江河作战用的战船,运粮的浅船,航行在江河的快船等等。

明初官营造船业规模最大的南京的龙江船厂。厂地广阔,船造成后,直接在长江下水。厂内分工很细,除船主体工厂外,附设细木、油漆、铁件、舱作、蓬作、索作、缆作等作坊。还设有龙江宝船厂,专门为郑和下西洋制造大型高级海船。这个厂的工匠都是闽、粤、江、浙等地征调来的技术高超工人,共有四百多户。(《龙江船厂志》卷四)

福建福州船厂是生产防倭船只的专业厂,生产"大福船"。《明史·食货志》说它"能容百人,底尖上阔,昂首尾高,舵楼三重,帆桅二,傍护以板,上设木女墙及砲床。中为四层,最下实土石,次寝息所,次左右六门,中置水柜,扬帆炊爨皆在是。最上如露台,穴梯而登,傍设翼板,可凭以战,矢石火器皆俯发,可顺风行"。广东新会东莞船厂制造的"横江船"、"乌槽船",也是海上战船,名为"广船"。船体的灵活性和坚固性超过"福船"。

各地造船厂生产最多的是运输船只。永乐时迁都北京,漕运粮食的漕船用量大增。漕粮北运,用近海海船,海运到京,用河船经过运河北运。运粮船分两种,一为遮洋船,一为浅船。前者用于海运,后者用于河运。明初粮船最多时达到一万零八百五十五只,其中遮洋船三百四十六只,浅船一万零五百零九只。(《明会典》卷二百)

明初造船业的制造技术和船只生产量,都居于当时世界各国的前列,是发展水平较高的手工业部门。

六、制 盐 业

制盐业也是重要的官工业。盐价和盐税收入是与田赋收入同等重要的官府财源。

明初的盐业生产、行销、征税统由户部管理。洪武时设有两淮、两浙、长芦、山东、福建、河东六个都转运盐使司。另设有广东、海北、四川、云南黑盐井、白盐井、安宁盐井、五井等七个盐课提举司及陕西灵州盐课司。转运司、提举司、盐课司都设在盐业生产地,就近管理。各盐场生产的盐按行盐区销盐,严禁私贩或越区贩盐行销。

明初盐业生产形式都是煎盐,盐业的生产者称为灶户。灶户和军户、匠户一样,属于灶籍,不许脱籍,子孙世代煎盐。由官府拨给一定的荡地或山场,收获柴草供煎盐之用,并发给煎盐工具如铁锅、牢盘等。有时也发给按产盐引数规定的工本米或工本钞,以维持灶户一家的口粮供给。

洪武年间,全国各运司灶户每年定额的盐课总数为一百一十四万九千八百六十八大引(四百斤为一引),即二百二十九万九千七百三十六小引(二百斤为一小引)(《明会典》卷三二),灶户每年生产的原盐,定额之内名"正盐",此外多生产的部分,名"余盐",也归官府发卖,不许灶户私卖。洪武时规定:灶户除正盐外,将余盐夹带出场及货卖的处绞刑。余盐送交运司,

每一小引,给官米一石。(《明会典》卷三四)

(三)商　　业

明初承战乱之后,城市残破,市场萧条,商业衰落。明太祖重在恢复农业,对民间经济活动,多加限制。一三八六年曾规定:"各处民,凡成丁者务各守本业,出入邻里,必欲互知。其有游民及称商贾,虽有(路)引,若钱不盈万文,钞不及十贯,俱送所在官司迁发化外。"(《明会典》卷十九)明太祖着意打击江南豪富,富商多被迫迁徙或遭抄没,使商业活动更加难以发达。太祖至宣宗七十年间,随着社会的稳定和农业的恢复,商业贸易才逐渐得到发展。

一、南北两京和商业城市

南京自一三六九年开始建设新城,一三七三年间告成,周回九十六里。一三九〇年扩建外城,周回一百八十里,成为全国最大的城市。京城所在地应天府,领八县,据一三九三年的户口调查,应天府及所属上元等八县共有编户十六万三千九百一十五,口一百十九万三千六百二十(《明史》卷四十)。南京地处长江三角洲西端,在政治、军事、经济上都有重要地位,是六朝以来古都。明朝建都后,城中聚集了大批官员和新贵,也不能不出现为消费生活服务的工商业人口。城中匠户

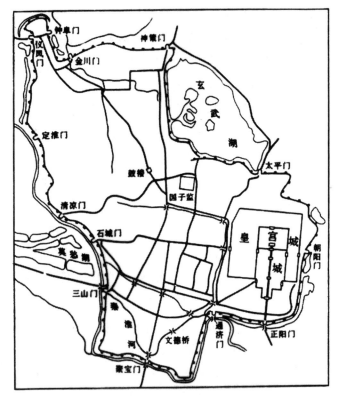

明　南　京　图

多达四万五千多户,担任运输工作的"仓脚夫"两万多
户,从南方各省强制迁来的富户也有一万四千多户。
南京城区人口,多至四十七万三千多人,是当时全国人
口最多的都市。原来金陵的旧城区,仍是繁荣的商业
区,居民的生活几乎都要依赖市场的商品供应。

北京原是元代的大都,是非生产性的消费城市。

元顺帝撤离大都时,曾胁迫大都居民随行,城市经济秩序遭到战争破坏,人口锐减,经济凋敝。一三六九年整个北平府所辖各县的户口总数,只有一万四千九百七十四户,四万八千九百七十二口。(《顺天府志》卷八)北平城区所属的大兴、宛平两县,人户均不足三千,人口不足一万。一三七二年明廷为增加北平府的人口,曾把山后之民三万五千多户,十九万七千余口移置北平各州县卫所,籍为军户或民户,给田耕作。另有所谓"沙漠遗民"(指蒙古族人)三万二千余户在北平府管内置屯,开垦荒地。大兴县立四十九屯,共安置五千七百多户,宛平县立四十一屯,安置六千一百多户(《太祖实录》卷六六)。其后又多次移民,充实北平。成祖迁都前,又由南方迁徙富户,以实京师。北京人口逐渐增多。迁都北京后,北京城区居民绝大多数是外来移民,户口数迄无准确统计。北直隶共辖八府、二直隶州、七属州、一百一十六县。一三九三年统计共有三十三万四千七百九十二户,一百九十二万六千五百九十五口(《明史》卷四十)。作为北京所在地的顺天府人口,据一四九一年的统计,所领五州,二十二县,共有十万零五百一十八户,六十六万九千零三十三口。这六十多万人口,大多数属于大兴、宛平二县。北京城市居民当少于两县人口的总和。

南北两京商业的发展,有相当的差异。南京地处江南经济发达地区,城市手工业、商业有着长久的传统和优越的发展条件,商品经济的水平历来高于北方城

136

明北京图

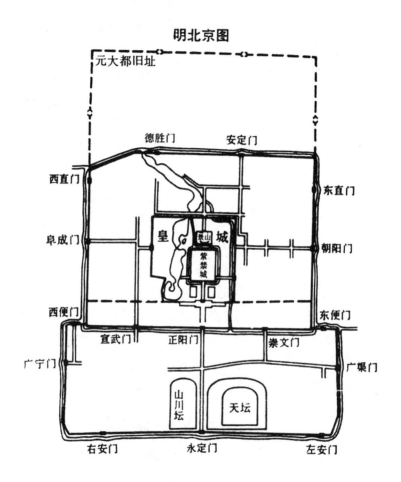

元大都旧址

德胜门　安定门

西直门

东直门

阜成门

皇　城

景山

紫禁城

朝阳门

西便门

东便门

宣武门　正阳门　崇文门

广宁门

广渠门

山川坛　天坛

右安门　永定门　左安门

明　北　京　图

市。而北京地处内地农业区的北境,明朝建国后,与北边的蒙古连年作战,西北的商业通道也被阻塞,只有南方一条经济孔道与内地各省往来,依靠大运河输送粮食及其他物资。

南北两京的体制,以南京控制南方财赋,以北京控制北方边防,这不仅有其政治上的意义,也在经济上会构成一条联结南北的连锁轴线。这是和当时全国商业市场结构相符的。南北纵向的商业贸易联系成为明朝商业的特征。

南北两京外,宋元以来形成的一些商业城市,也随着农业经济的恢复而逐渐复兴。如杭州、苏州、扬州等地已恢复为纺织业及其交易中心。济南、开封、松江、常州、荆州、南昌、成都等地,成为粮食交易或商品的集散地。南北大运河开通后,沿运河城市如淮安、济宁、东昌、临清、德州、直沽都形成活跃的商业城市。沿边城市大同、开原、洮州、河州、大理等城市与边境民族进行茶马互市或土产贸易。沿海的福州、泉州、广州、宁波等城市仍然是对外贸易的港口。(《宣宗实录》卷五十)

二、商 业 交 通

明朝建国之初,曾对元代原有的驿站进行整顿,设立水马站、递送所、急递铺,以加快文书传送和物资转运。每站相距六十或八十里,修有驿路大道(《太祖实录》卷二五)。这种官设的驿路大道同时也是商业往

138

来的商路。运河既是南粮北运的漕河,又是商品运输的水路。

全国重要商业城市之间都有历史形成的传统商路,构成商业交通网络。北京南经河间、保定的商路是商贾往来的通衢大道,直抵河南开封。自开封东沿汴、泗转向江、汉,达于四方,商贾聚集。陕西的西安,西入甘肃、四川,东至齐、鲁,是东西向商路的交汇点。四川的成都,东下荆楚,以至长江下游各地。山东济南,是粮、布贸易的集聚地。北至德州、临清,南至济宁,为运河通道,漕船往来,贩运百货。登州、莱州三面临海,与辽东各地通商。武昌上通秦陕,下临吴越,乃至巴蜀、云、贵。杭州南通福建,西接三吴,物产丰富,商业繁荣。南昌为吴楚、闽、越的商业交汇点,瓷器生产行销全国。广州是对外贸易的重要城市,与福州、宁波同为海外商人的聚地。

宣宗时,全国商业城市约有三十多座(《宣宗实录》卷五十)。各城市之间,由商路连接,形成商业市场的网络。商品运输的交通工具主要是车船。永乐时边境用兵,使用大型的马拉运输工具"武纲车"运粮。民间有四轮大马车,用来进行长途运输。陆路运输有小型马、牛车,人力独轮车。船是南方重要的运输工具。漕船是平底浅船,"载米可近二千石"(《天工开物》卷中)。明初沿用元代的"遮洋浅船"或"钻风船"在近海航行,运粮辽东。

三、对外贸易

　　明太祖曾宣布朝鲜、日本、安南、真腊、暹罗、占城、苏门答腊、爪哇、溢亨、白花、三佛齐、渤泥等国为不征国(《皇明祖训·箴戒篇》)。所谓"不征国"就是对这些国家和地区,和平相处,互不侵犯。周边国家传统的贸易活动,仍采用朝贡贸易形式。民间的对外贸易则严厉禁止,以防海上的武装骚扰,甚至规定"片板不许入海。"(《明史》卷二〇五)

　　明朝建国前夕,就在江苏太仓黄渡设立市舶提举司。建国后,在广州、泉州、宁波各设市舶提举司,并规定"宁波通日本,泉州通琉球,广州通占城、暹罗、西洋诸国。"(《明史》卷八一)明廷对朝贡国颁发"勘合"一扇作为贸易许可证。来朝贡贸易时,与市舶司所存另一扇勘合相符,方许贸易。各国朝贡的船只、人数都有详细的规定。对贡品实行"给价收买"的办法。除各国王贡品以"赏赐"名义给予报酬外,番使人等附搭的商品,由官府给价收购,其他番货也允许在限期内于指定地点与民间交易。

　　明成祖进一步扩大对外贸易,取消对外商的限制,宣布"自今诸番国人愿入中国者听。"(《成祖实录》卷二三)并多次派遣中官出使东南亚各地,招徕各国朝贡贸易。成祖至宣宗时郑和、王景弘等率领舰队远航,除政治目的外,也是为了拓展海外贸易。郑和舰队给海外诸国带去了纻丝、青花瓷器、铜铁器、印花布、缎绢、水银、雨伞、玻璃制品、中国麝香等商品,带回各种香料,宝石珍珠及其他土产品,有时也进口中国缺少的贵重药材,如血竭、没药、安息香(《西洋番国志》)。明朝的铜钱成为当时南洋等贸易活动中主要货币。郑和舰队带回的商品,罕见的珍宝进贡皇室,其他一般的珠宝、香料、药材等外国产品,则由官府开"库市",许商人"博买",交纳商税,领取执照,转卖于民间。官府与商人均可由此获得厚利。(《殊域周咨录》卷九)

(四)各地农民起义

明太祖率领农民军推翻元朝,进而削平割据的群雄,建立起明朝的统治。未经农民起义扫荡的地区,地主豪强与广大农民的尖锐矛盾并没有因为明朝的建国而得到缓解,反而由于战乱对经济的破坏而更加激化。明太祖鼓励农民免税垦荒,田地垦辟后,富民兼并土地的现象,也随之发展。一三九七年,户部奏报浙江等九布政司和直隶府州占田七顷以上的富民,有一万四千余家。官员之家,得免徭役。豪富占田可逃重税。失去土地的农民却仍然要负担烦重的赋税与差役。明太祖倚信的儒臣解缙奏报说:"且多贫下之家,不免抛荒之咎。今日之土地,无前日之生植,而今日之征聚,有前日之税粮。或卖产以供税,产去而税存,或赔办以当役,役重而民困。土田之高下不均,起科之轻重无别。膏腴而税反轻,瘠卤而税反重。"(《明史·解缙传》)遭受严酷压榨,走投无路的农民不断举行武装起义。

南京应天府和北京顺天府所属州府地界,对豪强的打击较厉,对居民的统治也较严,不见有农民起义发生。大规模的起义主要爆发在两广、福建、江西、湖广、川、陕、浙江等豪强势力较强、土地兼并较重的地区,并且是在明初至一四二〇年的半个世纪之间。此后社会经济逐渐发展,农民得到较多的谋生之路,起义的风暴遂渐趋息止。

下面叙述明太祖、成祖时期一些规模较大的农民起义。

一、广东、广西的农民起义

广东地区元代属江西行省及湖广行省统辖。广西地区原属湖广行省,元末始置广西行省。明太祖即位金陵时,两地区都为元朝地方官军所统治。一三六八年初,明军进军广东、广西,元朝各地守将先后败降。七月间,明军平两广。两广各地区的农民在明太祖统治时期,先后举行了反抗明朝统治的起义。

一三七二年,广东潮州民千余人首先起义,占领了揭阳、潮阳两县,被潮阳卫明军镇压。一三七九年,潮州海阳县民朱得原又聚众起义。朱得原被明军杀死。一三八一年,海阳县民千余人又起义反抗。直到一三八八年,海阳县民还在曾水荫等率领下,攻打州县。

广州地区在一三八一年冬爆发了大规模起义。广州人曹真、苏文卿等在海上起兵,联合山区单志道、李子文等起义民众占领番禺、鹿步、清远大罗山等处,据险立寨,有众数万人,战船一千八百余艘,攻打东莞、南海及肇庆、翁源诸县,声势浩大。明南雄侯赵庸率步骑、舟师一万五千余人,分道进剿,多遭陷没。广东参政阎钝、千户张惠率军来援,起义舟师战败,诸寨相继被攻破。起义军二万余人,家属八千余人被擒,五千余人被杀。第二年,广东人民再次起义,首领号"铲平王",起义群众多至数万人。明赵庸军又镇压了这次起义。起义军被杀八千八百余人,被俘一万七千余人,家属被俘者一万三千余人。

广西地区早在一三七○年,即有阳山县十万山寨人民聚众起义,被南宁卫明军镇压。一三七二年南宁卫指挥佥事左君弼强征民人为军,又激起三千多人的反抗。被明廷称为"蛮"的大藤峡地区各族人民在一三七五年起义反抗,被柳州卫明军镇压。一三九五年当地各族人民又聚集数万人,以更吾、莲花、大藤等寨为据点,向附近的都康、向武、上林等地发展。明征南将军杨文等驻师奉议州东南,与广西都指挥使韩观军,共同镇压起义。起义者一万八千三百六十余人和随军家属八千二百八十余人被杀,起义军首领黄世铁也被杀牺牲。

二、福建的农民起义

明太祖建国后,平陈友定,始得福建。一三七〇年,泉州惠安县民陈同率众起义,进攻永安、德化和安溪三县,曾击败泉州卫军。后被驸马都尉王恭军镇压。一三七二年同安县民吴毛狄聚众起义,占据县治。一三七七年,泉州民任钧显起义,攻占安溪县。一三七九年,漳州府龙岩县民江志贤聚众数千人起义,据雷公、狮子岭、天柱等寨。一三八一年,福安县民聚众八千余人起义。同年漳州府龙岩县民起义,自立官属,进攻龙溪县。这些起义先后被镇压,但都打击了当地的地主豪强,冲击着明朝的统治。

三、江西、湖广地区的农民起义

江西袁州(今宜春县)是元末红巾军组织者彭莹玉的故乡,湖广罗田县是蕲黄红巾军领导人徐寿辉的故乡。在元末农民战争时期,江西与湖广是徐寿辉、陈友谅管辖的地区。弥勒教在民间有深远的影响。洪武六年(一三七三年)正月,蕲州民王玉二聚众烧香,密谋起义。同年六月,罗田县人王佛儿,自称弥勒降生,传写佛号,鼓动群众起义。一三八七年,袁州府宜春县民李某自称弥勒佛,发九十九等纸号,用"龙凤"印信,置日月袍、绿罗掌扇令旗等,准备起义。第二年,袁州府萍乡县民又有弥勒教宣传群众。一三八六年,福建

144

将乐僧彭玉琳,至新淦,自号弥勒佛祖师,烧香聚众作白莲会。新淦县民杨文、曾尚敬等与彭玉琳同谋起义。彭玉琳称晋王,置官属,建元天定。这些起义,发动后不久,即先后被明军镇压。

江西、湖广地区还发生了一些规模较大的农民起义。

江西"顺天王"和夏三的起义——一三八三年广东瑶族人民起义,影响及于江西。永新、龙泉人民也聚众起义,起义领袖自称顺天王,曾打败江西都指挥同知戴宗仁率领的明军。明廷特派申国公邓镇为征南副将军前去镇压,次年三月,起义失败。

一三九○年赣州农民在夏三领导下举行起义,聚众数万人,并与湖广地区的起义农民相联络,声势浩大。明袁州卫指挥蒋旺不敢出兵,驱赶民丁三百人去抵挡起义军。起义军迅速发展,明廷特派东川侯胡海充总兵官,普定侯陈桓为左副将军,靖宁侯叶昇为右副将军,率湖广各卫军士三万三千五百人前去镇压。明廷用三侯为将,出动大军,说明起义的威胁是严重的。起义遭到镇压,起义者被杀三千七百多人,被捕一万六千余人。

湖广"铲平王"吴奤儿起义——一三七八年六月,湖广五开(贵州黎平县)民吴奤儿聚众起义,明靖州卫指挥金事过兴率三百士兵前去镇压,被起义军打得大败,过兴父子被杀。十一月,起义军遭到辰州卫指挥杨

145

仲名所率明军的镇压,吴奋儿在人民的掩护下逃脱了明军的追捕,继续在其家乡附近秘密活动,积聚力量。一三八五年七月再次起兵,称划平王。古州十二长官司农民响应,号称有众二十万人。明廷震动,急派信国公汤和为征蛮将军,江夏侯周德兴、都督同知汤醴为副,会合楚王护卫,号称二十万大军,镇压起义。起义失败后,明军滥捕当地各族人民四万余人。吴奋儿与广东的起义领袖都以"铲平王"为号,表明起义农民对社会上种种不公平现象的反抗。

湖广湘潭李法良起义——江西、湖广地区的农民为反抗苛重的徭役和赋税,相继起义。一三九六年会同县人民因不堪明朝官府的剥夺,各立寨栅,置标枪刀弩,拒命不供赋役。起义者都被谪戍到三万卫。明成祖在北京修建皇宫,历时十四年,工作之夫上百万,终年供役,不耕作。又为绘饰梁柱,强令各地居民供纳并非土产的大青(颜料),民众被迫到他处购买交纳,每斤价至万六千贯。所用木料,多采自南方各省。一四〇六年,吏部侍郎师逵在湖南役使十万民工入山采木,许多人死在山里,官吏又强迫孤儿寡妇来应役。农民出差役,耽误了农业生产,还要照常交纳田赋。一四〇九年,湖南湘潭爆发了李法良领导的起义,应役伐木的民工纷纷参加起义军,转战至江西安福县,遭到明军的镇压,李法良再转至吉水,兵败被俘牺牲。

四、四川、陕西的农民起义

一三七九年四月，四川眉县人民在彭普贵领导下起义，杀眉县知县颜师圣。起义军势振，先后占领十四州县。四川都指挥普亮督军来战，连续败北。明太祖敕责普亮等，调遣在四川威茂的平羌将军丁玉，率军镇压。七月间，起义失败。彭普贵这次起义，《明史》和《国榷》没有提到与白莲教的关系，《明实录》说"嘉定忠州土民为妖人所惑，乘隙作乱"。元末徐寿辉部起义军将多依白莲教的规定，以普字命名。被指为"妖人"的彭普贵可能也是白莲教徒。《明实录》又记一三八一年，四川广安州（渠江）有人以弥勒佛惑众，被捕斩。

明初以来，陕西和四川交界地区，即有一些民众，潜入山谷间，抗拒征徭。一三九七年沔县人高福兴、田九成等结集山中居民起义，并与沔县西部金刚奴领导的起义部众相结合，聚众至千余人。高福兴自称弥勒佛下世，田九成称汉明皇帝，建年号龙凤，金刚奴号四天王。起义军攻破屯寨，杀死官军，迅速发展。在沔县西北阳平关打败汉中卫明军，攻入略阳，杀知县吕昌，又攻入徽州（甘肃徽县）、文县。明廷派长兴侯耿炳文、武定侯郭英统领四川和陕西都司明军数万人前去镇压。九月，起义军的主力部队失败，高福兴被捕牺牲。余众在金刚奴与仇占儿等领导下，退回到沔县西部地区继续战斗，直到一四〇九年才遭明军镇压而失败。此次起义前后延续十余年,扩展到广大的地区,给予明朝的打击是沉重的。

五、山东的农民起义

早在一三七〇年,山东青州(益都)农民孙古朴即聚众起义,自号"黄巾",袭击莒州(山东莒县),杀同知牟鲁。起义不久,即被青州卫明军镇压。

一四二〇年二月,青州地区又爆发了唐赛儿领导的农民起义。山东水旱连年,农民剥树皮掘草根作食物。老幼流移,颠踣道路,以至卖妻鬻子以求存活。官府征求赋役,仍然不止。走投无路的农民群众,被迫参加了规模浩大的武装起义。

唐赛儿是蒲台县农民林三的妻子,夫死,削发为尼,通法术,习剑术,自称佛母,在益都、诸城、安丘、莒州、即墨、寿光诸县传习法术,组织群众至数万人。唐赛儿在二月间率众起义后,随即占领了益都卸石棚寨。打死前来镇压的明青州卫指挥高凤。莒州人董彦杲率众二千人来附。各地农民也纷起响应。三月,山东三司向明廷告急。成祖即派安远侯柳升、都指挥刘忠率领京军前来镇压,围攻卸石棚寨,唐赛儿率领起义军于夜间突围,射死刘忠。起义军别部宾鸿军攻下莒县、即墨,率万余人围攻安丘。在山东沿海防备倭寇的卫青率骑兵来战,宾鸿败走,起义军二千余人被杀。明鳌山卫指挥王贵在诸城获胜,起义军被杀甚众。

148

山东数万农民的起义，不到一月即遭镇压而失败。明廷则因未能擒捕唐赛儿，仍然惊恐不安。明成祖竟下令尽逮北京、山东境内尼及道姑来京审讯，既而又尽逮天下出家妇女，先后有几万人。传说唐赛儿后被拘捕，临刑不屈，刀刃不入，在狱中施展法术逃脱。这一传说虽然未必是事实，但说明唐赛儿受到人们的景仰，起义的影响是深远的。

第四节　抗御蒙古与皇位更迭

（一）瓦剌南侵英宗被俘

一、英宗嗣位与边境战事

明宣宗在位不满十年而病逝，年仅三十八岁。遗诏传位九岁的太子祁镇，国家重务奏白皇太后（仁宗后张氏）。祁镇（英宗）奉诏即位，改明年年号为正统，尊祖母张太后为太皇太后，母孙后为皇太后。群臣请太皇太后垂帘听政，张后不许，说勿坏我祖宗家法。张后将朝政委付内阁诸臣。召英国公张辅、大学士杨士奇、杨荣、杨溥及礼部（兼掌户部）尚书、太子詹事胡濙等人至前，对英宗说：此五人是先朝留给皇帝的大臣，有事必须与他们商议，非五人赞成不可行。司礼太监王振侍太子东宫，英宗呼为"先生"。张后恐太监干政,欲除王振,英宗请留。张后赦王振,但明白指出,皇帝年少,不可要他干预国事。张后又致书母家二兄长,彭城伯张昶、左都督张升,说:现在长孙皇帝幼冲,保持辅翼,实系于我。你们要循礼度,修恭俭、率领子侄家人谨慎守法,不可预闻政事!

张后委信老臣,限制宦官外戚干政,小皇帝嗣位后的政局,得以继续保持稳定。但南北边境又相继发生了战事。

麓川之战 明太祖平云南,在元代设置的麓川路与平缅路,设麓川平缅军民宣慰使司,以当地的百夷(傣族)部长思伦发为宣慰使。英宗即位,思任发继任宣慰使,自称为"发"(王),南侵缅甸。一四三八年,进而侵掠云南腾冲、孟养等地反明。次年正月,云南总兵官沐晟受命与左都督方政、右都督沐昂,领兵镇压。方政不听节制,渡江深入,沐晟按兵不援。方政遇伏兵,败死。沐晟惊惧,死于军中。五月,明廷以沐昂为征南将军,继续进讨。一四四〇年二月,沐昂在麓川战败,还师。七月,思任发遣使入贡。英宗交付廷议。阁臣杨士奇、刑部侍郎何文渊等力主宽赦,不再出兵。英国公张辅以为,不诛灭思任发,是向边境诸族示弱。遂命定西伯蒋贵为征蛮将军,发南京、湖广、川、贵兵十五万征麓川,兵部尚书王骥提督军务,太监曹吉祥监军。大军于一四四一年春分路赴云南。十一月,思任发率三万兵来战,明兵分三路进攻,思任发败走。十二月,王

150

骥等直进麓川,思任发逃往缅甸。王骥班师。

明军班师,思任发返回云南。一四四二年冬,英宗再命蒋贵、王骥等征麓川。次年春,思任发败走缅甸。一四四四年春,王骥合木邦路诸部兵进攻缅甸,索还思任发。缅人以割边为条件,不还思任发,王骥捣毁思任发子思机发营寨,奉诏还京。一四四五年冬,云南千户王政奉敕书及赠币往谕缅甸,缅甸将思任发及家属交付王政带回云南。思任发在途中绝食死。

征防之议 宣宗末,瓦剌脱欢袭杀鞑靼阿鲁台后,阿鲁台所立王子阿台汗与朵儿只伯等仍在亦集乃路屯驻。英宗即位后,明廷即悬赏擒拿阿台及朵儿只伯。一四三六年,甘肃总兵官陈懋领兵击败朵儿只伯,追杀至苏武山。一四三七年以都督任礼为总兵官,蒋贵、赵安为副,兵部尚书王骥督师征讨。次年夏,再次战败朵儿只伯及阿台军。不久之后,阿台与朵儿只伯被脱脱不花杀死。原属阿鲁台的部众都归于瓦剌。一四三九年,瓦剌脱欢死,子也先承嗣其位,称太师淮王中书右丞相。瓦剌军政大权均由也先执掌,不听脱脱不花号令。脱脱不花与也先各自遣使来明朝贡。明廷也都予以接纳,分别赏赐。

明廷诸臣对待蒙古边事,历来存在争议。英宗即位后,南征麓川与北防蒙古,形成两种不同的主张。杨士奇、何文渊与翰林侍讲刘球等力主宽待麓川,防御蒙古。张辅、王骥等则主张集中兵力征讨麓川。一四四二年，太皇太后张后病死，明廷政局也因之渐有变动。杨荣已于一四四〇年告老，死于归乡途中。杨士奇此时已年近八十，因子杨稷得罪告老不出。一四四四年病死。胡濙因两次丢失礼部官印，曾被劾下狱。杨溥年近七十，素性恭谨（死于一四四六年）。只有张辅仍参议军国重事。英宗成年，仍然礼信东宫太监王振。张后死后，王振日益干预朝政，权势渐盛，以侄王山为锦衣卫指挥同知，控制卫事。对边境军务，王振也力主南征。翰林侍讲刘球曾在一四四一年上疏，建言罢征麓川，加强北边防务。一四四三年，再次上疏陈奏十事，内有：别贤否以清正士，选礼臣以隆祀典，息兵威以重民命，修武备以防外患，并指出"迤北贡使日增，包藏祸心，诚为难测"（《明史·刘球传》）。王振以为此疏是有意对他诋毁，逮刘球下锦衣卫狱。又命锦衣卫指挥马顺在狱中将刘球秘密处死，肢解。明太祖曾建铁碑铸"内臣不得干预政事"，立于宫门。明朝宦官干预朝政，始于王振。宦官操纵锦衣卫，杀害文臣，也始于王振。英宗倚信的重臣张辅，军将王骥，宦官王振都主南征，明廷北边的防务，日渐虚弱了。

瓦剌也先在遣使向明朝贡的同时，在逐渐扩张势力。一四四五年，结集沙州、罕东及赤斤蒙古兵进攻哈密卫，明廷得报不救，敕令修好。瓦剌从而控制了哈密。兵部尚书邝埜建言增兵大同，巡视西北边务。明廷不采。一四四六年，也先移兵东向攻入兀良哈三卫。

遣使者到大同,请见大同守备太监郭敬乞粮。明廷只令郭敬"勿见,勿予粮",对也先的东侵,不加防范。瓦剌的势力自哈密向辽东扩展,日益形成对明朝的威胁。明朝北边的祸乱已在眼前,英宗君臣仍视而不见,又集合兵力发动了对麓川的南征。

再征麓川 麓川思任发死后,明廷敕令其子思机发入朝。一四四七年四月云南总兵官沐斌奏称思机发拒不来朝,又在缅甸掠夺牛马财物,请准出兵征讨。十月,沐斌领兵进攻,思机发遣使入贡。明廷仍命沐斌促思机发亲自入朝,说是"勿贻后患。"一四四八年二月思机发惧罪,逃入孟养不出。沐斌领兵进逼,并请朝廷增援,明廷再命王骥总督军务,以都督同知宫聚为平蛮将军总兵官率领南京、云南、湖广、四川、贵州等地调集的官军与当地各族土军共十三万人往讨,敕令云南各地助供兵饷。十月,王骥师至云南,渡金沙江,进至孟养,杀掠诸寨。思机发不知所在,传说已死于乱兵之中。王骥与思任发子思禄约定,仍许统率诸部落居孟养如故,立石以金沙江为界,不得渡越。一四四九年二月班师回京。

二、土木堡之战

明军南下作战刚刚结束,迤北的瓦剌发动了对明朝的大举进攻。

一四四九年二月,瓦剌也先遣使二千余人向明朝进贡马,诈称三千人,向明廷多邀回赐。王振告礼部依实有人数给赏,并减给马价五分之四。也先大怒,借口明使曾许嫁公主,贡马是致送聘礼,明廷无意许亲,是失信于瓦剌。七月,脱脱不花与也先统率大军,分四路侵入明境。东路军由脱脱不花率领,协合兀良哈部众攻掠辽东,西路军进攻甘州。中路军分两路南下,一路由知院阿剌率领,进攻宣府,围赤城。另一路由也先率领,直逼大同。大同明守军战败,参将吴浩战死。

　　大同败报传到北京,太监王振劝英宗亲征。兵部尚书邝埜和侍郎于谦力言六师不宜轻出,吏部尚书王直率群臣上疏说:士马之用未充,兵凶战危。英宗采王振议,下诏亲征。命太监金英辅佐皇弟郕王朱祁钰留守京师,兵部侍郎于谦留京代理部务。太监王振与英国公张辅、兵部尚书邝埜、户部尚书王佐及内阁学士曹鼐、张益等文武官员随军出征。命在京五军、神机、三千等营官军操练者,人赐银一两,胖袄裤各一件,鞋鞋两双。行粮一月,作炒麦三斗。兵器八十余万。又每三人给驴一头,为负辎重。把总、都指挥,人加赐钞五百贯。(《英宗实录》卷一八○)宣府、大同等地仓储缺乏,户部急令山西布政司及顺天保定等七府原定口外交纳的夏麦秋粮,抵斗收豆,赴大同、宣府等处交纳。又令太原府所属近北州县各起民五百名采刈秋青草。军需不及充分准备。诏下两日后,英宗统率的大军便匆匆出京了。

　　七月十六日,英宗率领五十余万大军从北京出发,

154

十九日出居庸关,过怀来,至宣府。二十八日至大同东北的阳和(山西阳高县)。大军出京前,大同总督西宁侯宋瑛、总兵官武进伯朱冕及都督石亨,曾于十五日在阳和迎战也先军。明军大败,全军覆灭。宋瑛、朱冕战死,石亨单骑逃回,监军太监郭敬伏草丛中逃脱。英宗大军到阳和,仍见伏尸遍野,军心涣散。

八月初一日,明军进到大同。兵部尚书邝埜、户部尚书王佐见形势不利,力请回师。王振不听。也先主动北撤,诱明军深入。王振坚持北进。初二日,太监郭敬密告王振,如继续北进,正中虏计,决不可行。次日下令班师。初十日,退至宣府。瓦剌军追袭而来,恭顺伯吴克忠、都督吴克勤率兵断后拒敌,均战死。成国公朱勇,永顺伯薛绶率三万骑前去救援。朱勇冒险进军至鹞儿岭,陷入瓦剌包围,朱勇、薛绶战死,三万骑兵几乎全部损失。十三日,英宗军逃到离怀来城二十里的土木堡,随从的文武官员主张入保怀来,王振因辎重千余辆未至,主张留待。邝埜上章请英宗车驾速入居庸关,被王振遏止不报。邝埜又到行殿力请,王振怒斥说:"腐儒安知兵事,再妄言,必死!"邝埜回答说:"我为社稷生灵,何得以死惧我!"王振喝令卫士将邝埜扶出。第二天英宗想继续行进,但瓦剌军已紧逼明军,无法移动。土木堡之南十五里处有河,被瓦剌军占据,明军人马两天不得饮水。也先从土木堡旁的麻谷口进攻,明都指挥郭懋拒战一夜。十五日,也先佯退,派使

155

者到明军讲和,英宗命曹鼐起草诏书,派通事二人随来使去也先军营。王振见瓦剌使者来议和,下令兵士移营就水,军士跳越壕堑,行伍纷乱。瓦剌军乘势四面围攻,明军争先逃窜,死伤甚众。英宗与亲兵乘马突围,不得出,下马盘膝而坐,被瓦剌士兵俘送也先之弟赛刊王营,成为瓦剌的俘虏。

两军混战中,明英国公张辅、驸马都尉井源,兵部尚书邝埜,户部尚书王佐,内阁学士曹鼐、张益、侍郎丁铭、王永和等五十余人战死。只有大理寺右寺丞萧维桢、礼部左侍郎杨善等数人侥幸逃出。护卫将军樊忠用棰捶死王振,说:"吾为天下诛此贼!"明军骡马二十余万,并衣甲器械辎重,尽为也先所得。明军五十万,死伤过半。

土木堡之战,明军仓促出师,进退失据,京军精锐,毁于一旦,勇将重臣多人战死。英宗皇帝被俘更使朝野震动。明王朝遭遇到建国以来所未曾有的严重危机。

(二)守卫京师与英宗复位

一、景帝即位

英宗被俘后由赛刊王押解见也先,也先大喜,说:"我常告天,求大元一统天下,今果有此胜"。将英宗送到伯颜帖木儿营里管押,由被俘的明校尉袁彬伴宿。

英宗命袁彬写信给明廷,告知被俘情况,要皇室以珍宝金银去赎他。原在瓦剌军营的明使者千户梁贵将信送到怀来，当夜转送京师。皇太后孙后和皇后钱后立即装运宫中金宝文绮，于十七日午派太监送到居庸关外瓦剌军营。这时，明英宗已被也先由宣府押解到大同。

明廷无主，孙太后命英宗异母弟郕王朱祁钰监国，召集群臣商议战守之策。翰林侍讲徐珵倡言南迁避难。兵部侍郎于谦等人坚决反对，说："言南迁者可斩也。京师，天下根本，一动则大事去矣！独不见宋南渡事乎"（《明史·于谦传》）。太监金英将徐珵叱出。复职的礼部尚书老臣胡濙与吏部尚书王直、内阁学士陈循均附和于谦，坚主战守，孙太后与郕王委付于谦备战、抗御瓦剌。

明京师劲甲精骑多已陷没，所余兵卒不及十万，人心震恐。于谦于受命的次日（八月十九日）即奏请调南北两京河南备操军、山东及南京沿海备倭军、江北及北京诸府运粮军，以及宁阳侯陈懋所率的浙兵亟赴京师守卫。同日又命移通州仓粮入京师。各地军兵陆续到来，京师人心渐趋安定。八月二十一日于谦升任为兵部尚书。

八月二十三日，郕王登临午门理政，右都御史陈镒等奏请族诛王振家属以安人心。群臣悲愤，哭声震殿陛。王振党羽锦衣卫指挥使马顺叱骂喝逐群臣，给事中王竑奋起抓住马顺的头发，说："若曹奸党，罪当

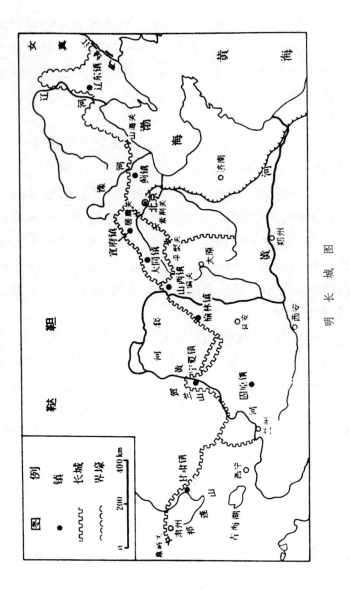

明 长 城 图

158

诛",群臣一哄而上,将马顺打死,又索要王振党宦官毛贵、王长随二人。太监金英见事紧急,将毛、王从宫门推出,也被群臣打死。又有人将王振侄王山捆缚,人争唾骂,朝班大乱。郕王想退避回宫,于谦排众向前,请郕王宣告:"顺等罪当死",殴击马顺等的官员皆不论罪,又把王山缚至刑场,凌迟处死。王振家族无少长皆斩,抄没其家产。于谦当机立断,处理得宜,使混乱的局面迅速得到平息。吏部尚书王直握着于谦的手说:"国家正赖公耳。"于谦荐陈镒安抚畿内军民。王振党徒宦官郭敬、彭德清从大同逃归京师,也被抄家下狱。王振一党干政误国,早已为群臣所痛恨,于谦清除王党以稳定政局,激励群臣同仇敌忾,共赴国难,朝野为之一振。

　　土木败后,宣府成为一座孤城,人情汹惧,官吏军民纷然争出,巡抚罗亨信仗剑坐城下,下令说:"出城者斩"。又与总兵杨洪等诸将盟誓,为朝廷死守宣府。也先三次率军进攻宣府,挟持明英宗,要挟开城,都被罗亨信等拒绝。也先只得退去。于谦奏请奖谕罗亨信,晋封杨洪为昌平伯,以伸张抗敌的正气。

　　也先自宣府引兵改道南下,进逼京师。保卫京师的大战,迫在眼前。于谦破格选调将官,加强防御。升任广东东莞县河泊所闸官罗通为兵部郎中,守居庸关。派遣四川按察使曹泰守紫荆关,抚恤军民。在阳和败退后被贬降的原都督石亨熟知边情军事,智勇善战,于谦奏请起用总掌京兵五军大营,进为右都督。

郕王受命监国后,孙太后又立英宗子见濬为皇太子,年仅三岁。九月一日,群臣合请皇太后立郕王即帝位以安人心。孙太后准议,郕王却惊让再三,避归王宅。于谦对郕王正色说:"臣等诚忧国家,非为私计"。郕王由群臣拥戴于九月六日即皇帝位(明宪宗成化时追谥景皇帝。南明上庙号代宗),尊英宗为太上皇,改明年年号为景泰。景帝即位,以稳定动荡的明廷政局。于谦等主战诸臣更得以全力奋战。

二、守卫京师之战

景帝即位后,倚信于谦等,积极筹划抗御瓦剌。

九月初七日,于谦推荐辽东都指挥使范广为副总兵,协助石亨佐理京营。大同总兵刘安擅离职守,进京求封赏,被群臣弹劾禁锢。

十五日,景帝依于谦荐,任命固守大同的副总兵都督同知郭登佩征西将军印为总兵官,镇守大同。随后,又依于谦议,命监察御史白圭、李宾等十五人,往直隶、山东、山西、河南各府县招募民壮,就卫所操练,听调策应。

十月初一日,也先和脱脱不花率领瓦剌军挟明英宗至大同,被郭登拒绝。也先绕过大同南进。前哨精骑二万于初三日抵紫荆关北口,另一路瓦剌军从古北口南进,过洪州堡进攻居庸关,转攻白羊口(居庸关西南)。初八日攻破白羊口,明守将谢泽战死。

于谦手书(采自懋勤堂法帖)

明廷接到郭登的战报,京师戒严。初五日诏诸王派兵入卫。初八日,命于谦提督各营军马,将士皆受节制,刘安协守京师。分遣诸将率军二十二万列阵于京师九门外:总兵官石亨副总兵范广、武兴列阵于德胜门,都督陶瑾于安定门,广宁伯刘安于东直门,武进伯朱瑛于朝阳门,都督刘聚于西直门,副总兵顾兴祖于阜成门,都指挥李端于正阳门,都督刘德新于崇文门,都指挥杨节于宣武门,皆受石亨节制。于谦亲至德胜门石亨军营,抵御瓦剌的主攻部队。初九日下令"有盔甲军士但今日不出城者斩"(《英宗实录》卷一八四)。各军至城外部署完毕后,即关闭城门,以示背城死战的决心。又下令"临阵,将不顾军先退者,斩

161

其将；军不顾将先退者，后队斩前队"（《明史·于谦传》）。于谦躬擐甲胄，身先士卒，以忠义谕三军，人人感奋。

初九日，也先抵紫荆关，督促瓦剌军攻关。投降瓦剌军的明宦官喜宁引瓦剌军由山间小路越过山岭，腹背夹攻关城，守备都御史孙祥、都指挥韩清战死，紫荆关被攻破。瓦剌军由紫荆关和白羊口两路进逼北京。十月十一日，抵北京城下，列阵西直门外，将明英宗幽禁在德胜门外空房内以为要挟（袁彬《北征事迹》）。都督高礼、毛福寿袭击瓦剌军于彰义门北，杀敌数百人，夺还所掠千余人。喜宁向也先建策，要明臣出迎英宗。明廷以通政使参议王复、中书舍人赵荣到也先营见英宗。也先对王复等说："尔小官，可令胡濙、于谦、王直、石亨、杨善等来"。

瓦剌军散骑到德胜门窥探明军阵势。于谦知瓦剌军将攻德胜门，命石亨伏兵于道路两侧空房中。瓦剌军来攻，明军佯为败退，瓦剌万余骑追来，明军神机营的火炮、火铳齐发，石亨伏兵突起夹攻。副总兵范广，跃马陷阵，部下奋勇作战。瓦剌军大败，也先弟平章孛罗卯那孩，被火炮击毙。瓦剌军转至西直门进攻，明守将都督孙镗率军迎战，斩瓦剌军前锋数人，瓦剌军北退，孙镗率军追击，瓦剌军增兵合围，孙镗退到城边。给事中程信在城上发炮轰击瓦剌军，高礼、毛福寿率兵来助战，石亨也派兵来援，瓦剌军三面受敌，被迫退去。

瓦剌军自德胜门和西直门退走后,又在彰义门进攻。于谦命副总兵武兴、都督王敬、都指挥王勇率军迎战。以神铳列于前,弓矢短兵次之,挫败了瓦剌军的前锋。明后军阵乱,瓦剌军乘势反击,武兴中流矢死。瓦剌军追到土城,当地居民登屋号呼,投砖石阻遏瓦剌军。王竑、毛福寿军赶来支援,瓦剌军撤退。

明军抗御瓦剌,屡获胜利,士气旺盛。进攻居庸关的五万瓦剌军,也被守将罗通击退,罗通三次出关追击,斩获甚众。也先得知各地援军将集,于十五日夜拔营北撤。于谦命石亨等举火发火炮轰其营,瓦剌军死者万余人。也先自良乡西退,沿途大掠,在昌平焚毁皇陵寝殿。十七日,也先拥明英宗由紫荆关北退。昌平伯杨洪自宣府率兵二万入援京师,受命与孙镗、范广军追击瓦剌。二十四日杨洪追至霸州,败瓦剌军,俘掳敌军四十八人,夺还被掳人口万余。二十五日,孙镗、范广追败瓦剌军于固安。到十一月初八日,瓦剌军全部退至塞外,京师解严。景帝、于谦领导的守御京师之战取得了胜利。

三、瓦 剌 议 和

瓦剌兵退后,景帝封赏诸臣,加于谦少保,总督军务,石亨为武清侯,杨洪为昌平侯。依翰林学士陈循议,留杨洪守京师。于谦上言,宣府居庸宜加防守,命左都督朱谦镇守宣府,令都御史王竑守居庸关。

瓦剌汗脱脱不花在辽东,闻也先兵败,即遣使向明朝贡马。也先仍图再举。宦官喜宁向也先建策,西攻宁夏,进取江南,立英宗于南京,以与北京对峙。一四五〇年春,也先率军三万攻掠宁夏,继而转攻大同。大同总兵官郭登率军士八百人奋勇迎击,破也先军数千,斩首二百余,俘获甚众,追击四十余里。郭登以功进封定襄伯。也先败后,命喜宁充使者,伪称奉明英宗命,入野狐岭探听明廷内情,被明军擒获,押解北京。群臣上章,斥喜宁投敌,罪不容诛。景帝将喜宁凌迟处死。

一四五〇年六月,也先派遣使臣来京师议和,声言愿送明英宗还京。景帝命群臣聚议,王直、于谦都主张遣使回报。景帝升任礼科都给事中李实为礼部右侍郎,持敕书出使瓦剌,见英宗。也先见敕书中只说议和,不说迎驾。要李实回告明廷,遣太监一、二人,老臣三、五人前来迎接英宗。又另派使臣到京师陈述此意。景帝依群臣议,遣右都御史杨善等于七月间到也先营地议和,敕书仍未明言迎驾。也先要杨善迎回英宗,派头目七十人护送,取道宣府进京。八月十五日,英宗到达北京。景帝即位诏中原有"上大兄皇帝尊号为太上皇帝,徐图迎复"等语。英宗回京,以太上皇居处南宫,不见群臣。

也先送还英宗后,恢复与明朝的互市贸易,依旧例派遣贡使。

四、英 宗 复 位

景帝迎回英宗后,无意让位,对南宫严加防范,不准与廷臣交往,英宗也以丧师辱国,身为敌虏,无颜复辟。景帝即位前,英宗子见潾已立为太子。一四五二年景帝将太子废为沂王,另立己子见济为太子,以图巩固景帝一系的皇权。次年,太子见济病死。无兄弟。再建皇储,又成为朝臣关注的大事。一四五四年五月,御史钟同、礼部郎中章纶先后上疏,请复立沂王见潾。景帝将钟、章二人交锦衣卫,严刑榜掠,逼问是否与南宫交通。钟同被打死。章纶下锦衣卫狱。此后,景帝对身居南宫的太上皇,更为防范,严加监视。

景帝倚信于谦等重臣,击退也先军,挽救了危难中的明朝。在位八年,整饬军政,大体上保持着稳定的政局,但始终为皇位的承袭所困扰,不能做出妥善的处置。景泰八年(一四五七年)正月,景帝病危,群臣上章请择立继承人。景帝仍一味拖延,苦无良策。

统领京营兵权的武清侯石亨见景帝垂危,与都督张轨、太监曹吉祥等密议,与其复立十岁的见潾为太子,不如请太上皇英宗复位,可得功赏。乃与左副都御史徐有贞(徐珵改名有贞)共谋废立,向英宗密陈。正月十六日夜,石、徐策划,由张轨率领兵士千人在四更时进入皇城,直抵南宫。扶拥英宗入东华门,至奉天殿升座。十七日黎明,钟鼓齐鸣,宣告太上皇复位。二十一日改景泰八年为天顺元年。病中的景帝,于二月朔日被废为郕王,迁居西宫,十余日后病死。

明英宗由臣僚太监仓促拥出,夺取皇位,时称"夺门"。复位后,拥立诸臣诛杀景帝近臣,又相互争夺权利,相继被诛除。明王朝再陷于动荡之中。

杀于谦——英宗复位,随即逮捕于谦、陈循等下狱治罪。徐有贞以本官兼翰林学士,入值内阁,掌机务,又晋职为兵部尚书。晋封石亨为忠国公、张辄为太平侯,杨善为兴济伯,袁彬为锦衣卫指挥佥事。于谦被诬陷以谋立藩王罪立即处斩。定狱时,英宗说"于谦曾有功",徐有贞即向前说:"不杀于谦,今日之事无名"。于谦处死后,又进而诛除"于谦党"。都督范广得于谦倚任,石亨奏斩范广。大同总兵郭登被夺去伯爵,遣为南京都佥事。石亨从子石彪因参与拥立,封定远伯,为大同副总兵。于谦有功无罪,只是因为皇室夺门而被诬处死,天下人都知为冤枉。死后,由其婿朱骥收遗骸,葬于于氏故乡杭州。于氏墓与西湖相望,受到历代志士仁人的凭吊。

除徐有贞——徐有贞原名徐珵,在瓦剌来侵时曾力主南迁,为朝野所不齿。拥英宗复位,得掌朝政,杀于谦后,又于三月间晋为武功伯,华盖殿大学士,掌文渊阁,势倾朝野。石亨与曹吉祥等擅权纳贿,强占民田,被御史弹劾。徐有贞赞和弹章。石、曹等遂密谋除徐。锦衣卫宦官门达构陷徐有贞排陷石亨,图擅威权,

166

六月间逮徐下锦衣卫狱审讯,不得罪证。乃指斥徐有贞在草拟诰词中,自诩"缵禹神功",无人臣礼,罪当死。七月,赦为平民,谪戍云南金齿。

除石亨——石亨、曹吉祥除徐有贞后,恃功要赏,权势日盛。曹吉祥养子曹钦以随从夺门之功,封昭武伯。门下冒功得官者近千人。石亨弟侄家人亲故冒功得功者多至数千人。曹、石公然纳贿卖官,在朝专权跋扈。英宗也渐感难制,对入值内阁的吏部尚书李贤说:此辈干政,四方奏事者先至其门,为之奈何? 李贤对答说:陛下惟独断,则趋附自息(《明史·李贤传》、李贤《天顺实录》)。石亨自掌京营兵权,侄石彪镇守大同,内外呼应,对京师是很大的威胁。一四五九年七月,英宗召石彪还京,石彪拒不从命。千户杨斌等入京保奏。英宗拷问杨斌,得知是石彪指使,更加疑虑。八月,敕令石彪疾驰入京,下锦衣卫狱。朝臣纷纷劾奏石亨"招权纳贿,肆行无忌"。原来依附石亨、曹吉祥的锦衣卫指挥逯杲,见石、曹将失势,密奏石亨与从孙石俊造妖言,专伺朝廷动静,谋反行迹显著。英宗逮石亨下狱,次年二月死于狱中。石彪、石俊均被处死。石亨门下冒功得官者被罢黜四千余人。

诛曹吉祥——石亨败后,太监曹吉祥自知难以保全,侄曹钦也遭弹劾,乃结纳俘降的蒙古士兵,策划再次起兵夺门。密约天顺五年(一四六一年)七月初二日黎明前举事,曹钦领兵入宫废英宗,立太子,曹吉祥领禁兵内应。起事前与士卒五百余人夜饮待旦。都指挥马亮(完者秃亮)离席去朝房向值所的恭顺侯吴瑾告密。是夜,怀宁伯孙镗奉命领京兵出征甘州、凉州瓦剌孛来部,兵部尚书马昂监军。孙镗夜宿于朝房待黎明陛辞。闻报即上书告曹钦反,自宫门门隙投入。英宗随即逮捕曹吉祥,紧闭皇城及京师九门。曹钦与弟曹铉、曹镠、曹铎等领兵至长安门,不得入,即令兵士去逯杲家杀死逯杲,又杀死弹劾曹钦的都御史寇深,在朝房砍伤李贤。孙镗聚集征西京军二千人,工部尚书赵荣在街市上收集从者数百人,合击曹军。兵部尚书马昂领兵殿后。曹钦兵败,逃至家中,投井自杀,曹铉、曹铎、曹镠等败死。英宗亲登午门,诏下曹吉祥狱,次日,以磔刑处死。吴瑾在与曹军作战中战死,追封凉国公。孙镗进封怀宁侯。马昂、李贤加太子少保。

门达构陷——英宗诛曹、石后,曾问李贤夺门之事。李贤回答说:迎驾则可,夺门岂可示后?当时幸而成功,万一事机泄露,不知置陛下于何地?又说:如果郕王死后,由群臣表请陛下复位,何用扰攘?这些人又何得升赏,擅权纳贿?老成耆旧,依然在职,何至有杀戮降黜之事?英宗开始察觉徐有贞、石、曹等拥他复位,乃是邀功揽权的阴谋。夺门不可提倡。诏令此后不准再用"夺门"一词,只称复位。英宗复位后,老成耆旧于谦等被杀,王直、胡濙等也随即告老致仕。依信的朝臣首推李贤,倚信的内官则是告发徐有贞的门达。

门达任镇抚司都指挥佥事,令官校四出侦察官员的隐事,胁迫索贿。内官迫害文臣之风再起,朝野侧目。门达得势,又谋构陷锦衣卫指挥佥事袁彬。一四六三年冬,袁彬被逼诬伏。鬃工杨埙为袁彬讼冤。门达拘捕杨埙,又逼令诬告李贤。杨埙假意允诺,在廷上揭露门达指使他诬陷,李贤得以免祸。英宗释袁彬,调任南京锦衣卫,带俸闲住。但对门达并未治罪。

天顺八年(一四六四年)正月,英宗病死,年三十八岁。

五、宪 宗 嗣 立

英宗复位后,复立子见濟为皇太子,改名见深。英宗死前,召李贤及太子见深至,面谕传位。见深(宪宗)奉诏即皇帝位,年十八岁。

英宗晚年,已自悔"夺门"之不当。宪宗即位后,阁臣李贤等受命辅政,于夺门以来的诸政,重加厘正,以争取朝野的支持。(一)诛门达。英宗倚用门达,朝野侧目。英宗病危之际,门达结纳太子东宫内侍王纶。王纶与翰林侍读学士钱溥密谋,太子即位后,钱溥代李贤辅政。臣下揭发其事,宪宗怒斩王纶,贬谪钱溥去广东顺德,门达贬谪贵州。言官劾奏门达,罪不止此,交付都察院会同九卿廷讯。二月,右都御史李宾等奏上门达罪状,"素恃恩宠,不畏法度"。"忖其意者,过求细故,必加陷害。屡兴大狱,巧于锻练。别置狱舍,以鞠罪囚","又纵令子弟为奸利事,交通外人,多纳贿赂"。(《宪宗实录》卷二)宪宗命将门达处斩(后遇赦,遣戍广西南丹卫)。锦衣卫指挥张山也以同谋杀人罪处斩。其余党羽多被谪戍或降调。(二)复任官员。宪宗即位,对在"夺门"事件中获罪或遭石亨、门达等人构陷贬谪的官员,相继复官,任以要职。李贤进为少保、吏部尚书、华盖殿大学士。原锦衣卫都指挥佥事袁彬被召回京复职,仍掌锦衣卫事。英宗复位后,以翰林院修撰入值内阁的岳正,曾遭曹、石构陷下狱,远戍肃州。宪宗复岳正原官,入值经筵,纂修《英宗实录》(次年得罪,出为兴化知府)。原御史杨瑄、张鹏等因劾奏曹吉祥、石亨而被诬得罪,免官谪戍。宪宗恢复杨瑄、张鹏等原官,又任杨瑄为浙江按察副史,张鹏为福建按察使。宪宗在复任前朝遭陷官员的同时,又对因"夺门"得功的官员及袭爵的子嗣,予以革罢。孙太后(宣宗后)兄孙继宗原袭父孙忠会昌伯爵,以夺门功进封会昌侯,掌后军都督府。宪宗即位,因是外戚亲臣,封侯如故,并命提督十二团营兼督五军营,与李贤同知经筵事,监修英宗实录,参预朝议。宪宗鉴于营军夺门之变,故任外戚独掌兵权,为前朝所未有。(三)昭雪于谦。成化元年(一四六五年)二月,监察御史赵敔(音语yǔ)上疏,请为于谦一家雪冤,"死者赠官遣祭,存者复官"。宪宗说,朕在青宫,就听说于谦冤枉。于谦实有社稷之功,而滥受无辜之惨。准依御史言施行。于谦子冕原被遣戍龙门,赦免还家。次年,恢复官职为府军前卫副千户。宪宗又遣使臣马璇谕祭于谦墓,翰林院代撰祭文,说:"卿以俊伟之器,经济之才,历事先朝,茂著劳绩。当国家之多难,保社稷以无虞。惟公道而自恃,为权奸之所害。在先帝已知其枉,而朕心实怜其忠。复卿子官,遣人谕祭。呜呼,哀其死而表其生,一顺乎天理,厄于前而伸于后,允惬乎人心。(下略)"(《宪宗实录》卷三三)宪宗的祭文,在民间广泛传诵,民怨稍平。

宪宗倚靠李贤等顾命旧臣,为夺门之变厘定是非,扶正祛邪,顺乎人心,稳定了新朝的统治。但年轻的宪宗依然倚重宦官,处理政务。即位后二月,即由中官传旨封授文思院副使,由此形成皇帝内批授官、中官传旨的先例,称为传奉官。中官既参预授官,求官者遂向中官请托,以冀升擢。宦官权势更大了。

宪宗即位后,朝政多依李贤。成化二年(一四六六年),李贤病死,年五十九。李贤死后,宪宗倚靠的亲信,是宫中的万贵妃。万氏,山东诸城人。父为县吏得罪遣谪,万氏四岁时即被献入宫廷服役。及长,为孙皇后(宣宗后)宫女。宪宗为太子时,孙太后赐万氏侍太子东宫,深得宠幸。宪宗时年十六岁,万氏已三十五岁。宪宗十八岁即位,纳为才人(较低等级的嫔妃)。成化二年,生皇长子,进为贵妃。宪宗出游,万贵妃戎装男服,佩剑侍从。宫中诸事,亦多由万贵妃操持。(一)控驭宦官。宪宗倚用宦官,甚于前朝。《明史·

万贵妃传》说:"中官用事者,一忤(万妃)意,立见斥逐"。万贵妃主宫内事,控驭宦官,时加斥逐,宦官的权势因而受到限制。(二)操纵锦衣卫。万贵妃晋封后,父万贵、兄万喜均为锦衣卫指挥使。数年后,万贵病死。万喜进为都指挥同知。弟万通任指挥使、万达为指挥佥事。锦衣卫侦察百官、统领诏狱。万贵妃命父兄任职锦衣卫,从而控制了朝官。(三)结纳阁臣。李贤死后,原在内阁的陈文,素以缄默自恃。大学士彭时,被誉为"端谨和介"(《国榷》语)。曾遭石亨陷害的旧臣商辂在李贤死后,再入内阁,为人"平粹简重,宽厚有容"(《明史·商辂传》语)。翰林学士四川眉州人万安,于成化五年(一四六九年)入内阁,参机务。万安经由内侍宦官与万贵妃叙族谱,自称侄。万贵妃乐为结纳。万安姜王氏为万贵妃弟万通之妻妹。万通妻出入宫掖与万安家,宫内与内阁得以时通声气。万贵妃也因而得知阁臣行止。宪宗即位数年,即怠于政事、耽于享乐。万贵妃内控中宦,外结阁臣,又有父兄操掌锦衣卫,从而助宪宗控制了朝廷政局。

(三)南方各族人民的起义 与北边鞑靼的复兴

早在英宗正统年间,浙江、福建、广东等地即先后爆发了农民群众的武装起义。景泰七年以来广西大藤

172

峡地区瑶族、僮（壮）族人民的起义，连年不断，宪宗初即位，即面对着广西的大规模起义，进行了镇压。荆襄地区的各地流民也在宪宗即位不久，举行武装起义，打击着明朝的统治。

明朝北界的劲敌瓦剌蒙古由于内部的纷争而渐趋衰落。被瓦剌击溃的鞑靼蒙古又在明宪宗时得到复兴。鞑靼的达延汗雄据大漠，成为明朝北边新兴的强邻。

一、南方各族人民起义

浙江矿工起义——明初货币，行用钱钞，禁止用银。英宗时始解除用银之禁。大宗交换，均用银计值。银矿的开采，为官府所垄断。一四三八年，英宗诏令："福建、浙江等处军民私煎银矿者，正犯处以极刑，家口迁化外，如有逃遁不服追问者，量调附近官军剿捕"（《明会典》卷三七）。两年后，又重申前令，严禁私采，并划定封禁山区，驻兵防守。浙江、福建、江西三省交界地区的仙霞岭，是当时封禁的矿区。官矿的矿工，遭受官府的残酷剥削，须按时提交定额的"矿课"，即使矿脉微竭也仍需照原额交纳，矿工被逼，往往典卖妻子来赔补。被迫逃亡的矿工就进入封禁山区进行"盗采"。农村的破产农民，也常聚集五六百人，执兵器冒禁盗矿。官府派兵剿捕，严厉镇压，终于激起矿工的武装反抗。

一四四二年，矿工叶宗留（浙江庆元人）与王能、郑祥四、苍大头等聚众千人，进入仙霞岭山区开采银矿,遭到官府的禁止,遂于一四四五年举行起义,进攻江西永丰。明廷调南昌前卫,广、铅二所官军及六县民壮前去镇压,被起义矿工打得大败。永丰知县邓容入山招抚,王能等三十五人投降,充作"快手",助官军镇压起义者,诱杀了郑祥四、苍大头等三百余人。叶宗留率余众逃出,转移到浙江处州、云和、福建政和等地,继续开采银矿,聚众至数百人。一四四七年再次起义,攻政和县城,还庆元,召得千余人,复入福建浦城、建阳、建宁。又分兵进占江西铅山的车盘岭,控制了闽、浙、赣三省交界地区的交通。

一四四八年四月明廷命都御史张楷监军,以都督刘得新、陈荣任总兵、副总兵分别率兵经江西、浙江去福建镇压福建农民起义(详见下文),十一月,张楷、陈荣军至广信,与叶宗留起义军相遇,展开激战。叶宗留身先士卒,中流矢死。部众由叶希八率领,继续与明军作战,起义军伏兵玉山(江西今县)十二都,大败明军,明都督陈荣、指挥戴礼败死,起义军声势大振。张楷得知刘得新已率江西兵到福建建宁,遂领兵趋福建。浙江起义军发展到数万人。一四四九年由陈鉴胡领导的一支起义军,曾攻破浙江的松阳、龙泉,自号太平国王。但不久之后,陈鉴胡受官府诱降,被押解到京师处死。叶希八所率的起义军入据云和山中,出兵围攻处州。分兵攻江西广信、永丰等地,杀永丰知县邓颙。明张楷军镇压福建起义后,由闽入浙,张楷以老母家属为誓招降起义军,叶希八与陶得二等首领降明,张楷纳降,令归乡复业。陶得二回山后于一四五〇年再次聚众进攻武义。张楷再遣使招降。陶得二出降,起义军众解散复业。张楷班师。

福建农民起义——一四四八年四月,福建爆发了邓茂七领导的农民起义。邓茂七原为江西建昌人,佃农出身,初名邓云,后至福建宁化,依豪民陈正景,改名茂七。一四四七年,明廷命御史柳华到福建捕"矿盗",乡村各置望高楼,将各乡编组,设置总甲、小甲统领。茂七与弟茂八被任为总甲。邓茂七号召农民拒不交纳地主勒索的鸡鸭等"冬牲",又不向地主运送租谷,要地主自来收受。地主向知县告状,巡检来捕,邓茂七杀弓兵数人拒捕。知县率三百名军兵前来镇压,邓茂七聚众杀了知县及官军,与陈正景等盟誓起义。附近农民持金鼓器械前来参加起义,几天之内,即聚众至数万人。起义者进攻上杭、汀州、光泽,顺流下邵武、顺昌,攻占了二十余县。陈正景在汀州被擒处死。尤溪炉主蒋福成号召"炉丁"及村落贫民起义,有众万余人,攻占了尤溪县城,来与邓茂七起义军会合,占领沙县。邓茂七自号"铲平王"。

明廷命御史丁瑄前去招讨。丁瑄遣使者到起义军中去劝降,被邓茂七杀死。御史张海至延平,命都指挥张某率军四千进剿,起义军士二十余人埋伏于延平双溪隘口两旁,待明军过后,用木栅塞道,伏兵突起,杀都指挥张某及其从兵数十人。明军溃逃。邓茂七乘胜进攻延平，在延平城外大败明军，杀都指挥范真、指挥彭玺。明廷遣都御史张楷领大兵来闽，被浙江起义军堵截受阻。邓茂七趁机分遣别将由德化、永春、安溪进攻泉州，自己率部进攻建宁。

正统十四年（一四四九年）正月，明廷增派宁阳侯陈懋为征南将军，保定伯梁瑶、平阳伯陈豫为左右副总兵，刑部尚书金濂总督军务，太监曹吉祥监军，率京营及江西、浙江诸处大军前来镇压。张楷由浙入闽，招降了起义军首领罗汝先、张繇孙及黄琴等人。二月，张繇孙、罗汝先诱农民军进攻延平，张楷先于四面布置重兵，而以福建军出城诱战。农民军中计，乘浮桥竞进。明军突起合击，农民军遭到挫败，邓茂七中箭战死。余部在邓茂七的侄儿邓伯孙及其妻廖氏带领下继续坚持战斗。陈懋所率明军抵达福建，农民军退守山砦。三月，邓伯孙和廖氏战败被杀，起义失败。

广东各族人民起义——在叶宗留、邓茂七起义的同时，广东发生了黄萧养领导的各族人民起义。广东沿海和山区人民不时起来反抗地主的压榨，官府把他们概称为"山海盗"。广州府南海县冲鹤堡农民黄萧养与数百名"山海盗"一起被官府以"盗贼"的罪名关押在广州狱中。黄萧养等贿赂狱吏得与狱外的同伴相联络，把刀斧等武器偷偷运进监狱。一四四八年九月，黄萧养持械越狱，攻入兵械局夺得兵器，举行起义。当地各族人民纷纷前来参加,一月之间起义群众就发展到一万多人。次年六月,起义军分水陆两路进攻广州城:水路,在珠江上列舟数百艘进攻广州的南门;陆路则从城西方向进攻广州,制云梯、吕公车冲城。明朝镇守广东的安乡伯张安率领水军前来镇压,起义军迎击于赋船澳,官军败退至沙角尾,起义军紧追不放,大败明军,安乡伯张安落水死。都指挥王清自高州率舟师赴援,至广州沙角尾,水浅胶舟。起义军装扮成逃难的平民,乘着小舟,载着柴薪及鱼盐等物,迎面划去。王清问他们萧养所在,伏兵出薪中,跳上王清的坐船,尽杀明军,活捉王清。广州城里明军不敢出战,据说登城见起义军"刃矢森发","相顾涕泣而已"(《羊城古钞》卷四)。起义军迅速发展至十余万人。黄萧养自称东阳王,据五羊驿为行宫,起义军中授官百余人。

起义军发展如此迅速,不是偶然的。广东富饶,而地处边远,地方官员多贪污勒索,人民不堪其扰。沿海的地主豪民敲剥农民,也无所不用其极。失去土地的农民往往被迫去开垦滨海地区冲积而成的浮生土地沙田,以规避租税。豪强地主雇用"巨猾"(大流氓)为"沙头",去强占农民已经垦熟的沙田,称为"占沙"(屈大均《广东新语》卷二)。顺德、香山、新会等地的豪强,还在沙田的农民收割时,统率打手,执兵器,驾大船前往抢夺,称为"抢割"。广大沿海农民遭受欺压,走投无路,黄萧养发动起义后,便纷纷前来参加起义。

广东水乡的疍（但）族居民也纷纷参加了起义。被明人称为疍家或疍民的疍族是一个古老的水上民族。居民终年住在船上以捕鱼采珠为生。明朝视他们为"贱民"。课以重税，多方压迫。黄萧养起义后，疍族渔民驾船参加起义，进攻广州城。在黄萧养起义军中形成一支强劲的水军。

　　居住在山区的苗、瑶等族人民也参加了黄萧养发动的起义。一四四八年十二月，瑶族人赵音旺自称"天贤将军"率领民众张旗鸣鼓，进攻泷水、电白等县。与汉民吴大甑等在高要聚众万余人，响应黄萧养。一四五〇年初，明廷任命右佥都御史杨信民巡抚广东。杨信民到广州后，打开城门，收纳逃亡地主，又开仓赈济贫民，派人到农民军中去招降。又在各地散发押印公据数万张，"有此据者悉免罪，愿入城者听"（《羊城古钞》卷四）。起义军被分化，不少人散归家乡。连黄萧养自己也已动摇了，准备接受招抚。与此同时，明朝政府又派都督同知董兴率江西、两广军至广州镇压起义。大洲一战，黄萧养中箭死，起义军被屠杀万余人。起义军余部屯聚三山及大良堡等处，三山尚有战船六百余艘，大良还有起义军万余人，船八百余艘，依山濒海，立栅拒守，也先后被董兴所率的明军镇压。明军镇压起义后，在南海及新会起义发动地区设置顺德县，以加强统治。

　　广西大藤峡瑶僮族人民起义——广西桂平县西北六十里，峡中大藤如斗，延亘两岸，称为大藤峡。明代

178

泛称的大藤峡地区包括浔州、柳州两府之间及武宣、象州、平南、桂平、贵县、藤县等周围几百里的山区。浔江流经其间，夹江诸山，悬崖绝壁，形势十分险要。瑶族和僮（壮）族人民聚居山岭中，官府向他们加倍征收钱粮，官吏也时来勒索，遭受着沉重的压迫。明朝初年以来，即不断起而反抗。英宗至宪宗时期，又举行了大规模的武装起义。

早在明成祖永乐三年（一四〇五年），浔州、桂州、柳州三府瑶民曾举行起义，被明征南将军韩观率军镇压。宣宗宣德时，浔、柳、平乐、桂林、宜山、思恩等地瑶、僮人民不断起义，明总兵官山云前往镇压，先后屠杀瑶、僮族人民一万二千二百六十人，在大藤峡地区筑城堡十三，铺舍五百，加强统治。

明廷又在广西增设卫所和土司衙门，并派军队包围瑶族、壮族人民的聚居地区。还利用田州土兵于近山屯种，分界耕守，把瑶族、壮族人民分割围困在荒山之中。

一四五六年，大藤峡瑶人首领侯大苟率领瑶、僮族人民万余人起义，修仁、荔浦、力山、平乐等地的各族贫民纷起响应。攻打郡县，出没山谷。到英宗天顺年间，起义势力发展到广东高、廉、雷诸州。一四六三年，大藤峡起义军七百余人，乘夜攻入梧州城，明总兵官泰宁侯陈泾率兵数千人驻城中，不敢出兵。起义军劫库放囚，活捉巡按副使周琦，杀死致仕布政使宋钦。次日黎明，起义军声言，官军若动，则杀周副使。英宗得报，大

179

怒,命兵部将总兵官议处。

宪宗初即位,即面对着大藤峡各族人民的起义。成化元年(一四六五年)急派右佥都御史韩雍率军十六万,前往广西镇压。明军至修仁、力山,残杀起义人民七千余人。继而又分两路进军,一路从北面象州、武宣方向分五道进攻,另一路从南面桂平、平南分八道进攻。明军对瑶、僮族人民进行血腥的屠杀,抓到起义群众,立即全部处死。十二月,韩雍率军断诸山口,围攻大藤峡起义军山寨,起义军三千二百余人战死,侯大苟等七百八十余人被俘。韩雍斩断峡藤,改名大藤峡为"断藤峡",刻石记功还军。明廷设武靖州,属浔州府。

韩雍还军,大藤峡瑶、僮人民再次起义。一四六六年,大藤峡起义军七百余人,在侯郑昂率领下乘夜攻入浔州府城及洛容、北流两县。明廷又命韩雍继续镇压。思恩、浔州、柳州、宾州等地人民起而响应,四处袭击明军,并发展到广东的钦州和化州。起义一直延续到一四七二年,才遭到镇压而失败。

荆襄地区流民起义——湖广行省荆州府、襄阳府地区,聚集着众多的流民。宪宗成化元年(一四六五年)荆襄地区的流民举行了大规模的农民起义。

明初对户口的管理,极为严格。无路引私渡关津,要从严治罪。但随着土地兼并的发展和赋税的繁重,无地少食的农民被迫逃流外乡,寻求生路,被称为"流民"或"逃户"。英宗时,流民已成为日益严重的社会问题。正统时，"山东、陕西流民就食河南者二十余万"（《明史·于谦传》）。据《明英宗实录》记载，正统八年（一四四三年）监察御史彭勖在凤阳、颖川一带，见逃民，"动以万计，扶老携幼，风栖露宿，询其所自，皆真定、保定、山东诸处之民"。山西代州繁峙县编民二千一百六十六户，正统三年逃亡者二分之一。南直隶池州府所属六县，"自宣德以来，户口止存三之一"。浙江金华府七县，台州四县，"自宣德迄今（正统）户口，金华已耗五之二，台州止存三之一"。正统十年（一四四五年）陕西高陵、渭南、富平等县居民俱闭门塞户，逃窜趁食。

为了加强对流民的管理，英宗正统元年（一四三六年）曾令各地编造"逃户周知册"，登记逃民乡里、姓名、男妇口数，以及逃民遗下税粮有无着落等项，送报巡抚，督令流民回籍复业，或在当地耕种土地纳税服役。次年又发布"挨勘流民令"，登记流民男妇大小丁口，门墙刷上标记，十家编为一甲，互相识保，由所在里长带管。如果不服招抚者，正犯处死，户下编发边卫充军。正统四年（一四三九年），在山东、山西、河南、陕西、湖广布政司所属并顺天等府州，添设抚治流民之官。景泰二年（一四五一年）又申"隐丁换户之禁"，令原来隐瞒丁口及改换户籍者自首改正入籍。这些管理和限制流民的法令，都并不能阻止各地流民的继续繁衍。

荆襄一带是流民聚集最多的地区。成化时，这里的流民已达一百五十万人以上。郧阳地区，在湖广、河南、陕西、四川四省交界处，延蔓数千里，山深地广，有大量空闲荒地，外地流民多来这里屯聚开垦，官府难以禁止。成化元年（一四六五年）荆襄流民在刘通（又名刘千斤）、石龙（又名石和尚）领导下举行起义，以反抗明朝的统治。刘通，河南西华人，正统中流亡到湖广郧阳府房县，与石龙、冯子龙等人在房县大石厂立黄旗聚众，据梅溪寺，称汉王，年号德胜，任命将军、元帅等官职。附近流民纷纷参加起义，众至四万人。刘通在房县、豆沙河诸处万山之中，分作七屯，且耕且战。明廷派工部尚书白圭、湖广总兵李震前去镇压。在梅溪附近，起义军大败李震所部湖广军，杀都指挥以下军官三十八人。白圭所率明军从南漳、远安、房县、穀城四路向梅溪进逼。刘通转至寿阳，于古口山与明军血战二日，与起义军将领苗龙等四十余人被俘，解至京师处死。明军残酷地杀害起义群众及家属，多至万余人。石龙一路起义军转至四川，攻下巫山、大昌，杀夔州通判王祯。石龙部下刘长子叛变，缚石龙投降明军，石龙不屈被杀。刘长子也被明廷处死。

刘通、石龙所领导的流民起义失败后，流民仍源源不断地进入荆襄山区。成化六年（一四七〇年）又在李原和小王洪领导下举起反抗的大旗。李原，又称李胡子，河南新郑人，与小王洪原来都是刘通的部下。李原起义后，称太平王，活动于湖广南漳、河南内乡、陕西渭南交界地区，随从起义的流民达百万人。明都御史

182

项忠总督河南、湖广、荆、襄军务,与湖广总兵官李震前往镇压。项忠到襄阳后,又增调永顺、保靖土兵,合共二十五万人,分八路进攻起义军。又遣人入山诱流民出山复业。流民多半是赤手空拳参加李原起义,没有严密的组织,在项忠诱骗下,有几十万人出山。成化七年(一四七一年)李原在竹山遭到明军的袭击,战败被俘。小王洪率众五百转至均州,也被明军俘获。项忠对起义军和流民进行了血腥的屠杀,死者枕藉山谷。被解往湖广、贵州充军的起义军和被骗出山强迫还乡的流民,也多在途中因瘟疫和饥渴而丧命。

明廷镇压流民起义后,为防止再有流民进入山区。申明榜谕:"若复有流入前禁山场者,执付巡按三司,枷号一月,于山口示众,全家谪戍边卫"(《宪宗实录》卷九八)。又在十二个通行要路筑立营堡,分兵驻守,每堡二百人,两个营堡委指挥一员,并在八个要口,立巡检司。但各地饥寒交迫的农民入山就食,仍然势不可止。到成化十二年(一四七六年),荆襄地区的流民又集聚到几十万人。祭酒周洪谟著《流民说》,借鉴东晋时侨置郡县处置荆襄流民的历史经验,说:"若今听其近诸县者附籍,远诸县者设州县以抚之,置官吏,编里甲,宽徭役,使安生业,则流民皆齐民矣"(《明史纪事本末》卷三八)。这一建策被明廷采纳,都御史原杰奉命经略郧阳,宣抚流民。一万六千余户返回故里,九万六千多户流民得以在当地附籍为民,垦田为业。明廷在郧阳设郧阳府,下设六县统治。荆襄流民起义付出了巨大的牺牲,终于争得了著籍垦田的合法权利。周洪谟的建策,也是值得称许的。

二、鞑靼的复兴

蒙古瓦剌也先于一四五〇年送回明英宗,脱脱不花在辽东依兀良哈三卫,与明修好。也先与脱脱不花形成对立。一四五一年,也先领兵东进,脱脱不花败逃入兀良哈界,被姻家沙不丹(《蒙古源流》记为脱脱不花出离妻之父)杀死,年三十一岁。一四五二年春,明廷得报,知蒙古内乱。于谦请乘机出兵,景帝不许。脱脱不花弟阿噶巴尔济(清译《蒙古源流》译名)曾依也先谋汗位。脱脱不花死后,也先伪称立他为汗,随后又设计将他杀死。其子哈尔固楚克(清译名)也在逃走途中被害。一四五三年,也先自称可汗,号大元田盛(天圣)大可汗,建年号添元。十月,遣使入明贡马并报即汗位。明廷复书,只称他为瓦剌可汗。

蒙古大汗历来只能由成吉思汗的后裔承袭。所以,也先权势虽盛,仍不能不在名义上奉脱脱不花为汗。也先杀脱脱不花弟,自称大元可汗,而不称蒙古大汗,以摆脱蒙古立汗制度的束缚,但自立为汗便根本背离了蒙古族的历史传统,为蒙古诸王贵族所不容。依汉法重建大元国号与年号,也为草原贵族所不取。一四五四年,瓦剌知院阿剌率诸贵族起兵讨伐也先。也先兵败被杀。瓦剌无汗,逐渐离析。明人称为鞑靼的东蒙古诸部贵族相继兴起。

脱脱不花死后,鞑靼哈剌嗔(清译哈剌沁)部长孛来自称太师,称雄诸部。孛来起兵,西攻瓦剌,获胜。脱脱不花王子马可古儿吉思(《英宗实录》作王子麻儿可儿)曾随其母萨睦尔合敦西攻瓦剌,为父复仇。一四五五年五月,遣使向明廷贡马,并请给粮米弓箭。明廷依旧例赏给彩缎等物,不给甲胄弓箭粮米,并敕谕说:"往者也先逆天背道,扰我中国,又自杀故主,僭称名号,曾不几时,遂致灭亡。尔等能敬顺天道,尊事朝廷,痛改也先前非,遣人贡马,虽曰暂时穷困,然能归顺朝廷,即是敬顺天道,天将赐以福善"。(《英宗实录》卷二五三附录)八月间,明廷又得泰宁卫使臣奏报,鞑靼首领毛里孩(卯里孩)立脱脱不花王幼子为王,毛里孩为太师。领人马来兀良哈三卫掳掠。此王子明译名为脱谷思。蒙古史籍又称他为摩伦汗。

孛来与毛里孩分率部兵,追击阿剌知院。一四五六年,阿剌知院被部下杀死。明英宗复位后的天顺年间,孛来与毛里孩往来于西起宁夏东至兀良哈三卫的广阔地带,相互攻杀。明廷鉴于也先南侵的教训,增兵边境,严密防守,与鞑靼两部屡有小规模的战事。孛来仍不时向明朝遣使,并扶立穷困中的王子马可古儿吉思为可汗,与毛里孩争雄。明廷给孛来的敕谕,沿用也先的封号,称他为太师淮王,称马可古儿吉思为迤北可汗,分别奖谕。宪宗即位后,天顺八年(一四六四年)正月,马可古儿吉思与孛来遣使千人来明朝贡贸易,贡马三千,宪宗给予厚赐。次年,(成化元年乙酉)正月,马可古儿吉思与孛来又遣使二千一百九十四名来朝。明廷再次奖谕。大约在此后不久,明廷得到了孛来杀死王子马可古儿吉思的边报。孛来权势渐重,又重蹈也先杀汗自立的覆辙,因而失去支持。毛里孩趁机进攻,杀孛来。成化二年(一四六六年)明廷在颁给朵颜卫的敕书中,曾谈及此事。说:"尔等今后应以也先、孛来等作歹,自取灭亡为戒"(《宪宗实录》卷三十四)。

毛里孩杀孛来后,势力扩大。一四六六年五月,明镇守延绥庆阳都指挥同知奏报:擒获鞑靼俘虏,说"毛里孩、小王子、阿罗出三酋部落,共八九万骑,而毛里孩欲候麦熟之际,复来剽掠"(《宪宗实录》卷三十)。事实上,这时毛里孩与所立小王子即摩伦汗脱谷思及部将阿罗出(斡罗出)又在相互攻杀。次年正月,毛里孩遣使来明,求通贡市,称说:"有斡罗出少师者,与毛里孩相仇杀。毛里孩又杀死新立可汗,逐斡罗出。今国内无事,欲求通好"(《宪宗实录》卷三十八)。此被杀的可汗,当即摩伦汗脱谷思。一四六六年为丙戌年,《蒙古黄金史纲》说他死于狗年,与《实录》合(清译《蒙古源流》作甲戌,误)。阿罗出被逐后,领兵离去,自成势力。此后十余年间,鞑靼诸部并列,各自称雄,相互攻杀,又陷入纷乱的局面。

毛里孩——《明实录》曾称毛里孩为毛里孩王。《蒙古源流》说他是成吉思汗弟别里古台大王的后裔。清人汉译本作"摩里郭特（翁牛特）之摩里海王"。原驻地当在兀良哈三卫附近，在与孛来的争夺中，西据河套地区。杀孛来后，领兵东进，接近大同。成化三年（一四六七年）正月遣使向明修好，求通贡市。明廷因毛里孩与孛来频年相攻，不来朝贡，今忽通好，恐其有诈，命大同镇守总兵官，加强戒备。毛里孩连续三次上书，请求入贡。二月，明廷颁敕奖谕准其入贡，并说"敕至，尔即率领部落退处边外，戒令守法，安静住牧。所遣朝贡使臣无得过三百人"（《宪宗实录》卷三十九）。三月己丑，明《宪宗实录》记"迤北齐王孛鲁乃黄苓（翁牛特）王毛里孩遣使臣咩勒平章等二百八十一人来朝"。明廷颁给赏赐。四月，孛鲁乃与毛里孩又奏请明廷遣使回报，明廷不准。此后毛里孩久不朝贡，东进至兀良哈三卫，夺取三卫印信。明廷得报，以为毛里孩与朵颜三卫结纳。次年十月，又得报，朵颜卫正与毛里孩相互攻杀。约在成化五年夏秋之间，毛里孩在作战中败死。《蒙古源流》记毛里孩是被成吉思汗弟哈撒儿的后裔锡古苏特之子博罗特（《蒙古世系谱》记锡古苏特之子名博罗乃）杀死。前与毛里孩共同遣使的孛鲁乃，《明实录》称齐王。齐王乃元朝加给哈撒儿后王月鲁帖木儿的封号，子孙世袭。杀死毛里孩者当即孛鲁乃。哈撒儿后王封地在呼伦贝尔一带，地近三卫。大约毛里孩杀孛来后东进,曾一度与孛鲁乃联合,遂共同遣使入明朝贡。其后因谋夺三卫,遂与孛鲁乃相互攻杀,终致败亡。

毛里孩死后,明《宪宗实录》成化五年(一四六九年)十一月乙未条记,"孛罗(孛鲁乃)部落自相仇杀,分而为三"。孛罗人马往骠驹河(克鲁伦河),故毛里孩子火赤儿往西路。

阿(斡)罗出——阿罗出自一四六六年离毛里孩而去。毛里孩败后,阿罗出又乘势进据河套,并与孛鲁乃相联络,互为声援。成化五年冬,在延安府、怀庆府边地侵扰(《宪宗实录》卷七十七)。明廷命抚宁侯朱永佩平虏将军印充总兵官,都督刘玉、刘聚充左右副总兵,太监傅恭、顾恒监军,右副都御史王越参赞军务,去延绥防御。一四七〇年五月,明廷得福余卫报告孛鲁乃(孛罗乃)率兵东行,阿罗出率万骑在西。命大同、宣府一带官兵,整饬防守。六月,阿罗出等自陕西延绥镇北之双山堡分五路南侵。朱永指挥明军截击。六月至九月,先后数战,明军获得大胜。阿罗出中流矢败逃。随后遣人向明朝求入贡,并请遣还俘虏的人马。明廷准其入贡,以礼遣还。十一月,孛鲁乃又率兵渡河与阿罗出合兵。成化七年(一四七一年)正月至三月间,在陕西边地侵扰。明军分路出击,阿罗出军败退。四月朱永回驻山西朔州。阿罗出败后,率部依附于乩(音伯)加思兰。

乩加思兰与满都鲁——乩加思兰原属乜克力部,在吐鲁番地带驻牧,所统部落仅三、四百人。天顺年间,侵掠哈密。宪宗即位遣使入贡。成化初,乘鞑靼诸部相攻进驻河套地区,兵势渐盛。奉孛儿只斤氏后裔孛罗忽为主,以扩展其势力。孛罗忽原名伯颜猛可,是哈尔固楚克死后其妻阿勒坦(也先之女)所生遗腹子,曾寄养于兀良哈部。后依附于叔祖满都鲁(脱脱不花异母弟),称孛罗忽济农(亲王)。明廷称他为孛罗忽太子。一四七一年六月,朱永奏报乩加思兰与孛罗忽太子共遣使臣三百三十人自大同入贡马匹。明廷准三十人来京,给予回赐。七月,孛罗忽又上书明廷,请遣还俘掳的族属。十二月,明兵部报称,孛罗忽与乩加思兰,欲东西分行渡河。一四七二年五月,明廷命武靖侯赵辅佩平虏将军印充总兵官,统制诸路兵马与总督军务王越赴延绥等处攻剿。六月,孛罗忽乘明军未集,深入固原、安定、会宁、怀庆等处。八月,赵辅王越等至延绥,九月奏称乩加思兰已出境,日夜东行。明军刍粮不继,不宜久驻,奏请还师,明廷不许。十一月,明廷命宁晋伯刘聚佩平虏将军印赴延绥代赵辅为总兵官。乩加思兰东行,与满都鲁联合,传说乩加思兰以女嫁满都鲁为妃。满都鲁亦进驻河套地区。一四七三年秋,满都鲁、孛罗忽、乩加思兰自河套出兵西行。王越趁机自榆林出兵,昼夜兼行,至红盐池袭击鞑靼老小营庐帐畜产,斩获甚多。十月,满都鲁、孛罗忽、乩加思兰等至韦州掳掠。王越已还宁夏,聚集诸将与总兵官刘聚分兵夹击,大获全胜,夺回男女二千人,牲畜十余万。次年秋,宣府大同等处奏报,乩加思兰领兵接近边境。明廷命赵胜为总兵官领兵一万防守,赵胜奏鞑靼已远遁,北边无警。

鞑靼蒙古此时的形势是:满都鲁、孛罗忽与乩加思兰部联为一体。阿罗出部已并入乩加思兰。齐王孛罗乃杀毛里孩后也依附于满都鲁麾下。原来分立的各部逐渐形成联合,据说有六万户之众。满都鲁系出蒙古孛儿只斤氏,年辈最长,一四七五年被拥立为可汗。蒙古汗位久虚,重立可汗,便为诸部的再统一,奠立了基础。乩加思兰自为太师,仍掌领兵马大权。孛罗忽被逼出走,被乩加思兰统领的永邵卜(永谢布)部人杀害。

满都鲁称汗后,于一四七五年六月派遣一千七百五十余人的男女使臣队,向明廷进贡马匹。自大同进京,明廷准许五百人来京,以彩缎酬给马价,又对满都鲁及使臣各给赏赐。一四七七年二月,满都鲁、乩加思兰再次遣使来京城贡马,明廷酬给马值,从厚赏赐。汗廷设于东蒙古,地近辽东。一四七八年,明廷得报满都鲁部兵接近边地,命各地加意防守。满都鲁在汗位五年,安辑各部,与明廷修好。边境并无战事。一四七九年五月,福余卫奏报,乩加思兰恃权调度部众,部下不服,被同族人亦思马因杀死。亦思马因继为太师。七月,三卫又奏报满都鲁死。

满都海与达延汗——满都鲁之死,蒙汉文史料均无特殊记事,当是因病致死。《蒙古源流》说他卒年四十二岁。满都鲁的正妻为乩加思兰之女。乩加思兰败

190

亡后,随之失势,也不再能号令诸部。满都鲁的次妻、出身吐默特部的满都海夫人,年三十三岁。依据蒙古的传统,可汗死后,由其哈敦(夫人)驻守宫帐,主持汗位的继承。齐王孛鲁乃向她求婚,谋袭汗位。满都海说他是哈撒儿后裔,拒不允婚,而下嫁给成吉思汗的后裔孛罗忽之子巴图猛可。孛罗忽被害后,其妻锡尔吉夫人(兀良哈部人)被亦思马因收娶。巴图猛可被收养在满都鲁部内。满都海夫人下嫁后,扶立他承袭汗位,以继承满都鲁的未竟之业,因而建号达延汗,即全蒙古的汗。明廷仍称他为小王子。

明人史书不见满都海夫人的记事,但蒙文史籍盛赞她辅助达延汗统一蒙古诸部的业绩,在蒙古民间也长久流传。达延汗继位后,面临着巩固业已形成的蒙古诸部的联合,并进而统一蒙古的历史任务。在满都海夫人的辅佐下,展开了统一蒙古的大业。

三、哈密争战

明初在哈密设卫,确立了西陲的统治。英宗、宪宗时期,哈密一再受到瓦剌等部的侵扰,长期陷于争战不安的局面。

一四〇五年,明成祖封元肃王后裔脱脱为忠顺王,一四一〇年,脱脱死。明成祖封其从弟兔力帖木儿为忠义王,世守哈密。一四二六年,明宣宗即位,命脱脱子卜答失里嗣封为忠顺王。兔力帖木儿死,弟脱欢帖

191

木儿嗣封为忠义王。两王协同理事。英宗正统二年（一四三七年），忠义王脱欢帖木儿死，其子袭封，不久亦死。忠顺王卜答失里死，子倒瓦答失里袭封，不能治事。一四四〇年，瓦剌也先围哈密城，大肆俘掠，并掳去忠顺王母、妻，胁迫哈密王往降。明廷得报，敕令修好。也先将忠顺王母妻放还。一四四五年，也先再来掳掠，又将忠顺王母、妻掳走。一四四八年，忠顺王被迫亲往瓦剌，以示臣服。也先兵东进，哈密暂获安静。

英宗复位后，一四五七年，倒瓦答失里死，弟卜列革遣使入明告哀，即袭封为忠顺王。一四六〇年，病死，无子。母弩温答失里主持国事。乜克力部乩加思兰在吐鲁番地窜扰，一四六三年，趁机攻破哈密城，杀掠诸部。弩温答失里率亲属逃往赤斤的苦峪。

宪宗即位后，乩加思兰东走，进据河套。哈密诸部首领故封请忠义王脱欢帖木儿之外孙把塔木儿为王。明廷擢任把塔木儿为右都督，代行王事，奉忠顺王母弩温答失里还守哈密。一四六四年，把塔木儿死，明廷命其子罕慎袭职，但不主国事。吐鲁番速檀（王）阿力领兵攻占哈密城，俘掳王母，夺走金印。罕慎逃往苦峪。一四六五年，明廷遣都督同知李文、右通政刘文赴甘肃经略。李文等至肃州，遣千户马俊持敕书去哈密。这时，阿力已退回吐鲁番，留妹婿牙兰守哈密。马俊抵哈密月余，阿力始来会见，并命忠顺王母出见。王母暗中遣人告马俊说："为我奏天子，速发兵救哈密"（《明

192

史·西域传》)。明廷命结合罕慎及赤斤、罕东、乜克力诸部兵进讨。一四六六年冬,李文等至卜隆吉儿川得报阿力将攻掠罕东、赤斤二卫,不敢领兵深入,命罕东、赤斤二卫兵还守本卫。罕慎、乜克力及畏兀儿部众退居苦峪。李文领兵还肃州。哈密仍为吐鲁番占据。一四六八年,明廷将哈密卫移设苦峪,命罕慎权(代)主国事。十八年春,罕慎率本部兵,与罕东、赤斤二卫兵联合,有兵万余人,夜袭哈密夺回哈密城,牙兰逃走。罕慎乘势连复哈密八城,还居本土。明廷下谕嘉奖,进罕慎为左都督。

(四)王朝统治的稳固与边境风云

宪宗改元成化,在位二十三年,子祐樘(孝宗)嗣位,改元弘治,在位十八年,明王朝经历了英宗朝的动荡又趋于稳固。成化、弘治两朝,虽然不免有一些败政,但明廷政局大体上保持稳定,无重大战乱发生。宪宗较妥善地安置荆襄流民后,社会上也不再有大规模的起义爆发。成化、弘治近四十年间,被视为明代的承平之世,为社会经济发展,提供了有利的环境。

北边的蒙古各部在达延汗时期重又达到了统一。达延汗着力稳定蒙古内部,无意南下。明廷因不明蒙古形势,在西北边境曾爆发过对蒙古的战事。但双方的政局都不曾因此而受到太多的影响。孝宗时,吐鲁番部再次侵入哈密,明王朝一再出兵,为收复哈密进行了频年的争战。

一、成 化 政 局

宪宗初即位,倚用李贤等阁臣,为"夺门"之变重订是非,换来了朝臣的支持和政局的稳定。但不久之后,宪宗即怠于政事,习学道术,在宫中淫乐,长久不理朝政,不召见大臣。万贵妃与内宦、阁臣等在无所作为中保持着局势的平静。

立太子——宪宗即位前,英宗曾为他选吴氏、王氏、柏氏三女入宫,待即位后备选皇后。一四六四年,宪宗即帝位,七月,司礼太监牛玉请于周太后(宪宗生母)择立英宗选入后廷的都督同知吴俊之女吴氏为后。不到一月,宪宗又请于太后,废吴后,还居别宫。十月,另立王氏为皇后,后父王镇由金吾卫指挥使升任中军都督同知。才人万氏有宠于宪宗,成化二年(一四六六年)正月生子,册为贵妃。十一月,皇子死。一四六九年,贤妃柏氏生子祐极。一四七一年立为皇太子,次年二月病死。明军在广西贺县俘掳的蛮族(疑是瑶族)土官之女纪氏,被遣入宫中为女史(通文字的女奴),看守内藏(内库)。宪宗偶至内藏,私幸纪氏。纪氏遭万贵妃斥责,病居西内,生一子,秘而不宣。废后吴氏代为抚养。太子祐极死后,宪宗以无子为忧。一四七五年,太监奏报其事。万贵妃具服朝贺,厚赐纪氏母子,并将皇子收入宫中抚育。这年五月,宪宗召见

194

皇子,年已六岁,取名祐樘,并以皇子命名为由,命百官朝见。纪氏进封淑妃。大学士商辂上书说:"皇子聪明,国本攸系,重以昭德贵妃(万妃)抚育,恩逾所出。百官万民皆谓贵妃贤哲,近代所无。但外议皇子生母因病别居,久不得见,人情事体未便。伏望敕令就近居住,仍烦贵妃抚育"(《万历野获编》卷三)。宪宗于次日下敕,纪淑妃移居永寿宫,礼数同于贵妃。六月,纪淑妃病笃。商辂请命太子进宫探视。数日后,纪妃病死,谥恭恪。十一月,立皇子祐樘为太子,随周太后居仁寿宫。

此后一年,宪宗私幸的宫婢邵氏又生一子(祐杬)。邵氏出身于浙江昌化贫家,幼时被卖给杭州镇守太监,入宫为奴。生子后封宸妃,又进为贵妃。万贵妃封皇贵妃。传说宪宗后来曾有意另立祐杬为皇太子,向司礼监太监怀恩示意。怀恩力谏而止。宪宗先后有子十四人,宫廷间不再因皇位继承而出现纷争。

宪宗怠政——宪宗即位不久,即怠于政事,不见大臣。群臣奏事均经由内廷中官。一四七一年,大学士彭时、商辂等借口彗星久现,力请朝见。宪宗在奉天门接见阁臣。彭时奏称"天变可畏",宪宗说"卿等宜尽心"。又奏:御史疏请减京官俸,文官可武官不可。宪宗说,是。万安等叩头呼万岁。彭时、商辂也都退下。宪宗随即退朝。朝野传笑,说是"万岁阁老"。从此以后,直到宪宗病死,再不召见大臣。

宪宗以少年天子,怠于政事,与掖庭嫔妃以至侍女宫婢,淫乐无度。大学士万安迎合帝意,进献媚药及房中术。都御史李实、给事中张善等谏净风纪之臣,也向宪宗献房中秘方求官。僧人继晓因内宦之介,向宪宗进秘术,得为国师。江西南昌人布政司吏李孜省因贪赃事藏匿,习五雷法术,结纳内宦梁芳等向宪宗进上道家符篆及淫邪方术,特授上林苑监,进至通政使。李孜省与万安、僧继晓及内宦梁芳等相互结纳,操纵官员进退,朝野侧目。

汪直与西厂——广西大藤峡瑶族人汪直,幼年时被俘入宫中为内宦,得宪宗宠爱,掌管御马监。一四七六年,宦官鲍石、郑忠勾结"以左道惑众"的李子龙潜入皇宫,图谋作乱,事被锦衣卫官校发现后处死。此事使宪宗极为不安,命汪直易服化妆,带校尉一二人,密出侦察。

次年正月,朝廷新设一侦察机构,由汪直统领。为区别于原有的"东厂"名为"西厂"。西厂所领缇骑(侦察人员)倍于东厂,权势也更大。逮捕朝臣,可不经奏请。西厂设立后,屡兴大狱。一四七七年二月,故少师杨荣的曾孙、建宁卫指挥杨晔,与其父杨泰为仇家所告,逃入京师,匿于姊夫董玙处。董玙找到汪直的心腹锦衣百户韦瑛求情,韦瑛表面许诺,暗地里却向汪直报告。汪直立即把杨晔和董玙逮捕,进行拷讯。杨晔不胜酷刑,妄招在叔父兵部主事士伟处藏匿赃金。汪直不奏闻朝廷,即捕杨士伟下狱,坐实此案,杨晔死狱中,杨泰论

196

斩,杨士伟贬官。同年四月,锦衣卫官韦瑛向掌太医院事左通政方贤索取药品,未得,派人去方家搜查,查得片脑沉香,诬指盗自官库,又搜出御墨及龙凤瓷器,以违法论,将方贤下西厂狱,并株连太医院判蒋宗武等多人。此外,各地官民被西厂旗校诬指被逮者,接连不断。

西厂设立年余,汪直罗织人罪,数起大狱,群情汹涌。一四七七年五月,大学士商辂上疏请罢西厂,说:"近日伺察太繁,政令太急,刑网太密,人情疑畏,汹汹不安。盖缘陛下委听断于汪直,而直又寄目于群小也。中外骚然,安保其无意外不测之变!"(《明史纪事本末》卷三七)宪宗命太监怀恩传旨斥责。商辂据理力争,怀恩如实回报,宪宗下令罢西厂。汪直仍回御马监,韦瑛谪戍宣府,诸旗校遣散。

西厂革罢后,汪直诬称商辂奏疏是出自司礼监太监黄赐、陈祖生,是为杨晔报复。御史戴缙,上书盛称汪直功绩,请复西厂。宪宗又在六月十五日下令复开西厂,仍由汪直统领。商辂上疏致仕。

西厂革罢一月而又重开,汪直权势更盛。连年巡边监军,邀功取赏。

一四七八年,海西女真因开原边官勒索,率部至抚顺,兵部右侍郎马文升前往招抚,汪直请自往开原巡视。马文升对汪直不加礼遇。巡抚辽东的右副都御史陈钺被劾,厚赂汪直,诬陷马文升。汪直奏马文升妄开边衅,下锦衣卫狱,谪戍重庆。

陈钺依附汪直,请讨海西以邀功。一四七九年十月,抚宁侯朱永拜靖虏将军,为总兵官。陈钺提督军务,汪直监军,领兵至辽东,在广宁枪杀海西头目数十人,还军。朱永进封保国公,陈钺进右都御史。汪直加俸。

一四八〇年春,朝廷得报,延绥边境有蒙古兵窜扰。朱永为将军,汪直监军,兵部尚书王越提督军务,分道出塞。王越依附汪直得官,临阵与汪直出轻骑,至威宁海子,俘获而还。朱永率大军西出榆林,不见敌军,马死五千余匹,王越进封威宁伯。汪直加禄米。朱永无功不赏。

一四八一年,蒙古亦思马因太师兵近大同王越佩将军印,汪直监军,去大同镇守。巡抚宣府御史秦纮密奏汪直纵旗校扰民。汪直还朝,宪宗向他出示秦纮奏疏,汪直只好叩头谢罪。

西厂重开后,虽然没有再兴大狱,但缇骑旗校侦察苛细,借端勒索,也引起朝野的不满。不断有官员上疏指斥西厂,宪宗不理。汪直权势日盛,逐渐招致万贵妃与万安等人的厌恶。东厂与西厂争功,东厂太监尚铭也密奏汪直构祸。一四八二年三月,大学士万安得万贵妃支持,上疏请罢西厂,说:"东厂法制之善,人易遵循。西厂事出权宜,当革"。宪宗从其请,下诏革罢西厂,朝野称快。万安又请将依附汪直的王越调守延绥。汪直也于次年自大同调往南京御马监。

自大学士商辂因复开西厂自请致仕后,阁臣中万安与原值经筵的翰林学士刘吉、刘珝,对宪宗的荒怠无所规正,但求自保,被讥讽为"纸糊三阁老"。万安力请革罢西厂,谈迁《国榷》说这是"寸有所长",谷应泰《明史纪事本末》则说是由于"结昭德宫(万贵妃)",恶汪直浸淫。万安之敢于上疏,宪宗之准予革罢,万贵妃有重要的作用。《明史·万贵妃传》说:"中官用事者,一忤意,立见斥逐。"汪直当是其中的一人。

汪直调任后,御史徐镛上疏弹劾汪直欺罔之罪。并揭露他与王越、陈钺结为腹心,自相表里,罗织罪状,作威作福诸事。汪直被贬为南京奉御。王越削官,编管。阿附汪直的戴缙削职为民。陈钺已令致仕,不再问罪。依附汪直的官员相继被逐。被汪直、陈钺诬陷遣戍的马文升,起为左副都御史,巡抚辽东。后又进为兵部尚书。

斥逐恶宦——西厂革罢,汪直获罪,朝中为之一振。朝官相继揭发一些因缘牟利的宦官。右副都御史王恕巡抚江南,劾奏内监王敬随带厂卫十九人以朝廷采药购书为名,在苏、松、常等府,敲诈勒索,民不堪命。专弄左道邪术的锦衣卫千户王臣随从王敬矫旨搜刮。疏中指王敬等至苏、常等府倚势逼取官民银三万六千余两。其在江浙布政司及南京沿途索要官民金银,不知有几千万,奏请"明正法典"。王恕连上三疏。东厂尚铭也揭发王敬奸状。王敬下狱治罪。随从十九人遣戍。王臣被处死,传首江南。掌领东厂的司礼监太监尚铭，自汪直败后，权势日盛。擅自卖官鬻爵，并对京师富室，罗织罪状，借以敲索重贿。尚铭被押赴南京，谪充净军，在孝陵卫种菜。抄没其家产，辇送内府。太监陈准继领东厂，告诫校尉说，有大逆（谋反）事告我，其他事你们都不要干预。陈准对东厂校尉的侦察活动有所限阻，人情渐安。

佞幸与阁臣——宪宗命内宦传奉圣旨授官，求官者向内宦行贿，所谓"传奉官"授官日滥。僧继晓与李孜省向宪宗献方术得官，恣作威福。尤为朝野所愤慨。一四八三年十二月，吏科都给事中王瑞，御史张稷等交章弹劾传奉官之滥。张稷上疏说：传奉各官，至于末流贱伎，多至公卿。屠狗贩缯，滥居清要。有不识一丁而亦授文职，有不挟一矢，而冒任武官"若非痛加斥逐安能救止"（《宪宗实录》卷二四七），宪宗被迫贬黜传奉官十二人。李孜省时为左通政，贬二秩为左参议，以塞请议。不久之后，李孜省又复职为左通政。次年十月，刑部员外郎林俊又上疏劾僧继晓在京城建寺靡财，内官梁芳，耗费府藏，贪污家资过于尚铭。宪宗得疏大怒，将林俊下狱拷问。都督府张黻上疏为林俊辩护，也被下狱。太监怀恩伏地力争，宪宗命将林、张各杖三十贬谪出京为州官。十一月，南京兵部尚书王恕闻讯，上疏说："人皆知此事（建寺）之非而不言，独林俊言之。人皆知林俊之是而不言，独张黻言之。今悉置之于法，人皆以言为讳。设再有奸邪误国，陛下何由知之？"

（《明通鉴》卷三十五）疏入，留中不报。太监怀恩见到此疏说："天下忠义，斯人而已！"僧继晓见势不妙，自请归家养母。一四八五年，因北方诸省天旱饥馑，诏群臣陈言时政得失。两京言官纷纷上疏，劾奏僧继晓、李孜省及梁芳等内宦，并历陈传奉官之滥。宪宗敕降李孜省为上林监丞。继晓已归家，革去国师称号，黜为平民。林俊、张黻免谪，改授南京散官。又斥罢传奉官约五百人。朝野一时称快。

宪宗崇信道术，倚重李孜省。这年十月，又复任李孜省为左通政，仍居原职。阁臣刘珝因与万安不和，于九月间致仕。旧臣彭时之子彭华厚赂李孜省，又与万安结纳，于十二月入阁参预机务，为吏部左侍郎兼翰林学士。时论说："三千（贿赂）馆阁荐彭华"。次年九月，南京礼部侍郎尹直依附李孜省及万安，被召入京，改户部左侍郎，也入阁预机务。万、李、彭、尹相互结纳，朝野侧目。

宪宗在位二十三年，长期不召见大臣，处决政事均经内宦。晚年传旨多倚太监怀恩、覃吉。怀恩犯颜敢谏。覃吉曾在东宫，侍太子读书。两宦在朝中均有美誉。皇后王氏遇事淡然。宫廷诸事多倚万贵妃统领。万贵妃待内宦宫婢甚严。宦官每有流言中伤，诸多失实。万贵妃父万贵，秉性醇谨，每告诫子侄安分自守。万贵死后，子万喜进都指挥同知，恃势骄横贪婪，交结内宦梁芳等以贡物为名谋赏邀利。恶名扬于朝外。成

201

化二十三年（一四八七年）正月，万贵妃病死。据说因怒挞宫婢后，痰涌而死。年约六十岁。传说宪宗郊祭回宫，知贵妃死，悲叹说："万侍长去了，我亦将去矣！"（《万历野获编》卷三）。沈德符《万历野获编》视之为"玉环之受宠于明皇"，未免比喻失当。宪宗的哀叹，当不仅是私情的眷恋，而还由于失去了一个内决政事的宫廷辅佐。这年八月，宪宗病死。年四十一岁。遗诏太子祐樘即帝位。

二、弘 治 政 绩

一四八七年九月，孝宗十七岁宣诏即位。宪宗即位时有前朝老臣李贤等辅佐。孝宗即位，前朝阁臣吏部尚书、华盖殿大学士万安等素有劣绩，难以服众。孝宗在东宫时也已得知他的恶名。内宦中司礼监太监怀恩位列首班。覃吉侍太子多年，素得依信。孝宗倚靠怀恩、覃吉的扶持，起用东宫读书的师保和有声望的旧臣，建立起他的统治。

更迭阁臣——孝宗即位后，怀恩即劝他罢免万安。御史也上章弹劾。孝宗在宫中见一小箧，里面都是论房中术的疏文，写"臣安进上"。孝宗命怀恩拿去问万安，"这是大臣该做的事么！"万安叩头谢罪。怀恩即摘去他的牙牌（官员执版），说："你可以走了。"万安罢职后回四川，已年逾七十，一年后病死。尹直也被劾免官。旧臣中只有刘吉留值内阁。孝宗另任东宫讲官少詹事刘健为礼部右侍郎兼翰林学士,入内阁参预机务。吏部左侍郎徐溥进为礼部尚书兼文渊阁大学士。刘吉与徐溥、刘健成为新朝的阁臣。宪宗朝负有人望的王恕,因怀恩力荐,起为吏部尚书。南京兵部尚书马文升为左都御史。署国子监事丘浚进呈所著《大学衍义补》一百六十卷。孝宗命在福建刊行。进丘浚为礼部尚书署詹事府事。

罢黜佞幸——孝宗即位后十日,即采言官的劾议,下诏罢黜宪宗朝的佞幸,借以争取人心,革新朝政。官至署通政司事礼部左侍郎的方士李孜省以及依附他为太常寺卿的方士邓常恩、赵玉芝等谪戍边卫。太监梁芳降为南京御用监少监,闲住。都督同知万喜降为指挥使。十一月,太监蒋琮继续揭发梁芳、李孜省罪状。梁、李被逮下狱,死于狱中。

罢传奉官——宪宗末年,已对传奉官,陆续裁汰,但已授官者仍然极滥。孝宗即位后,于十月间罢黜右通政、侍郎及武职指挥佥事以下传奉官至两千余人,僧道官一千余人。传奉授官者多被罢免,传升之官多被罢黜,仍留原任。

追谥太后——孝宗即位后,尊奉祖母周后为太皇太后。宪宗王皇后为皇太后。又奉两宫太后旨,追谥生母纪淑妃为孝穆皇太后,附葬宪宗陵(茂陵)。纪淑妃在孝宗立为太子前数月死去,宫中或传出种种疑言。孝宗降黜万喜后,山东鱼台县丞徐顼上疏说:"先母后之旧痛未伸。""万贵妃戚属万喜等罪大责微"请重行追究。礼部与大臣谋议,以为"宫闱之事,不可臆度"。请在宫中密访贵妃近侍,在外逮万氏亲属鞠问。孝宗不准,降旨说:"此事皇太后(周后)、母后(王后)宣谕已明。凡外间无据之言,难凭访究"(《孝宗实录》卷三),只令万喜将累次所赏金银等,悉数还官。不久之后,巡按直隶监察御史司马垔上疏谏孝宗,说:"圣母之终,不能无疑。然太皇太后、皇太后所以保护陛下之恩亦至。似宜少抑悲思,从容审察,弗伤两宫之意。于凡先帝所行,尤当含弘广大,以盖其愆,勿轻信希冀之徒,为已甚之举。"(《孝宗实录》卷六)纪淑妃原为掳自蛮族的宫婢,宪宗私幸生子,秘而不宣。纪妃长期病苦,事涉宪宗,难以查究。移罪万妃,不免株连诬枉,难得其平。太皇太后、皇太后宣谕阻究其事,不仅为回护万妃,也还为顾全宪宗,用意是明显的。孝宗禀承两宫之意,追谥生母附葬茂陵,又采礼部尚书周洪谟议,在奉祀帝后的奉先殿旁,另建奉慈殿,以奉祀孝穆。孝宗得以岁时祭祀,博得孝母的美名,也避免了一场宫廷风波。

孝宗在九月间宣诏即位,至十二月,即先后完成了上述的几件大事。罢逐佞幸而不过事更张,追谥生母而不深究既往,从而较为顺利地稳定了政局,建立起新朝的统治。

孝宗弘治一朝,上承成化时渐趋稳固的政局,继续保持长期稳定的局势,号为承平。在国家建设中,先后做出了两项业绩。

治理河患——元朝末年,黄河曾在开封、曹州至济阴等处决口,酿成大患。贾鲁修筑堤埽,使黄河归于故道。明朝建国后,一三九一年,黄河在原武决口,东经开封城北,南至项城,又东经颍州、寿州,入于淮河。元朝修建的大运河会通河因而淤积。永乐时,曾修浚会通河,以通漕运。英宗正统时,黄河又在荥阳决口,经曹州、濮州,冲击会通河与黄河交会地带的张秋镇长堤和沙湾东堤。景泰时,黄河又在沙湾堤决口,右佥都御史徐有贞奉命治河,自张秋向西南修渠数百里,以平水势,名为广济渠。孝宗即位后,一四八九年,黄河在开封及黄陵冈决口。次年,又在原武决口,分为三支泛滥。一支自封丘经祥符、曹州、濮州,冲决张秋堤,一支出中牟,下尉氏,另一支泛滥于兰阳、仪封、考城、归德等,下至于宿州,汇为大患。户部左侍郎白昂前往治理。在阳武筑长堤以防张秋。在中牟引水入淮河。修浚宿州古睢河,以连通泗水。北塞南疏,使水患得以暂时平息。

一四九二年,黄河又在张秋决口。次年,命浙江左布政使刘大夏为右佥都御史前往督治。一四九四年二月,张秋再次决口,众议纷纭。刘大夏受命后,沿黄河千余里考察形势,与山东、河南守臣集议督治之法。以为张秋乃下流咽喉,不可即治。应先治上流,再筑长堤。刘大夏等征发民丁数万人在上流西岸开凿月河三里许,引入旧河道。又在中牟别开新河一道至颍州东入于淮河。由陈留至归德,修浚淤河,分二道入淮。在黄陵冈南修浚贾鲁旧河,由曹县出徐州。河流既分,水势渐平。起河南胙城北经滑县、东明,东历山东曹县、单县,至于徐州,长三百六十余里。四月间,再塞张秋堤,改张秋镇名安平镇。刘大夏治水功成,孝宗下诏褒赏,进为户部右侍郎。协助刘大夏治水的山东参政张缙进为通政司右通政,代刘大夏继续治河。张缙相度形势,随时修浚。又在张秋决口之东,砌石岸数里,以固堤防。一四九五年初,刘大夏又请筑塞黄陵冈等处,以疏导黄河南流。二月间完工。黄河经徐州入运河,恢复南流故道。黄河水道,经刘大夏等治理后,孝宗一朝,不再有水患发生。

编修会典——一四九一年十月,丘浚以礼部尚书入兼文渊阁大学士。次年,刘吉致仕。一四九五年二月丘浚病死。礼部左侍郎李东阳、詹事府少詹事谢迁,入值内阁。一四九七年十月,孝宗敕谕阁臣徐溥、刘健、李东阳、谢迁等,编纂明朝开国以来制度典章。谕“以本朝官职制度为纲,事物名数仪文等级为目,一以祖宗旧制为主,而凡损益同异,据事系年,汇列于后,粹而为书,以成一代之典。”(《孝宗实录》卷一二三,《大明会典》卷首)孝宗敕定书名为《大明会典》,以徐、刘、李、谢为总裁官。徐溥年已七十,于次年致仕。会典的编修,历时四年有余。遍采内廷所藏诸司职掌等书及官府籍册,分馆辑修。依孝宗所订体例,“百司庶事以序而列。官各

领其属,而事皆归于职。"(孝宗《御制大明会典序》)全书
凡一百八十卷,于一五○二年十二月修成。由刘健等奉
表呈进。孝宗敕令刊刻,颁行全国。会典的颁行,不仅保
存了历朝制度沿革的纪录,也使官府行政,有所遵循,意
义是重大的。此后,正德、嘉靖间续有修订,万历时重修
刊布,流传后世,也为清朝编修《大清会典》提供了范例。

三、内宦与外戚

孝宗即位后,臣下称誉"太平无事",仍依宪宗的
先例,从不召见大臣议政。章奏批答均经由内宦,或稽
留数月,或并不施行。孝宗在位数年,即逐渐倦政,崇
信道术。表面的太平掩盖着重重的矛盾,朝廷的种种
积弊也在发展。一四九七年二月,大学士徐溥等上疏
说:"今承平日久,溺于晏安。目前视之,虽若无事,然
工役繁兴,科敛百出,士马疲敝,闾阎穷困,愁叹之声,
上干和气"。"将来之患,灼然可忧"(《明史·徐溥
传》)。三月,孝宗迫于阁臣之请,在文华殿召见徐溥、
刘健、李东阳、谢迁四阁臣,授以诸司的题奏,说与先生
们商议。徐溥等拟旨,呈孝宗改定,各赐茶一杯而退。
这是一四七一年宪宗召见大臣二十六年后,又一次召
见大臣,满朝称为盛事。此后,孝宗长期不见大臣,依
然经由内宦,在宫中决事。

司礼监太监怀恩,在弘治初年病死。孝宗赐给祠
额,题为"显忠",是宦官中难得的忠良。此后,孝宗倚

信的太监李广,以道家符箓和烧炼丹药取悦于孝宗,接受贿赂,荐引官员,强占京畿民田,恃权谋取盐利,赃迹昭著。户部主事胡爟上书弹劾李广"借左道滥设斋醮,惑乱圣聪,耗蠹国储。乃有不肖士大夫,昏暮乞怜于其门,交通请托,不以为耻。"给事中叶绅上疏劾李广进不经之药等八大罪。祠祭司郎中王云凤上疏请斩李广,言词激切。李广借故反劾王云凤,下锦衣卫狱,谪知陕州。一四九八年,李广在万岁山建造毓秀亭成。不久,孝宗的幼女病死,太皇太后周后的清宁宫火灾。说者指建亭触犯了岁忌。周后抱怨说:"今天李广,明天李广,果然大祸来了!"李广畏罪自杀。家中查出向他行贿的名册,列有文武大臣多名,各送黄、白米百、千石不等。孝宗不解说:李广能吃多少,怎么接受这么多?人们解释说:所记黄米是黄金,白米是白银!李广死后,仍有人为他请赐祠额,大学士刘健力持不可。孝宗仍命撰文赐祭。

宦官干政谋私,为害最烈的仍是传奉官与东厂。

孝宗初即位,虽曾罢黜传奉官数千人,但并未废除制度。即位后不久,即因修京城河桥,从太监李兴之请授工匠四人官。此后,传升及传授之官又渐加多。李广大量受贿,就是因为官员们请托传升。至一四九九年,一月之中升授文武官员多至二百余人。兵部尚书马文升与吏部尚书屠滽等上疏,请罢传奉官。孝宗不纳。传奉官的积弊愈演愈烈。

东厂例由司礼监提督太监管领。怀恩死后,太监杨鹏等领厂事,积弊日重。一四九六年十二月,刑部吏徐珪上疏说:"臣在刑部三年,见鞠问盗贼,多因东厂镇抚司所获,其间有称校尉挟私诬陷者,有称校尉为人报仇者,有称校尉受首恶之赃而以为从,令旁人抵其罪者。刑官纵使洞见其情,孰敢擅更一字。""臣愿陛下革去东厂,戮杨鹏"。(《孝宗实录》卷一二〇)孝宗说他狂诞,发回原籍为民。一四九八年御史胡献又上疏请罢东厂。说:"东厂校尉,本以缉奸,迩者但为中官外戚泄愤报怨","推求细事,诬以罪名"。孝宗拒不纳谏,将胡献下狱治罪,贬为蓝山县丞。东厂太监得到孝宗的倚信,又与中官外戚交通,原有的积弊也愈演愈烈了。

孝宗为太子时,选纳京畿河间府兴济人张氏女为妃,即位后立为皇后。父张峦原以乡贡入太学。一四九一年,封为寿宁伯。尚书王恕上疏说,钱太后(英宗后)、王太后(宪宗后)都是正位数十年后,现在才封家人。今皇后刚立三年,张峦就已封伯,不可许。孝宗不纳。张后生皇子厚照。一四九二年立为皇太子。张峦又进封为寿宁侯。孝宗又欲封张后弟张延龄伯爵,命大学士刘吉撰诰。刘吉说,尽封二太后(周后、王后)家子弟才可。孝宗不悦,命刘吉致仕,仍封张延龄为建昌伯。同年,张峦死,赠昌国公。子鹤龄袭爵为侯。张鹤龄、张延龄兄弟恃张后支持,占田经商谋利,又与内宦及东厂太监结纳,恣为不法。一四九二年与宪宗生母太皇太后周后弟长宁伯周彧两家争夺商利,至令家人在街市上聚众斗殴,京城震骇。九卿上疏说:宪宗皇帝曾有诏书:勋戚之家,不许占据关津桥梁水陂及设肆(商店)鬻贩,侵夺民利。违者听巡城巡按御史及所在有司执治以闻。"迩者长宁伯周彧、寿宁侯张鹤龄两家,以琐事忿争,聚众競斗,喧传都邑,上彻宸居。盖因平日争夺市利,已蓄忿心。一有所触,遂成仇敌。失戚里之观瞻,损朝廷之威重"(《孝宗实录》卷一一七)。请求降旨,遵宪宗诏旨,凡贵戚店肆,悉皆停止。孝宗敕令揭榜晓谕。张鹤龄兄弟注籍宫禁,得以出入内宫。一日,张鹤龄醉酒,带上皇冠。宦官何鼎怒斥他无礼,奏言二张大不敬。张后竟激怒孝宗,将何鼎下狱,又命李广将何鼎打死。张鹤龄受孝宗赐地四百余顷,竟借山侵占民地多至三倍,并打死平民。巡抚勘报,孝宗竟将所占地给与张鹤龄。周太后弟周彧有赐田过制,官员请予勘正。孝宗不许。周后得知,说:怎么能因为我的缘故,枉皇帝的法! 终于将多占田归还官府。与周太后不同,张后执意纵容两弟骄横不法,继续结纳市井无赖,谋夺民利,又将寡母金夫人奉养宫中,权势更重。一五三〇年二月,户部主事李梦阳上疏,斥张鹤龄"招纳无赖,罔利贼命"(《国榷》卷四十五),张鹤龄上疏自辩,并反指李梦阳疏中有"陛下厚张氏"语,罪当斩。金夫人也向孝宗陈诉。孝宗将李梦阳下狱,一月后释放复职,罚俸三月。史称孝宗对李梦阳有意曲为回护,但由此也可见张后与外戚之专横不法,已难于制止。

四、边 地 风 云

弘治一朝,边境上迄无重大战事,但在局部地区也曾出现过短暂的风波,主要仍是北边的鞑靼与西北的哈密。

鞑靼边事 满都海扶立达延汗后,即致力排除掌握兵权的亦思马因太师,以巩固汗权。明宪宗成化末年,亦思马因败逃,西依瓦剌。达延汗遣郭尔罗斯部的脱火赤(托和齐)追击,亦思马因败死。哈密都督罕慎向明廷奏报了亦思马因的死讯。孝宗即位后,达延汗于弘治元年(一四八八年)六月,派遣一千五百三十九人的使臣队至大同,向明廷贡马骡等近五千匹。巡抚大同都御史许进向明廷奏报,请裁定入贡人数。历来鞑靼遣使入贡,既是表明政治关系,也是一种贸易方式。贡使越多,获得明廷回赐也越多。明廷因而多有限制。明孝宗敕令正副使等五百人来京,其余留大同款待候赏。一四九〇年,达延汗再次遣使入贡,明廷赏加使臣并赐达延汗蟒龙服、红缨、琵琶、帐房等物,由使臣领回。瓦剌太师火儿忽力等也遣使入贡。明廷一例接待,给予赏赐。

达延汗与满都海夫人领兵西行,攻打瓦剌,以求实现统一全蒙古的宏图。一四九三年六月,甘肃官员向明廷奏报,鞑靼被瓦剌战败,住牧宁夏贺兰山后。一四九六年五月,鞑靼遣使,请准三千人入贡。不久,又称因回军攻打瓦剌,暂停遣使。此后,达延汗连年与瓦剌交战。一四九八年二月,遣使六千人入贡,明廷准二千人入关,五百人入京。

鞑靼与瓦剌在明廷西北甘肃、宁夏邻境交战,不时在边界地带与明军发生冲突。一四九八年十月,明廷起用因结纳汪直致仕但熟悉边务的王越总制甘、凉各路边务。次年七月,王越奉敕出兵,袭击贺兰山后鞑靼驻军,自宁夏分三路出击,斩首四十二级而还。明廷对各级军兵记功授赏。此次不必要的战事,全由明军发动。战争之后,达延汗不再向明朝入贡。

一五〇〇年,达延汗部已故的知院脱罗干之子火筛(科赛)自大青山入威远卫。明游击将军王杲见往来军兵不多,仓促出击邀功,遭伏兵袭击,军士亡失千余人,裨将五十二人战死。副总兵马升、参将秦恭拒不出援。王杲大败,大同报警。王杲败报传到京师,明廷大震,京师戒严。孝宗改变不见大臣的惯例,急召刘健、李东阳、谢迁三阁臣商议军政。王杲、马升、秦恭俱以罪论死。以平江伯陈锐为靖虏将军防守大同。火筛军继至大同左卫,陈锐不敢出战,游击将军张俊出兵小胜,被擢为都督佥事,充总兵官。此后,大同仍有小规模的战事。

这年冬季,达延汗领兵数万,大举西征河套地区反抗他的阿尔秃斯部(《蒙古源流》著其人名满都赉阿固勒呼)。阿尔秃斯战败,即在明边境扰掠。明军略有交锋,即夸大其事,谎报获胜,以邀功请赏。明廷得报,即误认是"小王子(达延汗)寇边",一五〇一年三月,命鸿胪卿陈寿以右佥都御史巡抚延绥,继而又命靖虏将军朱晖为总兵官,史琳提督军务,太监苗逵监军,率五都督领重兵去延绥防御。七月,达延汗部在明宁夏后卫花马池边地与明官军交战,明都指挥王泰败死。九月,孝宗敕责朱晖、史琳、苗逵等,起用已致仕的秦纮为户部尚书兼副都御史,总制陕西军务。秦纮至边,整顿军旅,观察形势,上书陈奏,边务当以守备为本。随即在花马池以西,固原镇以北各筑屯堡,募民屯田,又在开成等县拓治城郭,招徕商贾。经营年余,边地渐安。一五〇二年十二月,孝宗准秦纮议,改陕西开城县为固原州,置总制府,设总制、参将、游击等官,成为军事重镇。一五〇四年六月,达延汗再遣使臣六千人自大同入贡。大同守臣上书,亟言和好之利,用兵之害,奏请准贡。明廷依旧例,准二千人入贡。

鞑靼达延汗致力于统一蒙古的大业,并无意南侵,恢复大元。明廷君臣因有英宗被俘的教训,对蒙古特加警惕,但于蒙古内部的情势并不甚明了。蒙古流散部众不时在边境扰掠。边将奏报,又往往虚张其事,希图升赏,以致屡有纷争。但明孝宗旨在对外防御,达延汗志在内部统一,这一基本形势决定了双方在经历一些风波后,仍能继续保持对峙的局势而不致酿成重大战事。

哈密争战 孝宗即位后,于弘治元年(一四八八年）二月,封哈密都督罕慎嗣位为忠顺王。吐鲁番速檀（王）阿黑麻（阿力之子）于十二月间,诱杀罕慎,占领哈密,仍命牙兰据守,遣使入明朝贡。明兵部尚书马文升请许如例入贡,敕阿黑麻交还俘掳的哈密王母及金印,归还哈密。次年,哈密旧部袭击牙兰,杀其弟。哈密都指挥阿木郎请调赤斤、罕东两卫兵攻破哈密城,牙兰逃走。一四九〇年吐鲁番阿黑麻遣使入贡,愿献还哈密及金印,王母已死,明廷不再追问。次年,明朝收还哈密及所献金印。马文升奏称,哈密城回回、畏兀儿、哈剌灰三族素服蒙古,须得蒙古皇室后裔镇守。访得曲先元安定王之侄陕巴,于一四九二年立为哈密忠顺王。以阿木郎为都督佥事。罕慎弟奄克孛剌为都督同知。次年,吐鲁番阿黑麻又攻入哈密,擒陕巴,杀阿木郎,仍命牙兰据守哈密。一四九五年,马文升召肃州指挥杨翥计议,由甘肃巡抚都御史许进遣副总兵彭清调罕东兵攻牙兰。许进到肃州,罕东兵不至,乃与彭清循大路攻哈密。牙兰得讯逃走。明军沿途缺粮,亡失甚众,进据哈密。一四九六年,吐鲁番又亲自领兵占据哈密。不久,奄克孛剌联合瓦剌军夺还哈密。阿黑麻退走。明廷断绝与吐鲁番的互市贸易。阿黑麻被迫于次年十月向明廷上书,愿交还俘掳的陕巴及忠顺王金印。明廷命总制王越经略哈密。王越出河西,吐鲁番送陕巴至甘州。明廷复封陕巴为忠顺王。弘治十二年（一四九九年）正月,明军护送陕巴回哈密,以奄克孛剌及回回人写亦虎仙、哈剌灰人拜迭力迷失等为都督辅治。吐鲁番也恢复与明朝的贡市。

一五〇四年春,陕巴部下阿字剌交通吐鲁番,乘间迎立阿黑麻的十三岁的幼子真帖木儿入哈密。陕巴惧走苦峪。明肃州指挥董杰与在肃州的奄克字剌、写亦虎仙同返哈密,董杰擒斩阿字剌等六人,迎还陕巴复位。这时,阿黑麻死,吐鲁番诸子争位内乱,真帖木儿不敢返回,留居甘州。

第五节　武宗的荒嬉与农民的反抗

明王朝在宪宗、孝宗统治的四十年间,政局渐趋稳定,社会经济也从而得到发展,号为"承平"。武宗嗣位于承平之世,政事荒废,日事嬉游淫乐,靡费无节,朝政日益腐败。即位初年,倚用内宦刘瑾,贪婪不法,招致了宗室安化王起兵。刘瑾诛后,武宗不作更张,却更加荒嬉无度,甚至巡游边地,以作战为儿戏。官员勒索不已,民间负担繁重。四川、河北、江西等地的农民,先后起义反抗,最后爆发了宗室宁王的反乱。

武宗在位十五年间,明王朝经历了由安而乱,由盛而衰的演变。

（一）武宗即位内宦擅权

一五〇五年（弘治十八年）五月，孝宗病死，遗诏太子厚照即帝位。孝宗临终前，执大学士刘健手，叮嘱说："东宫聪明，但年尚幼，先生辈可常常请他出来读书，辅导他做个好人。"（《孝宗实录》卷二二四）太子厚照（武宗）时年十五岁，奉诏即位，改明年年号为正德。尊皇太后王后为太皇太后，生母张后为皇太后。

明朝年轻的皇帝即位，大抵有两种力量可以依靠。一是前朝旧臣和东宫官属，一是东宫的内宦。武宗即位后，阁臣刘健、李东阳、谢迁先后加封柱国尊号，东宫官属太常寺卿兼翰林学士张元祯为吏部左侍郎，左春坊大学士杨廷和为少詹事，专司制诰。其他入值东宫的学士、侍读学士、左右谕德、侍读等均进封官爵。但处理朝政，则更加依赖内宦。武宗为太子时，入侍东宫的内宦刘瑾、马永成、谷大用、魏彬、张永、邱聚、高凤、罗祥等八人，均得武宗倚任，号为八党。武宗即位后，未能像他的父亲那样，迅速稳定统治，由于偏倚内宦，朝臣与内宦之争，有如水火。朝廷政局日益动荡。

一、罢 退 大 臣

武宗倚信宦官，宦官们迎合武宗，在宫中导引游乐。八月间，大学士刘健上书，历陈监局、仓库、城门及四方守备内臣增置数倍,应予裁汰等数事,并请行新政,放遣先朝宫人,纵放内苑珍禽异兽。武宗不予实行。十一月,武宗任命成化末年得罪被废的太监韦兴分守湖广。兵部尚书刘大夏极力谏阻,武宗不听。吏部尚书马文升曾奉孝宗遗诏,裁汰传奉官七百余人,一五○六年三月,被宦官诬告,上书辞官,武宗不准。四月间,又因被御史弹劾,再请致仕,获准,武宗特赐玺书优礼。擢任结纳宦官的吏部左侍郎焦芳为吏部尚书。兵部尚书刘大夏上言:镇守中官江西董让、蓟州刘琅、陕西刘云、山东朱云,贪残尤甚,请求按治。不准。五月间,刘大夏疏请致仕,武宗赐给敕书,驰驿归里。六月,群臣以灾异应诏陈言,刘健将这些奏章摘录、分类,径送武宗,类别有:"勿单骑驰驱,出入宫禁","勿频幸监局,泛舟海子","勿事鹰犬弹射","勿纳内侍进献饮膳"等等。宦官日侍武宗骑射嬉戏,荒怠政事。

给事中陶谐、御史赵佑等交章论劾八党,下内阁议。户部尚书韩文与九卿诸大臣伏阙上疏,力斥八党。说:"伏睹近日朝政益非,号令失当。中外皆言太监马永成、谷大用、张永、罗祥、魏彬、邱聚、刘瑾、高凤等造作巧伪,淫荡上心,击球走马,放鹰逐犬,俳优杂剧,错陈于前,至导万乘(皇帝)与外人交易,狎暱媟亵,无复礼体。日游不足,夜以继之,劳耗精神,亏损圣德"。"今永成等罪恶既著,若纵不治,将来益无忌惮,必患社稷。"请明正典刑,潜消祸乱。武宗派司礼监太监陈宽、李荣、王岳等与阁臣商讨处理办法,意欲将八人安置南京。刘健、谢迁等拟趁机杀除。宦官王岳向武宗陈奏,赞同阁议。焦芳密报刘瑾。刘瑾与马永成等八人连夜去见武宗,伏地哭泣,刘瑾反诬王岳结纳阁臣欲限制皇帝出入。武宗大怒,即命连夜逮捕王岳,发落南京,任命刘瑾掌司礼监,马永成掌东厂,又恢复西厂,由谷大用掌领,缉查朝臣。次日,群臣上朝,见形势大变,刘健、谢迁、李东阳三阁臣上疏乞休。武宗准刘健、谢迁致仕,李东阳留任。王岳在赴南京途中,被刘瑾派人杀害。刘、谢罢后,焦芳与吏部侍郎王鳌入阁预机务。武宗即位年余,前朝旧臣中除李东阳外,多被罢退了。

二、倚 信 内 宦

刘瑾战胜刘健,更得武宗倚信,进而擢用亲信,排斥异己。

户部尚书韩文首先上疏弹劾八党,刘瑾伺机报复,十一月,发现有人以伪银输交内库,因指罪韩文,落职罢官。给事中周昂疏救,被指为"党护",除名。东宫旧官少詹事兼翰林学士杨廷和职掌诰敕,当以次入阁。一五〇七年三月的一次日讲中,与翰林学士刘忠向武宗致讽谏语,对佞幸有所指斥。武宗对刘瑾说:"经筵讲书耳,何又添出许多话来!"刘瑾乘机说:"二人可令南京去。"于是杨廷和被改任为南京吏部左侍郎,刘忠改任为南京礼部左侍郎。刘瑾又将原大学士刘健、谢迁、尚书韩文、杨守随、林瀚、都御史张敷华、郎中李梦阳、主事王守仁、检讨刘瑞、给事中汤礼敬、御史陈琳等五十三人，列为奸党，榜示朝堂，传宣群臣跪于金水桥南宣戒。由此开创了内宦指朝臣为朋党的恶例！

武宗日事游乐，政事越来越倚用刘瑾。刘瑾在武宗游戏时，送上群臣章疏请决。武宗说：我用你是做甚么的！这些事还来麻烦我么！刘瑾不再奏事，事无大小，自行剖断，传旨实行。孝宗弘治末年，原拟限制宦官出镇。刘瑾传旨，内阁撰敕，镇守太监悉如巡抚、都御史制度，干预刑名政事。宦官权势更盛。

刘瑾权势倾动朝野，群臣章奏先具红揭投刘瑾，号"红本"，然后再上通政司，号"白本"，都称刘太监而不敢称名。刘瑾不会批答章奏，拿到家中，与妹婿礼部司务孙聪及松江市侩张文冕商量处理，交焦芳润色。一五〇八年六月二十六日早朝，在丹墀发现一封匿名信，告刘瑾不法状。刘瑾当即下令召百官跪伏奉天门下，严加责问。五品以下官尽收入狱，共三百多人。次日，大学士李东阳上疏申救，刘瑾也听说此信乃宦官所写，才释放百官。时当盛暑，一些官员竟因不耐热渴而死。刘瑾操纵东厂与西厂，侦查官员行动。提督西厂的谷大用，分遣官校远出各地侦事，勒索贿赂。刘瑾又立内行厂，亲自掌管，屡起冤狱，邻里皆坐，造成一片恐怖。

吏部尚书焦芳助刘瑾除刘健有功，对刘瑾称"门下"，呼刘瑾"千岁"。一五〇七年八月，刘瑾荐用他为谨身殿大学士,与李东阳、王鏊同值内阁。十月,武宗又起用东宫旧臣杨廷和入阁,由南京户部尚书改任京师户部尚书兼文渊阁大学士。刘瑾因李东阳、杨廷和曾在孝宗朝予修会典,摘取会典中的失误,将李、杨降俸二级,以为钳制。后因纂修《孝宗实录》成,复还。刘瑾企图控制内阁,多方擅作威福。一五○九年四月,王鏊因与焦芳、刘瑾不和,请求致仕。刘瑾用刘宇入阁。刘宇原为右都御史总督宣府大同军务,因焦芳之介,向刘瑾行贿万金。刘瑾大喜,说"刘先生何厚我!"入朝为左都御史。焦芳入阁后,吏部尚书由兵部尚书许进改任。刘宇进为兵部尚书。刘瑾又借故迫令许进致仕,任刘宇为吏部尚书。吏部为六卿之长。王鏊致仕后,刘宇入阁,兼文渊阁大学士。刘瑾的另一亲信张綵进为吏部尚书。张綵,原为吏部主事,历任文选司郎中,由焦芳荐与刘瑾,得刘瑾赏识,超拜吏部右侍郎,一年之中自郎署而长六卿。刘瑾荐刘宇入阁,实为擢任张綵掌管吏部。刘宇受命后,即请告归里省墓。张綵得刘瑾倚信,因焦芳受贿荐官甚多,逐渐失和。张綵向刘瑾揭露焦芳。一五一○年五月,焦芳也被迫乞归。焦芳、刘宇、张綵等依附刘瑾得到高位,贪贿诛求,被称为"阉党"。

武宗将朝廷政事委付给刘瑾和阉党诸臣,在宫中多方享乐,挥霍无度。一五○七年修理南海子及制造元宵灯诸项工程,用银二十余万,尚未完工。又在西华门别构院落,修筑宫殿,造密室于两厢,名为豹房。武宗每天去游乐,或即歇宿,命内侍环值,名为"豹房祗侯"。又召教坊乐工承应,将河南诸府乐户精技业者,遣送入京,日以百计。一五○八年,武宗又谕钟鼓司太监:"近来音乐废缺,非所以重观瞻",要礼部选三院乐工,严督教习,并责令移文各布政司,精选通艺业者,送京师供应。武宗的游乐,造成极大的靡费。正德元年光禄寺查看所征厨料及内外近侍官员每日所费酒馔,比弘治元年增加一倍。为继续修理南海子等未完成工程,一五○七年八月,公然下令卖官集银。阴阳僧道医官有缺,许其生徒及仕宦子孙、农民纳银送部,免考授官,分为四等。军民客商人等纳银,许授七品以下散官,荣其终身,仍免杂徭,分为三等。民间子弟纳银,许授都、布、按、府、州、县诸司承差、知印吏役,分为八等。一五○八年四月,再次卖官,令军民输银者授指挥、佥事以下官。

武宗荒嬉,刘瑾擅权,明廷政治日益昏暗。

(二)安化王起事与刘瑾伏诛

一、安化王起事

孝宗时,商人应赴边地交纳的课银,统交户部,分送各边境地区,以助军需,称为年例银两。刘瑾认为,这是户部与边地官员"共盗国帑",于一五○八年下令停止,留朝廷支用。边地储备因而空虚。

一五○九年八月,刘瑾奏请派御史等到各处清理屯田。奉命的御史等官,多迎合虚报,各边伪增屯田数百顷,悉令出租。派往宁夏的大理寺少卿周东,甚至以五十亩为一顷,多征亩银向刘瑾行贿,当地戍将卫卒备极愤怨。驻守宁夏的藩王安化王朱寘鐇趁机起兵,发动了夺取皇位的叛乱。

朱寘鐇的曾祖父庆靖王朱栴是朱元璋的第十六子,洪武二十四年(一三九一年)封王,二十六年(一三九三年)就藩宁夏。朱栴第四子秩炵,于永乐十九年(一四二一年)封安化王,子朱邃墁袭爵为镇国将军。朱寘鐇于弘治五年(一四九二年)嗣祖爵为安化王。宁夏卫生员孙景文、孟彬往来王府,称王为"老天子",劝安化王以诛刘瑾为名,起兵夺位。

正德五年(一五一○年)春,驻守宁夏的游击将军仇钺和副总兵杨英领兵出御蒙古,总兵官姜汉,选精兵六十人为牙兵,由指挥周昂带领。周昂与千户何锦为安化王划策,于四月五日设宴诱杀地方官员起事。总兵官姜汉、镇守太监李增等,在宴席上被何锦、周昂杀死。巡抚安惟学、大理寺少卿周东辞未赴宴,千户丁广等袭杀安惟学、周东于公署。安化王等随即焚官府,释囚徒,派人招降仇钺和杨英。杨英部众溃散,单骑奔灵州。仇钺伪降,自驻地玉泉营引兵而至。安化王夺其军兵。以何锦为讨贼大将军,周昂、丁广为左右副将军,孙景文为军师。作檄文历数刘瑾罪状,说"今举义兵,清除君侧,传布边镇。"各边镇接到檄文后,不敢上报。延绥巡抚黄珂将檄文封奏朝廷。

这时,镇守固原的署都督同知充总兵官曹雄,得知安化王反,即统兵压境上,命令指挥黄正以兵三千入灵州,约邻境各镇兵克期讨叛,又派遣灵州守备史镛等夺河西船,尽泊东岸,并潜通书仇钺,约为内应。

仇钺被解除兵权后装病家居,暗地招纳壮士结集。何锦前来探病,仇钺乘机欺骗何锦说:官军就要到来,应即出兵守渡口,勿使渡河。何锦、丁广听信其言,倾营而出,只留下周昂守城。安化王命周昂探视仇钺,仇钺卧床呻吟,伏卒捶杀周昂。仇钺率壮士百余人,直奔安化府,将安化王擒捕,杀孙景文等十余人。又假传安化王令,召何锦、丁广回城。部众得知安化王被捕,相继溃散。何锦、丁广二人单骑逃奔贺兰山,也被捕获。安化王仓促起事,历时十九天而失败。起事檄文暴露了刘瑾的罪状,攻击的目标直指刘瑾,震动了朝野。

二、刘 瑾 伏 诛

仇钺平安化王之乱,朝廷尚未得报,即起用前右都御史杨一清总制军务,泾阳伯神英为总兵官,太监张永监军,率大军西讨。杨一清在孝宗朝曾以左副都御史督理陕西马政。武宗即位后,受命总制延绥、宁夏、甘肃三镇军务,因不附刘瑾,曾被刘瑾诬陷下狱,因李东阳、王鏊等疏救,罢官归里。杨一清熟悉边务,因群臣力荐,得再起用。大军至宁夏,安化王已被擒,神英领兵还京。杨一清与张永留宁夏处理善后事宜。太监张永本是内宦"八党"之一,刘瑾权势增长,逐渐失和,曾在武宗面前诉刘瑾陷己。杨一清乘间对张永说:现在外乱已平,国家的内患怎么办?在手掌上划一"瑾"字。张永说,此人日夜在皇上跟前,耳目甚广。杨一清说,公也是皇上的亲信,讨贼不委付别人而委付公,足以明意。现在功成奏捷,趁机揭发刘瑾奸恶,陈说海内愁怨,皇上必定听信,杀刘瑾,公也可以更受重用,收天下民心。张永站起说:"嗟乎,老奴何惜余年不以报主哉!"八月,张永奉旨回京。杨一清仍总制三边军务。

八月十一日,张永押解安化王及何锦、丁广等至京献俘。武宗处死安化王等,赐宴慰劳张永。张永在刘瑾退席后献上安化王讨刘瑾的檄文,奏陈刘瑾不法诸事,并说刘瑾激变宁夏,心不自安,将图谋不轨。武宗命连夜逮捕刘瑾。次日,交廷臣议罪。抄籍家产,有黄金二十四万锭,另五万七千余两,银元宝五百万锭,另一百五十八万余两,珠宝器物外又有衣甲、弓弩、衮衣、玉带等物。武宗原拟谪降刘瑾,抄家后大怒说:"奴才果然要造反!"下狱审讯。六科弹劾瑾罪三十余条,凌迟处死,榜示天下。朝野称快。群臣追论阉党官员。吏部尚书张彩被逮,死于狱中。刘宇、焦芳等已致仕,削籍为民。刘瑾亲信锦衣卫指挥杨玉、石文义等处斩。尚书、侍郎以下依附刘瑾的官员多人续被罢黜。

武宗诛刘瑾后,奖仇钺平乱功,进为征西将军,署都督佥事,镇守宁夏,封咸宁伯。杨一清进爵太子少保。张永进岁禄,兄弟均封为伯。谷大用请辞西厂。内行厂与西厂俱罢废,只存东厂,由太监张锐统领。曾被刘瑾降调的吏部尚书刘忠及南京吏部尚书梁储并为文渊阁大学士,与李东阳、杨廷和共参机务。次年春,刘忠致仕。

(三)农民起义与宁王之乱

一、各地农民起义

武宗的荒怠和刘瑾的擅权,使明廷政治陷于昏暗。皇室的挥霍靡费,日益加重着农民群众的赋役负担,社会矛盾不断激化。还在刘瑾擅权的正德三年(一五〇八年)四川地区即爆发了农民的武装起义。刘瑾伏诛后的正德五年(一五一〇年)十月,河北地区由刘六、刘七领导的农民起义,发展到很大的规模,严重威胁着明朝的统治。与此约略同时,江西各地的农民也先后起义,给予明朝以沉重的打击。

四川农民起义 一五〇八年冬,四川保宁人刘烈领导当地群众起义,进攻陕西汉中等地。次年,刘烈在战斗中被乱兵杀死。十二月,保宁人蓝廷瑞、鄢本恕和廖惠继续领导农民起义。蓝廷瑞称“顺天王”,鄢本恕称“刮地王”,廖惠称“扫地王”,四川人纷纷参加起义军,众至十万,置四十八总管,势力扩展到陕西、湖广等地。蓝廷瑞与廖惠主张在保宁建根据地,鄢本恕主张以汉中为根据地,再取郧阳,由荆、襄东下。廖惠率军攻克通江,杀明参议黄瓒。明廷派刑部尚书洪钟总督川、陕、湖广、河南四省军务,会合四川巡抚林俊,镇压农民军。廖惠攻克通江后,在撤往龙滩河的战斗中被俘。蓝廷瑞和鄢本恕转到汉中,被陕西明军逼回四川。正德六年(一五一一年)初,起义军在东乡被明军围困,交通土酋彭世麟,想从其营地突围。彭世麟密与洪钟定计,诱蓝、鄢起义军首领二十八人至彭营赴宴。伏兵将起义首领全部俘虏。起义军大部瓦解。余众在廖麻子领导下与曹甫、方四的起义军联合,继续战斗。

四川江津人曹甫,仁寿人方四,于正德六年(一五一一年)正月起义,围攻江津县城,杀佥事吴景。曹甫也称顺天王,四川巡抚林俊率兵前去镇压,曹甫战败被杀。余部由方四、任胡子、麻六儿等率领转至綦江,进入贵州思南、石阡等府。方四称"总兵",任胡子称"御史",其他三十多个首领称"评事"。不久,方四所部起义军由贵州再入四川。八月,起义军攻打东乡,永澄,声言要攻取江津、重庆、泸州、叙州以及成都。明军一面加强军事围剿,一面把起义军的族属从仁寿县找来,到起义军中去劝降。方四等杀了说客,拒不投降。明军分六哨猛攻起义军,战斗十分激烈,起义军战士被明军包围,多人跳崖自杀,拒不投降。任胡子在这次战斗中牺牲,方四率二千余人突围进入贵州思南。一五一二年,又从贵州进入四川,闰五月,自南川到綦江,战败。方四被地主武装擒捕。

这时,廖麻子、喻思俸部以及内江骆松祥部、崇庆范藻部的起义军势力在继续发展,众号二十万。四川巡抚高崇熙下令招抚,把开城临江市地方空出来让廖麻子部起义军居住和耕种,三年不征赋役。廖麻子进驻临江后不久又起兵反抗。明廷罢黜总督洪钟,将巡抚高崇熙逮捕下狱,改派彭泽为总督,马昊为巡抚。彭泽等率领苗兵围剿起义军,廖麻子于剑州战败被杀。起义军推喻思俸为首领继续战斗,杀明都指挥姚震,转入巴山,不久又从巴山出击,打败陕西明军,进抵略阳,攻四川广元,被明军截堵,转至西乡。一五一三年被彭泽、马昊明军包围,喻思俸战败被俘。彭泽与马昊进而率兵镇压了内江骆松祥部,次年正月,又镇压了崇庆起义军范藻部。

四川地区的农民起义,历时六年,转战三省,给予明王朝的打击是沉重的。

河北刘六刘七起义 河北地区是明朝的近畿,皇室和勋贵广置庄田,农民的土地多被侵占。明初沿袭元制,佥派今河北、河南、山东、江苏、安徽地区的农民充当养马户,喂养种马,缴纳马驹。后又令北京附近的若干州县改养寄养马。从喂养种马地区征取孳生马匹,送到北京附近寄养,以备随时取用,称为寄养马。

养马户饲养种马和寄养马如有倒失，即需买补赔偿。

明正德秋粮折银银锭

以至"小民卖田产鬻男女以充其数，苦不可言。"（《明经世文编》卷八一）河北地区，马害尤重，时称"江南之患粮为最，河北之患马为最。"（《天下郡国利病书》卷五）失掉土地而无法生活的农民，往往团聚起来，骑马驰骋在平原旷野，劫富济贫，明廷称他们为"响马盗"。武宗正德时，人民的反抗斗争更加发展。一五〇九年

228

九月，明廷遣御史宁杲去真定、殷毅去天津、薛凤鸣去淮阳，专事捕盗，称为"捕盗御史"。宁杲在真定奏立什伍连坐法，每天以捕盗为名，将被捕者械送入城，以鼓乐前导游行示众。一五一〇年十月，文安人刘六、刘七在霸州率众起义，响应的穷苦民众，旬日间即有数千人。起义军经过阜城、交河时，宁杲军不敢出兵，待起义军走后，掠杀平民报功。官军所过之地，居民闭门逃遁。农民起义军所到之处，居民则乐于供给粮草器械以至弃家参加起义。文安生员赵鐩，与两个弟弟率五百人参加了起义军。

一五一一年春，起义军曾由河北攻入山东，又由山东回攻京畿。有众数万人。起义军分为两路：以刘六、刘七、齐彦名等军为一路，以杨虎、刘惠、赵鐩、邢老虎等为一路，两路兵驰骋四野，不占城郭，时分时合，往来接应，转战于河北、山东等地。

九月，杨虎一路起义军破沧州，进至山东蒙山，败明副总兵李瑾军。赵鐩在泰安题诗有"纵横六合谁敢捕"之句。起义军进至济南、东昌、兖州、登州、莱州等地，山东诸郡县多为农民军所破，明廷命太监谷大用总督军务，兵部侍郎陆完提督军务，加派京营军，并增调宣府、大同、延绥边兵，前来山东镇压起义。杨虎军突破明军的包围，南向进攻徐州，不克。十一月至宿迁渡小黄河（黄河故道），杨虎在渡河战斗中落水牺牲，众推刘惠为首、赵鐩为副。杨虎妻崔氏，勇敢善战，号

"杨寡妇军"。刘惠率军进入南直隶的霍丘,大败明军,杀都指挥王保,破鹿邑、新蔡。河淮南北,官吏望风逃遁,人民纷纷参加起义,共推刘惠为奉天征讨大元帅,赵鐩更名怀忠,称副元帅。小张永领前军,管四领后军,刘资领左军,马虎领右军,邢老虎领中军,并称都督。陈翰为侍谋军国元帅长史。分二十八营,应二十八宿,各树大旗为号。置金旗二,大书:"虎贲三千,直抵幽燕之地;龙飞九五,重开混沌之天"。明使至赵鐩军招抚,赵鐩复书说:"群奸在朝,浊乱海内,诛杀谏臣,屏斥元老。乞皇上独断,枭群奸之首以谢天下,斩臣之首以谢群奸。"起义军攻破河南裕州,杀明指挥詹济、同知郁采。一五一二年二月,邢老虎病死,赵鐩并其众,号十三万,在起义军中最为强大。转攻襄阳、樊城、枣阳、随州、新野,破泌阳,火烧前大学士焦芳家。焦芳只身逃走,赵鐩命取焦芳衣冠挂在树上刀斩,说:"吾手诛此贼以谢天下"。明廷遣都御史彭泽和咸宁伯仇钺率军全力围剿河南起义军,刘惠和赵鐩退到固始、颍州、光山,又至六安。闰五月,起义军想摆脱明军的追剿,分兵为二:刘惠率众万余人北赴商城;赵鐩向东北赴凤阳、泗州,转至湖广应山。赵鐩军败,部下陈翰等降明。赵鐩势孤,遇僧真安,因削剃须发,藏度牒,化装为僧人欲渡江去江西,再图大举。行至江夏,被明军擒获押送京师,处死。刘惠一路转至桐柏、南召,兵败,刘惠被明军射中左目,纵火自杀。

230

刘六、刘七率领的起义军,于一五一一年秋,自河北进入山东,连破日照、海丰、寿张、阳谷、丘、宁阳、曲阜、沂水、泗水、费十城。攻济宁,焚明漕舟千二百艘,俘虏了工部主事王宠。次年四月,明军十万人于登州嵩浅坡、古县集等地合围起义军,刘六、刘七率精骑突围,再由山东攻入河北,进至香河、宝坻、玉田诸县,转攻武清,大败明军,杀明参政王杲,威胁北京。明廷发重兵堵截,起义军转至冠县、平原、邳州,渡河到固始。这时,河南刘惠、赵鐩所率的起义军被明军镇压而败溃,刘六等孤军奋战,率众走湖广,在黄州团风镇,兵败,刘六与其子投水自杀。刘七和齐彦名等夺得船只,从长江顺流而下直至南直隶南通。起义军活跃在九江、安庆直到南通的长江沿岸,凡三过南京。刘七、齐彦名等欲登岸趋淮安,复还山东,被扬州官军拦阻,遂以狼山为根据地,不断出击常州、江阴等地。明朝会剿的军队会集到大江南、北,向南通进逼。七月,明副总兵刘晖率辽东兵,千总任玺率大同兵,游击邰永率宣府兵,进攻狼山,起义军英勇迎战,刘七中箭,投水自杀,齐彦名英勇战死,几百名起义军战士壮烈牺牲,起义失败。

刘六、刘七领导的起义,前后持续三年,转战南北直隶、山东、河南、湖广等广大地区,所过之处,深得人民拥护。两支起义军之间缺少密切配合,长期流动作战,被明军各个击破而失败。

江西农民起义 一五一〇年初,当刘六、刘七领导的起义军威胁京都时,江西各地也爆发了多起农民起义。抚州东乡有王钰五、徐仰三、傅杰一等部,饶州姚源洞(江西万年县境)有汪澄二、王浩八、殷勇十等部,瑞州华林山(江西高安县境)有罗光权、陈福一等部,赣州大帽山(江西寻乌县南)有何积钦部,靖安县(江西今县)越王岭玛瑙寨有胡雷二等部。起义军在山谷间据险立寨,互相支援,声势甚盛。赣州起义军进攻新淦,擒明参政赵士贤。华林山起义军攻破瑞州府城。当地官府惊慌万状,纷纷告急。二月间,明廷派右都御史陈金总制军务,统率南直隶、浙江、福建、广东、湖广五省明军前往镇压起义。

陈金到江西后,南赣巡抚周南率军攻打大帽山。大帽山地处江西、广东、福建三省交界,鸟道纡回,林木深阻。张番瓀等起义军数千人,以此为根据地,不时出击,先后攻占建宁、宁化、石城、万安诸县。正德七年(一五一二年)正月,周南调动了江西、广东、福建三省军兵分道攻入大帽山,张番瓀被捕牺牲。

五月,陈金又派按察司副使周宪等分兵三路进攻华林。起义军凭高据险,杀败明军,活捉周宪,粉碎了围剿。陈金增调大同边兵和广西土兵,派南昌知府李承勋会合土兵进攻华林。李承勋招降起义军首领黄奇,用作向导,夜袭起义军。起义军失于防备,四千多军士败死,罗光权等领袖被杀。

陈金在镇压了华林起义军后,进而围剿姚源。明军从余干、安仁、贵溪、鄱阳、乐平等五个方面包围起义军,陈金亲率大军直攻姚源。起义领袖殷勇十负重伤牺牲,粮长出身的王浩八再次起义,打回贵溪裴源山,余众复集,连营十里。朝官弹劾陈金"不能平贼,反多杀无辜。"明廷命操江副都御史俞谏代陈金督江西、浙江、福建军务。五月间,俞谏命江西参政吴廷举等进攻起义军,吴廷举亲自到王浩八军中说降,被王浩八拘留。吴廷举得知虚实,乘间逃回。俞谏伏兵裴源,乘起义军出运粮,出兵掩袭。王浩八率军四出突围,转至徽州、衢州等处,六月间,被明军追及,遭到失败。

江西农民起义失败后,各地农民仍不时聚集反抗官府。一五一七年,江西南部与福建、广东交界的山区,到处有起义农民依山据洞筑寨,周回近千里。明廷依兵部推荐,遣右佥都御史王守仁巡抚南赣,镇压起义。王守仁三月到江西,调三省兵镇压了信丰等地的起义者,七月间上疏请便宜行事。明廷加授提督南赣、汀、漳军务,便宜从事。十月,王守仁领兵进攻起义军中势力最强的江西崇义县左溪蓝天凤、谢志山起义军,命周邻各府县分道出兵围剿,会于左溪。王守仁自率千余人至横水,募乡兵登山,诱攻谢志山部。谢志山兵败,起义山寨被焚。十一月,王守仁会集各路兵,进攻桶冈,遣使去起义军招降。蓝天凤与诸首领聚议军事,明军分路突至。起义军不及备战,仓促依水抵抗,明军渡水袭击。起义军战败,蓝天凤被擒。明军残酷屠杀山中抗击的义军报功,王守仁进为右副都御史。正德十三年(一五一八年)正月,王守仁进兵攻打广东惠州和平的浰头起义军池仲容(池大鬓)部。设计招池仲容来军营议降。池仲容中计,前来被擒,明军乘隙攻打三浰的起义军据点。起义军无备,遭到明军的残杀而失败。王守仁奏请设和平县,以加强统治。

二、武宗的荒嬉

武宗诛刘瑾后,朝政仍在宫中内决,经由内宦传谕。太监张永于一五一二年被劾罢职,司礼监由太监魏彬独掌。面对着农民起义的不断爆发,武宗依然在深宫沉湎游乐,继而外出巡游,靡费不赀,成为历史上少见的荒嬉无度的皇帝。皇权日益衰朽,朝政也日益腐败了。

宫中游乐 武宗在宫中西华门修建豹房,聚集珍玩禽兽及乐工侍女,日夜在豹房游乐。一五一二年又行扩建。十月,工部奏报:"豹房之造,迄今五年,所费白金二十四万余两。今又增修房屋二百余间,国乏民贫,何以为继! 乞即停止,或量减其半。"武宗不听。一五一四年十月为修复乾清宫和坤宁宫,派官员远至四川、湖广、贵州收买竹木,为此而向全国加赋一百万两。一五一五年又修太素殿、天鹅房、船坞等,用银二十余万两,役军匠三千余人,岁支工米万有三千余石,盐三万四千余引。大学士李东阳因谏阻调三边兵,于一五一二年致仕。一五一五年杨一清以吏部尚书入阁,与

234

大学士梁储等上疏请停建太素殿等工,武宗不理。

前朝太监钱能的家奴钱宁,得武宗宠幸,赐国姓,收为义子,掌管锦衣卫事。钱宁乘大同宣府兵调来京畿镇压农民起义,向武宗荐引大同游击江彬。武宗见江彬善骑射,得与游乐,擢任都指挥佥事。钱宁与江彬陪侍豹房,与武宗同卧起。武宗命居庸关太监擒献虎豹,又在豹房建护国佛寺,听任番僧往来。番僧绰吉我些儿向武宗献秘术(房中术)。武宗在豹房与女乐淫乐,以至夺取臣下妻女。被劾罢官的原延绥总兵官马昂将已嫁有孕的妹妹,进献武宗,入侍豹房。武宗又至马昂家索取马昂小妾,马昂将妾杜氏献上,又进献美女四人。马昂因而得授为右都督,两弟也都进升军职。御史徐文华、都给事中石天柱等连续上疏,请遣出孕妇,武宗不理。

外出巡游 武宗在宫中享乐不足,多次着便服出宫,去街市游玩,到教坊观乐。江彬与钱宁争宠,劝武宗出游宣府,说宣府乐工多美妇人,且可观边衅,瞬息驰骋千里,何必郁郁居大内,为廷臣所制!(《明史·江彬传》)

一五一七年八月,武宗与钱宁、江彬等经昌平,到居庸关,传令开关。巡关御史张钦拒不奉命,持宝剑坐在关门下,说:“敢言开关者斩。”武宗不得已,只好返回昌平。几天后,张钦出巡白羊口,武宗急令谷大用代替张钦,趁机出关,九月间到达宣府。江彬在宣府为武宗营建镇国府第,将豹房所储珍宝和巡游途中收取的妇女纳入府中。武宗每夜行,见高屋大房,即驰入索取宴饮,或搜取妇女。武宗日夜在府第淫乐,称为"家里"。阁臣梁储及大臣等上疏力谏,武宗不纳。

武宗在边地不惜制造边衅,作战取乐。自署"总督军务威武大将军总兵官",驻阳和,命大同总兵官王勋等率军出击鞑靼边兵,在应州城北交战,武宗自阳和领兵来援。鞑靼兵退,明军也还驻大同。鞑靼兵死十六人。明军死五十二人,重伤五百六十三人。十一月,武宗回到宣府。闰十二月十六日,在宣府祝贺胜利,欢庆立春。次年初启程回京,传令群臣盛服相迎。正月初六,到达京城,文武群臣迎驾于德胜门外。彩幛数十,彩联数千,序词都称"威武大将军",庆功祝捷。武宗饮庆功酒,对大臣们说:朕在榆河亲自斩首虏一级,你们也知道么! 武宗以作战为游戏而竟自夸耀,荒唐达于极点了。

回京后半月,又去宣府游乐。大学士杨廷和等又上疏谏阻,说"今四方水旱相仍,饿殍载道,朝廷每差官赈济,犹恐不及,若复劳师费财,其何以堪! 伏望深居大内,颐养天和。"不报。二月初,武宗在宣府,右副都御史黄瓒又上疏请武宗回宫,仍不报。几天后,皇太后王后病死,武宗才不得不回京治丧。

武宗回京服丧,又传旨,欲轻骑察看山陵工程,遍祭诸陵,意在外出游猎。翰林修撰舒芬上书,请武宗在三年之内,深居不出。给事中石天柱自刺血写血书力谏,武宗不听。大学士杨廷和因疏谏不听,请求致仕。武宗不准。三月间,武宗亲往昌平祭陵,随后去密云游猎。京畿各地盛传要搜括子女进奉,民间惊扰。永平知府毛思义为安民心,下令说,大丧未毕,车驾必不出此,必奸徒矫诈!武宗得知,大怒,将毛思义逮捕下狱。五月,去喜峰口游玩后返京。指挥黄勋诬告巡按直隶御史刘士元得知武宗出游,曾令民间藏匿妇女,武宗又将刘士元囚入京师,下锦衣卫狱。

　　七月,武宗又传旨再去宣府。这次别出心裁,诡称北征,化名朱寿,自称大将军,以江彬为副将军,命阁臣草拟诏书,称"北寇屡犯边疆","今特命总督军务威武大将军总兵官朱寿,率六军往征"。大学士杨廷和、梁储等极力谏阻,说"万一宗藩中援祖训,指此为言,陛下何以应之?"武宗不听,杨廷和称病不出,梁储拒不草诏,武宗执剑威胁说:"不草制,吃此剑!"梁储说,"愿就死,臣死不敢奉命!"武宗只好不再颁诏,与江彬等仓促出城,廷臣多不来送行。武宗等过居庸关,历怀来、保安诸城堡,到宣府。八月又自万全左卫,历怀安、天成、阳和,至大同。群臣纷纷上书劝谏。杨廷和等又上书,说"圣驾出巡,今已一月,内外人心,栗栗危惧","今陛下当无事之时,为有事之举","谏亦不闻,言亦不入","窃恐朝廷之忧不在边方,而在腹里也"。武宗仍不以为意,下敕给吏部加朱寿镇国公,岁支禄米五千石。九月初，去偏头关。十月，西渡黄河，至榆林。十一月，至绥德州。十二月，东渡黄河，至山西石州，文水、太原。太原晋府乐工杨腾妻，为乐户刘良之女，姣美善歌，武宗见而悦之，遂载以归，宠冠诸女，称"美人"，饮食起居必与偕行。左右或触上怒，托求刘女，一笑而解。连江彬等倖臣，也称她为"刘娘娘"。正德十四年（一五一九年）正月，武宗自太原至宣府，二月回到京城。

武宗此次出游，历时半年之久。所经之处，地方官员趁机科敛扰民，人心惶惧。在山西时，近侍掠取良家妇女，以供武宗幸御，多至数十车，往来道路。居民传告，多逃亡避祸。

武宗回京后，大学士杨廷和等请明诏天下，自今以后不复巡游。二月间，武宗又敕谕吏部：镇国公朱寿加太师。谕礼部：威武大将军太师镇国公朱寿，今往两畿（北京、南京）、山东祀神祈福。谕工部：急修黄马快船备用。武宗准备去江南巡游，杨廷和等力谏不听。三月间，两京六科给事中、十三道御史纷纷上疏谏阻南游。六部官员也上疏劝谏。武宗将谏阻南巡的兵部郎中黄巩等六人下锦衣卫狱。金吾卫都指挥佥事张英持刃以死谏，卫士夺刃，逮治，杖杀。因劝谏南巡而被逮下狱的官员多至三十余人，被杖死者十余人。

武宗的江南之游，在一片反对声中未及成行，江西南昌即爆发了宁王宸濠之乱。

238

三、宁 王 之 乱

宁王宸濠是明太祖第十七子朱权的后裔。永乐元年(一四〇三年),宁王朱权的封地自大宁迁于江西南昌。正统十三年(一四四八年),权死,孙奠培嗣封,天顺年间因罪削去护卫,改为南昌左卫。弘治四年(一四九一年)奠培死,子觐钧嗣,弘治十年(一四九七年)觐钧死,子宸濠嗣为宁王。

武宗即位后,宸濠向刘瑾行贿,得于正德二年(一五〇七年)五月,恢复护卫。刘瑾败后,其护卫又被革除。一五一三年请托故友兵部尚书陆完,得复护卫。强夺民间田宅子女,豢养无赖(时称"把势"),劫夺民财,恣为不法,甚至称护卫为侍卫,宁王令旨自称圣旨。

群臣屡奏宁王不法事,武宗不问。一五一七年,宁王府典宝阎顺、内官陈宣、刘良等赴京揭发宸濠,宸濠遣承奉刘吉贿赂钱宁等锦衣卫,将阎顺等发孝陵卫充军。武宗荒淫无子,宸濠图谋由其子承嗣皇位,因钱宁等取旨召其子入京,在太庙司香。江彬与钱宁不和,向武宗进谗,武宗命驱逐宁王府人出京。一五一九年五月,御史萧淮上疏揭发宸濠不遵祖训,包藏祸心,招纳亡命,反形已具。请加裁制。内阁大学士杨廷和看到奏疏后,请遣勋戚大臣宣谕,令王自新。武宗派驸马都尉崔元、都尉史颜颐寿、太监赖义等奉旨前去宁王府,收其护卫,并令归还夺占官民田。

宸濠闻讯,不待使臣来到,即于六月十四日起兵反。宸濠与他的亲信举人刘养正、致仕侍郎李士实等密谋,前此一日以祝寿为名,宴请江西地方官员。次日天明,官员前来道谢,宸濠令护卫数百人包围,声称奉太后密旨,起兵入朝。巡抚江西副都御史孙燧和江西按察司副使许逵拒不从命,皆被杀害。参政王纶、季敩、佥事潘鹏、师夔、布政使梁宸、按察使杨璋、副使唐锦等附宸濠起兵。宸濠以李士实、刘养正分任左右丞相,以王纶为兵部尚书,集兵号称十万,发布檄文,指斥朝廷败政。七月初一日,留其侄宜春王朱拱檊与内官万锐等守南昌城,自率舟师蔽江而下,攻打安庆。

汀、赣巡抚副都御史王守仁得知宸濠起兵叛乱,即与吉安知府伍文定等急檄各府州县,派兵前来会剿。七月二十日攻克南昌,擒拿朱拱檊、万锐等。宸濠围攻安庆不下,回兵救南昌。二十四日与王守仁部相遇于黄家渡,败退八字脑。第二天又败,退保南昌东北的樵舍,联舟为方阵。二十六日,王军火攻,宸濠大败,妃嫔多投水死,将士死者三万余人,宸濠及其子、李士实、刘养正、王纶等皆被擒。宸濠起兵四十三日,即彻底失败了。

王守仁起兵讨乱时,曾上书武宗劝谏,说:"陛下在位十四年,屡经变难,民心骚动,尚尔巡游不已,致使宗室谋动干戈,冀窃大宝。且今天下之觊觎,岂特一宁王?天下之奸雄,岂特在宗室!""伏望陛下痛自刻责,易辙改弦,罢奸回以动天下忠义之心,绝游幸以杜天下

240

奸雄之望。"武宗并未因而痛自刻责,反而把出兵平乱看作是巡游江南的时机。仍自化名朱寿。传旨,"令总督军务、威武大将军、总兵官太师、镇国公朱寿亲统各镇兵征剿"。阁臣杨廷和及朝臣纷纷上书谏阻,武宗不听,下谕说,再有犯颜来奏者,治以极刑。王守仁擒宸濠的捷报尚未到京,武宗即于八月间出发亲征,大学士梁储等扈从,江彬统领军事。

武宗到达涿州。接王守仁奏疏,将亲自押解宸濠来京,献俘。梁储请武宗回京,武宗不允,敕谕王守仁候驾。九月,自保定到达临清。武宗独自乘船至张家湾迎接刘妃同行。十月,自临清出发。十一月,过济宁、徐州,至淮安清江浦。在清江浦捕鱼取乐。十二月至扬州。又去仪真捕鱼,进至南京停驻。江彬等沿途派遣官校至民家勒索鹰犬、珍宝,拘括妇女,民不堪扰。

武宗出征前起用太监张永提督军务、查核逆党。张永先行,至杭州。王守仁自南昌械系宸濠,欲来京献俘,得诏中止。途经杭州,将宸濠交付张永,返回南昌。江彬与太监张忠等迎合帝意,欲夺功耀武,拟令王守仁先将宸濠释放,再由武宗领兵擒拿。张永来南京谏阻。武宗命王守仁巡抚江西,重行报捷。一五二〇年七月,王守仁报捷,称"奉威武大将军方略讨平叛乱"。闰八月,武宗在南京设广场,立大纛,环置诸军,令释放宸濠等,去刑具,然后再行擒拿,行献俘礼,祝贺胜利。

武宗自南京北返,沿途仍多方作乐。自瓜州过江,登金山至镇江游玩。九月,至清江浦,自乘小舟,在积水池捕鱼为乐,船翻落水,被侍从救出,惊悸得病。十月,北还至通州,十二月在通州处死宸濠,焚尸扬灰。凯旋还京,在南郊祭祀天地。武宗在拜祭时,吐血,一病不起。正德十六年(一五二一年)三月,死于豹房,年三十一岁。

第　二　章

商品经济的发展与明朝的衰落

第一节　世宗的新政与内阁的演变

（一）世宗的革故鼎新

一、世宗初政

　　武宗纵欲亡身,死后并无子嗣继承皇位。宸濠之乱刚刚平定,明王朝又面临着宗藩夺位的危局。皇太后张后(孝宗后)命太监张永、谷大用和内阁大臣谋议扶立新帝。首辅内阁大学士杨廷和在位十余年,权位最重,且已预有谋划,因据《皇明祖训》中兄终弟及之义,倡议迎立宪宗之孙、孝宗之侄、兴献王祐杬之子厚熜嗣位。这时,祐杬已死,厚熜年十五岁,袭王封。杨廷和之议,得到大学士梁储等阁臣的赞同,张太后照准,遂命谷大用与梁储等前往安陆藩邸,以拟作的武宗遗诏迎接嗣君厚熜(世宗)来京继位。新君继位前由杨廷和理政。明朝自成祖以后,历代皇帝嗣位,多由皇太后主持其事，但继位的皇帝出自阁臣的提名，则是前此所未有。皇帝继位前，由阁臣杨廷和奉太后懿旨综揽朝政，也是前此所未见。这表明阁臣的权位已日益严重，并不仅是司票拟的文臣。

自武宗逝世到世宗即位，杨廷和总揽朝政凡三十七天，主要做了两件大事。（一）称奉武宗遗诏罢遣边兵入卫京师者归镇；停罢威武团练营，又将豹房番僧及少林僧、教坊乐人等诸非常例者，一切罢遣；放遣四方进献女子；停京师不急工务；收宣府行宫金宝归诸内库。（二）奉皇太后懿旨收捕江彬。江彬在正德末年受命提督赞画军机密务并督管东厂与锦衣卫官校，统率边兵数万，改团练营为威武团练营，亲自提督军马。几次导从武宗巡游取乐，沿途勒索掠夺，民不堪命。武宗死后，江彬是民愤最大也最为危险的人物。杨廷和罢设威武团练营后，江彬称疾不出，窥伺情势。杨廷和请张太后允准，迅速行动，三月十八日，召江彬进宫行礼，在宫中将他收捕。杨廷和办了以上两件大事，消除了朝中的隐患，稳定了京师局势，为世宗的即位铺平了道路。

世宗生于安陆藩邸，幼读经书。十三岁时，父祐杬死，以世子继理藩国。对于突然而来的承继皇位，原无准备，对于宫廷及朝中诸事，也无经历。武宗宠信宦官佞幸，淫乐无度。内廷宦官与朝中大臣之间也是矛盾重重，相互倾轧。世宗继统，既无朝中师保可为倚恃，又无藩府旧臣随从辅佐，少年天子入京师，不啻只身入虎穴,前途是艰险的。这使他不能不对周围的各种陌生的势力,心存戒备、以防不测之变的发生,又不能不极力维持皇权,以免成为被人操纵的工具。史称世宗"多谋"而又"刚愎",正是这种特定的历史环境的产物。

四月二十二日,世宗至京城外的行殿。礼部请依皇太子即位礼,入东安门,宿文华殿。世宗对随从的王府长史袁宗皋说:我奉遗诏嗣皇帝位,并不是皇子。杨廷和请依礼部具仪,入居文华殿,上笺劝进,择日登极。世宗仍不允。皇太后懿旨,改为即日在行殿劝进、宣告即位。世宗自大明门入宫,在奉天殿即皇帝位。这次争议是世宗与内廷和朝臣的第一次较量。世宗不甘屈从,显示出皇帝的权威。后来的继统争议也于此露出了端倪。

世宗即位颁诏,改明年年号为嘉靖。诏书原已由杨廷和事先拟就,企图乘此时机宣告革除积弊,也为新皇帝收揽人心,稳定统治。诏书长达八千八百余言,所列兴革诸事,包罗巨细,多至六十余款。世宗阅后报可,颁行全国。诏书中说:"皇兄大行皇帝……中遭权奸,曲为蒙蔽,潜弄政柄,大播凶威。朕在藩邸之时,已知非皇兄之意。兹欲兴道致治,必为革故鼎新。"(《世宗实录》卷一)诏书中有关革故鼎新的内容包括:武宗朝因忠直谏诤宁正被害去任降调的官员,起复原职。因谏巡游被处死者追赠谕祭;正德元年以来的大小传升官,尽行裁革;内府各监局依弘治以前员数,多余者另行听用;锦衣卫旗校人等据弘治编军册内数目,其余裁革;

正德十五年前该纳官钱粮物件,拖久未征者,尽数捐免;嘉靖元年夏秋税粮减免一半,以及查禁各地镇守官科敛财物,查办王府、卫所的冒籍投充人员、禁止盐商投托势要等等。诏书还指出:自正德年来,刘瑾、钱宁、江彬擅权时的弊政,诏书开载未尽者许议奏裁革。颁诏后,锦衣卫及内监局旗校工役,共裁减十四万八千七百人,省减漕粮一百五十余万石。各项裁革,多是朝野积愤已久的弊政,即位诏下,人心大快,称颂新皇帝是"圣人"。

世宗顺利即位,稳定了局势,随即进一步采取果断的措施,以巩固皇权。

除恶宦——明朝的宦官,作为一个特殊的集团,虽然其中也是良莠不齐,但武宗宠信奸佞,宦官恃宠弄权作恶者甚多。他们不仅为朝臣所侧目,也是世宗强化皇权的威胁与隐患。即位诏下,福建道监察御史王钧即上疏劾奏一批太监的罪恶。世宗即位才五日,即贬降迎立有功但权势甚重的太监谷大用奉御南京孝陵司香。又将东厂太监张锐、司礼监太监张雄、御马太监张忠、于经,以及宣府镇守太监刘祥等十余名弄权作恶的宦官下狱治罪。太监张永在武宗朝曾与杨一清奏诛刘瑾,与王守仁平宸濠之乱,武宗死后,督军九门防变,在太监中,功多于过,也被免职闲住,又降为南京奉御。世宗翦除内宦,不仅为了改革恶政,而还为了排除羁绊,强化皇权统治,用意是清楚的。

诛钱、江——钱宁在武宗朝依附刘瑾,掌锦衣卫

246

事。正德末年因参予宸濠之乱被逮。世宗即位后,五月间,以磔刑处死钱宁,宁子十一人俱在锦衣卫为官,也都斩首。六月间,又处死江彬及其子三人,党附江彬的李琮被处死,许泰下狱论死,减罪徙边。抄没钱宁的家产有黄金十余万两、白金三千箱,玉带二千五百束。江彬家产有黄金七十柜、白金二千二百柜。世宗命将钱、江家产充作边地用度、以代民赋。

清庄田——世宗即位诏中曾经提到,如有倚恃权势侵夺霸占抄没犯人庄田者,审证明白,归还本主管业。诏书下后,群臣纷纷上疏,指责正德时京畿多有太监侵占民田,称投献为皇庄。请废除皇庄名义,撤回管庄太监。户部左侍郎秦金上疏"乞差科道部属官一员,分诣查勘,自正德以后,系额外侵占者,给还其主。管庄人员,尽数撤回"。世宗说:"迩来奸猾妄将军民田土设谋投献,管庄人等,因而趁机侵占。朕在潜邸,已知其弊"(《世宗实录》卷五),准如所议实行。清庄田是从经济上对奸猾内宦的一个沉重打击。

迎母后——世宗自安陆藩邸匆促被奉迎来京师,生母兴王妃蒋氏仍留藩府。世宗即位后三日,即诏谕遣使往安陆迎生母来京。如何尊封母妃成为世宗面临的一个特殊问题。世宗命礼官集议崇奉生父兴献王的祀礼及封号。礼部尚书毛澄依据首辅杨廷和之意,与公卿上议,依宋英宗继统仁宗封生父濮王的旧事,应尊孝宗为父考,生父兴献王及王妃称皇叔父母。世宗览

247

奏,说:"父母也可以移易么?"交付再议。杨廷和与毛澄一再上疏,坚持前议。世宗也坚持不允。七月,礼部观政进士、永嘉人张璁上"大礼疏"提出继统不断嗣之义,说:"今武宗皇帝已嗣孝宗十有六年,比于崩殂,而廷臣遵祖训、奉遗诏,迎取皇上入继大统。遗诏直曰'兴献王长子伦序当立',初未尝明著为孝宗后,比之预立为嗣,养之宫中者,较然不同。"(宋英宗曾养于宫中,封皇子)"今日之礼,宜别为兴献王立庙京师,使得隆尊亲之孝,且使母以子贵,尊与父同。则兴献王不失其为父,圣母不失其为母。"世宗得奏甚喜,说:"此议实遵祖训,据古礼"。当即召见杨廷和等,手敕:"卿等所言俱有见,第朕罔极之恩无由报耳。今尊父为兴献皇帝,母兴献皇后,祖母为康寿皇太后。"杨廷和等封还世宗手敕,抗疏力争。九月,世宗母兴献王妃蒋氏从安陆来到通州,得知朝廷大臣拟议以孝宗为考,大怒说:"安得以我子为人之子!"因留通州,不肯进京。世宗听说,涕泗不止,启奏慈寿皇太后(孝宗后张氏),愿避皇位奉母归藩。杨廷和见势不得已,乃草敕说:"圣母慈寿皇太后懿旨,以朕缵承大统,本生父兴献王宜称兴献帝,母宜称兴献后,宪庙贵妃邵氏(兴献帝生母)为皇太后。"世宗准此敕草,迎母进京。礼部会拟迎后进宫礼仪,由朝阳门进东安门。世宗不准,自定从正阳门由中道行。礼部请用王妃凤轿仪仗。世宗不准,诏用母后驾仪。十月初四日,兴献后至京,由大明门中门入,世宗在午门迎驾入宫。世宗一再为生母力争后位,也就是提高他本人的皇权,以示不屈从于前朝。迎后之争,世宗终于击败以杨廷和为首的前朝旧臣,取得了行使皇权的又一个胜利。

二、"大礼"之议

世宗自安陆入京即位,只有藩府长史袁宗皋随从。即位后,任袁宗皋为吏部左侍郎又晋为礼部尚书、文渊阁大学士,入阁辅政。袁宗皋以老病不赴任,九月间即死去。阁臣中梁储于五月间致仕。只余杨廷和、蒋冕、毛纪三人。武宗朝已致仕的费宏奉召入阁。世宗要巩固他的统治,不得不依靠内阁旧臣,却又恐被人左右,时存戒心。世宗与蒋后入京之仪,坚持改变了阁部的拟议,也由此更加深了对旧臣的疑虑。宪宗以来,皇帝很少朝见大臣,内阁与宦官参预机务,成为惯例。这时的内阁,以杨廷和为首,都是前朝老臣,参预定策立帝,更不免自恃功高,企图决断一切。大礼之议遂使新皇帝与旧阁臣的矛盾,日益尖锐。

蒋后入宫后,如何尊奉世宗生父与母后,仍是继续争议的课题,时称大礼之议。大礼之议表面上是朝臣中不同意见的争议,实际上则是阁臣与皇帝之争。以杨廷和为首的旧臣虽然依祖训兄终弟及之意拥立世宗,却把世宗继位看作是孝宗过继皇子,因而坚持尊孝宗为父考,而以生父为叔父,这当然是蒋后与世宗母子所不能同意的。杨廷和等阁臣联络朝官,一再抗疏,旨在迫使世宗就范,屈从廷议。世宗尊崇父母,旨在维护皇权,自不甘受人摆布,自削权柄。大礼之议于是成为新帝与旧臣的一次全面的较量。

十月间,兵部职官主事霍韬作大礼议,反驳杨廷和、毛澄等人的廷议。上疏说:廷议以孝宗为父,兴献王为叔,"考之古礼则不合,质之圣贤之道则不通,揆之今日之事体则不顺。"(《明史·霍韬传》)进士张璁力排众议,进大礼议之后,十一月又作"大礼或问",重申前议(见《世宗实录》卷八)。正德末年致仕的大学士杨一清,得见此议,写信给吏部尚书乔宇,说"张生此论,圣人不易,恐终当从之"。(《明史纪事本末》卷五十)十二月,杨廷和授意吏部,任命张璁为南京刑部主事,调出京师,并且寄语张璁说:你本不应当做南官,姑且安静等待,别再作大礼说和我为难!杨廷和在大礼议中,利用权势,排斥异己,直言而并不隐讳。群臣畏惧杨廷和排挤,不敢不附和杨议,力斥张璁。

蒋后入京时,世宗姑且同意称兴献帝、后,而不称皇,本是一时的妥协之计。十一月间,又称奉太后懿旨,加"皇"字,称兴献皇帝与兴献皇后。杨廷和封还世宗手诏,拒不发布。朝臣也附和上疏,力争不可。嘉靖元年(一五二二年)正月,礼部右给事中熊浃则上言:"兴献王宜尊以帝称,别立一庙。""母妃则尊为太后,徽号如慈寿之例"。(《世宗实录》卷十)熊浃是大学士费宏的同乡。不久之后，费宏即调熊浃出朝，任按察司佥事，以免得罪杨廷和，牵连自己。礼部毛澄乘清宁宫后之小宫发生火灾，上疏说是"变不虚生，宜应之以实"，又说御执父母又各加一皇字，不可以告天下。给事中安磐上疏，说"兴"是藩国不可加于帝之上，"献"是谥号不可加于生存之母。世宗迫于众议，改为皇太后、皇后加上尊号，慈寿皇太后（孝宗后）加上尊号为昭圣慈寿皇太后。皇嫂皇后（武宗后）加号庄肃皇后，本生母兴献后加号兴国太后，祖母邵氏皇太后（宪宗妃）加号寿安皇太后。三月间正式行礼，奉上尊号。生父仍号兴献帝，不加皇字。世宗此举，显然是不得已的退让。杨廷和至此已先后四次封还世宗的御批，执奏近三十疏，并多次以去就力争。十一月，世宗祖母寿安皇太后病死。杨廷和奏称：上为孝宗后，不宜为孝宗之庶母持祖母承重服。世宗不采其议，自定宫中服丧二十七日。十二月，原兵科给事中史道升任山西佥事，上疏说是杨廷和察觉他的弹劾奏章，因而调出外任，并说"先帝（武宗）自称威武大将军，廷和未尝力争。今于兴献帝一皇字考字，乃欲以去就争之，实为欺罔"。杨廷和上疏自辩，并请致仕。世宗下诏抚慰，说他"及国势危疑之际，又能计擒逆彬，俟朕从容嗣统，功在社稷。"（《世宗实录》卷二十一）杨廷和奉诏留任，但与世宗之间的矛盾，日益加深了。

巡抚湖广都御史席书曾草拟奏疏，附和张璁、霍韬之议,称兴献帝宜定号"皇考兴献帝"。疏成未能奏上,吏部员外郎方献夫上疏,也提出继统不继嗣之论,请宣示朝臣改议"称孝宗曰皇伯,称兴献帝曰皇考,别立庙祀之"。十二月,南京十三道御史方凤等上疏,说"吏部员外郎方献夫与张璁、霍韬议礼非是"。一年之后,南京刑部主事桂萼又上疏议礼,并将席、方二疏附上,请世宗速发明诏"称孝宗曰皇伯考,兴献帝曰皇考,兴国太后曰圣母,武宗曰皇兄。"嘉靖三年(一五二四年)正月,世宗交付文武群臣集议。杨廷和见世宗有意变更前议,又因谏言罢遣内宦提督苏杭织造,未被采纳,遂又上疏请求致仕。此时世宗的统治已渐稳固,并已厌于杨廷和的跋扈难制,遂诏允杨廷和致仕归里。言官交章请留,世宗不听。

杨廷和致仕,自是当时震动朝野的一件大事,也是新帝旧臣之争的一个转折。礼部尚书毛澄于嘉靖二年二月因老病致仕,死于归乡途中。八月,吏部侍郎汪俊继任礼部尚书。次年二月,杨廷和离京,汪俊联络朝官上疏,仍持原议,说"宜考孝宗",并说,诸章奏,只有张璁、霍韬、熊浃与桂萼议同,其他八十余疏二百五十余人,都同臣议。世宗将奏疏交付有司,敕召席书、桂萼、张璁等来京集议。

张璁、桂萼等在南京闻讯,随即上疏,说:"今之加称,不在皇与不皇,实在考与不考"。三月,世宗颁诏:本生父兴献帝、本生母兴国太后,今加称为"本生父皇考恭穆献皇帝"、"本生母章圣皇太后"。又称:"朕本生父已有尊称,仍于奉先殿侧别立一室,尽朕追慕之情。"这时,张璁、桂萼已行至凤阳,从邸报上看到新诏,又上奏疏,说:"臣知'本生'二字,决非皇上之心所自裁定,特出礼官之阴术。"六月,张璁、桂萼至京师,被擢任翰林学士。方献夫为侍讲学士。此前,礼部尚书汪俊因再次上疏,遭世宗斥责,致仕。席书继任礼部尚书,到任前,由侍郎代管。七月,世宗采张璁、桂萼等议,派司礼监太监谕内阁去掉"尊称"中的"本生"二字。内阁自杨廷和去后,蒋冕继为首辅,仅两月即疏请致仕。毛纪代为首辅,力言不可,世宗斥责说:"你们无君,也要让我无父么?"毛纪等惶惧而退。世宗正式诏谕礼部:"本生圣母章圣皇太后,更定尊号曰'圣母章圣皇太后'。于七月十六日恭上册文,遣官祭告天地宗庙社稷。"(《世宗实录》卷四一)礼部奉诏拟定仪注奏止。世宗制准。

世宗去"本生"二字的敕下,又引起一场风波。朝臣纷起上疏谏阻。首辅毛纪与新入阁的大学士、原吏部尚书石珤(宝)也上疏谏止。疏俱留中。七月十五日,朝会方罢,吏部左侍郎何孟春对百官说:"宪宗朝,百官哭文华门,争慈懿皇太后葬礼,宪宗从之,此国朝故事也。"杨廷和之子、翰林修撰杨慎说:"国家养士百五十年,仗节死义,正在今日。"编修王元正、给事中张翀等遂撼留百官于金水桥南,声言今日不参加力争者,必共击之。于是九卿自尚书、侍郎至员外郎、主事、司务等二百二十人跪伏于左顺门候旨。世宗命司礼监太监传旨劝令退去,群臣必求谕旨。再次传谕姑退,群臣仍跪伏喧呼,企图迫使世宗屈服。

世宗在位三年,于朝政逐渐熟悉。杨廷和去后,对于抗旨臣下,渐趋严厉,屡加斥责。面对左顺门的严峻形势,世宗行使皇权,采取镇压措施。先将为首者翰林学士丰熙、给事中张翀等八人逮捕,又逮五品以下官员一百三十四人下狱,命四品以上八十六人待罪。锦衣卫奉诏拷讯丰熙等八人,编伍谪戍。其余四品以上者夺俸,五品以下杖责。被杖致死者十六人。

七月十六日,世宗率文武群臣奉册宝,上生母蒋后尊号为章圣慈仁皇太后。十八日,奉安生父神主,上尊号为皇考恭穆献皇帝,均不再有“本生”二字。九月间,经席书、张璁、桂萼等与群臣集议,世宗正式颁诏定大礼;“称孝宗敬皇帝曰皇伯考,昭圣怀惠慈圣皇太后曰皇伯母,恭穆献皇帝曰皇考,章圣皇太后曰圣母。”(《世宗实录》卷四三)次年,在太庙旁建世庙(后改称献皇帝庙)奉祀献帝。大礼之议,世宗终于战胜朝臣,取得全面的胜利。

世宗初即位,与杨廷和等阁臣协力清除弊政,曾博得朝野的赞誉。大礼议起,杨廷和等执意胁迫世宗以生父为叔父,顺从内阁。一五二八年(嘉靖七年)六月,世宗在事过之后敕定议礼诸臣之罪时说:“杨廷和为罪之魁,怀贪天之功,制胁君父,定策国老以自居,门

254

生天子而视朕。"（《世宗实录》卷八九）这里，说出了世宗郁结已久的衷言，也大体上接近于实际。但事情的另一面是，世宗以年轻的世子即帝位，对武宗朝的旧臣也多所防范，绝不甘于受人操纵。君臣之间的暗斗明争，到左顺门事件而发展到了顶点。谈迁《国榷》引支大纶《永昭二陵编年信史》论大礼之议说："大礼之议，肇于永嘉（张璁）……伦序昭然，名义甚正，自无可疑"。"（杨廷和）力主濮议，诸卿佐复畏廷和之排击，附和雷同，莫敢牴牾。""以附廷和者为守正，以附永嘉者为干进，互相标榜，毒盈缙绅。"支大纶不拘于标榜"守正"的偏见，所论较为客观。他又论左顺门事说："然以冲龄之主，而举朝元老卿辅至二百余人，皆喧呼恸哭，卒不少动"，"神武独断，万古一君而已"。说世宗是"万古一君"显是称颂过分。但世宗作为不满二十岁的新君，面对元老群臣的胁迫，临乱不惧，力挽狂澜，终于使大局底定，确是显示出他独具的胆略与才能。不过，杖责臣下十余人致死，不免失于严酷。对于才有可用、过有可原的阁部诸臣斥逐过多，也削弱了朝廷的力量。世宗初即位，锐意革故鼎新，由于朝臣连年陷于大礼之争，影响了新政的继续实施。此后起用新人，重整阁部，明朝政局又出现了新的局面。

三、新政的继续

左顺门事件，内阁首辅毛纪即引咎致仕。费宏成为首辅。吏部侍郎贾咏入阁。礼部尚书席书于八月间自南京来京师到任，推荐起用武宗时致仕的大学士杨一清。张璁也向世宗荐引。嘉靖三年（一五二四年）十二月，世宗任杨一清为兵部尚书，总制三边。次年又召入内阁，参预机务。一五二六年加太子太师，谨身殿大学士。杨一清在大礼议中未参与争议，持论较为公允，私下则赞同张璁之议。张璁奉命修成《大礼集议》，一五二五年进为詹事兼翰林学士。一五二六年为兵部侍郎，仍兼原官。方献夫、霍韬俱为少詹事。一五二七年二月，费宏、石珤致仕。张璁早在两年前（一五二五年），即推荐武宗时的致仕大学士谢迁，说他“虽垂老之年，实台辅之器”。费宏致仕后，杨一清荐引谢迁入阁。八月，贾咏致仕。十月，张璁为礼部尚书兼文渊阁大学士，入内阁参预机务，并兼署都察院事。桂萼为吏部尚书、方献夫为礼部尚书。礼议之争中，杨廷和等阁部诸臣坚执己见，自诩为“守正”，诋张璁等为“新进”。大礼议后，新旧朝臣之间，仍不免明争暗斗，时有纷争。影响较大的是以下两事。

郭勋、张寅案——郭勋是明初名将武定侯郭英的后裔。世宗时袭封武定侯爵，掌领团营。大礼之议，曾赞助张璁。山西太原卫指挥张寅得识郭勋。张寅仇家薛良揭发他原名李福达，是山西代州人，曾随从叔父李钺参加过弥勒教的反乱，李钺被杀，福达逃走，改换姓名。张寅自动到官置对。代州知州坐实其罪。巡抚毕

256

昭则认为是仇家诬陷。一五二六年秋,御史马录巡视山西,重新查问此案。郭勋写信给马录,托请免于追究。马录将来信上奏,并弹劾郭勋庇奸乱法。世宗交付都察院审理。大理寺评事杜鸾说席书助郭勋偏袒张寅,上书请先将郭、席二人正法,然后再审此案。十一月,世宗准左都御史聂贤等奏,将张寅系狱待决,诘责郭勋,不予问罪。张寅子大仁上书为父申冤。给事中、御史等台谏官连章劾奏,说大仁上书申冤是经郭勋指点,郭勋"交通逆贼"、"知情故纵"、"党护叛逆",应置重典连坐。郭勋向世宗申诉,说是因议礼得罪廷臣。廷臣内外交结,借事陷害,并将渐及议礼诸臣。世宗命将人犯逮京,由刑部尚书颜颐寿等会同大理寺审讯,颜颐寿等再次坐实此案。世宗说要亲自审问。颜颐寿等又改指为疑狱。世宗更加怀疑。一五二七年四月,世宗将颜颐寿等审问过此案的官员,俱系诏狱。命桂萼摄刑部,张璁摄都察院,方献夫摄大理寺共同审理。御史马录被迫承认"挟私故入人罪"。遂以仇家诬告定案。世宗要将马录处死,张璁、桂萼等说他罪不至死,请予宽宥,改为谪戍。世宗又将审问过此案的布政使李琼等十二人谪戍,左都御史聂贤等十一人削职为民,刑部尚书颜颐寿等十七人革职闲住。因此事获罪的官员多至四十余人。此案起于民间仇怨,张寅是否李福达本在疑似之间,既使属实,也只是曾经随从作乱,并非起义首领,且早已降附明朝,在军中效力,前罪并非必不可赦。台谏官因此案群起劾奏郭勋,兼及席书,显然是借题发挥,小题大作。谷应泰《明史纪事本末》论此事说,当福达叛乱时,郭勋岂曾参与谋划？说他嗾使申冤,也并不一定真有。最多只能治他个请托之罪,为什么一定要连坐？况且"知情藏匿故纵"之律与郭勋本不相似,一定要据此治罪,置于重典,只能是激成翻案(《明史经事本末》卷五十六)。郭勋在朝并非贤臣,后因贪婪谋利等罪被劾,死于狱中。但就此案而论,谷应泰的剖析,则较为公允。谷氏又指责张、桂诸人审理此案,是仇视台谏。实际上,对台谏诸臣的严惩,乃出于世宗本人。但世宗因涉及议礼而被激怒,张、桂诸人也确曾受命平反,迫使马录承伏。这一事件表明,大礼议后,新旧臣僚之间,乃至世宗与旧臣之间,仍然心存积怨,难以相容。从这个意义上说,张寅或李福达案,实是议礼之争的一个余波,但仍是轩然大波。

杨一清案——杨一清自宪宗成化八年(一四七二年)考中进士,历仕宪宗、孝宗、武宗三朝,曾领兵西北,抗御蒙古,又曾与太监张永除刘瑾,因而在朝臣中拥有较高的声望。大礼议中,群臣多附和杨廷和,致仕家居的杨一清独赞张璁。世宗起用总制三边,又擢入内阁。费宏致仕后,晋为首辅。一五二七年十月,张璁以礼部尚书兼文渊阁大学士,仍掌都察院事。谢迁也奉召入阁,但已年近八十,次年三月即告老。六月,世宗逾次擢任礼部右侍郎翟銮入阁。一五二九年二月,桂萼入阁。内阁四人中,翟銮遇事顺从帝意,小心从事。杨、张、桂三人实际任事。七月间,兵科给事中孙应奎上疏,弹劾内阁说:"大学士杨一清虽练达国体,而情多尚通,私其故旧","张璁学虽博而性偏,伤于自恃","桂萼以枭雄之资,桀骜之性,作威福而沮抑气节,援党与而暗役言官,大私亲故,政以贿成"(《世宗实录》卷一○三)。杨、张、桂三人各上疏自陈,乞休,世宗均予慰留。八月,礼科给事中王准弹劾张璁、桂萼荐用私人。工科给事中陆粲上疏,说张、桂"不三四年,位至极品。""乃敢罔上行私,专权纳贿,擅作威福,报复恩仇"。世宗命张璁回家自省,以资后用,桂萼革去大学士职衔致仕。令法司查究张、桂等荐引的官员。詹事府詹事霍韬上疏为张璁、桂萼申辩,说他们多有专权,是出于向世宗效忠,不避祸福。张璁引用浙江人王粲即指为亲党。王粲与杨一清都是南直隶人,岂不也可说是亲党?又说王准、陆粲的弹章,是受杨一清指使,并列举杨一清任用私人及贪贿事状。吏部尚书方献夫说言官追究张、桂荐引的官员,多至百余人,多是受诬陷,一概看作是亲党加以绳治,岂不要空人之国?九月初,张璁已行至天津。世宗又下诏召还,复任。光禄寺少卿史道言上疏说:"风习易移,人才难得。杨一清有通达万变之才,张璁力足以担当天下之重。伏愿陛下谕勉二臣,忘私奉公。"世宗嘉纳。霍韬又上疏乞假归省,说为张璁等辨雪之后,刑官仍再追逼诬陷桂萼受赃。这是由于桂萼任事独勇,任怨独多,为众所忌。刑官谓陛下犹可欺侮,奸赃权臣(指杨一清)独不可触。又说前疏所述杨一清赃罪,皆有指名,皆有实迹。霍韬请求彻查桂萼及杨一清赃案,说,一清、萼实有赃贿,即显剿于市。臣或陆桀妄言,也显剿于市。世宗不准霍韬乞假,下诏说:杨一清位居内阁辅臣之首,乃大肆纳贿,不畏人言,甚非大臣之体。命法司会官议奏处置。刑部尚书许瓒会同官员议奏杨一清"大肆纳贿",但系耆旧重臣,请予罢官归里或令休致。世宗览奏,谕内阁:杨一清"不顾晚节,贪婪无耻,赃迹显著","今当正法,而使知警。"命翟銮拟旨。张璁连上三疏,历叙杨一清议礼之功,说,当群议喧腾之时,得老成大臣赞与一词,所助不少,请予宽容。第三疏中并说:"况臣复任之初,而一清即有此事,又因霍韬所奏,中外臣工不能无疑。保全一清,实所以保全臣等也。"(《世宗实录》卷一○五)情词极为恳切。世宗慰谕,说已从宽区处。杨一清自陈:"罪状既著,诛窜何辞,请予矜贷,削职放还。"世宗诏准致仕,驰驿以归,并赐金、布、纻丝等物,让他较为体面地退任。杨一清历仕四朝,功业昭著,但长期处在前朝贪贿成风的官场,似亦不免沾染积习。《世宗实录》所载有关奏疏及诏书表明,杨一清贪赃受贿,确实有据,并非他人诬指。杨一清曾自称与张璁"虽间有异同,旋即如故","盖终始未尝失欢"(《世宗实录》卷一○四)。旧史家或囿于偏见,指张璁力排

260

一清以求晋任，不免有违史实，持论也有失公允。不过，左顺门事件后，世宗有意再行新政，杨一清趋于保守，因而与张璁等每有不合，则是事实。早在张璁敕罢之前，杨一清即曾上疏说："今之持论者，多尚（原作'尚多'）纷更，臣独劝以安静。多尚刻削，臣独矫以宽平。欲变法，臣谓只宜守法，欲生事，臣谓不如省事"。（《世宗实录》卷一〇三）杨一清致仕后，世宗倚任张璁等人，继续实施消除积弊的新政。

永嘉人张璁正德十六年（一五二一年）四十七岁，才考中进士。世宗即位后，作为新科进士，尚无官职，在大礼议中力排众议，独持尊父之论，因而获得世宗的赏识和杨一清等人的赞许。但在议礼之争中，也因而受到杨廷和为首的守旧群臣的攻击，请求严处张璁的奏疏纷至沓来。张璁入阁后，荐用新人，革除弊政，于是又成为旧臣与新臣、北人与南人、守旧与革新诸矛盾的焦点。因荐引新人而被指为私植亲党，甚至"不三、四年，位至极品"以及"干进""骤贵"等等也都成为言官们攻击的口实。守旧者自诩为"守正"的君子，指革新者为"干进""好事"的小人，是历代保守派攻击革新派的故技。旧史家沿袭其说，多欠公允。事实上，正由于张璁是新进的官员，才不曾沾染前朝官场的腐败积习，具有革除弊政的足够的勇气。谈迁《国榷》称他"学博才赡，有廊庙之用"。《明史·张璁传》对他多所指摘，但也称他"刚明果敢，不避嫌怨"，又说他"持身特廉,痛恶脏吏"当是事实。张璁以进士而入居内阁,始终清廉自守,博学明辨,而又勇于革新,可谓嘉靖朝难得的贤相,也是有明一代少见的阁臣。杨一清罢后,张璁被擢任为首辅。后因避世宗厚熜讳,改名孚敬。一五三一年七月曾一度致仕,翟銮任首辅,十一月被召还。一五三二年三月,再请致仕,方献夫继任首辅。次年正月,张璁又奉召复任,一五三五年四月致仕,阁臣李时继任首辅。在此期间,张璁、方献夫与主张革新的官员辅佐世宗继续推行了一系列革除积弊的新政。

革镇守中官——宦官出镇各地,是前朝的一大弊政。宦官领兵镇守,掌握兵权,多施横暴,又往往牵制主帅,延误军机,甚至与内宦结纳,酿成乱事。一五二九年三月,御史毛凤韶建言裁革各地镇守官及补差内臣,兵部议复,只在部分地区各裁一员。张璁任首辅后,世宗制准兵部尚书李承勋等人的建言,裁撤镇守中官二十七人,又革去锦衣官五百人,并以腾骧四卫(京师亲军)改属兵部。内宦或称四卫有功,隶兵部不便。李承勋举出王振、曹吉祥事为证,说往年正是因为兵归阉寺,才酿成祸乱。李承勋曾被弹劾为张璁亲党。他力主裁革宦官,得到张璁的支持。云南镇守太监杜唐扰害地方,诏命调回,并采巡按云南御史毛凤韶之议,从此裁革,不再续差。一五三一年,又以次裁革镇守浙江、两广、湖广、福建及分守独石、万全,守备永宁城等处的内臣。《明史·宦官·张永传》说:"世宗习见正

262

德时宦侍之祸。即位后，御近侍甚严。""帝又尽撤天下镇守内臣及典京营仓场者，终四十余年不复设。故内臣之势，惟嘉靖朝少杀云"。世宗裁革镇守中官，事在张璁任首辅时。故明人多将此事归美于张璁。万历时名士王世贞论张璁说："公相而中涓（宦官）之势绌，至于今垂五十年。士大夫得信其志于朝，而黔首得安寝于里者，谁力也。"（引自《国榷》卷五十七）世宗任杨廷和翦除内宦势力，又进而倚张璁内阁革罢镇守中官，对宦官势力严加抑制，影响是深远的。

清勋戚庄田——一五二九年，霍韬奉命编修《会典》，上疏说："自洪武迄弘治百四十年，天下额田已减强半"。（《明史·食货志》）额田大量减少，是因为地主豪民的欺隐和宪宗成化以来，诸王勋戚依仗权势，扩展庄田。《明史·张璁传》说清勋戚庄田"皆其力也"。大约张璁入阁后，即已开始清理勋戚扩占的庄田，一五二九年四月，户部左侍郎王轵（音月 yuè）上言"臣奉命清查各处庄田，见勋戚之家，多者数百千顷，占据膏腴，跨连郡邑"。（《世宗实录》卷一〇〇）世宗敕谕"有分外强占者，俱给原主"，今后不准妄行。嘉靖十年（一五三一年）闰六月，采御史张心奏议，诏南京兵部查牧马草场，内外守备衙门有占种者悉令退出，召民回纳。又采户部议，查革王府以山场湖坡为名强占的民田，断自宣德以后。山东德王府上疏，自称所受庄田与山场湖坡不同。世宗命山东都御史邵锡复勘。邵锡勘报：

263

"王府所奏请多指民间垦田谓之荒地，既得请为庄田，则纵〔官〕校等为虐，征敛过于税粮，地方骚然，民不堪命"。(《世宗实录》卷一三〇)户部议复，王府有封国之初原请庄田，听留用。立国以后，即系庄田，也不得议留。世宗采户部议，诏谕各王府务遵处断。世宗处置此事，在张璁致仕期间。但清勋戚庄田，张璁在任时已经实行。史书不见清理庄田的详细纪录，但此举旨在清查诸王贵戚强占的民田，用意是清楚的。

改赋役制度——嘉靖时的额田已不到明初的一半，朝廷的赋税收入减少，民间的赋役也因田地被兼并而负担不均。一五三〇年四月，桂萼再次被召至京师入阁办事。十月间，他上疏建策清查新增田地与编审徭役，世宗准予施行。次年正月，桂萼因病乞休，归里后病死。三月间，御史傅汉臣把编审徭役的改革称为"一条编法"，奏报施行情况说："顷行一条编法，十甲丁粮总于一里，各里丁粮总于一州一县，各州县总于各府，各府总于布政司，布政司通将一省丁粮均派一省徭役内，量除优免之数。每粮一石，审银若千，每丁审银若干，斟酌繁简，通融科派，造定册籍，行令各府州县永为遵守，则徭役公平而无不均之叹矣"。(《世宗实录》卷一二三)这种"一条编法"，不拘限于原定的里甲，而在省府州县的大范围内通融科派，以求符合实际占田的状况，粮税与丁役各审定交银若干，一体征收，以求均平。但施行中又有田地肥瘠不同、人丁贫富不同等复杂情况，因此傅汉

264

臣建策"取殷厚之产,补砂薄之地",但并未能实施。这次赋役改制似仅在局部地区试行,但影响是深远的。

抑制外戚——明初以来,后妃家多封授高官,爵至公侯,并许世袭。沈德符《万历野获编》以为"戚里如此恩泽,近古所无"。历朝外戚,世为权贵豪门,以至亲戚家人也可依仗权势,暴虐乡里,聚敛营私。孝宗张皇后父张峦及后弟鹤龄、延龄,爵至侯伯,占田经商,恣为不法,朝廷不能制(见前)。世宗继位,张鹤龄因定策有功,进封昌国公。张氏兄弟得张后纵容,权势显赫一时。大礼之议,杨廷和等力主世宗继嗣孝宗,张太后及后家势大,也是原因之一。张延龄在武宗时曾被人指告谋为不轨。一五三三年,张延龄杀死与此事有关的人员,被人告发。世宗将张延龄下狱,欲以谋反罪,处以族诛。张璁上疏说,张延龄是个守财奴,怎能谋反?如坐谋反罪,恐伤皇太后。法司审讯,又揭出张延龄占买官田、私杀奴婢等事,遂以违制杀人罪处死刑,系狱,后被处决。张太后曾请见世宗说情,世宗不见。张鹤龄被削去公爵,三年后也被告发,死于狱中。外戚世袭封爵,是形成豪门的重要原因。英宗钱后家,世封安昌伯。因嫡系绝嗣,请以庶子袭封。世宗交廷臣议。一五二九年十月,吏部尚书方献夫等议奏:旧制非军功不封,洪熙以来,始封外戚。其后一门数贵,传袭三四世不已。建策"现封爵宜终其身,勿得请袭。自今皇亲驸马,并如祖宗旧制,勿得夤缘请封"(《世宗实录》卷一〇六)。世宗敕准:"及今已封,姑与终身,子孙俱不准承袭,著为令"。世宗生母蒋太后家及皇后陈后家,均不准承袭封爵。万历时沈德符著《万历野获编》论此事说:"本朝外戚世爵,至世宗尽革之",又说:"盖自世宗裁定恩泽,立为永制,至是已八十年。"外戚与宦官历来是拥有特权并往往能以左右皇室的两大势力。世宗在裁革宦官权力之后,又严格抑制外戚,影响也是深远的。

以上几件大事都是在大礼议后至嘉靖中叶,陆续推行的一些新政。这些新政实际施行的程度有所不同,但目标都是在抑制宦官外戚诸王贵族和民间豪富势力,作用是积极的。新政的继续推行,消除了前朝的某些积弊,也使世宗的皇权统治更为巩固了。

四、内阁的演变

明太祖废中书丞相制,选任文官兼殿阁大学士,备侍从顾问。成祖简选翰林院文臣入值文渊阁,参预机要咨议,草拟制诰,但仍为兼职,不设专官。殿阁大学士号为阁臣,受到礼重,但无权统属六部朝臣政务,只备皇帝顾问。这种特殊的建置,使阁臣的作用可大可小,因人因事而不同。明太祖、成祖亲驭军政,高度集权,阁臣只是处于侍从的地位。洪熙以后,当皇帝锐意求治倚重阁臣,或怠于政事倚付阁臣时,阁臣权位渐重。但如皇帝倚任外戚中官,内阁诸臣不被倚重,也就难于有所作为。武宗倚用内官刘瑾,游乐荒淫,内阁陷于无所作为的境地。武宗死后,张太后倚用杨廷和等阁臣定策立世宗,阁臣的地位达到了前所未有的高峰。世宗在后来的诏书中,一再提到他初即位时,内阁老臣欺他年幼。他有意独立处事,不为内阁所左右,对阁臣多所限制。大礼议后,他任用新人,重建内阁,称杨一清、张璁等为"辅臣""丞弼"。在新政的推行中,内阁又显示出决策性的重大作用。此后,世宗皇位巩固,崇信道术以求长生,阁臣由咨议渐成辅弼,权位日重了。

崇道修玄——明朝自开国以来,即礼重佛、道。宪宗宠信僧继晓,广封僧道官。武宗、刘瑾也大兴佛寺,番僧入于禁苑,僧道传升官充斥于朝。世宗初即位,即采工部侍郎赵璜议,没收大能仁寺妖僧齐瑞竹资财,毁除佛像,又查禁京师淫祠,革罢僧道传升官。但听信太监崔文,信奉道教斋醮(道场)祷祀。明太祖曾封授龙虎山张道陵的后裔张正常为真人。宪宗、孝宗两朝多次封授他姓道士为真人。一五二四年,世宗召龙虎山上清宫道士邵元节入京,祷祀雨雪,有验,封授为致一真人,总领道教。宫中设醮,世宗亲自祷祝。一五三四年,世宗见禁中佛殿的佛像有淫亵之状(当是密宗神像),命废除佛殿改建内宫,又将佛殿所藏佛牙及佛像等一万三千余斤,在街市通衢大道公开焚毁。从此宫中不见佛殿,只有道场。这年,世宗杜贵妃生皇子载垕(穆宗),世宗认为是邵真人祷祀之功,加授邵元节礼部尚书。一五三九年八月,邵元节病死。次年,世宗封授他生前所荐引的道士陶仲文（原名典真）为秉一真人，领道教事。

　　嘉靖时文士何良俊说，当时的道士有三千六百家，"盖剑术、符水、服金丹、御女、服日月精华、导引、辟谷、搬运、飞精补脑、墨子服气之类皆是，不可以一途限也"（《四友斋丛说》卷二十二）。大抵世宗初年奉道，还是在于求雨祈年，以巩固皇位。中年以后，自称多病，服食丹药以求长生。道士段朝用进献自炼的金器，说是作为饮食器皿用，可以长生不死。又自称可以点化金银，补助国用，世宗信以为真，召他入朝。后来证明都是谎言，被人揭发下狱，死于狱中。宫中斋醮祭天，例需撰写"青词"，是奉祭天神的表文。世宗常命文臣代撰，后来竟由内阁大学士撰写供奉。世宗此举，似在向臣下表明，他确是受命于天，可以上与天通，但由大学士撰写诞妄的青词，自是有失体统，不免传为笑柄。一五四二年十月，世宗宿于曹妃宫中，宫婢杨金英等十余人趁世宗熟睡，企图用绳索把他勒死。方后闻讯赶到，世宗得救，宫婢被擒处死。此事原委，史书记载甚简，但似无重大的政治背景。世宗采邵元节主静之说，以静摄修玄求长生，据史事记事，也并不像武宗那样淫乐无度。朝鲜《李朝实录》载归国使臣的书状记此事说："盖以皇帝虽宠宫人，若有微过，少不容恕，辄加捶楚，因此殒命者多至二百余人，蓄怨积苦，发此凶谋"。又记得自明人的传闻："皇帝笃好道术，炼丹服食，性浸躁急，喜怒无常。宫人等不胜怨惧，同谋构乱云。"（朝鲜《中宗大王实录》卷十）朝鲜保存的记录,可能较为接近于事实。

宫婢之变的次日,世宗即迁出大内,移住西苑。此后二十余年即常居西苑,号为静摄修玄,虽然仍不时亲自改订诏敕、批答奏章,但不再朝见大臣。中年以后的世宗,由初政时的革故鼎新演变为静摄修玄,内阁大学士因而得以更多地预政,权势日隆。

阁臣倾轧——一五三七年四月,世宗因内阁规制未备,命太监高忠与大学士李时等议,在文渊阁正中一间设皇帝御座,旁四间各相间隔,为阁臣办事之所。阁东诰敕房贮藏书籍,阁西制敕房之南,添造卷棚三间,安置书办。《世宗实录》说:“于是阁制,视前称完美矣”。(《世宗实录》卷一九九)阁臣原备顾问且非专职,世宗规划的“阁制”,使内阁成为阁臣经常的办公机构。次年九月,南京礼部尚书霍韬上书说:“陛下总揽乾纲,政自己出,宜无所谓权柄下移者,乃其疑似之迹则有之。内阁之臣,止司票拟,而外人不知者遂谓朝廷大政举出其手。”(《世宗实录》卷二〇四)他举出官员的任免事例,说明阁臣超越本职,参预其事。霍韬的奏疏表明,“止司票拟”乃是原定的制度,并未明文变改。“权力下移”则是逐渐形成的事实。外人以为大政举出阁臣,并非无据。万历时,沈德符说:“内阁辅臣主看详票而已,若兼领铨选,则为真宰相”。又说:自翟銮以后“无不以殿阁大学士为真相”(《万历野获编》卷七),当是反映了嘉靖以来人们的一般观念。

内阁权位渐重,阁臣间的相互倾轧,也日益严重。江西贵溪人夏言,在大礼议后,于一五三〇年以吏科给事中进为侍讲学士,建言分祀天地,得世宗宠遇。次年即擢任礼部尚书,与张璁不和。行人司正薛侃因上疏建言择藩王居守京师,获罪。张璁事先已得见此疏,送呈世宗,说是出自夏言。薛侃案后,张璁因有意中伤夏言,奉旨致仕。次年,还朝。一五三五年因病归里。一五三六年,李时为内阁首辅,夏言加武英殿大学士入阁,参预机务。一五三八年,李时病死,夏言继任首辅。

　　夏言入阁后,礼部右侍郎严嵩进为礼部尚书。江西分宜人严嵩,弘治时进士。正德时,为南京翰林院侍读。世宗即位,召为国子祭酒,后出任礼部。一五三九年,夏言与严嵩随同世宗去湖北安陆,祭显陵(生父献帝陵)。夏言乞候回京,严嵩奏请表贺,得世宗嘉许。此后,严嵩谋与道士陶仲文设计倾陷夏言,夏言则指使亲信弹劾严嵩。一五四二年六月,严嵩向世宗历陈夏言欺凌之事,七月,夏言被削职。八月,严嵩授武英阁大学士,入值内阁。这时他年已六十,仍勤于任事,得世宗信任。夏言去后,原在内阁的大学士翟銮继为首辅。一五四四年,严嵩指使言官弹劾翟銮之子考中进士有弊。翟銮被削职。严嵩继任首辅。

　　严嵩为首辅未久,阁臣吏部尚书许瓒、礼部尚书张璧等即奏陈严嵩处事独断。一五四五年十二月,世宗又将已削职的夏言召还内阁,恢复原官,位在严嵩之上。

夏言复职，志得意满，所拟批答均自行处断，不理严嵩，又逐步斥逐严党官员，非严党的朝士，也往往因而受祸。严嵩厚赂内官，伺机报复。严、夏互相倾轧，日益激烈。

原由夏言荐用的陕西三边总督曾铣曾在一五四六年上疏，建策出兵收复河套，以抗御蒙古，得到夏言的支持。宣大总督翁万达依据他所了解的蒙古情事，认为不宜挑起战事。朝臣中议论不一。嘉靖二十七年（一五四八年）正月，世宗命内阁议复此事，意在驳复，严嵩乘机上书，说原来拟旨褒奖曾铣，"臣皆不予闻"，称：河套必不可复，师既无名，费复不浅。又进而攻击夏言在内阁"骄横自恣，凡事专决。不惟常务不获与闻，即兴兵复套，事体重大，自始至终，亦并无一言议及"。(《世宗实录》卷三三二)夏言上疏抗辩。世宗命削夺夏言官阶，以尚书致仕，逮捕曾铣问罪。严嵩又与锦衣都督陆炳等指告曾铣与夏言妻父苏纲结纳，厚赂当道、克扣军饷，掩败不报。世宗将曾铣与苏纲下诏狱拷讯。四月间又逮捕夏言，下镇抚司，查讯恣妾父苏纲为奸利之罪。曾铣被指为"冈上贪功"、"交结近侍"，依律处斩。十月，夏言坐与曾铣交通，也被斩首。

夏言死后，严嵩继为首辅，长达十余年之久。世宗居西苑玄修，严嵩得以独揽相权。曾铣案后，朝臣不再敢说边防事，随即爆发了蒙古俺答汗的南侵战争。

271

（二）蒙古俺答汗的南侵

明武宗正德时期，被称为鞑靼的蒙古诸部，在达延汗统治下，呈现出新的局面。达延汗在统一了东部即左翼诸部后，又进而征服了西部地区的右翼三万户，并分封他的子孙分别统领左右翼诸部，重新建立起黄金家族的统治。

明世宗时，达延汗之孙，统领右翼的俺答汗以河套地区为据点，日益强盛。一五五〇年自大同侵入明朝境内，直抵北京郊外，明王朝又一次面临着严重的骚扰。

一、达 延 汗 西 征

明孝宗弘治末年，达延汗连年西征阿尔秃斯等部。一五〇九年，明武宗得到报告说，曾经在大同战败王杲的火筛与小王子相仇杀。大约即在此后不久，达延汗征服了火筛统领的满官嗔（蒙郭勒津）部，又称为土默特。次年，明朝又得报，原已投附鞑靼的永谢布（永邵卜）首领亦不剌联络阿尔秃斯部背叛达延汗，被小王子即达延汗战败，亦不剌西逃。《蒙古源流》详记此次战事并录有达延汗西征的命令，说是率领左翼的察哈尔部、喀尔喀部、乌梁海部和科尔沁部共同抗击鄂尔多斯（阿尔秃斯）土默特和永谢布三万户（三部）。战争爆发在达兰特里衮地方。《源流》说"达延汗，遂收服右翼，平定六万兵民大众"（清译《蒙古源流》卷六）。达延汗把秃猛可获得完全的胜利，实现了左右翼诸部的统一。

早在明孝宗弘治元年即一四八八年，把秃猛可就曾以达延汗即全蒙古汗的名义，以蒙古文致书明朝，明大同守臣一度误译为"大元"。征服右翼诸部后，再次宣布他是全蒙古的汗。不过，这所谓全蒙古，主要还是明人称为鞑靼的诸部。西部的瓦剌仍然占据西北地区，具有相当的势力。东北的兀良哈三卫，隶属于明朝，也不归达延汗统治。但是达延汗西征的胜利，结束了长达数十年的诸部纷争，鞑靼蒙古得以在东起克鲁伦河，西至河套地区的广阔草原往来游牧。蒙古历史的发展由此进入一个新阶段，意义是重大的。

达延汗把他直接统领的左翼察哈尔、喀尔喀和右翼鄂尔多斯、永谢布、土默特等五部，号为五万户，分封给他的子孙，重建起成吉思汗家族后裔的统治。科尔沁部原为哈撒尔后裔所统治，不在五万户之内。察哈尔万户是达延汗的基本属部，封授给长子铁力（图喀），不久，死去，传子卜赤（博迪）。右翼三万户被收服的部众，仍沿用原来的部名，封授给次子五路士（乌鲁斯），遇害，又封给三子阿著（赛音阿拉克，又名巴尔斯）。其余诸子分领喀尔喀及其他属部的基层组织鄂托克。

大约在明武宗末年，达延汗死。阿著曾暂袭汗位，不久也病死。卜赤继为大汗。世宗嘉靖时，阿著子吉囊(清译全名为衮必里克墨尔根济农)统领阿尔秃斯,弟俺答统领满官嗔即土默特部。兄弟二人出入河套地区,成为诸部中最强大的势力。

原来随从达延汗西征的乌梁海部众,在西征之战后,又不时在北边掳掠。卜赤汗与吉囊、俺答多次出兵征讨,一五三八年征服了乌梁海,将其部众分配给各贵族为奴。

西征战后,永谢布的首领亦不剌率残部西逃,与西逃的别部卜儿孩联合,住牧于青海湖畔。约在一五三二年,吉囊、俺答兄弟率兵十万,屯驻河套。以四五万骑西击亦不剌、卜儿孩营,收其大半部众,卜儿孩遁走。一五四二年吉囊死。俺答统领右翼三部的部众。随后再次出兵西征。蒙文《阿勒坦汗传》说:此次远征"降服仇敌博喇海(卜儿孩)太师于合鲁勒合雅之林",(珠荣嘎汉译本第四三页),将收服的永谢布部众赐予其末弟之子岱青。《阿勒坦汗传》又记,此战之后,俺答的声名传闻四方,"博迪(卜赤)汗等为报答勇敢真诚的阿勒坦汗,于额真前,当六万户之面,赐号曰土谢图彻辰汗"。(同上,第四五至四六页)

俺答拥有右翼三部之众,以河套为据点,势力至于青海,拥有汗号后成为实力胜过卜赤汗的又一个蒙古汗。一五四四年,俺答汗又领兵远征朵颜、福余、泰宁等兀良哈三卫。三卫首领相继降服,分别附属于俺答兄弟子侄。

二、俺答汗的侵掠

俺答汗声势日盛,以丰州川与阴山地区为基地,因而需要与明朝通贸易,以换取当地蒙、汉居民所需求的农业、手工业工具和粮食、丝绸等物产。早在一五四一年,俺答即派遣蒙古使臣肯切与汉人石天爵至大同,请求通贡市,并说如许通市,即令边民垦田塞中,牧马塞外,永不相犯。否则,将南下掠夺。大同巡抚史道上奏,兵部议复,拟准入贡通市。世宗以为求贡不可信,群臣从而附和。世宗下诏悬赏擒斩俺答,并将肯切扣留。次年五月,俺答等再遣石天爵等至大同请求入贡,说蒙古迫切需要纱缎,贡市对双方有利。如果一再请求不准,将要纵兵南下。大同巡抚龙士有将石天爵逮送朝廷,世宗竟将石天爵与肯切一起处死。双方矛盾激化,俺答南下不可免了。六月,俺答军自大同入明境掳掠,明军全无戒备,无力抵御,俺答自大同直驱太原,南至平阳,东趋潞州,然后北上出雁门返回。前后历时月余,沿途掳掠人畜资产,山西居民多遭劫掠。

俺答称汗后,于一五四六年五月,再遣使至大同投书议和、求通贡市,被大同边兵杀害。七月,又向大同递送蒙文文书,请准入贡。请限以地点、人数、时间,准许入贡,世宗不许。次年,俺答遣使李天爵持文书来大同,说今年羊年(丁未)利于取和。请贡马驼,求赐蟒缎等物,东起辽东、西至甘凉边境人互不相犯。翁万达代为转奏。这时，夏言、曾铣正主张出兵收复河套。朝臣议论不一，世宗犹豫不决。世宗从严嵩议斩夏言、曾铣，但仍未准俺答通贡。一五四八年，翁万达上疏，力陈前岁山西守臣之失，请加强边墙守备，又上疏说俺答"以求贡不遂，既耻且愤，声[言]将纠众聚兵，待时一举"并再次代陈求贡之意。世宗驳斥说："胡乃屡以求贡为言，其令遵前旨，一意拒绝。"（《世宗实录》卷三三四）

一五五〇年（嘉靖二十九年庚戌）六月，俺答率军攻掠大同。《阿勒坦汗传》说他聚集右翼三万户在上都白室之地会师，以其子辛克（僧格）为先锋，向汉地进军。明大同总兵张达奋勇抗击，被蒙古伏兵包围，副总兵林椿领兵营救，两将皆战死。世宗以原甘肃总兵仇鸾为宣大总兵，仇鸾遣人以重金赂赠俺答，相约不犯大同。八月，俺答移兵东去，由蓟镇攻古北口，巡抚蓟州都御史王汝孝以火炮抗击。俺答别遣一军由黄榆沟拆除边墙进军。由密云攻掠怀柔、顺义。巡按顺天御史王忬出驻通州防御，上疏告急。俺答军至通州，京师大震。兵部尚书丁汝夔急忙部署防守京城事宜，点阅京军册籍，据说"时册籍皆虚数，禁军仅四五万，老弱半之，又半役内外提督大臣家不归伍，在伍者亦涕泣不敢前"。（《明史·丁汝夔传》）临时征募居民及四方应武举诸生约四万人防守京城，急调各地兵入京师勤王。援军五万集结京畿，明廷未及储备粮秣，据说，"犒师牛酒诸费皆不知所出。户部文移往复，越二三日，军士

276

始得数饼。"(《鸿猷录》卷一六)仇鸾所率大同兵二万入京,世宗以他为平虏大将军,统率各地援军。仇鸾不敢出战。俺答至京城东直门外,命俘虏携带启书致世宗求贡市。世宗在西苑召阁部臣集议。内阁首辅严嵩说俺答是"抢食贼,不足患",贡市是礼部事。礼部尚书徐阶认为应权且准许通贡,但不可"临城胁贡",可令退出边外,另遣使经大同守臣入奏,才可准许。《阿勒坦汗传》说明廷遣使杨增(珠译杨兀札克)来议和,说"不如往来买卖通贡"(珠译本页五〇)。俺答遣使丫头智(珠译阿都兀齐)随来使杨增到明廷,说将大军撤到边墙之外,开始商谈。所记当近于事实。八月二十三日,俺答开始撤兵出古北口,沿途又有掳掠。俺答军在古北口内京师周围地区往来掳掠前后近半月。旧史称为"庚戌之变"。明廷经过一场惊恐,又渡过了危机。

　　俺答汗退兵后,依据协议,于十二月遣使至宣府大同,请求通贡。次年三月,又遣使脱脱至宣府,留下人质,求通贡市。宣大总督苏祐上奏说,蒙古使臣称:愿以宣大陕西各边地通行开立马市,买卖骡马牛羊。他建言在宣大、延绥、宁夏等地开市,以布帛米粮交换牛羊骡马。世宗为避免"临城胁贡"之耻,采苏祐议,先在大同边外开设马市。宣府、延绥、宁夏诸镇也准许开市,每年两次。入贡事容后再议。四月间,大同马市以布缎等换马两千七百余匹。俺答贡马谢恩,朝廷回赐丝衣金带。俺答虽然尚无进贡使团,但事实上已恢复了贡赐交易。宣府和陕西开市,也都购马数千匹,边境出现安定和繁荣的局面。

但是,一年之后,一五五二年初,俺答部下军兵又在大同边境侵扰。巡按御史李逢时上疏说:"俺答敢于岁初拥众入犯,可见马市之羁縻难恃。今日之计,惟大集兵马,一意讨伐。"(《明史纪事本末》卷六十)二月,俺答军攻掠怀仁而去。三月,世宗下诏,停罢马市。边境战事又起。四月,明平虏大将军仇鸾领兵出塞,在威宁海袭击俺答,败阵而回。兀良哈三卫撤去边卫,引导俺答入境至宁远掳掠。明备御官王相战死。从此以后,俺答连年在边地攻掠。一五五三年春,俺答犯宣府和延绥;夏,犯甘肃和大同;秋,俺答大举攻掠浑源、灵丘、广昌,插箭峪、浮图峪等地,遇雨退去;不久,又以万骑入大同,纵掠至八角堡。一五五四年春,俺答入宣府柴沟堡;夏,犯宁夏;秋,攻蓟镇边墙,百道并进,明京城戒严。一五五五年,俺答数犯宣、蓟,参将赵倾葵等战死。一五五六年,俺答三万骑犯宣府。一五五七年,俺答二万骑分掠大同边。一五五九年,俺答入蓟镇潘家口。一五六○年攻掠大同、延绥、蓟、辽诸边。一五六三年春,俺答入宣府滴水崖,被大同总兵刘汉打退;冬季又大举攻掠顺义、三河,京师戒严。

蒙古各部自也先亡后,多遣使臣与明廷通贡市。明廷对来使及各部首领授予封号或职衔,给予高级丝缎织物及金银器等优厚的赏赐。来贡的使臣也还在商民间进行贸易。蒙古利于赏赐和贸易,贡使的人数与

278

次数日益增多。明廷对入贡的时间、地点及贡使人数往往做出限制，但从未像世宗那样闭关绝贡。俺答汗强盛后，卜赤汗廷似仍在克鲁河草原。西起河套东至兀良哈三卫的广漠地区，均为俺答所占据。这一地区水草丰美，不仅蒙族牧民日益增多，也还有大量的汉人农民在蒙汉地主控制下从事垦殖。农牧业生产的发展和蒙汉人生活的需要，都更加迫切地要求与汉地互市贸易，以牲畜换取布帛粮米和生产工具。世宗闭关绝贡，蒙古得不到需要的物资，便不时出骑兵在边地掠夺。明廷因蒙古不时侵掠，更不能屈从开市来"羁縻"。双方的矛盾日益激化而不得解决，战无虚日了。

（三）东南沿海的抗倭战争

在北境战争连绵的同时，明王朝又面临着东南沿海"倭寇"的侵扰，不得不展开了抗倭战争。

日本国南北朝的战乱，以南朝的失败而告终。十四世纪末，北朝的足利义满建立了室町幕府的统一政权。但到十五世纪后期，足利氏逐渐名存实亡，日本的封建藩侯又纷纷割据称雄，号称六十六国，互争雄长，史称"战国"时代。这些众多的日本诸侯国，都争着与明朝通商，但又受到明朝"朝贡"贸易的限制。被称为"倭寇"的日本海商与海盗，便分别在藩侯的支持下在中国沿海实行武装抢掠。明世宗嘉靖时，海防废坏，倭寇剽掠得志，无所忌惮，日益严重。一五二三年五月，日本左京兆大夫内艺兴遣僧宗设，右京兆大夫高贡遣僧瑞佐及宋素卿先后至宁波。宋素卿原是宁波人，后来投奔日本。他贿赂明市舶太监，得先查阅瑞佐货物，市舶司设宴时也使瑞佐上坐。宗设不平，袭杀瑞佐，还杀死明备倭都指挥刘锦、千户张镗等，大掠宁波沿海诸都邑。这次争贡事件，暴露了明朝海防的废弛、将佐的无能和吏治的腐败，使日本封建主、武士、商人更加轻视中国。市舶司是明朝政府专管海外贸易的机构，争贡事件起于掌管市舶的内官贪受贿赂。但明朝的一些官员却认为"倭患起于市舶"，于是罢市舶不设。罢市舶之后，日本船舶投托沿海的豪绅奸商，或称侵没商货，用抢掠来进行报复；或互相勾结，在沿海地区劫掠。

嘉靖时期倭患严重的主要原因，是中国的巨商和海盗与倭寇相勾结。沿海各地的"海商大贾"、"浙闽大姓"，为了谋取厚利，大规模地进行走私贸易，成群分党，分泊各港，明朝政府不能禁止。后来竟成为亦商亦盗，兼行劫掠。

一、朱纨治海的失败

一五四七年，明廷采巡按浙江御史陈九德议，调任巡抚赣南的右副都御史朱纨巡抚浙江，提督浙闽海防军务。这时，浙闽海防战船、哨船只存十分之一二，漳泉巡检司弓兵旧额二千五百余人，只存一千人。闽盗李光头、浙盗许栋占据宁波的双屿,造大船运载违禁货物,与日本海商进行走私贸易。官府不能治。朱纨出兵先讨平覆鼎山海盗,次年春,进兵双屿。以都司卢镗领兵由海门进军,副使柯乔与都指挥黎秀分驻漳、泉,福、宁以遏制去路。四月,卢镗擒获许栋及日人稽天,在双屿筑塞而还。朱纨处死李光头等走私海商及海盗九十余人,震动一时。日本及佛郎机商船不得入境,与贵族官员有联系的闽浙海商因而失去商利,遂群起攻击朱纨。御史闽人周亮向吏部弹劾朱纨,将巡抚改为巡视,以削其权。朱纨上疏自辩,语多激愤,又请处死"勾连倭舟"的长屿海盗林参等。周亮遂弹劾朱纨"举措乖方,专杀启衅",又劾柯乔、卢镗"党纨擅杀,宜置于理。"(《明史纪事本末》卷五五)世宗派官审理,朱纨免官回籍,柯乔、卢镗逮系福建按察司待决。朱纨愤而自杀。朱纨生前曾在一个奏疏中说:"去外国盗易,去中国盗难。去中国濒海之盗犹易,去中国衣冠之盗难"。(《明史·朱纨传》)他终于在中国"濒海之盗"与"衣冠之盗"的联合反攻中失败了。

朱纨败后,明廷罢设提督海防军务的巡抚御史或巡视大臣。朱纨招募捕盗的船只四十余艘也被遣散。海防更加空虚,海盗与倭寇的活动也更加猖獗了。

二、张经等领导的抗倭战争

一五五二年四月,倭寇侵扰台州,破黄岩,攻掠象山、定海诸地,为首者是中国的海盗汪直。徽州人汪直原是许栋的余党。许栋被擒斩,汪直率领部分余众逃遁,称霸海上,各小股海盗均受其节制。《殊域周咨录》卷二说汪直占据海中萨摩州之松浦津,自称徽王。三十六岛都听他指使。汪直建造可容二千人的大船,船上设备刀枪弓矢等武装,横行海上。日本的"倭寇"得汪直指引,深入浙东州县。州县不能抵御。

明廷面对倭寇的侵扰,不得不再设巡视大臣。以金都御史王忬提督军务,巡视浙江及福、兴、漳、泉四府。王忬到任后,在浙、闽沿海地区逮捕沿海各地作为倭寇内线的猾民,倭寇因而不明虚实,不识路径,也得不到菽粟和火药,往往自行遁走。王忬又巡视诸未筑城墙的府、州、县,建城三十余处。

一五五四年三月,明廷调王忬为大同巡抚,任命南京兵部尚书张经,总督江南、江北、浙江、山东、福建、湖广诸军,便宜行事。同年秋,又改为右都御史,兼兵部右侍郎,专总督军务讨贼,解兵部事。张经是福建侯官人,曾总督两广军务,为当地少数民族所拥戴。他受此重任,慷慨自负,朝内外也欣庆得人,说倭寇不足平。

当时倭寇二万盘踞在华亭(松江)柘林川沙洼。张经选将练兵,筹划捣毁倭寇的巢穴。次年,陆续调集两广土司兵,分配给总兵官俞大猷、参将汤克宽和游击邹继芳等,待永顺、保靖苗兵到达后,展开决战。

四月间,明世宗采工部右侍郎赵文华议,命他去浙

282

江祭告海神,以镇倭寇,兼督察沿海军务。赵文华来到东南,即催促张经出兵,张经自认是朝廷大臣,心轻文华,不予理会,仍按原计划行事。赵文华竟密疏诬告张经"靡饷殃民,畏贼失机,欲俟倭饱飏,剿余倭报功,宜亟治"。(《明史·张经传》)世宗得疏大怒,一五五五年五月,诏令逮治张经。

但就在这时,张经指挥军民取得了对倭作战的巨大胜利。

永顺、保靖苗民到后,倭寇自柘林侵犯嘉兴,张经派参将卢镗督土兵从水陆两路进攻,大败倭寇于石塘湾。倭寇北走平望,张经命总兵官俞大猷邀击。倭寇行至王江泾,永顺宣慰使彭翼南攻其前,保靖宣慰使彭荩臣蹑其后,斩首二千级。倭寇大败,溺水而死者无数,余寇奔窜柘林,纵火焚巢,驾舟二百余艘出海而逃。张经指挥作战,取得王江泾大捷,一时称为自有倭患以来的第一战功。

王江泾大捷后,赵文华上疏冒功,说是由于他和巡按胡宗宪的"督师",才取得这次胜利。世宗认为张经"欺诞不忠,闻文华劾,方一战,"命将张经逮解进京。给事中李用敬等上言:"王师大捷,倭夺气,不宜易帅。"世宗说这是"奸党",将李用敬杖打五十,削职为民。张经被解到京,详细陈述战斗经过,请求恕罪。世宗竟于同年十月,将张经斩首。

明世宗以赵文华督察军务,赐铸关防。赵文华素不知兵，见倭寇难防，于十二月间谎报水陆功成，请求还京，得世宗准许。张经死后，浙江巡按御史胡宗宪得赵文华荐引，巡抚浙江，又晋为总督，以兵部侍郎兼金都御史。一五五六年五月，赵文华因严嵩的举荐，再次奉命视师。赵文华自从在国子监就学时即得到当时任祭酒的严嵩的赏识，与严嵩结为父子。他得以官至侍郎，是由严嵩的荐引，诬陷张经，也是由于有内阁首辅严嵩的支持。王江泾战后，倭寇又在沿海窜扰。世宗已命兵部侍郎沈良才，严嵩说，"良才不胜任，江南人引领望文华"。世宗改命赵文华以工部尚书兼右副都御史，总督浙闽直隶军务。赵文华到任，恃势欺压地方官员，搜括库藏，贪污勒索。军事则全付胡宗宪。胡宗宪于八月间诱杀海盗徐海，沿海屡获胜利。世宗说是赵文华之功，敕令赵文华回朝，十一月加封少保。次年九月，世宗得悉赵文华谎报冒功及在江南诸不法事，将他治罪，削籍为民。

三、俞大猷、戚继光领导的抗倭战争

一五五六年十二月，胡宗宪命总兵俞大猷率领调集的川、贵兵六千人驻舟山。俞大猷督兵四千人出击海上倭寇，斩首一百四十余级，获得重大胜利。浙海渐平。一五五七年冬，胡宗宪计诱海盗汪直来降，将他斩首，上疏报功。汪直余党遂据浙江岑港自守，并勾结倭寇扰掠。胡宗宪命总兵俞大猷、参将戚继光领兵进剿，久不能下。一五五八年七月，世宗诏夺俞大猷、戚继光官职，戴罪出战，限期一月荡平。俞大猷等冒死力战，海盗弃岑港，南下，劫掠闽广。御史李瑚弹劾胡宗宪纵贼。胡宗宪诿过于俞大猷。世宗命将俞大猷逮捕下狱。

戚继光自一五四四年袭父职任登州卫指挥佥事，次年升任署都指挥佥事，一五五五年秋，调任浙江都司佥书，司屯局事；次年被任为参将。夺职后，随俞大猷力战有功。俞大猷被逮，戚继光也被劾按问。这时倭寇焚掠台州。戚继光因有战功，受命复职，改守台州、金华、严州三郡。戚继光到浙江后，请求在义乌招募农民和矿夫，组织新军，获准。一五五九年秋，他亲自来到义乌，招募三千人，制定纪律，严格训练。他对士兵说："你们本为立功名报效而集。兵是杀贼的，贼是杀百姓的。百姓岂不是要你们去杀贼！设使你们果真杀贼，守军法，不扰害他，如何不奉承你们！"凡砍伐人树株，作践人田产，烧毁人房屋，奸淫作盗，割取亡兵的死头，杀被掳的男子，污被掳的妇人，甚至妄杀平民，假充贼级，天理不容，王法不宥者，有犯，决以军法从事抵命。戚继光要求士兵绝对服从命令，说："出口就是军令，就是说的差了，宁任差到底，决不改还"。他要求士兵学习用藤牌、狼筅、叉、钯、棍、刀等杀敌防身的真实本领，而不是花枪、花刀之类装门面的玩艺。他认为"花法不惟无益，且学熟误人。"（《纪效新书》卷首）戚继光还创造了被称为"鸳鸯阵"的战术，将盾牌、狼筅、长枪、叉、钯、棍、刀等长短武器联合使用,各尽所能,密切配合。经过两个月的训练,戚继光招募的这支军队就成为战斗力很强的部队,开赴抗倭战场,屡立战功,被称为"戚家军"。

一五六一年,倭寇大掠浙东桃渚、圻头。戚继光率部急趋宁海,扼桃渚,在龙山大败倭寇,追击至雁门岭。倭寇逃遁,乘虚袭击台州。戚继光回军与战,手歼其魁,驱赶余部至瓜陵江,全部歼灭。圻头的倭寇向台州进犯,戚继光在仙居截击,倭寇无人逃脱。戚继光先后九战皆捷,俘馘一千有余。此后,总兵官卢镗、参将牛天锡又在宁波、温州一带大败倭寇,浙东的倭患遂告平息。

一五六二年,福建成为倭患的中心。自温州而来的倭寇,与福宁、连江的倭寇联合,攻陷寿宁、政和、宁德;自广东南澳转来的倭寇,与福清、长乐的倭寇相会,攻陷玄钟所,延及龙岩、松溪、大田、古田、莆田。宁德附近海中有小岛名横屿,倭寇在岛中结营,明军不敢进攻。新来的倭寇结营于福清的牛田,为首者营于兴化东南,互为声援。福建明军连连告急。戚继光被调入闽。先攻横屿,士兵每人拿一束草,填濠而进,大破倭寇的巢穴,斩首二千六百级。乘胜至福清,打败牛田的倭寇,倭巢被捣,余寇逃向兴化。戚继光紧追不舍,夜四鼓抵倭栅,连克六十营,杀死倭寇一千多。第二天黎明,戚家军开入兴化城,兴化人才知形势大变,持酒劳军。戚继光援闽又获全胜,班师回浙。与戚继光同时被调援闽的还有广东总兵官刘显,也屡败倭寇。

戚继光还浙后,又有大批新倭来到福建,攻占兴化城,据平海卫(在莆田县东九十里)。福建倭患再起,明廷急调俞大猷往剿。俞大猷在一五五八年被逮入狱。锦衣卫左都督陆炳厚赂严嵩之子严世蕃,得以营救出狱,往大同戴罪立功,此后对蒙古作战有功,调任镇篁参将。一五六一年,又奉诏移兵赣南,参与镇压广东张琏起义,进为副总兵。一五六二年十一月,总督浙直江福兵部尚书胡宗宪被劾"欺横贪淫",逮解京师治罪。俞大猷为镇守福建总兵官,以戚继光为副,领兵剿倭。一五六三年四月,戚继光至闽,与刘显、俞大猷分三路进攻平海,戚继光所率戚家军首先登上敌垒,刘、俞部相继突入,斩首二千二百。戚继光因功升都督同知,世荫千户。俞大猷徙镇南赣,戚继光任为总兵官。次年春,戚继光又败倭于仙游城下、同安王仓坪、漳浦蔡丕岭等地,斩获颇多,余倭掠渔舟出海去。福建倭患渐被平定。

　　福建倭寇平定后,广东东部还有倭寇二万多人为害人民。明廷任命吴桂芳提督两广兼理巡抚,又命俞大猷为广东总兵,进剿倭寇。一五六四年俞大猷等将领,先后击败倭寇于海丰等地,擒斩殆尽。广东倭患也渐解除。自朱纨以来,长达十七年之久的东南沿海的抗倭斗争,终于取得了最后的胜利。

四、抗击葡萄牙殖民者的侵略

　　世宗嘉靖时,倭寇而外,葡萄牙殖民者的势力也已来到中国东南沿海地区,勾结中国海盗,不断侵扰。

十五世纪末,葡萄牙的海外扩张达到高峰。殖民者经好望角,到达印度西海岸,进而向东亚扩展势力。明人沿用阿拉伯人对欧洲人的称谓,称他们为佛郎机国。一五一一年(正德六年)葡萄牙殖民者侵入满剌加(马六甲),赶走国王,阻断了中国与南洋各国的交往与贸易。《明史·满剌加传》记载说:满剌加"自为佛郎机所破,其风顿殊。商舶稀至,多直诣苏门答剌。然必取其国,率被邀劫,海路几断"。一五一六年葡萄牙马六甲总督佐治(Jorge d'Alboquergue)派裴来斯特罗(Rafael Perestrello)来中国。第二年,葡萄牙又派皮来资(Thomas Pirez)以国王名义充任大使和安特拉德(Fernao Perez d'Andrade)率舰队来到中国。皮来资和安特拉德所率领的葡萄牙舰队到屯门岛后,想进入广东,遭到中国地方政府的拒绝,葡萄牙舰队强行驶入内河,开往广州,沿途枪炮之声,震动城廓。皮来资到达广州后,便要求到京师去见明朝皇帝。明廷命广东地方官给予所进方物的价值,遣回。皮来资买通镇守太监,获准与通事火者亚三等进京。留在广东的葡萄牙殖民者却乘机进行抢掠活动,强占广东东莞县的屯门岛海澳。

葡萄牙殖民者所到之处,公然搬运硝磺刃铁,沿海乡村,都遭杀掠,并且筑室立寨,作久居之计。当明世宗嗣位后,得知葡萄牙已侵占满剌加并在中国沿海扰掠,斩火者亚三,敕责佛郎机出境。次年(一五二三

288

年),葡萄牙又侵掠广东新会县,在西草湾被明指挥柯荣、百户王应恩率军击败。明军夺获得战船两艘及火炮等军械。

葡萄牙殖民者在广东被驱逐出境以后,转向浙江、福建沿海地区。一五四〇年前后,勾结中国海盗李光头、许栋等,在宁波的双屿建立据点,进行走私贸易,在货尽将去之时,每每肆行劫掠。一五四八年,副都御史朱纨调遣都指挥卢镗、副使魏一恭等率兵进攻双屿,烧毁葡人所建的营房,筑塞港口。被赶出双屿的葡萄牙殖民者又转移到福建泉州府的浯屿(今金门),和原来在那里的海盗会合,继续进行走私贸易和海盗活动,不断骚扰漳、泉地区。一五四九年,朱纨和福建巡海道副使柯乔合兵进击浯屿,葡战舰逃向诏安县,朱纨和柯乔率军堵截于走马溪,葡人多被擒斩。海盗头目李光头等九十六人,也在这次战斗中被擒处死。葡萄牙殖民者在广东、浙江和福建沿海建立的据点,都被拔除。

明朝原在广州设市舶司,管理南海诸国的互市贸易。正德时,移至高州电白县。一五三五年,葡人重贿明指挥黄朝庆,得以在香山县所属壕镜澳(澳门)作为停船贸易的海澳,乘机混入澳门。一五五三年,葡人托言商船遇风暴,水浸贡物,请在澳门借地晒晾。明海道副使汪柏受贿,私自准许。起初还只是搭造茅棚停息,就船贸易。尔后逐渐建造居室扩充住地,到嘉靖末年,葡萄牙来澳门者已筑室千区。

（四）财政危机与人民的反抗

一、严重的财政危机

明王朝连年在北边与蒙古作战，又在东南沿海抵抗倭寇的侵扰，军费支出，日益浩大。世宗奉道修玄，屡建宫殿，造成庞大的靡费。阁部诸臣，以严嵩为首，贪贿公行，侵吞国帑。官员上下效尤，吏治腐败。明王朝陷入了严重的财政危机。

军费浩繁——嘉靖时，军屯制已渐消失，边防军需要国家补助军费（即所谓"年例"）。卫所军制衰落后，募兵制由国家募兵，按月发饷，也增加了军费开支。军中将领多方贪污，变军饷为私财。一五六〇年，给事中罗嘉宾等查核倭寇猖獗以来督抚诸臣侵吞军需的数字，高者达十万四千，次者也有三、五万，其他或以万计，或以数千计。史料保存的军费开支数字，一五五一年诸边费六百余万，一五五〇年十月至嘉靖三十一年（一五五二年）正月，诸边年例二百八十万外，新增二百四十五万有奇，修边、赈济诸役又八百余万。当时户部每年岁入只有二百万，可见军费开支已成为明王朝的沉重负担。

皇室靡费——世宗崇道教，每年不断修设斋醮，造成巨大的靡费。早在嘉靖初年，户科左给事中郑一鹏即奏称："臣巡视光禄，见一斋醮蔬食，为钱万有八千。"(《明史·郑一鹏传》)《明书》卷八三记载:"嘉靖中岁用黄蜡二十余万斤,白蜡十余万斤,香品数十万斤。"为行修玄,还大事营建。《明史·食货志》说:"世宗营建最繁,十五年以前,名为汰省,而经费已六、七百万。其后增十数倍,斋宫、秘殿并时而兴。工场二、三十处,役匠数万人,军称之,岁费二、三百万。其时宗庙、万寿宫灾,帝不之省,营缮益急,经费不敷,乃令臣民献助;献助不已,复行开纳,劳民耗财,视武宗过之。"说世宗"劳民耗财"过于武宗,自是史家警世之词,但世宗的靡费,的确也是巨大的。

阁臣贪贿——自世宗迁居西苑修玄,内阁权位甚重。严嵩自一五四二年入阁,参预机务,前后凡二十年,中间一度被黜,再次出任首辅也有十余年。这二十年是明朝边患频仍的二十年,也是明王朝日益昏暗的二十年。张廷玉《明史》将严嵩列入"奸臣传",说他"窃权罔利"。所谓窃权实为专擅相权,诛除异己。这当与世宗修玄诸事多付内阁,严嵩"独承顾问"有关。身为首辅而罔利营私,则与张璁的"持身特廉,痛恶赃吏"形成鲜明对比。一五二二年南京御史王宗茂上疏弹劾严嵩"久持国柄,作福作威,薄海内外,罔不怨恨。如吏、兵二部,每选请属二十人,人索贿数百金,任自择善地,致文武将吏尽出其门"。"往岁遭人论劾,潜输家资南返,辇载珍宝,不可胜计,金银人物,多高二、三尺者,下至溺器,亦金银为之。""广市良田,遍于江西数郡。又于府地之后积石为大坎，实以金银珍玩，为子孙百世计。"(《明史·王宗茂传》)一五五八年刑部主事张翀上疏说："户部岁发边饷，本以赡军，自嵩辅政，朝出度支之门，暮入奸臣之府。输边者四，馈嵩者六。臣每过长安街，见嵩门下无非边镇使人。未见其父，先馈其子。未见其子，先馈家人。家人严年，富已逾数十万，嵩家可知。私藏充溢，半属军储。边卒冻馁，不保朝夕。"(《明史·张翀传》)嵩子世蕃原为尚宝司少卿，后进为太常寺卿。严嵩晚年，世蕃代为处理政务，更加骄横不法，诛求无厌。家有黄金三万余两、银二百余万两，珍宝等又值数百万。

严嵩父子索贿授官，朝廷上下，文武吏员激增。宪宗成化时，全国武职人员超过八万，文职约二万余。嘉靖时增至数倍(《涌幢小品》卷八)。上行下效，自朝廷至地方各级官员行贿送礼，形成不可遏止的贪风。一五五五年九月，户科给事中杨允绳上疏说倭患不止，原因在于"近者督抚命令不行于有司。"其所以如此，又是由于"督抚莅任，例赂权要，名'谢礼'。有所奏请，佐以苞苴，名曰'候礼'。及俸满营迁，避难求去，犯罪欲弥缝，失事希苞覆，输贿载道，为数不赀。督抚取诸有司，有司取诸小民。有司德色以事上，督抚觍颜以接下。上下相蒙，风俗莫振。"(《明史·杨允绳传》)一五五八年，刑科给事中吴时来上疏说："今边事不振，由于军困；军困由官邪；官邪由执政之好货。若不去嵩父子，陛下虽

292

宵旰忧劳,边事终不可为也。"(《明史·吴时来传》)

严嵩当政期间,不断有人上疏弹劾,遭到严嵩父子的迫害。一五五一年,锦衣卫经历沈炼得知严嵩父子在对俺答作战中,纳边将贿赂,致误边事,愤而上疏,劾严嵩"纳将帅之贿,以启边陲之衅"等十大罪。世宗这时一意倚任严嵩,将沈炼谪佃保安,居住民家。一五五七年,严嵩父子指使宣大总督杨顺诬指沈炼交通白莲教徒,在宣府斩首。一五五三年,兵部武选员外郎杨继盛上疏弹劾严嵩"无丞相之名,有丞相之权",纵子僭窃,纳贿授官等十罪五奸。世宗将杨继盛下狱,由刑部定罪。严嵩嘱刑部官员判处绞刑。在狱中三年,被行刑处死,成为震动一时的冤狱。

嘉靖末年,明廷财政日益窘困,有其多方面的原因。如上所述,边境战事频仍、军费浩大、皇室斋醮营建所费不赀和严嵩父子为首的文武官员贪贿公行是最主要的原因。一五四四年八月,户部报告"太仓积贮粮米有余"。但一五四九年史载:"是时边供繁费,加以土木祷祀之役月无虚日,帑藏匮竭。司农百计生财,甚至变卖寺田,收赎军罪,犹不能给。乃遣部使者括逋赋。百姓嗷嗷,海内骚动。"户部报告,太仓银库岁入二百万两,以前一年大约所出一百三十三万,常余六十七万,近岁一年大约所出三百四十七万,视之岁入,常多一百四十七万。"及今不为之所,年复一年,将至不可措手矣。"(《世宗实录》卷三五一)一五五一年户部尚书孙应奎建议"加派"赋税,自北方诸府暨广西、贵州外,其他量地贫富,骤增银一百一十五万有奇。(《明史·孙应奎传》)后来,京边岁用,多者过五百万,少者亦三百余万,岁入仍不能抵岁出之半。一五五三年所发京边岁用之数为五百七十三万,竟超出当时太仓岁入银二百万额三百七十三万。一五五八年二月,大同右卫告警,"帑储大较不及十万两,而边臣奏讨日棘"。(《世宗实录》卷四五六)明王朝的日子越来越不好过了。

二、各地人民的反抗斗争

早在嘉靖初年,各地人民即不断举行武装起义,以反抗明王朝的统治。嘉靖中叶以后,军费浩繁,财政窘困,赋税与徭役日益加重,人民的反抗也更为频繁,见于记载的武装斗争不下于四、五十次,涉及几乎所有省区。起义者以农民为主,盐徒、矿工和散兵游勇也加入了斗争的队伍。以下是嘉靖初年以来一些规模较大的反抗斗争。

两广人民起义——起义发生于嘉靖元年(一五二二年)七月。广西起义于十一月间被两广总督张嵚镇压。广东新宁恩平蔡猛三等领导的农民武装众至数万,连年转战各地,直到一五二四年三月,才被官军镇压而失败,蔡猛三被杀,被官军杀害和俘虏的反抗者多至一万四千人。

山东矿工起义——一五二二年十一月,山东青州矿工王堂等起义，转战东昌、兖州二府，进入河南和北直隶地区。次年正月，在河南杀明指挥赵太等三十余员及官军八百余人。二月，起义军被提督军务俞谏会河南、山东、保定三方军队围剿，起义失败。

陈卿起义——一五二八年二月，山西潞城县青羊山陈卿等起兵，执知州，杀伤指挥、知县等官员。十月，明廷调集山西、河南、山东、北直隶四省官军镇压，起义军英勇抵抗，终于失败。

师尚诏起义——一五五三年七月，河南柘城盐徒师尚诏聚众数千起义，攻克归德府及柘城、鹿邑等县。八月，攻围太康县。九月，师尚诏计划东下取凤阳，兵败于五河县。十月，师尚诏在山东莘县被擒，遇害，起义失败。起义军前后攻克府一、州二、县八，震动三省。

陈以明起义——广东新宁、新会、新兴、恩平之间的山区，多有逃亡者窜入瑶民之中，众至万余，推陈以明为首领，号"承天霸王"，设将军、指挥等职，数败官军。一五五六年十一月，起义军被广东巡抚谈恺战败，陈以明被杀。

张琏起义——广东饶平县人张琏，参加郑八领导的起义，郑八死，与萧雪峰分领其众，转战汀、漳、延、建及宁都、瑞金等处。一五六一年九月，义军攻克福建南靖县。根据地设在饶平一带，明军不敢轻易进犯。一五六二年二月两广总督张臬奏请调兵十万，与福建、江西官军会同镇压。五月，张琏与萧雪峰都被官军俘获，

295

起义失败,部众被遣散二万人。

蔡伯贯起义——一五六五年末,四川大足蔡伯贯以白莲教发动起义,建号"大唐",旬月之间,连破七州县。嘉靖四十五年(一五六六年)正月蔡伯贯战败被俘,起义共持续三十六天。

浙赣矿工起义——一五六六年二月,浙江开化、江西德兴矿工起义,转战徽、宁等处,遂入婺源县。后又转战江西玉山、浙江遂安,闰十月被官军镇压。

李亚元起义——广东人李亚元聚众起义,活动于河源、和平等县,一五六六年二月,官军出兵十万,才将起义镇压下去。李亚元被俘,义军被杀害俘虏一万零四百人。

赖清规等起义——广东河平县岑冈李文彪、李珍父子、江西龙南县高沙保谢允樟、下历赖清规,自一五五六年聚众起义,号为"三巢"。一五六六年三方声势相倚,众且数万;赖清规一支,势力尤强,号称王。广东和平、龙川、兴宁和江西龙南、信丰、安远六县被起义者扫荡过半。南赣巡抚吴百朋认为,要镇压这次起义,"兵非三十万,银非百万两不可。"吴百朋派守备蔡汝兰擒赖清规,义军失败。

以农民为主体的武装起义而外,嘉靖时期还多次发生兵变。起因或由于月粮减少,或由于将官督役严急,或由于政府剥削加重。兵变实质上也是人民反抗的一部分。其规模较大者,有以下几次:

296

一五二四年大同兵变——起因是巡抚都御史张文锦令镇卒在大同城北九十里筑五堡,并迁徙二千五家镇卒往守。镇卒以无安全保障,不肯服从,遂在郭鉴领导下发动兵变。八月杀参将贾鉴,又杀张文锦。明廷派按察使蔡天祐为大同巡抚,安弭军兵。十一月,大同再次兵变。明廷命兵部侍郎胡瓒、都督鲁纲率师往讨,郭鉴被官府擒斩,其父郭疤子继起反抗。一五二五年,郭疤子等四十人被蔡天祐捕杀。一五三三年大同兵变。这年十月,大同总兵官李瑾命镇卒挖濠沟,督促严急,役卒王福胜、王保等数十人鼓噪兵变,杀李瑾。十一月,巡抚潘倣逮捕王保等七十余人,杖死十余人。次年,大同城中管粮郎中詹荣等,又擒捕兵变首领黄镇等九人。

　　一五三五年辽东兵变——辽东诸卫所,旧制每个军士,佐以余丁三,每一匹马给牧地五十亩。后来巡抚副都御史吕经减少余丁,编入均徭册,又尽收牧地入官,士卒深为怨恨。一五三五年三月,吕经巡视辽阳,命士卒增筑边墙,督役严急,诸军大噪,火烧均徭册,幽禁吕经。广宁、抚顺士卒也发动兵变。巡按御史曾铣宣布废除吕经的新制,参加兵变者逐渐减少。七月,曾铣查清辽阳、广宁、抚顺兵变主要发动者的姓名,在同一天里捕捉数十人。

　　一五六〇年,振武营兵变——振武营是南京尚书张鏊为抗倭而招募的一支军队。一五六〇年二月,因减少月粮,发饷逾期,遂发生兵变,杀死督储侍郎黄懋官。守备太监何绶许给赏银十万两,南京兵部侍郎李遂给予免死券,以安抚士卒。局势稍定,又秘密逮捕兵变为首者二十五人。

三、赋役制的改革与阁臣的更替

赋役的改革——面对明王朝财政收入的减少和民间赋役负担的加重,某些地方官员在其管辖地区,进行了改革赋役制度的尝试。

一五三九年,巡抚应天十府右副都御史欧阳铎察知苏松田肥瘠相差不多,但下田亩税五升,上者至二十倍,于是推行"征一法",计亩均输。原来税重者不能尽损,递减耗米,派轻赍(折色)折除,实际上予以减轻。轻者不能明令增加,征收本色,递减耗米,实际上加重。为了防止诡寄等弊病,征收田赋,从圩不从户。欧阳铎的新法,曾得到内阁大学士顾鼎臣的支持,但未能推广。

一五五九年,浙江乌程人潘季驯以御史巡按广东,倡行均平里甲法。此法在广东始于成化、弘治,但后来的官吏多不能守。潘季驯加以整顿:先计州县之冲僻,以为用之繁简,令民各随丁力输银于官,每遇供应过客及一切公费,官为发银,使吏胥里老承买。其里长止于在官勾摄公务,甲首悉放归农。这个办法使部分里甲力役变为出钱代役,有利于农民劳动,因此广人便之。

嘉靖四十年(一五六一年)正月,潘季驯因即将离任,恐后任不能继续执行,上疏请朝廷降旨推行。户部议准,通行全省,如法遵守,年终籍记用银数目奏报。(《世宗实录》卷四九二)

一五六一年,庞尚鹏以御史巡按浙江,多次改革赋役制度,先是实行"十段锦法",最后又行"一条鞭法"。十段锦法,据说是"将十甲内丁粮,除四甲已经编过外,未编六甲,通融均作六段,分定六年",承担徭役。"凡官吏、举监生员、军灶匠丁,系例应优免者,即将应免之数,开列册前;如或各甲内俱有丁粮,止从一甲内优免,其余免剩者,挨造入册,与民一体编差。"(《明经世文编》卷三五七)庞尚鹏所推行的一条鞭法,是仿自余姚、平湖二县原来实行的"均徭一条鞭法",基本内容是:"凡岁编徭役,俱于十甲内通融随粮带征"。这就是说,第一,它改变了过去十年轮役的办法,实行十甲人户年年共同承应。原来以十年之差,而责之一年,重而难;现在则以一年之役,而均之十年,轻而易。第二,它改变了过去粮、役分别征用的办法,实行两者统一征收,简化了手续,减少了经手吏胥舞弊害民的机会。除浙江外,庞尚鹏还在其家乡广东和福建推行过一条鞭法,浙江、福建及其乡广东都因徭役减轻而乐行其法。

以上关于赋役制度改革的尝试,都只是实行于局部地区,而且都还只是局限于某些环节而不是赋役制度的整体。但是,这些尝试反映出当时赋役制的诸多积弊,改革赋役制度势在必行。这些尝试也为后来的赋役新法的制定,提供了借鉴和启示。

阁臣的更替——世宗居西苑修玄,不见大臣,只是不时召见内阁首辅严嵩,定议国事。严嵩入阁时年已六十余,一五五九年,已是八十岁高龄,难以亲自草拟诸多的文书,乃由儿子世蕃代拟。史家指为"上(世宗)不能一日无严嵩,嵩又不能一日无其子。"(《明史纪事本末》卷五十四)严嵩早年自筑钤山堂,潜心诗文,淡泊自处,曾获得一时的清誉。晚年为相,对世宗甚为恭谨,但与子世蕃贪污勒索,日益豪侈。严嵩妻欧阳氏对嵩说:"你已忘记了钤山堂二十年的清寂么!"对子世蕃也斥责甚严。一五六一年,欧阳氏死,严嵩命世蕃留在左右,由孙子严鹄护丧归里。世蕃因母丧有孝服在身,不能再入值代理公事,日与诸姬淫乐。世宗交拟诏制,严嵩往往处理失宜,斥还改拟。世宗知严世蕃在母丧中淫乐放纵,也极厌恶。这年,西苑永寿宫发生火灾。群臣请还大内,世宗不允。严嵩请迁居南内。世宗因南内原是英宗幽禁之所,大为不满。内阁大学士徐阶,疏请在西苑重建新宫,得世宗允准。世宗渐疏严嵩,而倚信徐阶。

世宗在西苑,命方士蓝道行卜问辅臣贤愚。蓝道行乘机,假托仙人降语,揭露严嵩父子过恶。世宗问道:果真如此,上天为什么还不灭他?蓝道行回答说:

"留待皇帝正法"。一五六二年御史邹应龙知世宗渐疏严嵩，但仍眷念，遂上疏弹劾严世蕃纳贿不法诸事，并劾严嵩"植党蔽贤，溺爱恶子。"世宗命逮世蕃究治，以赃罪流戍雷州。世蕃子严鹄及门客罗龙文等也分戍边远。严嵩特许致仕归里。以徐阶为首辅。

一五六三年四月，严嵩返归故里袁州分宜，上疏说："臣年八十四，惟一子世蕃及孙鹄皆远戍，乞移便地就养，终臣余年"（《明史·严嵩传》），世宗不准。严世蕃在流放途中，私自逃回故里。罗龙文也在流放途中，逃往歙县，又逃至严世蕃家中藏匿。一五六四年，南京御史林润自袁州推官郭谏臣处得知严家情况，上疏说他在巡视中得知江洋盗贼多入罗龙文家，有不臣之态，推严世蕃为主。又说，严世蕃近来营治府第聚众至四千人，变且不测。世宗诏令再次逮捕严世蕃、罗龙文等入狱，交法司审讯。次年三月，首辅徐阶自代法司改拟奏疏，揭露罗龙文是海盗汪直的姻亲，招集汪直余党谋与严世蕃外投日本。世宗随即将严世蕃、罗龙文处死，抄没家产。严嵩削籍为民。都人围观行刑，朝野大快。

继任内阁首辅的徐阶，嘉靖二年进士，曾任国子监祭酒，进为礼部尚书，一五五二年加大学士入内阁参预机务。与严嵩同在内阁，达十年之久。一五六一年，另一阁臣李本丁忧去职，礼部尚书袁炜入阁。次年，严嵩罢相。内阁大学士只有徐阶、袁炜二人。一五六五年，袁炜病归。世宗以吏部尚书严讷、礼部尚书李春芳入阁。严讷于当年病归。世宗又命吏部尚书郭朴、礼部尚书高拱入阁参预机务。世宗晚年仍在西苑，居住在新建的万寿宫。内阁大臣也在西苑值庐。严嵩罢后，徐阶独专国事，阁臣几经更迭，都经徐阶荐引。但阁臣之间往往相互猜忌，不能同心辅政。高拱被劾，怀疑是徐阶指使，二人之间积憾尤深。

世宗晚年多病，仍然信奉道教，专意斋醮，又服食方士所进内含铅硫的丹药，往往烦躁难制。一五六五年十月，户部云南司主事海瑞上疏说："陛下天资英断，即位初年，划除积弊，焕然与天下更始，天下忻忻然以大有作为仰之。""二十余年不视朝，纲纪弛矣。吏贪将弱，民不聊生，赋役日烦，万方悬罄。诸臣犹修斋修醮，相率进香。""陛下之误多矣，大端在修醮"。（《世宗实录》卷五五五）海瑞的长篇奏疏，言辞激切。世宗反复取读，留中数月。对徐阶说，海瑞说的都对，朕今病久，哪能视事。假使朕能出御便殿，岂能受此人诟骂！次年二月，诏命逮海瑞入锦衣卫狱。刑部欲治以死罪，徐阶将奏疏截留救免。

世宗晚年似亦有意于刷新政事，内阁所拟谕旨，均亲自修改，但年事日高，国事日非，已处于无计可施的境地。一五六六年十二月病死。在位长达四十五年，终年六十岁。遗诏第三子裕王载垕继位。

第二节　革新的继续与反侵略斗争

（一）穆宗的短期统治

明世宗长子载基，为阎贵妃所生。出生后两个月即病死。嘉靖四年（一五二五年）王贵妃生次子载壑。四岁时立为太子。一五四九年病死。第三子载垕（穆宗）为杜贵妃所生，一五三九年封裕王。世宗死后，奉遗诏即帝位，年三十岁，改明年（一五六七年）年号为隆庆。穆宗在裕王府时，高拱曾以翰林院编修为王府侍讲九年。穆宗即位，以阁臣加少保兼太子太保。嘉靖末任吏部侍郎的陈以勤和礼部侍郎张居正，也曾先后为王府侍讲。穆宗擢任陈以勤为礼部尚书兼文渊阁大学士、张居正为吏部左侍郎兼东阁大学士，入阁参预机务。

内阁首辅徐阶在世宗死后代拟遗诏颁布，并未与李春芳、高拱等阁臣商议。遗诏内称："只缘多病，过求长生，遂致奸人乘机诳惑。祷祠日举，土木岁兴，郊庙不亲，朝讲久废。既违成宪，亦负初心。天启朕衷，方图改辙，遽婴疾病，补过无缘。（《实录》作'由'）"又称："自即位至今，建言得罪诸臣，存者召用，没者恤录，在系（《实录》作'监'）者即先释放复职，方士人等，论厥（《实录》作'查照'）情罪，各正典刑（《实录》

303

作‘刑章’)。斋醮工作采办诸劳民事,即行停止。"
(《国榷》卷六十四)徐阶自拟的遗诏,纠正了嘉靖末年
的一些弊政,穆宗遵诏实行,获得朝野的称誉,但诏中
代拟的世宗自责之词,轻重之间却未能与阁臣多加斟
酌,不免招致非议。高拱原与徐阶不和,穆宗即位后,
自以为是王府旧臣,得新帝倚重,力斥徐阶遗诏是诽谤
先帝,应当治罪。徐阶与高拱各自指使言官,弹劾对
方。穆宗初即位,阁臣之间就已相互攻讦不止。吏科
给事中胡应嘉被阁臣郭朴议解职。言官指为高拱挟私
怨报复。隆庆元年五月,高拱愤请致仕。穆宗命以少
傅兼太子太傅、尚书、大学士养病。九月,郭朴致仕。
次年七月,徐阶也获准致仕。阁臣李春芳继任首辅。

　　穆宗在位仅六年即病死。自即位后即传示不朝,
不召见大臣。他虽然不再崇奉道教,但广修宫苑,在后
宫游玩享乐,朝廷政事多倚付内阁。徐阶致仕后的次
年,穆宗又召回高拱入阁。史称内阁首辅李春芳,恭谨
自饬。内阁政事,多由裕王府旧臣高拱、陈以勤、张居
正等掌理。内阁的权位也更重了。

一、改革的继续

　　吏制的改革——高拱再度入阁兼掌吏部事。他对
日趋腐败的官吏选任制度,作了若干改革。为了遍识
人才,授予诸司簿籍,将官吏的爵里姓氏,是否贤能,按
月填写,逐年会集,作为选用人才的依据。又奏请科贡

与进士并用,不循资格。各部官员考察,应多方参照,不能单凭文书报告决定升降,也不应拘限人数多少。被降职的官员,应公开说明理由,使众人心服。对于军事系统官兵的任用,也作了一些革新。他建议兵部增设侍郎,作为总督的储备人选。由兵部侍郎而出任总督,由总督而任职兵部,内外交替,边防人才,自会增多。他又认为"兵者专门之学",兵部司属官员应该慎重选任,多选有智谋才力、通晓军事的人才,作为长期专任的官员,不要迁调其他部门。一旦边境有事,就可以从这里选取督抚以至各级军官。此外,也还可以选取边地人员,以备兵部的司属。这样上下相通,题奏军情,便可无隔阂。他还指出,边地官员,责任重大,不应交付杂流或被贬谪的人员。高拱的这些改革的建策,都得到穆宗的准许,付诸实行。虽然这也还只是局限于某些制度的改易,但由于他本人是内阁大学士兼掌吏部,这些措施的实行,对于矫除积弊,刷新吏治和强化边兵,都还能起到一定的作用。

江南新政——继世宗朝江南和广东等地的赋役改革之后,穆宗朝又出现了海瑞在江南推行的新政。

海瑞在穆宗即位后,即获释出狱,恢复原官。一五六九年夏,以右佥都御史巡抚应天十府。在他管辖的界内,实行了如下的新政:

摧抑豪强——豪强兼并民田,是江南地区的大患。海瑞查勘富室强占贫民的田地,夺还贫民。虽是权势之家,也不宽贷。徐阶罢相家居,海瑞查勘徐家田土,不讲情面。一时之间,雷厉风行。据说豪民多逃窜他处以避祸。

改革赋制——海瑞认为,"欲天下治安,必行井田,不得已而限田,又不得已而均税,尚可存古人遗意。"因此,他在江南力行清丈田亩,颁行一条鞭法,即庞尚鹏在浙江实行的成法。

厉行节俭——史载,海瑞在巡抚应天十府任上,"裁节邮传冗费,士大夫出其境,率不得供顿。"(《明史·海瑞传》)

兴修水利——江南故有淞江,汇震泽(太湖)入海,沿江许多土地可得灌溉,后来被潮啮,淤为陆地。民间因此流传"惟海龙王始能开得"的谣谚。隆庆四年(一五七〇年)正月初三,海瑞奏请开吴淞江。工程开始后,他乘轻舸往来江上,亲督畚锸,身不辞劳。二月,即竣工,只用银六万八千三百九十七两。二月九日又兴工浚常熟县白茆河,因饥民云集,募充工役,兼行赈济,三月底完工,用银也仅四万一千二百三十八两。对于当地的圩岸塘浦支河堰坝,也遍加修筑。由是旱涝有备,民赖其利。

海瑞的新政,特别是夺还富民所占田土,不能不遭到豪绅的非议。都给事中舒化劾海瑞"迂滞不达政体"、给事中戴凤翔劾海瑞"庇奸民(贫民),鱼肉缙绅,沽名乱政"。海瑞实行新政,刚刚半年,就被解职,改为督南京粮运。海瑞辞谢不就,称病归里。

二、俺 答 封 贡

明世宗断绝与蒙古俺答汗的贡市贸易后,蒙古得不到迫切需求的铁器和布帛,连年在边地抢掠。穆宗即位后,一五六九年九月俺答汗又领兵攻掠山西石州,杀知州王亮。入境二十日,明兵竟不敢抵抗,任其掳掠而去。明廷诏夺督抚镇诸臣官职,调任抗倭名将福建总兵官戚继光督师蓟辽。一五六八年五月,戚继光以都督同知总理蓟州、昌平、保定三镇练兵事。总兵官以下均受节制。随后又以戚继光为总兵官,镇守蓟州、永平、山海关等处。戚继光调集浙江精兵三千北来,向北兵示范,以加强军纪。又在边墙修建空心敌台一千二百座,以加强北边防御。一五七〇年五月,总督陕右副都御史兼总兵侍郎王崇古总督宣大山西军务。

这时,蒙古内部的局势,又有所发展。

一是俺答汗已渐向西方扩展其势力并展开了对瓦刺的远征。据蒙文《阿勒坦汗传》记载,俺答汗曾于马年(一五五八年,嘉靖三十七年)降伏畏兀儿残部,随后又出征瓦刺,进军哈密东北的扎拉满特山,结纳吐鲁番的白帽沙汗。越库凯罕山,掳掠瓦刺属部而回。黄龙年(一五六八年,隆庆二年)即俺答攻掠石州的次年,又率大军远征瓦刺,直趋阿尔泰山。瓦刺属部吉格肯阿噶诺延(一说系诺延之妻)献女给俺答汗,率众归

307

附。俺答汗封其子奥巴岱为太师（前引珠译本，第六二至六六页）。俺答汗向西方求拓展，需要在东部与明朝息兵，也更需要恢复贸易，以获取明朝的铁器等物资。明宣大山西总督王崇古分析这时的形势说："即虏使自诉，彼近边驻牧，则分番夜守，日防我兵之赶马捣巢；远抢番夷，则留兵自守，时被我兵之远出扑杀。在虏既未遂安生，故游骑不时近边，扰我耕收。大举每岁窥逞，劳我慎防，在我亦无时解备。华夷交困，兵连祸结。"（《明经世文编》卷三一七《确议封贡事宜疏》）。

另一情况是：丰州汉人农业地区日益扩展，汉人豪强渐成一大势力。明英宗正统以后，丰州地区为蒙古占据。一五四六年，玉林卫百户杨威被蒙古俘掳，《明实录》记载他曾被"驱之种艺"。杨威被俺答放回传达讲和之意，仍说："自后民种田塞内，虏牧马塞外，各守信誓"。（《世宗实录》卷三一一）大抵这时所谓"种艺"，还只是少数汉人俘虏所从事的活动，所谓"塞外"基本上都还是畜牧区。大约十余年后，白莲教徒丘富被俘掳到丰州地区，与日益众多的汉人俘虏和逃亡农民开始在丰州川从事农业耕种，并建造城廓房屋，被称为板升。这大约是类似辽代契丹地区所谓"汉城"的汉人聚落。嘉靖末季，蒙古连年掳掠，被俘的汉人日众，这种聚落也得到迅速的发展。蒙古依靠这些聚落处置汉人俘虏，委付大小首领进行统治。这些首领逐渐成为役使广大农奴的豪强。丘富死后，势力最大的豪强是山西人赵全,役使万人。其他头目如周元、李自馨等也都统治数千人。明廷得到的情报是:这些汉人豪强极力鼓动俺答在边境掳掠,以扩大他们对农奴的占有。蒙古在边地进兵,也是由他们作向导。明廷把赵全等人视为叛逃的仇敌,也是极大的隐患。

总的形势是,连年交战之后,明朝和蒙古都已利于息兵通市,但实际上却还在保持着对峙的局面,遂使赵全等人从中渔利。

一五七〇年九月俺答之孙把汉那吉率领家室降明,打破了长期的对峙。把汉那吉是俺答的嫡孙,幼年丧父,由俺答的大夫人(一克哈敦)抚养。据说是由于俺答将他的第三妻赐给阿尔秃斯,把汉那吉愤而与妻子家人十余人到山西行都司平虏卫降明。明大同巡抚方逢时受降后,驰报宣大总督王崇古。王崇古安置把汉那吉留住大同,随即与方逢时上疏陈奏,说:"若俺答临边索取,则可由此与他通市,责令缚送板升诸逆,还被掠人口,这是上策。如果发兵前来,不可理谕,则明示欲杀,彼望生还,不敢大逞,然后徐行我计,这是中策。如果弃而不求,也当对把汉那吉厚加资养,结以恩义,将来俺答死后,他可收集余众,自为一部。边地也可得安宁。"疏上,朝议多有异词。内阁大学士高拱、张居正采王崇古议,诏授把汉那吉指挥使,赐绯衣一袭。这时,俺答正在率众西征,得报,返回。俺答妻大夫人痛失爱孙,对俺答多所责难。俺答也自悔处置失宜，但仍采赵全的建策，自率大军并命长子辛爱黄台吉军及永谢布兵，分三路至明边境，索要把汉那吉。王崇古遣百户鲍崇德前往劝说，提出缚送赵全等板升头目，交换把汉那吉还蒙古。俺答派人到明朝探听情况，看到把汉那吉蟒衣貂帽，驰马从容，受到优待。俺答得报，大喜过望，对鲍崇德说：“我不为乱，乱由（赵）全等。今吾孙降汉，是天遣之合也。天子幸封我为王，永长北方，诸部孰敢为患！即不幸死，我孙当袭封，彼受朝廷厚恩，岂敢负邪！”（《明史·王崇古传》）遂遣使臣随鲍崇德到明朝议和。

丰州汉人豪强势力的发展，原已与蒙古封建主诸多矛盾。明朝与俺答的使者反复洽商后，俺答汗终于同意将赵全等十大板升头目，交付明朝。周元得讯，服毒自杀。十一月十九日，俺答汗遣使押送赵全、李白馨等头目交付明朝官员。次日，明廷遣军官护送把汉那吉出境，行前赠予布帛。十二月，把汉那吉返回蒙古，俺答汗夫妻迎于河上。一场风波，遂告结束。

此事明廷处置得宜，取得了双方都满意的结果。俺答汗与弟老把都、侄吉能及永谢布部均遣使入谢，并请求通贡开市，永结盟好。穆宗交三镇议复。一五七一年二月，王崇古奏上“确议封贡事宜疏”力言互市之利，条陈八议。一、加封号。依前朝故事，封授俺答王号，子弟封授官职。二、定贡额。许每年一贡，俺答贡马十匹，来使十人。其他首领依次递减。三、酌定贡期贡道。入贡互市,在春季马弱之时,自大同左卫验入。四、立互市。每年择日开市,贸易一月。市场设在大同左卫威虏堡、宣府万全右卫张家口、山西水泉营。五、抚赏。自各镇备边费用中拨出布帛抚赏蒙古使臣、守市兵士及酋长。六、归降。通贡后,边地不再收纳蒙古降人,自蒙古归降的汉人,许住边堡。七、权宜。受降之礼,宽优处置。八、戒狡。造谣饰诈,破坏贡议者治罪。王崇古在奏疏中还说道:"俺答年近七十,老把都儿、黄台吉、吉能各年逾五十。倘各酋未死,边境有数年之安,则宣左山西残城可渐实,芜田可渐垦,客兵可渐减"。(《国榷》卷六十七)奏疏下兵部廷议。朝臣议论不同。阁臣李春芳、高拱、张居正等都赞同王议,面奏穆宗亲决。三月,穆宗采王崇古议,敕封俺答为顺义王,赐绯蟒衣一件,彩币八件。

五月间,明宣大副帅赵伯勋等奉诏敕,往大同得胜堡向俺答汗等宣诏。原来拟议的受降之礼于是变成册封典礼。俺答等搭设棚厂,陈列彩旗,大张旗鼓迎诏。宣诏后,俺答行礼谢恩。老把都儿、黄台吉、吉能等以下一百一十二名首领也各敕授军官称号。礼成后,俺答又奉上蒙文谢表,遣使入京贡马。各级受封的首领共贡马五百〇九匹。明礼部奏请穆宗上殿宣表受百官朝贺,说是"圣朝盛事"。(《穆宗实录》卷五八)

俺答受封,贡市重开,明朝与鞑靼蒙古建立起正常的联系。百余年来争战连年的边地从此得以重现和平。据说,东起永平府,西到嘉峪关七镇数千里的边境,"军民乐业,不用兵革"(《明史·王崇古传》),明廷每年可省军费十分之七。边地居民得以安心耕牧,蒙古商民往来贸易。边境城镇又呈现繁荣景象。八年后,任山西宣大总督的方逢时陈述当时情况说:"八年以来九边生齿日繁,守备日固,田野日辟,商贾日通,边民始知有生之乐"。(《明史·方逢时传》)俺答封贡的实现,确是穆宗朝的一大成就。

三、广东等地的农民起义

广东地区社会矛盾尖锐,嘉靖后期即先后有陈以明、张琏、李亚元、赖清规等领导各地农民起义反抗。穆宗即位后,隆庆元年(一五六七年),又爆发了以曾一本为首的起义。

曾一本在嘉靖末年曾随从吴平起兵,兵败投降。这年,再次起兵,执澄海知县,败官军,击毙守备李茂才。次年六月,进攻广州,杀知县刘师颜。转战福建。明将周云翔杀参将耿宗元,投入起义军,屯平山大安峒,准备进攻海丰。一五六九年五月,被官军战败,周云翔被俘,部众一千三百余人被杀。曾一本在福建柘林奥战败,转移至马耳澳。八月,在海战中失利被俘,部众被杀害者一万多人。

一五七二年,肇庆恩平十三村陈金莺,邻邑苔村三巢罗织清,藤洞九径十寨黄飞莺,各自发动起义,互通声气。旧例，两广惟大征得叙功，总督殷正茂和总兵官张元勋，改变办法，令雕剿得论功，将三巢、十寨、十三村的起义者镇压下去。

惠州、潮州一带，山险木深，蓝一清、赖元爵等率众起义，各据险结砦，连地八百余里，起义军数万人。一五七二年殷正茂在镇压了十三村的起义后，征兵四万前来镇压惠、潮一带的起义者。起义军奋起抵抗，直到穆宗死后，起义才告失败。

（二）神宗继统与张居正的兴革

穆宗于隆庆六年（一五七二年）五月病逝，年三十六岁，遗诏皇太子翊钧（神宗）继帝位。穆宗即位前，王妃李氏生子，五岁而死，另一子，不满周岁而死。即帝位后，立王妃陈氏为皇后，无子。神宗翊钧系李贵妃所生。一五六八年立为皇太子。继位时年十岁。

穆宗死前一年，内阁首辅李春芳致仕。高拱继任首辅。礼部尚书吕调阳入阁，与张居正同参机务。司礼监秉笔太监冯保与张居正结纳，在穆宗病危时即密嘱张居正预草遗诏。神宗宣诏即位，高拱条上五事，旨在削弱司礼监，加强内阁拟旨之权。张居正授计冯保，密陈陈太后与李贵妃：高拱擅权不可容。次日，传出皇帝圣旨，太后懿旨、贵妃令旨："今高拱擅政，专制朝廷，我母子惊惧不宁，高拱即回籍闲住，不得迟留。"（《国榷》卷六十八）

神宗即位方七日,高拱即罢相归里。张居正继任首辅。

一、张居正的兴革

湖广江陵人张居正,嘉靖进士。穆宗隆庆元年入内阁参预机务。任首辅后,建言并尊陈后、李妃为皇太后。得两太后倚任,尊称为张先生。张居正任内阁首辅,先后凡十年。是明代权力最大的首辅,也是兴革最多的首辅。

张居正在任期间,针对前朝形成的积弊,参酌前人试作的革新,从多方面采取了兴革的措施。

官吏考成——张居正认为,当时官场的从政者或"虚声窃誉",或"巧宦取容",或"爱恶交攻",章奏繁多,实效甚少。万历元年(一五七三年)他提出官吏考成法。说:"盖天下之事,不难于立法,而难于法之必行;不难于听言,而难于言之必效"。(《张文忠公全集》奏疏三)明朝考察官吏原有制度,但行之既久,形同具文。张居正严格立法,要求法之必行,言之必效。考察标准是"惟以安静宜民者为最,其沿袭旧套虚心矫饰者,虽浮誉素隆,亦列下考"。方法是逐级考核,抚按以此核属官之贤否,吏部以此别抚按之品流,朝廷以此观吏部之藻鉴。若抚按官不能悉心甄别,而以旧套了事,则抚按官为不称职,吏部宜秉公汰黜。吏部不能悉心精核,而以旧套了事,则吏部为不称职,朝廷宜秉公更置。(《张文忠公文集》奏疏五)。又建立随事

314

考成制度:"凡六部都察院,遇各章奏,或题奉明旨,或复奉钦依,转行各该衙门,俱先酌量道里远近,事情缓急,立定程期,置立文簿存照。"除了一般的例行公事以外,另立文册二本,一本送各科备注,实行一件,注销一件。一本送内阁查考。必俟销完乃已。张居正奏称:"若各该抚按官奏行事理有稽迟延搁者,该部举之;各部院注销文册有容隐欺蔽者,科臣举之;六科缴本具奏有容隐欺蔽者,臣等举之。如此,月有考,岁有稽,不惟使声必中实,事可责成,而参验综核之法严,即建言立法者亦将虑其终之罔效,而不敢不慎其始矣"(同上,奏疏三)。以部院考核抚按,以六科监督部院,以内阁督察六科。这样,各级官吏,不敢敷衍塞责,建言立法者,不能随意发令,使朝廷政令的贯彻执行有了保证。

张居正在考察中裁撤了冗员,奖励廉能,据说官员们"不敢饰非,政体为肃"。

加强边防——张居正进入内阁后,就注意整饬边防,提出饬武备、信责罚、造兵将的方略。调任戚继光整顿蓟镇防务,支持王崇古实现俺答封贡。王崇古晋为兵部尚书,方逢时总督山西宣大,戚继光仍驻蓟镇,又用名将李成梁为辽东总兵官驻守辽东,以巩固边防。当时边防的形势是:俺答封贡实现后,北边恢复安静,往来互市。但东部蒙古插汉(察哈尔)部与辽东泰宁、朵颜卫结纳,因不通互市,不时在边地扰掠。李成梁固守边镇,屡战获胜。辽东战争因而尚不致扩大。

整顿学校——嘉靖以来,府、州、县学中的某些混入的生员,不务实学,为非作恶,在地方上形成一种势力,被称为"学霸"(《明会典》卷七八)。一五七五年,张居正整顿各地学校,规定:"今后岁考,务须严加校阅。如有荒疏庸耄,不堪作养者,即行黜退,不许姑息。""童生必择三场俱通者,始行入学,大府不得过二十人,大州县不得过十五人,如地方乏才,即四五名亦不为少"。(《张文忠公全集》奏疏五)核减生员,黜革学霸外,又大力整顿提学官和儒学教官。张居正奏称:各地儒学教官往往是"士之衰老贫困者,始告授教职,精力既倦于鼓舞,学行又歉于模范,优游苟禄,潦倒穷途,是朝廷以造士育才之官,为养老济贫之地。"(同上,奏疏四)张居正请敕吏部,慎选提学官,有不称者,奏请改黜。对于教官中学业荒疏,但年力尚壮者,送监肄业深造。如已年老,则黜革回籍。

　　清理田赋——张居正任首辅后,面对前朝形成的财政危机,从节流与开源两方面力图挽救。节流主要是裁减冗官冗费,对皇室的费用力求撙节。开源主要是清理逋欠的田赋。万历元年,敕令"自隆庆改元以前逋租,悉赐蠲除,四年以前免三征七"。次年规定,拖欠七分之中,每年带征三分。第三年,张居正用考成法严厉督促官员奉行"输不及额者,按抚听纠,郡县听调"(《明史·傅应桢传》)。经过整顿后,明朝的财政有所好转。万历四年(一五七六年),京通储粟足支八年,太仆寺积金四百余万。次年，岁入四百三十五万九千四百余两，岁出三百四十九万四千二百余两，积余八十六万余两。但万历六年(一五七八年)的财政收支又出现了亏空，计岁入三百五十五万九千四百余两，岁出三百八十八万八千四百余两，亏空了三十九万余两。张居正上疏说："量入以为出，计三年所入，必积有一年之余，而后可以待非常之事，无匮乏之虞"。他要求神宗"一切无益之费，可省者省之。无功之赏，可罢者罢之。务使岁入之数，常多于所出"。(《张文忠公全集》奏疏八)

张居正清理逋赋，说是针对侵欺隐占的"权豪"、"奸民"，但实行中，地方官吏不敢催征势豪大户，反将下户贫民，责令包赔，流弊也是严重的。

清丈田亩——明朝田赋减少的根本原因是豪民兼并田地而不纳税，税赋仍加给失去田地的农民。所谓"小民税存而产去，大户有田而无粮"，是历代常见的现象，至万历时尤为严重。各地农民不断逃亡或起义反抗，田地被兼并田去税存也是重要的原因。张居正曾指出："夫民之亡且乱者，咸以贪吏剥下，而上不加恤；豪强兼并，而民贫失所故也"。张居正在清理田赋逋欠后，进而在一五七七年提出清丈全国各种类型的田地。次年，正式实行。企图通过丈量，田地"皆就疆理，无有隐奸。盖既不减额，亦不益赋，贫民不致独困，豪民不能并兼"。(《张文忠公全集》附录"文忠公行实")一五八一年，田地丈量完毕，总计田七百一万三千九百七十六顷,较弘治时的统计数字多出三百万顷。虽然执行丈量的官吏或改用小弓丈量,以求田多,有的豪猾势家也千方百计进行抵制,致使这一数字不很确切,但毕竟把地主豪强隐瞒的土地清查出了不少,使豪民的隐田逃赋受到打击。湖广等地原来垦田数字减少最多,经清丈后增额最多。

改革赋制——一五八一年,张居正在清丈田地之后,又在全国范围内推行前朝试行过的一条鞭法,对赋役制度作了全面的改革。

《明史·食货志》说:"一条鞭法者,总括一州县之赋役,量地计丁,丁粮毕输于官。一岁之役,官为佥募。力差,则计其工食之费,量为增减;银差,则计其交纳之费,加以增耗。凡额办、派办、京库岁需与存留、供亿诸费,以及土贡方物,悉并为一条,皆计亩征银,折办于官,故谓之一条鞭"。《续通典》卷七说:"一条鞭法,通计一省丁粮,均派一省徭役,于是均徭、里甲与两税为一"。大致说来,此项改革包括:

(一)赋役合并。原来的赋(两税)役(里甲、均徭、杂泛)以及土贡方物等并成一项。取消力役,一律征银,由人丁和田地分担。(二)田赋一概征银。除苏、松、杭、嘉、湖地区继续征收本色粮食,以供皇室官僚等食用外,其余一般征收折色银。(三)计算赋役数额时,以州县为单位,各州县原有的赋役额不得减少。(四)赋役银由地方官直接征收。原先田赋交本色粮

318

食,很不方便。改为征银后,便于交纳、储存和运输,这就是所谓"丁粮毕输于官"。

一条鞭法简化了征收项目和手续,计亩征银,在一定程度上抑制了豪强漏税的弊端。役银由旧制依户、丁征收改为以丁、田分担,也使无田或少田的居民减轻了负担。一条鞭法的主旨在于使多占田者多交税,是针对当时土地兼并盛行而采取的有效措施,也是赋役制度史的一大变革。新法自一五八一年开始实行,各地逐步推广,大约至一五九二年前后,全国各地包括边远省区,都已陆续实施。各地方因情况不同,具体的实施办法也互有差异。如关于役银的丁、田分担比例,各地实行的办法就极不一致。有的地方以丁为主,以田地为辅,采用"丁六粮(即田地)四"的分担比例;有的地方以田地为主,以丁为辅,人丁承担四分之一,田地承担四分之三;也有的地方,丁田平均分配,各承担二分之一。即使在同一地区的不同州县,负担比例也不一致。如凤阳府所属泗州与盱眙一五九九年所编的四差银(四差包括里甲、均徭、驿传和民壮),都是丁所出的总额,大于田粮所出的总额,而天长一县则相反。三州县每石地亩粮所带征的四差银数量,轻重也极悬殊,其中泗州和盱眙分别是一钱三分和四钱九分五厘三毫,而天长县却高达二两一钱。总的说来,各地征额虽然多有差异,但改力役为征银,依占田与人丁多少分担,各个地方则基本相同。这一办法之能以实行,当是反映了农民已便于出售产品,换取货币。农民生产的布帛菽粟,到市场上出售,自不免要受商人的盘剥,但在客观上却也促进着商品经济的发展。

张居正任内阁首辅,先后凡十年。这十年间,明朝边境,大体保持安静,因而得以致力于内政的兴革。张居正曾奏谏"凡事务实,勿事虚文"。他以务实精神所致力的兴革,大体上在于考核选拔人才与增加朝廷财政收入这两个方面。增加收入的办法,局限于清理田亩、改革赋役,实质上是反映着官府与豪民的利益争夺。不过,这些改革客观上也有利于减少贫民的负担,作用还是积极的。一五八二年三月,张居正病死。死前一月,曾上疏请捐免万历七年以前积欠赋税,以消除岁岁"带征"之弊,获准施行。死后赠上柱国谥文忠,与世宗朝的张璁同一谥号。明代先后两张文忠,均以兴革为己任。张居正的施政范围与年限,都超过了张璁。

二、黄河的治理

张居正任内阁首辅期间,还经办过一件大事,即任命潘季驯治理黄河水患。

一五七八年,黄河在桃源北的崔镇决口,河水北流,宿迁、沛县、清河县、桃源两岸多被冲坏,黄河淤淀,迫使淮河南流,高家堰湖堤被冲决,淮安、扬州两府间的高邮、宝应等地都被水淹没,形成大患。张居正深以为忧。这时,河漕尚书吴桂芳病死,遂荐用刑部侍郎潘季驯为工部侍郎兼右都御史,总理河漕。

　　乌程人潘季驯,曾在世宗嘉靖四十四年(一五六五年)总理河道。穆宗隆庆四年(一五七○年),黄河在邳州决口,再次受命治河,次年工竣。神宗万历五年(一五七七年)巡抚江西,次年,入刑部。河决为患,朝中议论不一。或主浚海口,或主复故道。潘季驯受命后,与督漕侍郎江一麟去实地观察水势。他认为,故道久湮,虽修浚恢复,深广也不能如今河。应该筑崔镇以塞决口,筑遥堤以防溃决,"淮清河浊,淮弱河强,河水一斗,沙居其六,伏秋则居其八,非极湍急,必至停滞,当藉淮之清以刷河之浊,筑高堰(高家堰)束淮入清口,以敌河之强,使二水并流,则海口自浚"。(《明史·潘季驯传》)于是上疏提出治河的六条办法:(一)塞决口以挽正河;(二)筑堤防以杜溃决;(三)复闸坝以防外河;(四)创减水坝以固堤岸;(五)止浚海工程以省糜费;(六)寝开老黄河之议以仍利涉(《神宗实录》卷七六)。六策获准实行,至次年十月修筑工程结束。共筑高家堰堤六十余里,归仁集堤四十余里,柳浦湾堤东西七十余里,塞崔镇等决口百三十,筑徐、睢、邳、宿、桃、清两岸遥堤五万六千余丈,砀、丰大坝各一道,徐、沛、丰、砀缕堤百四十余里,建崔镇、徐升、季泰、三义减水石坝四座,迁通济闸于甘罗城南,淮、扬间堤坝无不修筑。此次全面治理后,接连数年,河道不再有大患。一五八○年春,潘季驯因功加太子太保,进工部尚书兼左副都御史,同年秋为南京兵部尚书。

潘季驯依据治河的经验,反复研考,写成《河防一览》、《宸断两河大工录》等著作,提出许多有价值的治河理论。他的治河方法以束水攻沙为基本原则,即"缮治堤防,俾无旁决",从而使水由地中,沙随水去。因为黄河之水"合则流急,急则荡涤而河澡,分则流缓,缓则停滞而沙积"(《明史·河渠志》)。为了贯彻这一原则,潘季驯非常重视河堤的修建。修堤方法有:"缕堤以束其流","遥堤以宽其势","减水坝以泄其怒"。缕堤筑于接近河滨的地段,平时用来约束河水,使之奔流于河床之中。洪水到来后,流量太大,河床往往不能容纳,因而须事先离河二三里另外筑堤一道以防洪水侵及陆地,这便是"遥堤"。减水坝是选择地势低洼而又地基坚实的地段,用石头建成,当洪水涨到一定高度时,洪水会通过减水坝宣泄一部分,贮于低洼地带,以免河床水量过多。由于减水坝由石头做成,因而不会被水冲溃造成灾害。潘季驯对于筑堤的方法也有总结,说:必真土而勿杂浮沙,高厚而勿惜巨费,让远而勿与争地,则堤乃可固。潘季驯的这些理论,是多年的实际经验,考索而得,在当时是难能而可贵的。

三、达赖封贡

张居正任首辅期间发生的又一重大事件,是俺答汗封赠达赖喇嘛和达赖向明朝遣使通贡请封。

蒙古俺答汗在明穆宗时接受王封,重开贡市,随即请求明廷派遣佛教僧人、授予佛经,以便在蒙古弘扬佛法。一五七二年,穆宗派遣藏族喇嘛去蒙古传教,各授僧官。神宗即位后,俺答汗再次请求佛经、佛像。神宗依王崇古之请,赏赐前此往蒙古传教的藏族喇嘛二人禅衣等物,又授在蒙古的藏族喇嘛九人僧官。一五七五年二月,明廷依俺答之请,遣通事(翻译)官一员,送藏僧四人前往蒙古。十月,俺答在丰州川建成寺院及呼和浩特城,请赐城名。明廷赐名为"归化"。一五七七年,又在青海察布齐雅勒建成寺院,明廷赐寺名为"仰华"。

　　与此同时,俺答汗也在向藏族地区约请高僧。藏书《安多政教史》记载说,藏族喇嘛阿兴向俺答汗荐举格鲁派高僧、哲蚌寺主锁南嘉错,俺答汗于一五七四年遣使往迎大师。次年锁南嘉错应邀北来。明《神宗实录》记万历六年(一五七八年)二月,"乌思藏阐化王男札泽藏卜差番僧来西海,见其师僧活佛(锁南嘉错)在西海为顺义王子孙等说法,……因托顺义王俺答代贡方物,请敕封"(《神宗实录》卷七二)。这年五月,俺答汗在察卜齐雅勒寺即仰华寺会见锁南嘉错,遵奉藏传佛教格鲁派(俗称黄教)。土默特等部众一百零八人皈依为僧。锁南嘉错将此次盛事比之于薛禅汗(忽必烈)之尊崇八思巴帝师。锁南嘉错为俺答汗奉上"咱克喇瓦尔弟(转轮王)彻辰(即薛禅,贤智)汗"称号,俺答汗赠予锁南嘉错"瓦齐尔达喇(执金刚)达赖(海)喇嘛"称号。依格鲁派活佛转世之制，锁男嘉错尊奉宗喀巴弟子根敦朱巴为一世达赖喇嘛，前哲蚌寺主根敦嘉错为二世达赖喇嘛，已为三世。俺答汗皈依藏传佛教后，宣布废除蒙古奴仆殉葬旧俗，烧毁魔道神像（萨满巫神），并宣布不再抢掠汉族和藏族。

一五七九年二月，张居正奏报，甘肃巡抚送来乌思藏僧人带来的锁南嘉错即三世达赖给他的书信一封，译文呈："释迦摩尼比丘锁南坚错贤吉祥合掌顶礼朝廷钦封干大国事阁下张：知道你的名，显如日月，天下皆知有你，身体甚好。我保佑皇上，昼夜念经。有甘州二堂地方上，我到城中，为地方事。先与朝廷进本，马匹物件到了。我和阐化王执事赏赐，乞照以前好例与我。我与皇上和大臣昼夜念经，祝赞天下太平，是我的好心。压书礼物，四臂观世音一尊，氆氇二段，金刚结子一方有。阁下分付顺义王早早回家，我就分付他回去。虎年（一五七八年）十二月初头写。"（《张文忠公全集》奏疏八）张居正将达赖的信件译出奏报，并称所赠礼物不敢私受，恭候敕旨。神宗降旨："宜勉纳所馈，以慰远人向风慕义之诚"，并接受达赖的请求，给予封赏。

由于蒙古俺答汗通贡讲和，导致藏族达赖喇嘛遣使通贡请求封赏，进一步密切了明朝与藏族地区的联系。穆宗朝的俺答封贡与神宗朝的达赖封贡，实为明王朝的两件意义重大的事件，影响是深远的。

（三）神宗亲政与平定战乱

　　一五八二年，张居正死后，内阁大学士张四维继任首辅。神宗这时年已二十，遂亲自过问朝政，企图有所作为。

　　张居正实行新政，触及豪民权贵的利益，执政时已屡遭攻击和非议。他交通太监冯保，得到两宫太后的礼重，神宗也对他视如师保。神宗渐长，对张居正的专擅，渐有不满，被张居正罢黜的反对新政的言官，也在伺机报复。

　　张居正死后当年十二月，御史江东之弹劾司礼监太监冯保专擅威福、欺君蠹国及贪污受贿等十二罪，关连到张居正家人游七，涉及居正。神宗将冯保贬为奉御，安置南京。陕西道御史杨四知因上疏劾张居正"贪滥僭奢，招权树党"，神宗诏令"姑贷不究，以全终始。"次年正月，南京刑科给事中阮子孝又上疏弹劾张居正"各子滥登科第，乞行罢斥"。首辅张四维上疏代辩，说"居正诸子所习举业，委俱可进。惟其两科连中三人，又皆占居高第，故为士论所嫉，谤议失实"。（《神宗实录》卷一三二）神宗不听，自批"都教革了职为民"。三月，大理寺将查议冯保案有关人员的狱词送呈。神宗阅后，诏夺张居正上柱国太师等封号和谥号。言官群起上疏，弹劾张居正，并及居正荐引的官员。礼部尚书徐学谟，被劾党附居正，诏令致仕。辽东名将李成梁也被劾"附居正饰功"。兵部尚书张学颜疏辩成梁战功非妄，也因而被劾，自请致仕。驻守蓟镇的名将戚继光被调驻广州，抑郁而死。

明宗室荆州辽王宪㸆在穆宗时因奉道教被废。一五八四年四月，王妃奏陈张居正谋陷亲王，霸夺产业，势侵金宝。神宗命司礼监太监张诚前往荆州张居正家，查抄家产，籍没入官。居正长子敬修因被拷掠追查金宝，自缢而死。内阁首辅申时行与诸大臣合疏请缓，张居正死后调任刑部尚书的潘季驯上疏力救，诏留空宅一所，田十顷供养居正八旬老母。不久之后，潘季驯也被言官弹劾"党庇居正"落职为民。

原内阁首辅张四维于一五八三年四月因父丧归里，不久死去。申时行继任首辅，荐引吏部侍郎许国为礼部尚书兼东阁大学士入阁。自御史至给事中等言官，弹劾朝官，仍不休止。被张居正罢免又得复任的言官，自不免挟嫌报怨。新进的言官则以弹劾锋锐博取守正君子之名，冀得升进。都察院复参张居正，神宗诏定的罪名是"诬蔑亲藩，侵占王坟，钳制言官，蔽塞朕聪，私废辽王，假丈量田地，骚动海内，专权乱政"（《国榷》卷七十二）。张居正推行新政，恃有两宫太后的支持，不顾言官的反对，遇事专行当是事实。辽王妃的控告，触及宗室藩王的利益，更加激怒神宗。张居正籍没家产，史家认为，不及严嵩的二十分之一。（《明史纪事本末》卷六十一）但比起前朝首辅张璁的"持身特廉"，自不免相形见绌。言官弹劾他接受馈遗，当也有据。不过，神宗夺谥后，言官群起，迎合帝意，以投机取宠，弹章多有望风扑影，虚事夸张。沈德符《万历野获编》即指出"江陵（张居正）身后，攻之者寻瑕索瘢，以功为罪"，又说：御史杨四知弹劾张居正贪侈，诸公子打碎玉碗玉杯数百只，这些事有谁见到？（《万历野获编》卷九，补遗卷二）御史丁此吕弹劾礼部右侍郎高启愚主持南京科试，曾出试题"舜亦以命禹"，是劝张居正篡位。神宗将高启愚削籍为民。内阁首辅申时行说丁此吕是"以暧昧陷人大逆"，吏部尚书杨巍请调丁此吕出朝。御史江东之、李植因首先弹劾冯保，得神宗信任，交章弹劾申时行、杨巍"阻塞言路"。申、杨上疏以辞官力争，神宗不得已，诏准杨巍之议，调丁此吕出朝。内阁大学士许国尤为愤慨，连上三疏求去，说："昔日颠倒是非在小人，今乃在君子（指言官），党同伐异，罔上行私。"内阁诸臣与江东之为首的言官，逐渐形成对立。

明朝言官谏官之设，原为对皇帝行诤谏，对各级官员实行监督和纠察。但自世宗议大礼以来，朝官与言官结纳朋比，相互攻讦，弹章成为彼此攻击的工具。张居正死后，言官又掀起风浪，自诩为君子，以指摘官员瑕疵为能事，致使有大功者不能受赏，有小过即被迫辞官，朝中纷争动荡，难以正常施政。神宗也已看到言官的消极作用，曾在一个诏书中说："言官论人，须当审事实，参详公论。若不谙事实始末，不分人品高下，辄肆诋诽，大臣将人人自危，岂成政体！"（《神宗实录》卷一三三）神宗亲政后，亲自批答奏疏，但由于追查张居正，仍不免轻信弹章，言官诋诽之风因而难以遏止。言官由攻击张居正，进而攻击居正荐引的官员，又进而攻击新任的阁部诸臣。神宗亲政的几年间，言官的弹章纷至沓来，朝官的抗辩，接踵而上。这些奏章又往往是空话连篇，强词夺理，真伪混杂。意在有所作为的年轻的神宗，陷入无休止地批览章奏和臣僚纷争之中，难以自拔了。

神宗显然受到豪门权贵的影响，在诏书中曾指责张居正丈量田地使海内骚然，但仍然继续实行官吏考成之法，改革赋役的一条鞭法也还在各地继续推行。神宗鉴于张居正的专擅，有意收揽大权，削弱内阁，但由于陷入朝臣纷争之中，有心勤政而难以勤政。亲政四年，便怠于政事。一五八六年秋，自称"一时头晕眼黑，力乏不兴"，宣示免朝。这年以后，即以多病调摄为名，很少上朝，也不再召见大臣。奏疏仍由神宗亲览，却往往"留中"，不作处理。皇帝独揽大权而又怠于政事，阁臣言官相互攻讦，明王朝的政局日益陷于纷乱昏暗之中。

神宗怠政以来的几年间，青海、宁夏和四川播州等边境地区即相继爆发了反明的战乱。

一、青海蒙古之乱

被称为鞑靼的蒙古诸部,自达延汗死后,由其子孙后裔分别统领,划地而牧。俺答汗雄踞河套及土默特,最为强盛。俺答汗与明朝实现封贡,边境大体安定。一五八一年,俺答汗病死,年七十七岁。子辛爱黄台吉嗣位称彻辰汗。一五八三年,明廷敕准袭封顺义王。两年后病死,子扯力克继汗位,明廷再封顺义王。俺答汗晚年,军政大事均由出自阿尔秃斯的次妻三娘子(原名不详)参与处置。辛爱与扯力克先后收继三娘子为哈敦,佐理国政,与明朝修好。明廷敕封为忠顺夫人。《明史·鞑靼传》说她主兵柄,部众畏服,"自宣大至甘肃不用兵者二十年"。

俺答汗占据西海后,由其子丙兔驻牧,守护仰华寺。一五八八年,丙兔子真相进据青海莽剌川。达延汗第四子巴尔苏博罗特的后裔火落赤驻青海捏工川,联络巴尔苏的另一支后裔、驻牧阿尔秃斯的卜失兔起兵反明。一五九〇年六月,真相、火落赤等率四千骑攻入明境,围攻旧洮州古尔占堡。明兵来战,蒙军四散。明岷洮副总兵李联芳分兵追逐,陷伏身亡。把总、千总以下多人战死。火落赤得势,又邀约顺义王扯力克率三千骑渡河,至临洮以张声势。声言向明境进攻。七月,火落赤攻掠河州,明临洮总兵刘承嗣抗御失败,伤亡甚众。蒙军攻掠二十余日,西陲震动。神宗不得不召见阁臣问计。内阁诸臣对边事均不甚了了。首辅申时行请推一大臣经略。神宗命兵部会推,遂以曾任宣大山西总督的兵部尚书郑洛为右都御史经略陕西四镇及宣大山西边务。八月,敕谕暂停顺义王扯力克的市赏二十万两。

郑洛受命西行,十月又奉敕兼任陕西总督。十一月,郑洛至兰州,奏报说:火落赤等的相犯,是以莽剌和捏工川为据点,河套声援是由甘肃入青海。因晓谕不准径行塞内,否则督兵堵截。次年正月,郑洛督军在甘肃水泉营边墙,截击卜失兔部,斩首八十八级,获得全胜。蒙兵五千七百余帐,被逐出塞外。二月,郑洛遣总兵尤继先率兵至莽剌川,大败火落赤部,斩首五百余级。火落赤、真相北逃。郑洛招谕顺义王扯力克北归。三月,扯力克离西海北归,向明朝谢罪,请复贡市。郑洛自西宁入青海追击残敌,召回当地藏族等居民八万余人复业。又在西宁部署防戍后还朝。

郑洛出兵,获得全胜,明廷议功,加少保。言官又群起攻击,指摘郑洛放归顺义王,是没有"除凶雪耻",欺罔误国。郑洛被迫称病辞官归里。

二、宁 夏 之 乱

青海战乱之后,随即爆发了宁夏副总兵哱拜父子的反乱。

谈迁《国榷》称哱拜为"黄毛虏",当是黄头回鹘,即今裕固族人。嘉靖时投明，为都指挥使，进参将。一五八九年，以副总兵致仕，子承恩袭职，为宁夏卫指挥。一五九一年，郑洛调集宁夏驻军去甘肃平乱。宁夏巡抚党馨命指挥土文秀率千人往援。哱拜自请率子承恩从征。平乱后，党馨不为哱拜叙功，而核查他冒粮之罪。土文秀及哱拜义子哱云等也因未得升赏，心怀不平。承恩因强娶民女被党馨杖责，更加怨愤。一五九二年二月，党馨与督储道兵备副使石继芳克扣应发兵士三年的冬衣布花银，只给一年。党馨曾被张居正指为"刻而且暴"，诸军久怀怨恨。哱拜遂唆使军锋刘东旸、许朝等起事，杀党馨及石继芳。总兵官张惟忠自杀。刘东旸自称总兵，承恩、许朝为副总兵，哱云、土文秀为左右参将，共奉哱拜为主。总督尚书魏学曾遣使招降，刘东旸等要求世守宁夏。

哱拜部下连续攻掠中卫、广武，明守臣或降或走，河西四十七堡相继陷落。叛军渡河，指向灵州。三月，总督魏学曾命副总兵李昫代摄总兵官进军平乱，收复河西诸堡。哱拜父子向河套地区的鞑靼卜失兔部求援。卜失兔率三千骑来宁夏，与哱拜合兵。哱云引卜失兔攻平房堡。明伏兵射死哱云，卜失兔败逃出塞。明援军到来，兵分六路，包围宁夏镇城。叛军坚守，不能下。四月，明廷自宣大调任李成梁之子李如松为提督陕西军务总兵官，浙江道御史梅国桢监军，领兵来援。又任朱正色巡抚宁夏，甘肃都御史叶梦熊协力平乱。五月,明廷特赐总督魏学曾上方剑,违令者立斩。六月,叶梦熊自甘州携带神炮火器四百车至灵州。浙江巡抚常居敬募兵千人,自办军粮,来援宁夏。梅国桢、李如松统领辽东、宣大山西兵来聚集。明军声威大震。明军攻宁夏城月余,仍不能下。七月,魏学曾被劾免职,由叶梦熊代为总督,仍持剑督军。

叶梦熊下令决黄河水淹灌宁夏城,又派人去乱军施计离间。九月,刘东旸、许朝诱杀土文秀,哱承恩又诱杀刘、许,斩首悬挂城上,开城投降。哱拜自缢而死。叶梦熊、朱正色、梅国桢等率部进城,尽杀哱拜部下降人二千,押送哱承恩至京师处死。

明廷此次平乱,调集北南军兵,历时半年,付出了沉重的代价。宁夏城被围,城中乏食,死亡无数。叶梦熊决河灌城,城外水深八九尺,居民付出的牺牲,也是巨大的。

三、播州杨应龙之乱

明属四川的播州(遵义),处在四川与贵州交界地带。唐代曾被南诏国彝族占领,太原人杨端夺取其地,世代占有,至明初已传袭二十一世。明太祖灭夏国,杨氏降明。明朝建播州城,在当地实行土司制度,设宣慰司,杨氏世袭宣慰使,统辖草塘、黄平西安抚司,真州、播州、余庆、白泥、容山、重安六长官司。杨姓以外共有七大姓均与杨氏结为姻亲,世袭各级土官。

穆宗隆庆五年（一五七一年），杨应龙袭职为播州宣慰使，成为杨氏第二十九世土司。明廷加授他都指挥使衔。杨应龙对播州各族人民的统治极为残酷，茅瑞徵《万历三大征考》说他"在州专酷杀树威，有小睚眦即杀害，人人慑恐"。并且渐轻朝廷，居室用龙凤，又违制擅用宦官。

一五九〇年，贵州巡抚叶梦熊疏论应龙凶暴诸事，巡按陈效历数应龙二十四大罪上奏。明廷正调播州土兵去协守松潘，四川巡按李化龙上疏请暂免勘问，候应龙戴罪图功。杨应龙妾田雌凤，谋杀嫡妻张氏，妻叔张时照与所部何恩、宋世臣等上变，告杨应龙谋反。贵州巡抚叶梦熊主张立即派兵征剿，四川士大夫纷纷为其说情，认为"蜀三面邻播，属裔以十百数，皆其弹压，且兵骁勇，数赴征调有功，剪除未为长策"。（《明史纪事本末》卷六十四）四川巡抚、巡按也都主张招抚。朝廷命黔蜀两省会同查问。杨应龙愿赴蜀，不赴黔。一五九二年，杨应龙到重庆接受审讯，论法当斩。明廷随后又命释放。

万历二十一年（一五九三年）正月，巡抚都御史王继光到重庆，严提勘结，杨应龙抗不复出。王继光一意主剿，与总兵刘承嗣、参将郭成等议分三军并进。在娄山关一带地方，明军战败，都司王之翰所部被杀伤大半，只得撤兵。

次年三月，明廷以兵部侍郎邢玠总督贵州。一五九五年邢玠到四川招抚,准杨应龙输四万金赎罪,又以重庆太守王士琦为川东兵备使,防备杨应龙。

杨应龙对明廷输金赎罪,暗中却积蓄力量,图谋割据称王,令州人称己为千岁,子朝栋为后主。(李化龙《平播全书》卷四)分遣土目置关据险,设立巡警,劫掠屯堡。又厚抚苗族兵士,用以摧锋,名为"硬手"军。

杨应龙经过几年准备,一五九八年十一月起兵攻掠贵州洪头、高坪、新村诸屯。又侵湖广四十八屯,阻塞驿站。次年二月,贵州巡抚江东之命都司杨国柱等率兵三千进剿,大败,杨国柱战死。明廷闻讯大惊,任都御史李化龙兼兵部侍郎节制川、湖、贵三省兵事,并增调浙江、福建、云南、广东等地部队前去会剿。

六月,杨应龙乘明兵尚未会集,攻陷綦江。他退屯三溪,以綦江之三溪、母渡,南川之东乡坝,立石为播界,号"宣慰官庄"。

明神宗得报綦江失守,罢免原四川、贵州巡抚谭希思和江东之,命总督李化龙便宜征讨。

一六○○年春,各路明军陆续抵达川贵两省,李化龙急速部署出剿,分八道进兵。四川方面分为四路,总兵官刘綎由綦江,总兵官马孔英由南川,总兵官吴广由合江,副将曹希彬由永宁。贵州方面分为三路,总兵官童元镇由乌江,参将朱鹤岑由沙溪,总兵官李应祥由兴隆。湖广方面一路,分两翼,总兵官陈璘由偏桥,副总兵陈良玭由龙泉。每路有兵三万,由官兵与各土司兵组成。

杨应龙认为明军八路,以刘綖部最为精锐,命子朝栋率劲兵迎击,被刘綖军战败,各路明军乘势猛攻,四川方面攻下形势险要的娄山关。贵州、湖广出发的明军,攻下乌江一线,逐渐缩小了包围圈。到五月十八日,八路明军会集于遵义北的海龙囤下,分批猛攻。海龙囤是杨应龙的老巢,地势险峻,直到六月五日才被攻下。杨应龙自缢死。其子朝栋,弟兆龙等被俘,解至京师处死。

明军自出师到平定杨应龙,前后历时一百十四天,斩杀甚众。当地各族人民由于杨应龙的叛乱遭到惨重的灾祸。乱平之后,明廷在播州地区实行"改土归流"。废除土司的世袭制度,改依内地地方官制,由明廷直接派遣官吏"流官"统治。原属四川省的播州地区设置二府二州八县。遵义府属四川,下辖真安州及遵义、桐梓、绥阳、仁怀四县;平越府属贵州,下辖黄州及余庆、瓮安、湄潭三县。改土归流后,遵义、平越二府加强了与周邻地区的联系,促进了各族人民之间的经济文化交流,对于当地的开发与进步,还是有益的。(清雍正时,遵义改属贵州省)

（四）反抗外国侵略的斗争

一、援助朝鲜、抵抗日本的侵略

明神宗即位以来的二十年间，与周邻各国大体保持着安静的局面，并无大的战事。万历二十年（一五九二年）日本国出兵侵略朝鲜，明廷援助朝鲜，展开了抵抗日本侵略的大战。

日本战国群雄，经过近百年的战争，到十六世纪五十年代基本上实现了地域性的统一。各地霸主相互争夺全国的统治权。一五六八年九月，控制尾张国的织田信长率军进入京都。一五八二年六月，织田信长家臣明智光秀发动叛乱，信长自焚。信长的部将羽柴秀吉（即丰臣秀吉，《明史》称为平秀吉）得知织田信长自焚的消息，立即率军四万向京都挺进，在山崎、八幡之间的淀川河谷地带大败明智光秀军。明智光秀切腹自杀。羽柴秀吉继承信长的事业，于一五八四年与冈崎领主德川元康结盟，完成了全日本的统一。一五八五年日本天皇任命他为"关白"（摄政），又兼太政大臣，赐姓丰臣。

丰臣秀吉统一日本后，积极向外扩张，储备军粮、战船，策划侵略邻国朝鲜。

朝鲜李朝国王，自明成祖时接受明朝的王封，岁时入贡，与明朝进行互市贸易，一直保持着正常的关系。明廷得知日本的侵略策划，即转告朝鲜预作戒备。

一五九二年初，丰臣秀吉正式发布命令，出征朝鲜。侵朝日军共计十八万余人，舟师数百艘，分为九军。第一军由小西行长率领，渡对马海峡，四月十二日在朝鲜釜山登陆。加藤清正率领的第二军和黑田长政率领的第三军等相继到达釜山。

　　日军占领釜山后，分兵北犯，朝鲜承平日久，军兵虚弱，连续溃败。日军占领王京（汉城）后，进而攻占平壤。朝鲜王子被俘。在三个月时间里，日军几乎占领了朝鲜全国。朝鲜国王李昖逃到义州，遣使向明朝告急。

　　明廷得报，不知军情虚实，只派副总兵祖承训、辽东游击史儒统兵三千余去朝鲜作战，史儒战死，祖承训只身逃回。

　　败报传来，明朝君臣大为震动。神宗即命兵部右侍郎宋应昌为经略备倭事宜，继调提督陕西总兵官李如松为提督蓟辽等处防海御倭总兵官前往支援。李如松原籍朝鲜，高祖英迁居辽东，任为铁岭卫指挥佥事。父李成梁，镇辽二十二年，战功显赫。十一月，李如松自宁夏来到东征军中，部署军事。十二月二十五日，率四万余人，誓师渡鸭绿江。次年一月六日，抵达平壤城外。

　　平壤东南临江，西枕山徒立，迤北牡丹台高耸，地形险要，易守难攻，日军筑设炮台，有鸟铳等新式火器。李如松指挥攻城，城上日军炮矢如雨。明前锋军士稍有退却，李如松手斩一人，挺身直前。李如松坐骑被击毙，换马再战。李如松弟如柏被铅丸击中盔顶，仍继续奋战。部将吴惟中被铅丸击中，鲜血流淌，也仍然奋呼督战。经过激烈战斗，明军终于从平壤小西门、大西门突入，日军退保风月楼，夜半渡大同江南逃。

明军与朝军收复平壤后，乘胜追击，一月十九日，李如柏收复开城。继而收复平安、黄海、京畿、江源四道。日军大部退屯王京。

李如松连战皆捷，产生轻敌思想，二十七日以轻骑趋碧蹄馆，离王京三十里，突然遭到数倍于己的日军围攻，损失士兵几百名。明军退回开城。李如松探听到日军在龙山仓积储军粮数十万，就密令部将查大受选勇士深入敌后纵火烧粮。

日军连战皆败，军粮被焚，又染疾病，士气低落，无法再战。日军主帅小西行长写信给明游击沈惟敬，试探明朝战和意向。这时，明军已调集刘綖的川军和陈璘的水师，准备继续作战。经略宋应昌派遣游击周弘谟同沈惟敬去日军谈判，要日方"献王京，返王子，如约纵归"。（茅瑞徵《万历三大征考》）日军于四月十八日撤出王京，退到釜山一带。于是汉江以南，千有余里的朝鲜故土都被收复。

明军援朝抗倭战争即将取得完全胜利之际，兵科给事中侯庆远上疏说："窃怪我与倭何仇也。诚不忍属国之荡复，特为动数道之师，挈两都而手授之，……我之为朝鲜亦足矣。""全师而归，所获实多。"（《神宗实录》卷二六一）神宗传谕撤兵。兵部尚书石星也一意主和,只留刘綎的川兵进行防守,其他各镇兵全部撤回国内。

丰臣秀吉以和议为缓兵之计,留驻朝鲜釜山的日军始终未撤。万历二十五年(一五九七年)正月又发动水陆军十四万余人,再次侵入朝鲜。

明廷以兵部尚书邢玠为总督,佥都御史杨镐为经略,麻贵为提督,再次赴朝抗倭。明军抵达朝鲜后,麻贵统率诸军驰赴王京,这时日军已入庆州,据闲山岛,围南原。八月,南原、金州相继失陷,日军紧逼王京,麻贵派兵扼守汉江,另派副总兵解生守稷山,朝鲜都体察使李元翼出忠清道,袭击日军。解生于稷山挫败日军,参将彭友德也在青山获胜。日军行长所部退屯井邑,清正所部退屯庆州,又都退到蔚山。

十二月间,邢玠、杨镐和麻贵共同商议进兵方略:"分四万人为三协,副将高策将中军,李如梅将左,李芳春、解生将右,合攻蔚山"。李如梅部游击摆寨以轻骑诱败日军,清正所部退保岛山,于城外复筑三寨进行防守。裨将陈寅身先士卒,冒弹矢勇呼而上,砍栅两重。杨镐妒嫉裨将立功,鸣金收军。日军乃闭城不出,坚守待援。明军包围十昼夜,不能攻克。万历二十六年(一五九八年)正月小西行长救兵骤至,杨镐惧战逃奔,诸军相继,死亡近二万人。明军全部撤回王京,明廷罢免杨镐,以天津巡抚万世德为经略。

总督邢玠接受前一战役缺乏水军的教训,招募江南水兵,增强军事力量。二月,邢玠分兵四路,中路李如梅(后以董一元代),东路麻贵,西路刘綎,水路陈璘,各守信地,相机行动。当时日军分三路驻扎,东路清正,据蔚山。西路行长,据粟林、曳桥,建砦数重。中路石曼子,据泗州。九月,明军分道进兵,互有胜负。十月,福建都御史金学奏报"七月九日平秀吉(即丰臣秀吉)死,各倭俱有归志"。明军乘势加紧发动进攻。十一月十七日夜,清正发舟先走,麻贵遂入岛山、西浦。刘綎攻夺曳桥,明军总兵陈璘率水师一万三千余人,战舰数百艘,分布忠清、全罗、庆尚诸海口。刘綎进攻行长,围攻顺天大城,陈璘以舟师夹击,焚日船百余。石曼子西援行长,陈璘邀击于半洋,杀石曼子。日军企图从海上逃走,副总兵邓子龙和朝鲜统制使李舜臣,统率水军邀击于釜山南海,大败日军。邓子龙年逾七十,意气风发,直前奋击,日军死伤无算。朝鲜李舜臣曾在日军第一次侵略朝鲜时,率领铁甲龟船,多次打败日本水军,获得辉煌胜利,牵制了日军的行动,为以后中朝联军反击战的胜利奠立了基础。这次海战中,他与邓子龙密切配合,打击日军,击碎和烧毁敌船多艘。在作战中,李舜臣与邓子龙都壮烈战死。这次海战,明军与朝鲜军共歼敌万余人,取得了抗倭战争的最后胜利。

次年闰四月,邢玠班师,留偏师暂驻朝鲜。神宗以朝鲜事平,下诏宣告,朝鲜遣使贡谢。神宗回赐彩币,诏谕朝鲜国王李昖:"吾将士思归,挽输非便,行当尽撤,尔可觇图。务令倭闻声不敢复来,即来亦无复足虑"。
(《神宗实录》卷三三四、朝鲜李朝《宣祖实录》卷十九)

日本丰臣秀吉于一五九八年七月病死,部下分为
东西二军。德川家康(元康)击败丰臣西军,一六〇三
年在江户设立幕府执政。次年,遣使去朝鲜。丰臣氏
家族败灭,日本与朝鲜又恢复了聘使往来。

二、澳门之争与天主教的传播

神宗万历时,葡萄牙殖民者继续在澳门扩展其势
力,来澳门者多至万余人。神宗即位后,即向澳门的葡
萄牙商船抽取舶税。每年可得税银二万余两。葡人居
住澳门,每年贿赠明朝官吏银五百两,其后转归官府,
形成地租。明廷因有利可得,遂听任澳门被葡人租占。
广东居民则掀起了反侵略的斗争。

一五八一年(万历九年),西班牙国王兼为葡萄牙
国王,葡萄牙事实上被西班牙所兼并,又与荷兰殖民者
发生冲突。一六〇一年,派出战舰两艘,装备大炮,驶
入澳门港外,自称与中国通贡市。葡方记载说,葡人曾
拘捕并处死荷兰人多人。《明史·和兰传》说,明税使
李道召其首领入广州城游一月,未敢奏闻。一六〇三
年,又有荷兰船舰炮击澳门,焚掠商船。次年,荷兰遣
使求贡市,未获允准,派军舰来攻,在澎湖海上遇明朝
福建水师,退走。荷兰遂转向漳州求通贸易,并进而侵
占台湾岛,在台湾"筑室耕田,久留不去"。(《明史·

和兰传》）一六〇五年，葡人借口防备荷兰来袭，不得中国允准，即在澳门修筑炮台等工事，以图长久占据。

一五七四年，葡萄牙的耶稣会士范礼安等传教士四十一人，曾自葡来澳门，企图进入中国内地传教，未获允准。一六〇六年，范礼安病死澳门。意大利籍的耶稣会士郭若静遂在澳门西北隔海的小岛青州建筑墙高六、七丈的耶稣会礼拜堂。犹如堡垒，作为传教的据点。香山知县张大猷请毁去墙垣，不成。香山居民遂携带竿矛，冲入青州岛，将教堂焚毁。当时传说郭若静将据地称王。澳门中国居民纷纷迁往广州。广州城内戒严，澳门商业贸易停顿。葡萄牙殖民者居住澳门，生活需用均靠当地居民供给。青州教堂事件发生后，葡萄牙殖民者被迫派遣代表去广州，陈述传说虚诳，又向官吏行贿，以平息事态。（冯承钧译费赖之《入华耶稣会士列传》）次年，番禺举人卢廷龙入京会试，上疏请驱逐澳门番人出居浪白外海，就船贸易，交还壕境澳故地。明廷因"事亦难行"，予以搁置。自一五九八年起任广东总督的戴耀，因见有宝货之利，对葡人多有纵容，遇事或佯禁而阴许。一六一〇年，江西万安人张鸣岗接替戴耀，继任两广总督。一六一四年上疏陈述澳门事，说："有谓宜剿除者，有谓宜移之浪白外洋就船贸易者，顾兵难轻动。"他认为："壕境在香山内地，官军环海而守，彼日食所需，咸仰于我，一怀异志，我即制其死命"，"似不如申明约束，内不许一奸阑出，外不许

342

一倭阑入,无启衅,无弛防,相安无患之为愈也。"(《明史·佛郎机传》)疏上,被明廷采纳。张鸣岗书中所说"外不许一倭阑入",是指葡人役使倭奴,引起明朝的注意。同年,两广制定"海道禁约",在香山县刻石立碑,内列禁畜养倭奴,禁买人口,禁兵船骗饷(舶税),禁接买私货,禁擅自兴作房屋亭舍,如有违犯,即行治罪(康熙《香山县志》)。此后,又在澳门附近的雍陌设参将,领兵千人扎营驻守。

澳门被葡人租占后,不仅成为商业贸易的基地,也还是欧洲传教士来华传教的前站。一五七九年,意大利传教士罗明坚来澳门,学习中国语文,次年,去广州,向两广总督馈赠礼物。一五八二年,又获准去肇庆传教。一五九〇年回国。意大利贵族出身的传教士利玛窦曾同罗明坚在肇庆传教,苦学中国语文。一五八九年移居韶州,以后又到过南京、北京与南昌等地。一五九六年,被教廷任命为耶稣会在华会长。一六〇一年,偕同西班牙传教士庞迪我再次到达北京,向明神宗贡呈珠嵌十字架、自鸣钟及《万国图志》,得神宗嘉赏,获准留住京师。利玛窦研习中国儒学,得以与明朝官员和士大夫交往。撰述天文、数学、地理、语言学等方面的著述多种,为在中国传播西方的科学知识作出了贡献。一六一〇年病死于北京。意大利传教士龙华民继任耶稣会在华会长。

万历时,先后来中国的西方传教士还有葡萄牙人麦安东、孟三德、费奇观、罗如望、李玛诺,意大利人石方西、熊三拔等。他们在中国都用汉语姓名,以便交往。一五八三年,利玛窦在广东肇庆,开始接收中国信徒一人。一六〇三年,各地的中国教徒有五百人。一六一七年多至一万三千人。明朝末年,发展到三万八千余人。元代景教徒多是色目人和蒙古人,正式奉教的汉人,史不多见。明神宗万历时,耶稣会士经澳门来内地传教,天主教才在汉族居民中传播。

第三节　经济的发展与社会各集团

明初建国,致力于社会生产的恢复,农业和手工业曾得到相应的发展。世宗嘉靖以来,社会相对安定,农业与手工业又得到进一步的发展。

农业生产技术虽然在个别地区也有一些改进,但农业生产的发展,主要还不是依靠技术与工具的进步而是靠土地的扩展。农业的发展伴随着土地兼并的盛行。明朝皇室藩王贵戚以至地方豪民无休止地兼并土地,以扩大财富的占有。这不仅侵犯了明朝的赋税收入,迫使朝廷一再改制,也还迫使越来越多的农民丧失土地,逃亡流移。嘉靖以来,农民的流移,日益成为严重的社会问题。

宋元时期,中国科学技术的发展,曾在世界上居于领先地位,因而若干手工业部门,在生产技术和生产规模上,也都处于世界的前列。明初郑和航海时期,也还基本上保持着这样的局势。嘉靖以来,商品经济逐渐呈现前所未有的繁荣,手工业生产也随之得到发展。但生产技术却只有微弱的改进,生产组织基本上也还是继承着与小农业相结合的传统,只是在若干地区若干生产部门里显露出一些稀疏的进步。

然而,这时西欧的意大利、西班牙、法、英等国却已先后出现相当规模的手工工场,纺织(毛呢)、冶金、玻璃制造、航海造船和火器制造等部门陆续采用新的生产技术,呈现重大的发展,并且扩展海外贸易,开始了海外殖民地的争夺。中国在某些手工业部门曾经占有的优势,正在被西欧诸国所取代。

从嘉靖到万历这一百年间,是中国经济发展史上的一个重要的时期。从中国来说,这一时期商品经济的繁荣和工商业的发展,超过了以往的时代。从世界范围来说,则是日渐失去了原有的先进地位,落到了西欧诸国的后面。

(一)农业的发展与土地的集中

一、农业的生产技术与经营

明初农业虽得到恢复和发展,农业生产工具并没有多少创新和改进。犁、锄、镰、锹等工具,仍然沿袭着古老的类型。农业生产的发展,主要是凭借社会环境的安定和农业政策的推动。农业生产的经营方式一般也还是单一的粮食生产。农业技术和经营方式的落后状况，大抵自宪宗成化以后渐有改变，嘉靖以后才日益呈现出明显的进步。

耕作工具——农田耕种工具出现一种名为"代耕"的新式农具。代耕器也名"木牛"，由两个人字形支架和安有十字木橛的辘轳组成。耕地时田地两头距离二丈，相向安设，辘轳中缠有六丈长的绳索，绳两端固定在两边的辘轳上，中间安有一个小铁环，小铁环上挂有耕犁的曳钩，运作时以人力搬动辘轳上的木橛，使之转动，耕犁就往复移动耕田。每套代耕器，共用三人，两面辘轳各用一人，扶犁一人。转动辘轳的人，一人转动时，对方一人休息，如此往复搬动，据说可以"一手而有两牛之力"（王征《新制诸器图说》代耕图说）。代耕器利用机械原理，省力而效率高。目前还不能证明，这种新式农具推广使用的程度。但这种机械性农具的出现，还是值得重视的。

农业肥料——使用范围逐渐扩展，高效肥料用"榨油枯饼"，有七种之多。芝麻饼、棉籽饼都被用于高产田。农田施肥技术也有提高，对不同土壤，施用不同性质的肥料。酸性土壤施用磷肥，用骨灰蘸稻秧，用石灰淹秧根。这不但可以增加产量，同时也改良土壤。有的地方已应用砒霜毒剂拌种，防止病虫害。说明此时的技术有了明显的提高。（《天工开物》卷一）

346

植棉方法——棉花的栽培方法有著名的"张五典种棉法",这是总结民间植棉经验得出的新法。从棉花的制种、栽种气温、土壤选择、根株行距、田间管理、定苗锄耘、打叶掐尖等生产技术都有科学的规定。(《农政全书》卷三十五,木棉)

灌溉技术——旧有的提水工具,如戽车、筒车等有所改进。并有人将当时传入的西方技术,所谓"泰西水法"引进农业。徐光启针对北方农业少水干旱的特点,利用一种仿制的"龙尾车"取水,据说"物省而不烦,用力少而得水多。其大者一器所出若决渠焉,累接而上,可使在山,是不忧高田"。去河数十里的稻田、棉田、菜地皆可得到灌溉,比笨重的旧式水车效率大增,"人力可以半省,天灾可以半免,岁入可以倍多,财计可以倍足。"(《农政全书》卷十九,水利)"龙尾车"是一种比较先进的机械法引水工具。利用活塞汲水的机械压水工具,所谓"玉衡车",也同时引进。但是限于当时农业经济承受条件的不足,这种机械灌溉工具,难于推广。

经营方式——农业发达地区逐渐摆脱单一农业生产的经营方式,利用农产品商品化和商品市场的扩大等条件,进行多种经营,这种经营方式促进了当时农业生产水平。一个典型的事例:当时吴人谭晓、谭照两兄弟,(谭晓又写作谈参,事迹相同)以当地湖田多洼芜,被人遗弃的田地甚多,遂以低价买入,利用当地贱价的劳动力,进行土地改良,过洼的田地,凿为鱼池以养鱼,稍高的田地,围堰造田,粮食收获比他田高三倍。鱼池养鱼,池上构猪舍、鸡舍,粪落池中,又可饲鱼。田堰上植梅、桃等果树,边角隙地种蔬菜、菱茨。田间的鸟类昆虫也捕取发卖获利。其中养鱼、养猪鸡、果树、蔬菜等收入,每年要高过农田收入的三倍。(《昭常合志稿》卷四十八,轶闻)这是一种较高水平的经营,既提高粮食生产水平,又获得副业生产的高收益。谭氏兄弟的农业经营方式,在当时江南经济发达地区并不是偶发的或例外的方式,而是比较普遍的现象。太仓州的龚姓地主就利用农村的廉价劳动力,除粮食生产外发展牧畜业、养鱼业、果树蔬菜生产,而且产品都进入市场。(王世贞《弇州山人稿》卷八五)常熟县归姓地主,白茆附近的田地属"高仰瘠卤"的薄田,产量不高,他从治理灌溉系统入手,"相水远近,通溪置闸,用以灌溉",使旱田收获量大增。(归有光《震川先生集》卷十九)一些土地所有者,不满足于农业的自给型生产而进行整体的农业多种经营,一部分地区的农业已经与商品市场比较紧密联系起来,生产的目的在于销售。

二、粮食产量与经济作物

粮食生产的产量有明显的提高。隆庆时江南松江府西乡一带稻谷每亩产量为二石五斗到三石,可得米七、八十石。(何良俊《四友斋丛说》卷十四)广东南海县水稻亩产量为二石五斗,甚至五石(《霍渭崖家训》

田圃第一)。北方地区的粮食亩产量,也不逊于南方,河南北部的怀庆府河内地区的小麦亩产量在二石到四石之间(《明经世文编》卷一四四,何塘:"均粮私议")。万历时,福建海澄等县稻谷亩产三石五斗到四石(《天下郡国利病书》卷九十三)。广东博罗地区稻谷亩产量为三石左右,而山东诸城米谷亩产量高达四至六石(《天下郡国利病书》卷四十二)。除去田土等级与南北耕作制度不同的差异,嘉靖以后粮食的平均亩产量当在三石左右。

嘉靖以后各地陆续引进一些新品种的农作物。原产地在美洲的玉米,由东南沿海传入闽粤,由缅甸传入云贵,成为山地农业的新种杂粮。南至云贵,北至河南,西至四川,东至沿海,都有种植。甘薯,稍晚于玉米,传入中国,原产地也在美洲。由于甘薯的产量高,瘠卤沙冈地都可生长,很快在南北各地普遍种植,成为民间传统食粮外的补充食品。甘薯与玉米的引进与普遍种植,成为晚明饥荒时期赖以度荒的主要农作物。

万历时,烟草也从吕宋(菲律宾)传入中国。作为一种农业的经济作物,烟草首先在福建沿海,开始种植,其后传种于广东、江南的嘉兴、上海、苏州等地。明朝末年北方已普遍种烟,而且吸食的人,日益增多。种植烟草的经济效益很高,一亩的经济收入,相当田十亩。油料作物落花生也在这时传入,在江南地区普遍种植,不久又引种于北方各省。

三、水利的修建

明初已开始注重水利事业。明太祖在工部下设立"水部",职责是"掌水利、水害、坝闸、桥梁、舟车。"(《太祖实录》卷七十四)并命工部:"陂塘湖堰可蓄泄以备旱潦者,皆因其地势修治之。"至洪武二十八年(一三九五年),全国共修浚河道四千一百六十二处,陂渠堤岸五千四十八处,加上地方修治的水利,总共四万九百八十七处。(《太祖实录》卷二四三)

永乐时迁都北京,南北运河成为王朝钱粮的供给线,遂专注于运河的疏通治理。一四一一年工部尚书宋礼奉命修治运河。目的不是水利灌溉,而是在于打通南北水运航道,以利漕粮北运。所以在浚通航道外,又设法增加运河的水量。当时运河流经鲁西丘陵地区,要越过一道地脊南旺地方。北至临清,地降九十尺,南至沽头,地降百十有六尺。南旺水量不足,运船不能通过。宋礼采纳汶上老人白英的建议,筑戴村等坝五里,截住汶河水,使其不能南流而北归海,并汇合泉水,尽出汶河上游,至南旺分南北二流,"南流接徐沛者十之四,北流达临清者十之六。"(《明史·河渠志》、《宋礼传》)南北置闸三十八,以调剂水量。闭北闸则水南流,闭南闸则水北流。这样就可以使漕船有足够水量,通过南旺地脊。沟通南北的大运河畅通,成为一条南北物资交流的经济大动脉。漕运而外,南北商船,往来不绝。

江浙地区是经济发达的地区。这里的农业依靠良好的水利设施,交通运输依靠纵横交错的河道。但是一旦水利失修,河道淤塞,就会直接影响农业生产和城乡经济。河道淤塞也会造成严重的水患。一四九四年,因江浙地区频年发生水灾。工部侍郎徐贯、右副都御史何鉴奉命前往治理,他们采取综合治理法,对江南水系中的河、港、泾、渎、湖、塘、陡门、堤岸,进行修浚、加固、添筑等措施,引导积水通过吴淞、白茆渠道、泄入海中,水患减轻。一五二二年,巡抚李克嗣征发华亭、上海、嘉定、昆山四县民工,开浚吴淞江四十余丈,使这一地区十几年无水旱之忧。一五六九年巡抚都御史海瑞疏浚吴淞江下流上海淤地一万四千余丈,原江面阔三十丈,增开十五丈,使积水得以通流入海。三吴地区的某些地主富民,也常常自出财力,整治水利,灌溉农田收到较大的经济效益。

一五八五年,治水专家徐贞明,以尚宝令兼监察御史,督办北方水利。在京东诸州县开办水田,达三万九千余亩。一六〇二年,保定巡抚都御史汪应蛟在北直隶中南部,用南方水田法,兴办水田。在天津的葛沽、何家圈、双沟、白塘等地,利用军丁屯种的办法,垦田五千余亩,其中水田占十分之四,亩产达四、五石。以后熹宗天启时,太仆卿董应举开办天津至山海关间垦田,开田达十八万亩,并配置了相应的水利工程。

明代兴修水利,出现了一些专门著作。前节提到潘季驯著有《河防一览》一书,此外水利专家徐贞明著《潞水客谈》,徐光启著《农政全书》有水利专章。这些著者对全国的水利建设有着某些整体的规划设想,如徐贞明对于恢复西北地区水利工程的意义和措施有比较完整的阐述,徐光启总结兴办东南水利事业经验,提出很多有价值的意见,同时提供了不少水利工程测量施工,工程管理以及改良灌溉工具等方面的新技术、新方法。

四、土地兼并与农民流亡

明代皇室贵族的土地占有形式,大体上有三类:一类是皇室占有的土地,称为"皇庄"。据说始于明成祖朱棣为燕王时,曾在宛平等地建有私庄,成祖即位后,就成为皇庄。皇庄的收入专供某宫后妃和未就藩的亲王的日常用度,所以皇庄有时也被称作"宫庄"(沈榜《宛署杂记》卷七)。洪熙时,建有仁寿宫庄、清宁宫庄和未央宫庄。皇太子也可另建"东宫庄田"。据有人统计,从天顺八年(一四六四年)至正德九年(一五一四年)北京附近的皇庄有三十六处,占地三万七千五百九十五顷多。(《明经世文编》卷二○二,夏言《勘报皇庄疏》)另一类是"藩府庄田"。洪武时分封诸王就藩各地时,就已建立。王子未到外地就藩以前,可以在京拥有庄田,就藩时要交还庄田,就藩后享受"宗禄"的待遇,但也由皇帝赐给庄田,使亲王可以"衣租食

352

税"。明中叶以后,各地藩王除兼并民田扩大藩府庄田外,还以子孙众多,生活困难为理由,向皇帝"乞讨"附近的官地,来扩展自己的地产。第三类是"勋戚中官庄田"。"勋"指拥有爵位的功臣世家家族,大部分是所谓"武臣"。"戚"指后妃公主皇亲家族。"中官"即皇帝周围的宦官。他们都属于贵族阶层,经常接受皇帝赏赐的土地,也经常以"乞讨"为名获得新土地,或凭封建特权接受一些人为了逃避赋役希图荫蔽而"投献"给他们的土地,建立自己的庄田。

以上三类庄田,皇庄和勋戚中官庄田,大部分集中在北直隶境内,尤以京畿为多。藩府庄田,则遍于设有藩府的各地。除这三类庄田外,还有遍于全国的"寺观庄田",占有的土地数量,也相当庞大。

各类庄田的共同特点是,无论皇庄、藩府庄田,或勋戚中官庄田,乃至寺观庄田,所占的土地,一律属官田性质,法律规定不准买卖。贵族获得这种土地,一般要经过皇帝的批准,而且有随时收回的权力。贵族对于这种土地有使用权乃至世袭权,但不能买卖或转让。他们兼并土地扩展庄田,主要是圈占周围的民田。利用皇帝赐田的机会,可以兼并比赐田大多少倍的民田,或者把民田诬指为无主荒地,加以圈占。武宗即位伊始,就增设皇庄七处,随后又建苏家口皇庄二十四处,前后不足六年,共增设三十一处皇庄(《明经世文编》卷二〇二,夏言《勘极皇庄疏》)。如果按弘治五处皇庄共占地一万二千八百顷，每处皇庄平均占地二千五百六十顷的标准估计，则武宗增设的三十一处皇庄，占地就有七万九千三百顷之多。如按嘉靖初年夏言调查皇庄时被缩小了的数字，畿内三十六处皇庄占地三万七千五百九十五顷，平均每处占地一千零四十四顷的标准计算，武宗的三十一处皇庄至少也占地三万二千三百七十三顷。皇庄如此急遽扩展，大批民田很快被吞没，田地上的农民不是被赶走就是沦为皇庄的佃户。天顺八年(一四六四年)曾将顺义县安乐里板桥村太监曹吉祥抄没地一处，拨为宫中庄田，面积为三十五顷。嘉靖初，又侵占了民地四十顷，总田数达七十五顷，比原额扩大一倍多(《明经世文编》卷八十八，林俊《传奉敕谕查勘畿内田地疏》)。从天顺到嘉靖不足六十年，皇庄土地竟成倍增长，顺义皇庄如此，其他皇庄的兼并可想而知。

　　勋戚贵族凭借特权兼并农民土地较皇庄有过之而无不及。勋戚贵族庄田在北直隶和京畿分布比皇庄为多，所以其兼并的规模也比皇庄为大。景泰二年(一四五一年)贵戚汪泉霸占官民田地共达三千余顷。(《英宗实录》卷二〇四)一四五四年贵族黄玹奏讨霸州父母寨的土地，东西长五十里，南北阔四里，共有田地一千八十多顷，还有武清县的河隅地东西长二十里，南北阔十里，有田地一千八百多顷。黄玹所圈占的两千一百多顷田地中，有五百多户农民及其耕地也被圈

354

占在内。(《英宗实录》卷二三九)皇亲周寿在河间县圈占田地四百四十八顷。(《宪宗实录》卷一〇七)周彧圈武强县民田六百顷,贵妇刘氏圈通州民田三百顷。(《宪宗实录》卷七十)广德、宜兴二公主圈任丘县民田九百顷。(《宪宗实录》卷一一五)隆庆长公主圈武清县民田三百顷、玉田县民田四千顷。(《宪宗实录》卷一三一)这类勋戚贵族圈占土地的记载,从景泰经天顺到成化年间的几十年中,史不绝书。封建贵族通过向皇帝"奏讨"圈占的土地,自十余顷、数百顷乃至数千顷。他们在奏讨圈占过程中,大都超过皇帝批准的应得土地数字,"其间奏讨五十顷,而侵占一百顷者有之;奏讨一百顷,而侵占二百顷者有之。"(《明经世文编》卷四十五,林聪《修德弭灾二十事疏》),一些有权势的贵族奏讨土地外,还接受所谓"投献"来的土地。"投献"是指有些土地所有者,为了逃避苛重的赋役,自愿把自己的土地献给贵族,而自己则充当贵族庄园的庄头或佃客,以求保护。也有一些人竟然把小户农民的土地强行投献给权贵豪强,自身充当管家。贵族利用种种手段圈占土地之后,再以此为基础,逐步侵吞四周民地。成化时,皇亲王源的庄园,原有赐田二十七顷,但令其家奴别立四至,吞占民产,乃有千二百二十顷有奇,可耕者三百六十六顷,中多贫民开垦成熟之地。(《宪宗实录》卷二〇四)可见王源的庄园地产膨胀了四十五倍之多。据弘治二年(一四八九年)调查,

355

畿内勋戚太监庄有三百三十处,占地三万三千一百多顷。(《孝宗实录》卷二十八)

各地的藩府庄田地产,也在急遽膨胀。明初曾规定亲王就藩,赐田百顷,但是在正统以后,这种规定即遭破坏,藩王的地产大大增加。正统五年(一四四〇年)甘肃庆王就拥有土地一千顷,大部分由占夺而来。(《英宗实录》卷一百)成化四年(一四六八年)山东德王得到赏赐的土地四千一百多顷。(《宪宗实录》卷五十)成化十八年(一四八二年)河南赵王得到赏赐土地一千一百八十二顷。(《宪宗实录》卷二三〇)同年德王又得到赏赐土地一千三百二十顷。(《宪宗实录》卷二三五)弘治十三年(一五〇〇年)申王受赐田一千三百五十二顷。崇王受赐田二千五百顷。兴王受赐田四千八百一十顷。(《孝宗实录》卷一五九)正德时对藩王的赐田,少者数百顷,多者数千顷。宁王宸濠叛乱前在江西占有的土地,有人估计要以多少万顷来计算。(《明史·郑岳传》)嘉靖时,封于湖广的景王,拥有土地数万顷(《明史·徐阶传》)。万历时的福王在河南、湖广等地有土地二万顷。潞王在湖广等地有土地四万顷(《神宗实录》卷五一八、五三一、五六三)。

皇庄、勋戚庄田、藩府庄田之外,各地的官僚乡绅对民田的兼并,也十分严重。如江南华亭的乡绅董其昌占有"膏腴万顷"。(《民抄董宦事实》)徐阶家,有田数十万顷,或云有田二十四万顷。(《海瑞集》下,附

356

录）无锡有邹、钱、华三大家族，其中邹望有田三十万顷（黄邛《锡金识小录》卷七、卷十），河南有曹、褚、苗、范四大姓，占田多者千顷，少亦不下五七百顷。（郑廉《豫变纪略》卷二）

大抵自宪宗成化时起，一股土地兼并狂潮就已在全国掀起。贵族、官僚乃至地方豪绅疯狂兼并，千百万户小农仅有的土地被剥夺，失去赖以生存的条件，有些土地尚未被剥夺干净的农民，也因为官府苛重的徭役负担和逼纳流亡人口留下来的钱粮杂役（"赔纳"），最后也不得不抛弃土地，逃亡各地。土地兼并的狂潮，遍及全国，而且来势急骤，农民流亡的数量急遽增大。数以万计的流民，突然以爆发的形式蔓延各地。各卫所屯田的军士，熬盐的灶丁，也因为屯田草荡被势家强占，不得不同农民一样，四处流亡。

浙江金华府七县，洪武时户口为二十五万六千口，宣德末以来，户口减少了五分之二，即流失了十万二千多口。台州四县，原有户口十八万八千多口，正统时只存三分之一，即六万二百多口，流失了十二万七千八百多口。（《英宗实录》卷八五）南直隶的太仓州，洪武时黄册原额为六十七里，八千九百八十六户，宣德末年造册时，止存十里，一千五百六十九户，而实际存在的户口仅七百三十八户，流失了百分之八十三。（《明经世文编》卷二十二，周忱《与行在户部诸公书》）景泰时，南直隶六府的流民，竟达一百零三万五千多户，男妇大

357

小三百六十二万多口。(《英宗实录》卷二四二)山西代州繁峙县编民原有二千一百六十六户,正统时,逃亡了一半。(《英宗实录》卷四十五)据正统五年(一四四〇年)正月的统计,北直隶和山西的一百一十六个州县,逃户数量达到三万六千六百四十户。(《英宗实录》卷六十三)成化时调查北直隶顺天八府流民就达二十六万三千多户,七十二万多口。

农民被迫逃亡,大都是全家出逃,"车载幼小,男女牵扶……百什为群,沿途住宿。"山西代州一县在五日内就流失三百八十多家,平均一天逃亡七十六家。(《英宗实录》卷四十五)农民逃亡的现象一开始就具有全国的性质。发生流民的地区,包括南北两直隶及十三布政使司(省)。其中较严重的是北直隶、山西、河南、山东、南直隶、湖广、浙江、福建、江西、云南等地区。流民的人数没有完整的统计,如按各地出现的大流民群及各地大流民聚集区人数,约略估计,当在五百万至六百万人之间。全国流民群的流动方向是,北方流民群从北直隶、山西等地向南进入当时农业较好的河南"趁食",河南不能容纳,又由河南转向西南,进入湖广的西北部,即荆襄山区。那里从明初以来就被封禁,土地大部分未经开垦。流民聚集在荆襄山区,开垦为生。南直隶及南方各省流民群,最后也转向荆襄山区聚集。西北各省及四川、云、贵地区流民群则向汉中地区聚集。浙江、福建、广东的流民大多数向沿海岛屿或在近海谋生,他们往往被近海的海盗集团招募或胁迫成为海盗。有的流民被迫远渡重洋,到南洋各地谋生。靠近北方边境的流民流入蒙古地区的"板升"定居、开垦,辽东流民则有不少人流入女真地区。

流民在其流动过程中,只有少数人进入城市手工业,充当工人,比如苏州、杭州的丝织业、染布业,景德镇的制瓷业都曾聚集不少的流民。但当时城市的生产规模还不能容纳更多的劳动力,而且手工业还要有一定的生产技术,才能胜任,这大大限制了流民进入手工业的数量。当时流民进入非农业生产最多的行业是采矿业。采矿业生产条件恶劣,但既不要求更多的技术,而且劳动力容量很大,所以一些比较精壮的流民,大批拥入采矿业,促进了采矿业中银矿、铁矿、铜矿业的大发展。

全国几百万流民,其中有相当多的老弱在流离过程中由于饥饿或疾病而死,又有相当多的人流入城市,沦为乞丐,乞讨为生,更有一部分人只能铤而走险,成为官府追捕的"盗贼",或成为城市中的"流浪汉"。在当时的条件下,绝大多数流民的谋求生存的出路,仍然是寻求土地。荆襄地区地连数省,川陵蔓延数千里,"山林深险,土地肥饶,刀耕火种,易于收获"。(《明经世文编》卷三十九,王恕《处置地方奏状》)流民"易为屯聚",而且地处数省交界,统治比较薄弱,是所谓"官吏不敢科征,里甲不敢差遣"的地方。(《明经世文编》卷三十九,王恕《处置地方奏状》)各省大批流民进入荆襄地区后,被称作"逃来人民",和原来土著人户有别。流民有的为土著税户充佃户,名为"永佃户",有的集结一批人到田多去处,结聚耕种。这样仅在荆襄一处,就聚集了一百多万流民。

全国范围内急速出现的大规模流民群各处游荡,大约持续了六十年,这对于封建的社会经济必然要产生重大的影响。首先,大量流民的出现,使原来固着于土地的农民暂时地脱离开封建劳役制的束缚,他们的封建人身依附关系被削弱,原来由黄册、鱼鳞册等所规定的户籍和土地关系的封建秩序被打乱,原来的军民匠灶的身份变乱,不易恢复。流民等于从封建劳役下得到部分地解放,他们可以从事自身劳动力的出卖。封建国家的赋役制则被部分瓦解,必须改变赋役制。所谓"一条鞭"就是在这样的背景下推行的。其次,社会上自由雇佣的劳动力大为增加,从事工商业的人数也大为增加。隆庆时,何良俊已经察觉到这种变化,他说:"余谓正德以前,百姓十一在官,十九在田。……自四五十年来,赋税日增,徭役日重,民命不堪,遂皆迁业。……昔日逐末之人尚少,今去农而改业为工商者,三倍于前矣。昔日原无游手之人,今去农而游手趁食者,又十之二三矣。大抵以十分百姓言之,已六七分去农。"(《四友斋丛说》卷十三)流民问题所带来的深刻影响,已经在相当程度上冲击着封建社会的经济关系和统治秩序。

（二）手工业的发展

一、棉 纺 织 业

明初棉纺织业已渐有发展，棉布逐渐成为全国人民主要的衣着材料。棉布生产进一步发展，呈现出取代价昂的丝织品和产量少的麻制品的趋势。《天工开物》的作者宋应星说："凡棉布寸土皆有"，"织机十室必有"。（《天工开物》卷二）棉纺织业在江南的松江地区十分发达，被誉为"以棉布衣被天下"。

棉纺业使用的加工工具有明显的改进。棉花去籽工具的搅车，原来需两人操作，晚明只用一人。徐光启指出："今之搅车，以一人当三人矣，所见句容式，一人可当四人，太仓式两人可当八人。"明末的纺纱车，改进元代以来的"三维"纺车为"四维"乃至"五维"纺车，大大提高了纺棉纱的功效。（《农政全书》卷三十五）

棉纺业的发展和当时棉花种植面积扩大与产量的提高，有着直接的关系。据记载，"海上官民军灶垦田几二百万亩，大半种棉，当不止百万亩。"（《农政全书》卷三十五）上海至太仓是一个大产棉区，也是一个商品棉花的集散地。明末大诗人吴伟业作《木棉吟》说："眼见当初万历间，陈花（棉花）富户积如山。福州青袜乌言贾，腰下千金过百滩。看花人到花满屋，船板平铺装载足。黄鸡突咀啄花虫，狼藉当街白如玉。市桥

《天工开物》弹棉图

灯火五更风，牙侩肩摩大道中。……昔年河北载花去，
今也栽花遍齐豫。北花高捆渡江南，南人种植知何
利。"（吴伟业《梅村家藏稿》卷十，后集二）从这首诗中

362

木 綿 紡 車

《农政全书》木棉纺车

可以看出,万历时江南棉花生产和交易的盛况,到万历时,棉花大面积种植在山东河南地区已渐普及,而且北花已经向南方倾销。南北棉花产量的激增,直接促使棉纺业的发展。松江府上海县生产的"标布",销路甚好,"富商巨贾操重资而来市者,白银动以数万计,多或数十万两,少亦以万计。"(《阅世编》卷七)苏州的木棉布也很著名。浙江嘉善县棉纱、棉布生产发达。当时有"买不尽松江布，收不尽魏塘纱"之谣。(《浙江通志》卷一〇二，物产)北方棉纺业的发展，由于气候干燥，棉绒断续，不能成缕，虽也能成布，但质量欠佳，棉布生产遇到困难。万历时，北直隶肃宁县的织工创造出提高棉布质量的方法，"多穿地窖，深数尺，作屋其上，檐高于平地仅二尺许，作窗棂以通日光。人居其中，就湿气纺织"，因而织出了高质量的棉布。肃宁县所出产的布匹，足当松江产量的十分之一，质量越来越好，其细密程度几与松江的中等品相类。(《农政全书》卷三十五)

随着棉纺业的发展，染坊和踹坊也兴盛起来，芜湖是南方棉布染织业的中心。染坊专业染布，踹坊专业用大元宝石压平布匹。从事两业的工人甚多，产品销行南北各地。

二、丝 织 业

丝织业是中国古老的手工业，明代继续发展。丝织从养蚕、缫丝到纺织及纺机工具，此时皆有新的改进。对蚕种的选择，蚕病的防治，桑叶的培植，育蚕的工艺，结茧缫丝的方法与工具，都有规定的程序和改进之处。改良桑树，使之多叶而株矮，采叶多而省工。改进过的缫丝工序是"以一锅专煮汤，供丝头釜二具，串盆二具，缫车二乘。五人共作一锅。二釜共一灶门，火烟入于卧突，以热串盆。一人执爨，以供二釜。二盆之

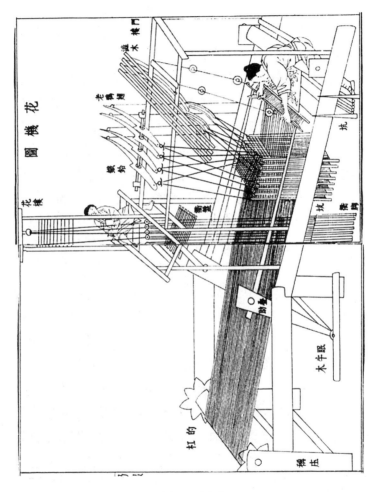

花機圖

《天工開物》花机图

365

水,为沟以泻之,为门以启闭之。二人直釜,专打丝头。二人直盆主缲。即五人一灶,可缲丝三十斤,胜于二人一车一灶缲丝十斤也。是五人当六人之功,一灶当三缲之薪矣。"(《农政全书》卷三十一)徐光启提供的缲丝工序,既可节省人力,多出丝,又可节省燃料。

丝织机有两种,一种是沿袭元代或明初式样的"花机"。这种织机实际上是一种提花机,专织上等丝织品。提花的样式,工匠可以用"花本"(即花样的设计图纸)上机,"梭过之后,居然花现。"(《天工开物》卷二)另一种织机是"腰机",专织平面的丝织品,一人操机,技艺高的也可以织出精品。福州的织缎机原为五层,弘治时,工匠林洪将它改为四层,称为"改机",提高了产品质量。(《古今图书集成》,"考工典·织工部")江南濮院镇织纱绸,以前用土机,万历时,机户沈大德改为"纱绸机",专用于织纱绸,大大提高了丝织品的质量。当时织机的专业化程度提高,织各种丝织品,大都有专用织机,在苏州市上就出售有绫机、绢机、罗机、纱机、绸机等多种织机,说明丝织业发达的程度。

丝织业发达地区,除江浙外,以山西潞安府最为驰名,所产潞绸,著名全国。潞绸起源甚早,明初已盛,"登机鸣杼者,奚啻数千家。"产品行销各省,乃至边境民族地区。潞安丝织业最盛时织机达到九千多张,以后逐渐衰落,但直至明末织机尚存二千多张。(乾隆《潞安府志》卷八)

三、陶 瓷 业

陶瓷业的生产规模日益扩大,产品的数量和质量,都有明显的提高。制瓷业的中心仍是江西的景德镇。这里有丰足的高质量的制瓷原料高岭土,有上万家的制瓷工匠和作坊,拥有制瓷的高超技术,有设备完善的官窑,也有生产大量民用瓷器的民窑。明人王世懋所见的景德镇的情景是"万杵之声殷地,火光烛天,夜令人不能寝。"(《二酉委谭摘录》)

除景德镇外,浙江处州、福建德化、河南禹州、北直隶曲阳、南直隶宜兴等地的制瓷业也很发达,生产各具特色的瓷器。

各地的官窑大都资本雄厚,巧匠众多,生产供皇家御用或祭坛陈列的瓷器,这些产品不计成本,精益求精,本身不是商品。有些瓷釉用色或形制,民间禁用,只能是一些艺术品。民窑主要生产商品瓷器,大多是民间实用的生活用瓷器,产量甚大,行销国内外。其中也有几所著名的民窑生产精美瓷器,是传世珍品。如崔公窑的主人崔国懋,善制仿宣德、成化制品,谓之"崔公窑瓷"。周窑的主人是周时臣,号丹泉,万历时人,精于仿制古器,可以乱真。壶公窑的主人吴为,别名十九,所制流霞盏、卵幕杯,色料皆精美。

明代制瓷业工艺上的创造是用陶车镟刀代替以前的竹刀镟坯,吹釉代替了以前的蘸釉。此前的瓷器大

《天工开物》瓷窑图

多为单色釉,此时大量制出青花、釉里红及三彩、五彩等多彩瓷器。瓷器的种类,明代也比前代加多,除普通用品如碗、盘、碟、钟、瓯、盏、盒、杯等之外，还有酒海、炉、瓶、半边葫芦瓶、罐、坛、花缸、渣斗、醋注、烛台、花尊、笔筒、笔架、凉墩、扇匣等。

四、造纸及印刷业

明代造纸业十分发达，遍布福建、江西、浙江、河南、四川等省。万历时，江西铅山县的石塘镇有"纸厂槽户不下三十余槽，各槽帮工不下一、二千人。"（康熙《上饶县志》卷十）纸张的品种繁多，有用竹为原料的"竹纸"。有用竹麻及秸秆制成的"火纸"、"糙纸"，用于包装物品。有用细竹料制成的"柬纸"，书写信柬或制成名片。也有用白矾水浸过，染上红色，即成为喜庆用的"吉柬"。用楮皮竹麻为原料制成的"皮纸"或"棉纸"。专供办公呈文用的"连四纸"。还有用桑穰特制的"笺纸"，是高级的书写纸。

蒸煮纸浆的工艺，多用石灰，提高了纸浆的质量。福建等地的纸坊破碎原料，多用水碓，提高了功效。

纸张生产在产量和质量上的显著发展，为印刷业提供了条件。江南地区由于印刷业发达，城乡出现大批刻字工人。刻字工价，每叶两板，每板工资银一钱五分余。江南刻工，三分银刻一百字，按当时银价，不过铜钱二百文。由于刻字价贱，故印书甚多，私人出版物随之大增。（叶德辉《书林清话》卷七）

明末的印书作坊，规模相当大。到天启、崇祯时，

《天工开物》造纸图

常熟虞山富翁毛子晋开办很大的印书作坊,专营出版
古籍。为了搜求古本珍本,特建汲古阁,延聘文士,建

双莲阁,延请僧侣,另一阁,延请道士,整理书籍,校对文字。汲古阁后楼贮存书板,楼下及两廊供刻书匠人居住。匠人中有刻书匠,还有印匠和装订匠。毛氏汲古阁所印书种类繁多,上自十三经、十七史,以至丛书、别集、道藏、词曲等,享誉一时。

明代印刷技术的创新是铜、铅活字印刷、彩色套印和饾板、拱花等工艺。中国是活字印刷术应用最早的国家,明代铜活字、铅活字排字印刷技术都有所发展。无锡人华珵、华燧、华坚曾使用铅活字印了许多种书籍,如《剑南续稿》、《宋诸臣奏议》、《容斋五笔》、《文苑英华纂要》、《白氏长庆集》、《元氏长庆集》、《蔡中郎文集》等书。同县人安国也用铜活字印刷过《正德东光县志》。常州、苏州、南京也都有铜活字印刷业。正德时,"毗陵(常州)人用铜铅为活字,视板印尤巧便"。

套印技术是将同一板面分成几块相同大小的板,各用一色,依次序印在一张纸上,即成套色印刷品。这种套色技术常用于有各色批注的书,有时可套印三四色批注文字。饾板是把同一版面分成若干个大小不同的版,每块版只是整版的一个部分,将各块版分别刷上需要的颜色,逐个印在同一张纸上,成为一幅多色斑斓的图画。最著名的饾板印刷品是安徽胡正言的《十竹斋画谱》,印成于天启七年(一六二七年)。包括翎毛、花卉、虫鱼、竹梅、兰草、山水、人物等。另印有《十竹斋笺谱》,除用饾板印刷山水人物、花草羽虫的图画外,还使用拱花的技术,将雕好的版不用颜色压印在纸上,形成凸出的花纹,实际上是一种凸印法,多用以表现图面上的白云、流水、叶脉、衣纹等。套印、饾板、拱花技术是我国印刷史上最有创新意义的成就。

五、矿 冶 业

矿冶业,由于商品货币经济的发展,手工业原料、燃料原料、铜、银货币原料的社会需求日益增大,加上矿冶业开发所需用的劳动力,得到流民劳动力的补充,因而有了显著的发展。

首先是采煤业的发展。中国是世界上最早用煤做燃料的国家。明代的煤已应用于普通居民的日常做饭和手工业加工,极为普遍。宋应星在《天工开物》中介绍了当时煤炭开采和使用的情况:"南方秃山无草木者,下即有煤,北方勿论。煤有三种:有明煤、碎煤、末煤。明煤,大块如斗许,燕齐秦晋生之,不用风箱鼓扇,以木炭少许引燃。……碎煤有两种,多生吴楚。炎高者曰饭炭,用以炊烹;炎平者曰铁炭,用以冶锻。……末煤如面者,多曰自来风。泥水调成饼,入于炉内,既灼之后与明煤相同,经昼夜不灭。半供炊爨,半供熔铜、化石、升朱。至于燔石为灰与矾硫,则三煤皆可用也。"(《天工开物》卷中,燔石)各地开采的煤矿有:南直隶和州的含山县牛头山煤矿、北直隶顺天府昌平州白羊口煤矿、京师的西山煤矿、山西太原府平定州煤矿。京师西山煤矿的煤,是北京城市居民日常生活的主要燃料。

《天工开物》挖煤图

当时找矿还仅凭有经验的矿工"从土面能辨有无之色,然后掘挖"。"初见煤端时,毒气(瓦斯)灼人,有将巨竹凿去中节，尖锐其末，插入炭中，其毒烟从竹中透上，人从其下施镬拾取者。或一井而下，炭纵横广有，则随其左右阔取，其上支板，以防压崩耳。"(《天工开物》卷中，燔石)可见当时采煤技术，已经基本解决排除矿中瓦斯，以防止中毒和爆炸，用木支架，以防冒顶等问题。这在世界煤炭开发史上有着重要的意义。

炼钢冶铁业有长足的进步。铁产量有相当大的提高。山西是冶铁业兴盛省份，明初山西铁课官定额为一百一十四万六千九百十七斤。(《明会典》卷一九四)天顺五年(一四六一年)，山西阳城铁冶，每年课铁不下五、六十万斤。如按课税率十五分之一计算，这时山西阳城的铁产量每年已达七百五十万乃至九百万斤左右，比明初提高了七八倍。

著名的遵化官营铁厂，在规模上更加宏大。正统三年(一四三八年)，有烧炭人匠七十一户，供木炭十四万三千七十斤。淘(铁)沙人匠六十三户，供铁沙四百四十七石三斗。铸铁等匠六十户，并征集附近州县的民夫六百八十三名，军夫四百六十二名。顺天、永平两府的轮班匠和法司送到的炒炼囚犯也在厂供办柴炭铁沙和炼铁劳作。(《明会典》卷一九四)

民营冶铁也有发展。福建蒲城的殷实大户"招集四方无赖之徒，来彼间冶铁，每一炉多至五、七百人。"(《西园闻见录》卷四十)福建所产铁，名为"建铁"，质量优良，被用为制造火炮、鸟枪的铁料。用"建铁"铸

《天工开物》鸟铳图

《天工开物》锤锚图

376

造的佛郎机炮、将军炮和锻造的鸟枪枪筒,施放时可不发生爆裂。其他如广东南海县的佛山镇,景泰时已发展为冶铁集中地。成化时南直隶震泽檀丘市也成为冶铁的专业市镇。山西阳城、辽东本溪都有大冶铁工业。

冶炼生铁时,已形成半连续性的操作程序。当炼铁炉出铁孔流完铁水后,用泥塞住。马上可以加料,鼓风再炼,不必等高炉冷却,可以连续作业,省工、省时、省料。当时炼熟铁采取炒铁技术。《天工开物》记载其生产过程是:"若造熟铁,则生铁流出时,相连数尺内,低下数寸筑一方塘,短墙抵之。其铁流入塘内,数人执持柳木棍排立墙上,先以污潮泥晒干,舂筛细罗如面,一人疾手撒掩,众人柳棍疾搅,即时炒成熟铁。"(《天工开物》卷下,五金)

钢的用途主要是制造刀锋,应用的方法是灌钢法。"用熟铁打成薄片,如指头阔,长寸半许,以铁片束包尖紧,生铁安置其上,又用破草履盖其上,泥涂其底下。洪炉鼓鞴,火力到时,生钢(铁)先化,渗淋熟铁之中,两情投合,取出加锤,再炼再锤,不一而足,俗名团钢,亦称灌钢"。(《天工开物》卷下,五金)

银矿开发,十分兴旺。浙闽交界的银矿开发最早,但时遭官府封闭。白银成为流通最广的非法制货币后,社会经济活动中白银需要量日大,所以盗掘白银矿之风大盛。嘉靖初年,顺天府昌平州怀柔县人胡臻等"家道殷实,专一出钱供给矿徒,在于蓟州迤西接连平谷(县)地名瀑水,偷(银)矿为生"。这个偷采银矿事件,被官府发现,银矿被封闭,主持人景时文被罚银千两。后来这个银矿由官府主办开采,但所得不偿所费,官方遂命景时文出来主持这所官营银矿的采炼技术。官营瀑水银矿的经营方式是:仍招前日已得矿利殷实之家,责令出钱供给器具、密陀僧、白炭、工食之费。金充素有身家,旧时曾做矿徒为首者,以为矿甲,报出平日所率善识矿脉,熟知煎销军民有籍之人,以为矿夫。在于瀑水原封旧洞,协力挖取矿砂,就在平谷县择一空大去处,立为炉场,将逐日所取矿砂,委官差人押送炉所,照数验收,接续监视矿甲人等,眼同煎销成银。以十分为率,除三分纳于官课,以五分给办器具、密陀僧、白炭料物饮食之类,其余二分以偿矿甲人等工力之资。(《明经世文编》卷一〇三,梁材《驳议差官采矿疏》)这是明代官督民办银矿的事例之一,官府办矿要依靠民间的资本与技术,但利益分成又十分苛刻。这个矿炼银是应用传统的密陀僧(氧化铅)析出法,大约每百斤矿砂,用密陀僧一百五十斤,碾为细末,入火锻炼,熔化为汁,然后煎销,始得成银。每一斗矿砂得银六两上下。

(三)商品交易与货币

一、商品生产与交易

大抵自嘉靖以来,商品生产与交易有了空前的发

378

展。这是伴随着农产品商品化程度提高和手工业生产的发展而出现的。城市交通的发达，形成全国商业网络，货币的白银化也为商品交易的发展提供了条件。

由于棉纺业的发展，江北和河南等地出现了商品棉种植区。福建是木棉产区，但福建商人却到江北收购大批棉花，贩运营利。山东、河南的棉花生产超过了江北，使全国商品棉的交易，转移到河南。当时人说："中州沃壤，半植木棉，乃棉花尽归商贩。"（《荒政丛书》卷八，《钟忠惠公赈豫纪略》）可见当时河南生产的棉花已以商品的形式，进入市场。

江南地区的嘉善地方，棉织业十分发达，但当地产棉不多，要依靠商人从外地贩入棉花。农民买棉纺纱织布，然后出卖，再买回棉花，获得微利，以弥补农业收入的不足，维持艰难的生活。这里的农民，生产棉布已作为商品出卖。

湖州是蚕桑业的中心，养蚕业者并不全是自己植桑，有人不植桑而预租植桑户的桑，名为"秒桑"，先付部分定银，不得涨价。桑叶要购进，所生产的丝也必须卖出，才能维持继续生产。蚕的饲料桑叶已成为一种原料商品，丝成为一种成品商品，原料与成品间保持一种商品关系。

苏州是全国最大的丝织业中心。苏州居民"工纂组，故男藉专业，家传户绩，不止自给而已。"（正德《姑苏志》卷十三，风俗）这里丝织业的产品，不只是为了自家使用,而成为投入市场的商品。这种情况在明人小说中也有反映。《醒世恒言》卷十八,"施润泽滩阙遇友"说苏州附近盛泽镇的情况是:"这镇上都是温饱之家,织下绸匹,必积至十来匹,最少也有五六匹,方才上市。那大户人家积得多的便不上市,都是牙行引客商上门来买"。

宋应星《天工开物》序说:"滇南车马,纵贯辽阳岭徼,宦商衡游蓟北"。这说明,至晚在万历时,商业贸易网络已经得到扩展。从云南到辽东的直线距离就有三千多公里,从广东到河北北境直线距离也有一千公里以上。商路距离当较直距更远。在这条南北商路干线上,还分有东西向的商路。各地的商品沿商路流向市场。北方的棉花价贱,但棉布价贵;南方则相反。因而北方的棉花装船运销南方,南方的棉布装船运销北方。(《农政全书》卷三十五)景德镇的瓷器,自燕云而北,南交趾,东际海,西被蜀,无所不至,商贾往往以是牟大利。(乾隆《浮梁县志》卷五)北直隶河间府的行商,从南京、苏州等地贩来丝绸,从河南卫辉等地贩来粮食,从临清、泊头等地贩来铁农具,从沧州、天津贩来食盐,从真定贩来木料,从徽州、饶州贩来漆器、瓷器。这反映全国商品市场已渐广泛,臻于繁荣。

二、货币与白银

明洪武时,铸造铜币又发行"宝钞",铸币与纸币

《天工开物》漕舫图

并行,严禁民间用金、银交易。但"大明宝钞"仍有对金银的比价,征税也仍收白银,民间交易则始终是银、钱并用。"宝钞"行之不久,价格大跌。这是因为明钞和元钞不同,不设钞本,发行不分界,没有准备金。而且官府发行的"宝钞",只出不进,或者大出小进。官府发钞,支付官俸军饷,收购民间产品,但征税却不收钞或仅搭收少量宝钞。因此"大明宝钞"在民间经济活动中缺乏信誉。官府用行政手段强迫民间用钞,无限制地发行。永乐时曾规定"户口食盐法",每家大口每月食盐一斤,纳钞一贯,小口半之。据计算,当时全国人口不下千万户,官军不下二百万家,按照"户口食盐法",官府就可以收钞五千多万锭。后来又规定官府收取税粮、课程、赃罚等项都要求收钞,企图以这些措施来稳定钞价。但"宝钞"发行越滥,钞价越跌。洪熙时,夏原吉认为:"钞多则轻,少则重。民间钞不行,缘散多敛少,宜为法敛之。"(《明史·食货志》)但钞值仍然暴跌,钞价只是原值的十分之一。宣德初,米一石要值钞五十贯。到正统时,钞一贯已不能值钱一文。在这种情势下,"宝钞"虽然仍在一些税收范围内流通,但在社会经济活动中已经被金银所替代,迫使明廷不得不放宽使用白银的禁令。正统元年(一四三六年)令征收赋税时,米麦一石,折收银二钱五分。南直隶、浙江、江西、湖广、福建、广东、广西应征米麦共四百余万石,折银百万余两,入内承运库,称为"折粮银",

后被称为"金花银"。白银流通的禁令实际上已被解除，白银逐渐成为一种法定的秤量货币，与明朝铸造的铜币并行。铜币是一种"制钱"，铸钱时就铸定当值，这种钱值和其本身铜料的价值无关。因此铜币也可能因滥铸过多而贬值。但因币与"宝钞"不同，铜币的铜料尚存有一种自然价值，所以明嘉靖时曾精工铸造质量好的铜币，以稳定币值。白银作为流通货币手段则比铜钱优越。它以物质银的重量表示价值，而不是依官府权力规定。因而容易取得使用者的信赖。正统以后，白银逐渐成为主要的货币。铜钱与白银并行，在中小额交易中使用，处于辅币的地位。

明代用银，以银锭计重使用，分为两、钱、分、厘、毫等计量单位，银锭可以按需用切割，既可应用于各种交易，又可作为贮藏手段，不受政策变动的影响。上自官府经费支出、发放军饷、征收田赋、商税，下至公私交易，民间生活消费，都逐渐用银。张居正推行"一条鞭法"，计亩征银，使白银在社会经济生活中占据了极为重要的地位。地方州县要把用铜钱或实物交纳的田赋，兑换为白银上缴户部，这就使全国的用银量大增，同时也使白银上升为国家主要货币。从这时开始，中国正式成为行用银本位的国家。

中国原有用银为货币的悠久历史，汉武帝时铸有"白金三品"，唐宋时白银已作为一种贸易通货，与铜钱平行使用。蒙古族早已用银交易，元代白银已确立

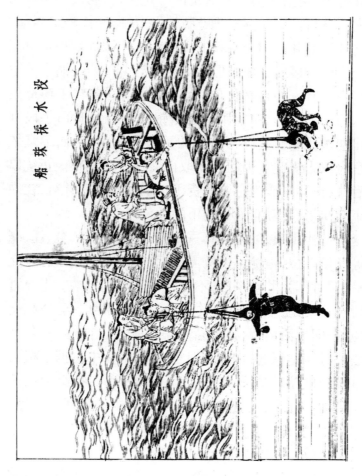

《天工开物》采珠图

正式的货币地位,举凡借贷、贸易、物价等都以银为可计算的货币。明朝废弛禁令,实行白银与铜钱并行的制度后,由于白银需求量日增,遂将原已封闭的银矿,恢复开采,提高银课收入。又增加崇文门、河西务、临清、九江、浒墅、扬州、北新、淮安等钞关税银征收,各关定额每年征收白银三十三万五千五百多两,以后又逐年增加。(《明经世文编》卷四四一,赵世卿《关税亏减疏》)。一六〇二年左右,福建土商张嶷与百户阎应隆等上书,请准自备船只人工资本,往海澄县界外的机易山地方开发金银矿。因遭廷臣反对,未能实现。(《明经世文编》卷四一一,赵世卿《九卿机易山开采疏》)

嘉靖时,国内白银产量不足,开始从国外输入。西班牙人从其殖民地美洲各地把白银运到吕宋(菲律宾),再由中国商人,把白银或银元运到国内。明朝在漳州加征"加增饷",以吸收白银。据记载:"加增饷者,东洋吕宋地无他产,夷人悉用银钱易货。故归船自银钱外,无他携来,即有货亦无几。故商人回澳,征水陆二饷(船税与货物税)外,属吕宋船者,每船更追银百五十两,谓之加征"。(张燮《东西洋考》卷七)除漳州外,广州、宁波、厦门等处也同时输入西班牙银货。葡萄牙和荷兰人也用白银购买中国货物,使巨额白银流入中国。此外,日本、暹罗、安南等国也向中国输入白银,以换取商品。

国外大量白银的流入,加强了白银作为主要货币的地位,也扩大了中国商品的出口,从而促进了商品生产的发展。国内市场白银流通量充足,还有利于市场金融的活跃和资本的积累。

（四）城市集镇的发展

一、城市的分布

明代的南京和北京仍然是全国最大的城市，是政治中心也是南北经济的枢纽。北方和西北、东北的省会和州县，以北京为中心，形成北方城市经济体系，江南、东南、西南的省会和州县，则以南京为中心，形成南方城市经济体系。都会城市大多是历史上形成的政治、军事、文化的中心，在经济上都有各自的独特发展条件。北直隶除京师外，以河间、保定二府城"商贾多出其途，实来往通衢"，这是因为二城是北京通往全国的重要商路，它们在经济上占有要冲地位。河南的开封，仍然是南北交汇的都会城市，因为它北通京师，东沿汴、泗，可达江、汉，是商贾聚集之地。明代的陕西西安，仍是西北重要城市，这里的商人西入陇、蜀，东走齐鲁，往来交易，莫不得其所欲。山西太原是省会，但富饶不如附近的平阳城。蒲坂州富庶尤甚超过太原，是山西新兴起的城市。自南北大运河开通后，运河沿岸出现了一批新兴的商业城市，清江浦、济宁州、临清州、天津卫、河西务等。清江浦地处南运河要道，据说"自故沙河以上开运后，凡货舡悉由清江过坝，内之运河，外之黄、淮河舳舻毕集，居民数万户，为水陆之孔道"。（顾炎武

《天下郡国利病书》卷二十七)河西务,在万历时有布店一百六十余家。临清州有缎店三十二座,布店七十三座,杂货店六十五座。可见这些运河城市的经济繁盛状况。(《明经世文编》卷四四一,赵世卿《关税亏减疏》)

其他都会城市如湖广的武昌、四川的成都、浙江的杭州、江西的南昌、福建的福州、广东的广州等都保持着传统的经济地位和城市间商路的畅通,推动着商品经济的发展。

二、市 镇 的 兴 起

嘉靖时期,在古老城市之间及其周围,陆续出现了一批新兴的中小城市。这些中小城市由于还不完全具备传统城市的条件,只能称之为"市镇",但是它们却有着旺盛的发展能力。有些市镇原来只是一个小小的居民点,或仅仅是一个荒僻的渔村,或是一个乡村的贸易集市,但在城市商品经济发展的大潮下,人口急遽集聚,商业、手工业较快地发展起来,社会经济面貌有明显的改观。

这类市镇,大都是商贾聚集之处,当时贸易之所曰市,市之至大者曰镇。所谓"市"可能指交易市场,商业活动中心。而所谓"镇"可能已具有一定的城市规模。

新兴的市镇,大部分集中在江南的苏、松、杭、嘉、湖地区。这里是经济发达的地区,农业商品化程度较高,丝织业、棉纺业十分发达,具有比较稳定的商品市场、消费市场和个别的劳动力市场。苏、松、杭、嘉、湖五府辖两州、三十二县,人口众多,土地不足,但当地人民有从事手工业、商业的传统,出外经商打工,成为常事。所以人民生活水平也较他处为高。这里是田赋的重赋区,但商税与他处持平,有利于商业的发展。

苏州府吴江县兴起的盛泽镇,明初还只是只有五六十家居民的乡村。嘉靖年间成为江南绫绸纺织业的中心。梨里镇、同里镇、八斤市等都是在成化至嘉靖年间兴起的商业市镇,百货并集,无异城市,居民成倍增长。庵村市,原是小村,嘉靖以后,聚集居民数百家,铁工过半,遂称为市,成为以铁器制造为主的专业市镇。

松江府的震泽镇,元末一度衰落,只有居民数十家,明成化年间突增至三四百家,嘉靖时人口又突增一倍,成为江南一大镇。平望镇是明初以来著名的商业市镇,但自弘治以后,发展很快,成为江南运河线上与震泽镇并称的商业重镇。其他如双杨市、严墓市、梅堰市,都是松江地区新兴的"市"。三处原都是小小村落,居民甚少,嘉靖以后都很快发展为商业市镇。另有檀丘市,成化时是一个以冶铁业为主的市镇,嘉靖时发展为"铜铁木枟乐艺诸工皆备"的小型专业城市。

嘉兴府所属七县,兴起一些手工业、农产加工业、运输业、商业等专业市镇。手工业专业市镇有专营丝织业的濮院镇、王江泾镇、青镇、王店镇、新塍镇。棉织业有魏塘镇、风泾镇、王店镇。陶瓦业有陶庄市。五金业有炉头镇。

农产加工业有榨油业发达的石门镇，专营蚕桑、缫丝业的青镇。半逻市、皂林镇、陡门镇则以运输业、旅店业为主。至于乍浦、澉浦等镇则以港口运输和对外贸易为主业。

广东的佛山镇也是嘉靖至万历时逐渐发展起来的工商业城镇。佛山在明初还只是一个普通的村堡，万历时与汉口镇、景德镇、朱仙镇并称为"天下四大镇"。佛山镇的制锅业，大约在正统年间就已兴起，同时兴起铁锅贸易。正德时，各地的铁商运铁到佛山，利用其技术铸造铁钟、铁器。嘉靖时，佛山的冶铁业在技术上有显著提高，成为全国铸造业的中心地之一。石湾镇以制瓷业著名，生产的甜白瓷器，驰名国内外，全由民窑生产，产品绝大部分投入市场。

传统的大都市和新兴的市镇，商业交易都很发达，居民衣食需用，大都仰给于市场。北京城"贫民不减百万，九门一闭，则煤米不通，一日无煤米，则烟火即绝"（《去伪斋集》卷一）。南京居民"薪粲而下，百物皆仰给于贸居"（《客座赘语》卷二）。苏州民间，"好费乐便，多无宿储，悉资于市"（正德《姑苏志》卷十三）。杭州"米珠取于湖（州），薪桂取于严（州），本地止以商贾为业，人无担石之储"（《广志绎》卷四）。嘉定县盛产棉花，但"县不产米，仰食四方。夏麦方熟，秋禾既登,商人载米而来者,舳舻相衔也。中人之家,朝炊夕爨负米而入者,项背相望也"(《天下郡国利病书》卷二十,"江南"八)。嘉兴府濮院镇"四方商贾,负贽云集"(金淮《濮院所闻记》卷一)。王江泾镇是蚕桑业丝绸业集中之地,但是丝货绸缎要向邻近市镇的商贾收买(《石点头》卷四)。石门镇民间棉织业的原料,也是得之于市场上的棉花商人。

三、集 市 贸 易

集市贸易在中国有古老的历史,明代更趋繁荣。所谓集市,是一种民间的贸易活动,一般都是定期进行,交易而退。这种集市贸易是民间主要的交换活动,南方称为墟、场,北方称为集市。它沟通城市与乡村,或乡村之间的经济往来,是商人买卖商品的基地,也是民间互通有无的场所。

北京城内有不少定期定点的集市,西城的都城隍庙市,每月逢初一、十五及二十五日有定期集市,商品陈列可达三四里之长,有食品、绸缎、瓷器、书画、纸张等。东城有灯市,每年正月十一至十八日开放,各地商人届时到此市销货。东华门内每月开三次"内市",货物都是古玩玉器、金玉珠宝、高档衣料等,专供豪门贵族派人选购,有时皇宫内的后妃人等也派人来挑选如意的名贵商品(宋起凤《稗说》卷四)。州县一级的集市每个月大约有五六个集日,乡镇每个月有二三个集日,府城则每日一集(嘉靖《河间府志》)。有些地方如河间府的郹州每年四月间举行药王庙会,这是一种大规模的商品交易会,淮河以北,秦晋以东,宣、大、蓟、辽诸边各方商贾辇运珍异并布帛菽粟之属,入城为市,会期二十天。繁荣集市是当时商品经济发展的结果。集市促进了农村经济的活跃,为农产品商品化提供了广阔的市场。

(五)对外贸易

一、对外贸易的发展

明代的对外贸易原有"朝贡贸易"和私人经营的私商贸易两种形式。前者是由朝廷独占经营,兼有政治目的。外国的贡品是一种特殊的"商品",明廷以"赏赐"的名义,给以相当价值的回报。"赏赐"的价值往往高于"贡品"的价值,两者的差额实际上是保持朝贡关系和名义的代价。各国朝贡使臣随带一批随行的商人,以入贡为名,运来私售货物,朝贡完毕,被允许在会同馆附近的指定地点进行民间交易。外国使臣和随从商人也被允许采办一批中国商品,如瓷器等物,运回本国。(《万历野获编》卷三十)

朝贡贸易在永乐、宣德时期,甚为兴旺。郑和出使海外诸国,实际上是这种朝贡贸易的扩大。洪熙时停止下西洋宝船,不再增加新的朝贡国,削减赏赐数量。明初一度繁荣的海外朝贡贸易逐渐衰落。

私人的对外贸易活动,明初受到海禁政策的限制,不能发展。尔后,东南沿海地区的"海商大贾"或"湖海大姓"的海外走私活动日益活跃。这些海商或舶主拥有雄厚的资本和必要的海船、水手,以经营出口丝绢、瓷器、铁器,进口香料、珠宝和东西洋特产为主。他们投商入股,载货出洋。靠盘剥入股商众,谋求数十倍甚至上百倍的利润(《东西洋考》卷七)。

　　嘉靖以来,沿海的商品经济有长足的发展。福建地区"凡福州之绸丝,漳(州)之纱绢,泉(州)之盐,福(州)延(平)之铁,福漳之桔,福(州)兴(化)之荔枝、泉漳之糖,顺昌之纸,无日不走分水岭及蒲城小关,下吴越如流水,其航大海而去者,尤不可计"。(王世懋《闽部疏》)一些沿海商人,私造双桅大船;驱使贫民充当水手。"输中华之产,驰异域之邦,易方物,利可十倍"。(《海澄县志》卷十五)

　　嘉靖年间,"漳闽之人与番舶夷商贸贩方物,往来络绎于海上"。(《明经世文编》卷二四三,张时彻《招宝山重建宁波府知府凤峰沈公祠碑》)根据明代的法律,私自下海通番者处以充军或死罪,但沿海居民"尚犹结党成风,造船出海,私相贸易,恬无畏忌"。(《明经世文编》卷二八〇,冯璋《通番舶议》)由于倭寇与中国海盗的劫掠,明朝进一步加强了海禁,镇压沿海的海盗商人。私人海外贸易的发展,因而遇到困难。明廷派往福建主持海禁的巡抚朱纨,受到朝内宦官和地方势家的攻击,被劾落职,愤恨自杀。此后,"中外摇手不敢言海禁事。"(《明史·朱纨传》)私人海外贸易又有扩展。

二、对外贸易政策的演变

自明初到穆宗隆庆时,明廷的对外贸易,基本上是实行所谓"海禁"政策,禁止商人与海外通商。其目的,一是加强海防。"寸板不许下海"就在于切断海上联系,以防止国内的反乱与海外的侵扰。二是由官府独占贡市贸易,禁止私人贸贩,以防侵犯官府的商利。所以,官府垄断的贸易,不在海禁之列。

隆庆初年,福建巡抚涂泽民上书"请开市舶,易私贩而为公贩,议只通东西二洋,不得往日本倭国"。(《明经世文编》卷四百,许孚远《疏通海禁疏》)这是一次极有限度地开放海禁。商人下海贸易要申请引票,限定船只数目和贸易地点,但仍使对外贸易获得很大的发展。明末人周起元说:"我穆庙(穆宗)时除贩夷之律。于是五方之贾,熙熙水国,刳艅艎,分市东西路(东西洋),其捆载珍奇,故异物不足述,而所贸金钱,岁无虑数十万,公私并赖"。(《东西洋考》周起元序)这次开放海禁,大约持续近三十年。一五九二年日本丰臣秀吉入侵朝鲜。兵部又要求"申严海禁":"凡有贩番诸商,告给文引者,尽行禁绝,敢有故违者,照例处以极刑"。福建巡抚许孚远据海澄县番商李福等联名呈请,草拟《疏通海禁疏》上奏。李福等人呈报说:海澄县"民业全在舟贩,赋役俯仰是资。往年海禁严绝,人民倡乱。幸蒙院道题请建县通商,数十年来,饷足民安。近因倭寇朝鲜,庙堂防闲奸人接济硝黄,通行各省禁绝商贩,贻祸澄商,引船百余只,货物亿万计,生路阻塞。商者倾家荡产,佣者束手断飧,阖地呻嗟,坐以待毙"。许孚远在奏疏中指出:如果以为沿海居民,凭借海滨,易与为乱。"往者商舶之开,正以安反侧杜乱萌也。乃今一禁,彼强悍之徒,俯仰无赖,势必私通,继以追捕,急则聚党遁海,据险流突"。他还说:如果断绝中外往来,在吕宋的数千漳州人,不得回还,势必要勾结外人入寇。如果禁绝海外贸易,则周边外国情势一无所知,谈不到事前防御。如果禁绝对外贸易,则商税无收,往年由商税两万两补贴的地方兵饷,就无着落,没有兵饷,怎能加强海防?他极力主张继续开放海禁,复旧通商,总结过去海禁的教训,"市通则寇转而为商,市禁则商转而为寇",开放海禁不但于国有利,而且也是加强海防的最好办法。(《明经世文编》卷四百,许孚远《疏通海禁疏》)此后,海禁时紧时松,朝廷禁海与开海之争,迄未停息。私人的海外贸易事实上则在继续发展。

三、西方商品的流入

来华贸易的外国船只,多在广州一带停泊。正德时"番舶不绝于海澨,蛮人杂遝于州城"。(《明史·佛郎机传》)福建的漳州、浙江的宁波也都是外船贸易的口岸。葡萄牙、西班牙、荷兰等国的商船,把中国的丝斤、绫绸缎匹、江西的瓷器、福建的糖品果物,运往国外销售。中国商船也把丝织品、铁锅、成衣、肉类制品、水果、牲畜、香料、冰糖等商品运往亚洲各国。

与此同时,西洋、南洋、印度洋国家和地区的大批商品也随之进入中国的国内市场。舶来商品中,欧洲国家生产的只占少数,多数是南洋、印度洋各地的商品,经葡、西等国或中国的商船运到内地。明人把舶来品一律视为西洋商品。依据《明会典》所载和王世贞从《会典》中抄出的番货价值单,可以得知外国商品进入中国市场的基本情况。

南洋所产的香料,是进口商品的大宗货物。香料中的胡椒和丁香则是最重要的商品,是南洋香料贸易争夺的焦点,嘉靖以前,中国商人是南洋香料的主要经营者,后来西方殖民势力到达南洋后,香料贸易转入欧洲商人之手。就上举当时三种进口商品清单来看,香料都列有十几种之多,其中有供上层社会消费的龙涎香、安息香,也有常用的调味品,胡椒、丁香等。有些香料是制造神香、除虫香、薰衣香的原料。从香料抽税率看,价格都是很高的。

其次,进口外国的商品中,手工业原料和织纺品为数最多。手工业原料约二三十种,其中有铜、铁、锡和各种毛皮,包括牛皮、马皮、鹿皮、鲨鱼皮、虎、豹、水獭

皮以及名贵的鸟毛,如翠毛、孔雀尾等。制造藤编品的
原料白藤、棕竹。名贵木料,乌木、紫檀、紫槔。制造手
工艺品的原料玳瑁、象牙、犀角、牛角、龟甲(筒)等。
染料以苏木为最多。纺织品大多是南洋各国出产的当
地特制丝棉织品,如油红布、青布、苾布、暗花打布、沙
连布、勿那朱布、各样粗布、交阯绢、暹罗红沙,兜罗被
等。制成的工艺品,如玳瑁盒、玳瑁盂、玻璃瓶、碗、香
泥瓶、嘉文席、番藤席等,也有一定的数量。

　　第三类是药品,有没药、冰片、阿片、血竭、孩儿茶、
阿魏、芦荟、豆蔻、雄黄、栀子、大风子等。

　　第四类是食品,燕窝、番米(西洋米)、椰子、海菜、
鹿脯、油麻、虾米、红花米、沙鱼翅、绿豆等。

　　此外,还有莺哥类的观赏禽鸟,有玻璃制成的番
镜,有驱虫药樟脑和特制的闷虫药,还有日本制造的倭
刀及番弓、番箭、火炬等物。这些商品只是少量进口,
不能与上列四类商品相比。综观这时从海外输入的商
品,并非只是专供皇室贵族赏玩的珍禽异兽,珍珠宝石
之类,其中大部分都与国计民生有着密切的联系。输
入的赤金、足色银,钱铜、番锡对于明代货币白银化和
铜钱的制造起了相当的作用。一些中国没有的手工业
原料,从国外输入在国内加工,促进了中国手工业的发
展。中国早有玻璃制品,但质量不高,这时国外的大量
高级玻璃制品,进入了市场。进入中国市场的外国商
品的种类和数量,都已达到相当程度。有些外国商品,

如苏木一项就因进口过多而积存库中,以至不得不用苏木来充当发放给官员的俸给。

贵族官僚家庭积蓄的财物,也反映出外国商品交易的普遍。嘉靖初年抄没幸臣钱宁家产,内有苏木七十三扛,胡椒三千五百石,香椒三十扛。(《天水冰山录》附籍没数)嘉靖时,抄没严嵩家产,内有国外出产的大象牙、犀牛角、珊瑚珠,玻璃制壶瓶杯盏碗以及高脚茶盅、酒杯、玻璃镜、香炉、香筒、面盆等。玳瑁制品有酒杯、酒盘、茶盅、大碗、攒盒等。各种外国香料共重五千多斤。纺织品有西洋罗、西洋白绢绸、西洋铁色褐、西洋红白棉布。还有日本进口的倭刀、倭扇等。(《天水冰山录》)钱宁、严嵩家产中的大量舶来品,只能有少数是得自皇室赏赐的外国贡品,绝大数应是贪贿得来,直接来自中外商人或间接出于商品市场。

(六)社 会 集 团

嘉靖以来的晚明社会,仍是以地主阶级和农民阶级构成为相互对立的两大阶级。随着商品经济的发展,地主阶级中的皇室贵族日益形成为人数众多、遍布全国各地的庞大的寄生集团。经济发展的江南,地主与士大夫相结合,成为足以影响江南经济和明朝政治的集团势力。商人阶级兴起后,依据不同的行业和地区,组成不同的集团,各自掌握商业资本,成为社会经济发展中的重要力量。

商品经济的发展,并没有给广大农民带来多少好处。农民的土地不断被兼并,各地出现数以百万计的大批流民,进而沦为"佃仆",成为晚明社会前进中的一股逆流。大批独立手工业者的出现,是这一时期的又一特点。

下面分别叙述晚明时期这些社会集团、阶级的一些特征。

一、皇室贵族集团

明太祖朱元璋建国时,把二十几个皇子分封到全国各地为藩王,以图巩固朱明的统治。诸王子孙繁衍,世代袭封,到万历时,二十九王的后裔已多达二万三千九百人。其中如晋王、周王、代王等人的家族都有四五千人(王世贞《弇山堂别集》卷一《皇明盛事述》)。明太祖有十几个女儿,其中六个女儿,都是以公主名义嫁给开国功臣之子。长女临安公主嫁开国元勋韩国公李善长之子李祺;二女宁国大公主嫁汝南侯梅思祖之子梅殷;五女汝宁公主嫁吉安侯陆仲亨之子陆贤;八女福清公主嫁凤翔侯张龙之子张麟;九女寿春公主嫁颖国公傅友德之子傅忠;十一女南康公主嫁武定侯郭英之子郭镇。历朝以公主嫁功臣家成为传统,从而构成为庞大的勋戚集团。明初开国功臣之女也多被娶为皇子诸王之妻。明王朝开国的第一功臣魏国公徐达,长女嫁燕王,即成祖的文皇后;次女嫁代王,三女嫁安王。鄂国公常遇春的女儿嫁懿文太子朱标为妃。卫国公邓愈有二女,一为秦愍王次妃,一为齐王继妃。永平侯谢成的女儿嫁晋王为妃。宋国公冯胜女嫁周王为妃。定远侯王弼女嫁楚王为妃。安陆侯吴复的两个孙女,一嫁齐王,一嫁唐王。信国公汤和的女儿嫁鲁王为妃。凉国公蓝玉的女儿嫁蜀王为妃。靖海侯吴高女嫁湘王为妃。武定侯郭英二女,一为辽王妃,一为郢靖王妃。右都督袁洪女儿为岷王妃;冯诚女儿为韩王妃。明成祖继续与功臣结为姻亲,以后贵族勋戚集团日益扩大。明初对后家外戚,限制甚严。英宗以后,后妃家族,多被封为侯、伯,陆续进入了贵族集团。

藩王勋戚,形成庞大的贵族集团。明王朝对他们在政治上多加限制,在经济上则给以优厚的待遇和各种特权。各地藩王不得干预地方行政,甚至出城扫墓也要申请批准。子孙不能应科举出仕,不得从事工商。依恃朝廷的赏赐和地方的供奉,形成坐食厚禄的寄生集团。皇族贵戚和后妃家族被封授爵位,经常由朝廷赏赐财物和庄田,他们还可以恃势强占和接受投献,扩大土地占有。商品经济发展后,也还买卖引盐,开设官店,牟取暴利。

明王朝日益庞大的贵族集团,遍布全国,自京师至各地州府,不仅坐享荣华,优游享乐,而且通过各种手段,与农民争田,与工商业者争利。他们是朝廷的支柱,却是社会的蠹虫!

二、江南地主文士集团

江南地区,历来是经济发达的地区,嘉靖至万历时,则是城市商品经济发展程度最高的地区。丝织业、棉纺业等十分发达,市镇中多有已具相当规模的手工作坊或小规模的手工工场,商品化的程度也较高。江南地主有不少人兼营工商业,或经营农、工、副业相结合的综合型农业生产,并已雇用雇工。

江南赋税是明朝财政收入的主要来源。从明初开始,苏州松江地区就已是重赋区,明廷征收的田赋要比其他地区高出几十倍,其他徭役也比其他地区繁重。万历时,神宗派遣税使,大批搜刮白银,使这里的经济发展遭到严重的破坏(参见下节)。明王朝对江南地区日益残酷的剥夺,促使各地地主为维护共同的利益而结集起来,抵制官府的征敛。

乡村地主与市镇工商业关系密切,是江南地主集团的一个显著特点,与士大夫等文士相结合是又一个特点。江南地区由于经济发达,文化教育也高于其他地区。明朝以科举取士,这一带的文士应试居官者,历来多于他省。据统计,有明一代的内阁辅臣,出身于南直隶、浙江、江西三省者接近半数(《弇山堂别集》卷四十五)。江南文士出任中下级官吏者,更为众多,几乎遍及州府。他们致仕归里后,被称为"乡绅",有一定的特权,在家乡购置土地,开张店铺,加入到地主兼营工商业者的行列。他们有做官的经历,熟悉官场规制,又具有较高的文化知识,因而往往成为当地地主集团的核心。地主子弟中还不曾入仕但已有功名的秀才、举人,也是集团的中坚力量。江南地主与文士相结合,因而具有更为强大的势力。

三、商人集团与商业资本

随着商品经济的发展,商人日益成为明代社会的重要力量。他们操纵商业资本,不仅直接关系着经济的发展,也还可以对地方政权施加影响。从行业来说,粮商与盐商是最有实力的两大集团。从地域说,徽商与晋商,资本最为雄厚,足以影响全国。万历时即有人指出:"富室之称雄者,江南则推新安(安徽徽州),江北则推山右(山西)。新安大贾,鱼盐为业,藏镪有至百万者,其他二、三十万,则中贾耳。山右或盐,或丝,或转贩,或窖粟,其富甚于新安"。(谢肇淛《五杂俎》卷四)

徽商是指以新安江流域为中心的安徽徽州府商人。徽州是一个多山的地区,农田所产至薄,农民"大都计一岁所入,不能支什之一",所以他们"多执技艺,或负贩,或就食他郡者常什九"。(《天下郡国利病书》卷三十二,"江南"二十)徽州人经商的历史,可能在宋代就已经开始。宋代的茶商多是徽州人,他们行贾四方。明代徽州商人的活动,进一步展开。"自安(庆)、太(平)至宣(城)、徽(州),其民多仰机利,舍本逐末,唱棹转毂,以游帝王之所都,而操其奇赢,休(宁)歙(州)尤伙,故贾人几遍天下。良贾近利数倍,次倍之,最下无能者逐什一之利。"(张翰《松窗梦语》卷四)徽州是商业发达的地区,当地的社会风习也因而发生了不少变化,"末富居多,本富益少,富者愈富,贫者愈贫。起者独雄,落者辟易,资爱有厉,产自无恒。贸易纷纭,诛求刻核,奸豪变乱,巨猾侵侔"。(《天下郡国利病书》卷三十二,"江南"二十)

徽商最大的资本是盐业资本。许多徽商是"以盐筴贾淮海江汉"。汉口、长芦、四川等地也都有徽州盐商的足迹。其次是粮商。江浙两省的粮食贸易,基本上由徽州粮商操纵,直接影响粮食市场。徽商还经营木材、药材、茶叶、纸张文具等贸易。嘉靖、万历间,对外贸易活动除朝贡贸易外,更多的是沿海的"舶商"(或称海商)的私人贸易。当时人记载说:"诸番载来乃胡椒、象牙、苏木香料,货船至,报水计货抽分,故市舶之利甚广。数年之前,有徽州、浙江等处番徒,前至浙江之双屿港等处买卖,逃广东市舶之税,及货尽将去之时,每每肆行劫掠"。(俞大猷《正气堂集》卷七)这里所指的"徽州、浙江等处番徒"就是徽州、浙江经营海外贸易的"海商"。由于明廷海禁政策的影响,这些徽、浙海商以"亦商亦盗"的形式来经营他们的海外贸易。当他们可以正常贸易时,就是"海商",当他们的商业活动受到海禁政策禁遏时,就成为中国东南沿海

402

海域中的"海盗"。当时徽商许二、王直等,拥有自己的海船,雇用水手和日本海盗为武装,既是经常到日本等地经营贸易的大海商,又是拥有武器的大海盗集团。他们既拥有正常贸易所得,也劫掠海上、陆上的大量财物。

"晋商"是山西各地商人的通称。明代的晋商,最早是一种转贩商(运输商),他们的兴起和明代边防政策有关。明初洪武时期为了加强防御蒙古,在边境屯驻大批军队,军粮的供应亟待解决。如把内地的粮食运输到北部边境,十分困难而又耗费巨大。于是实行了一种称作"开中"的办法,商人如能运粮到边境,就会得到国家专利的食盐购销权利。这样常常使山西的粮商兼做盐商。嘉靖时,"开中"法基本停止,输粮边仓改为纳粮户部获得盐引。晋商的大粮业资本因而急速向盐业转变。山西蒲州商人孟桐就以其资本,定居在天津,专门经营长芦盐的贩卖(顾起元《懒真草堂集》卷二十四)。嘉靖以后,晋商主要经营盐业。由于资本雄厚,在实行运司纳银后,纷纷迁往两淮扬州府,与新安商人成为两大盐业集团。

晋商资本的运营方式,大致采取"一人出本,众伙共商"的形式。据记载:"平阳、泽、潞豪商大贾甲天下,非数十万不称富。其居室之法善也。其人以行止相高,其合伙而商者,名曰伙计。一人出本,众伙共而商之。虽不誓而无私藏。……且富者蓄藏不于家,而尽散之为伙计。估人产者,但数其大小伙计若干,则数十百万产可屈指矣。所以富者不能遽贫,贫者可以立富,其居室善而行止胜也。"(沈思孝《晋录》)可见晋商资本是以资本所有者和经营者之间建立起的相互信任为基础而合作经营的。伙计可以自己的资本入股,也可以用力股或身股的名义,参加经营,享受分红的权利。还可以接受东家的资金去经营商业,获利按比率分享。

晋商和陕西商人有时被统称为"西北商";北京商人被称为"京商";辽东商人被称为"辽商",东南沿海有浙商、闽商、粤商,西南地区有云贵商、川商。按经营形式分,有行商与坐商。按专业经营分,有米商、布商、盐商、茶商、木商、药商。按地区专营区分,有海商、边商、茶马商、铺商等。游商小贩经营所得仅足一家糊口,难得积累,只有那些大商人或与官府有联系的官商,才有可能积存资本。这些积累的大商业资本,有些被重新投入商品交易,进行增殖;有些以借贷形式贷给中小商人,或拨给"伙计",扩大商业经营;有些则开张典当业或放高利贷;也有一些资本转入土地房产的购置,进行封建地租剥削;甚至有些大商人进行粮食或白银的窖藏,暂时退出市场流通。商业资本能以转化为产业资本的情形还不多见。只有少数商人出资转营铁器鼓铸业、棉布加工业、踹布业、制糖业等手工业。一般都还是收购产品,转贩营利。

四、农民、手工业者和城市居民

明初为恢复经济,倡行垦荒、屯种、移民,从而曾经形成为小自耕农民占多数的社会结构。所谓"次农自足产业,不仰给于人"。(《古今图书集成·职方典·常州府部·风俗考》)如太湖西南岸长兴县的农民分为:"无田为佣者,有田止五亩者,其多至二十亩者。"(《震川先生别集》卷九,公移,乞休申文)。有人描述农民的情况是:"困穷之民,田多者不过十余亩;少者或六七亩;或二三亩;或无田而佣佃于人。"(《明经世文编》卷二三,刘斌《复仇疏》)一般自耕农土地多者十几亩到二十亩,少者只有二三亩到五亩左右。明代《黄册》大部分户内的事产项下,大致也是如此。自耕农很容易因天灾人祸而失去土地,变得无田可耕者,就只有租佃土地,成为佃户。

小农的农业生产力很低下,生产手段落后,抗灾能力薄弱。有人指出:"幸无水旱之厄,所获亦不能充数月之食。况复旱涝乘之,欲无饥寒,胡可得乎?"自然灾害侵袭之外,还要遭受官府的赋役压榨,"赋税之出,力役之征。区长里正往往避强凌弱,而豪宗右室,每纵吞噬。贪官污吏,复肆侵虐。"(《明经世文编》卷二三,刘斌《复仇疏》)自耕农的小农经济极易破产,当他们从土地上被排挤出来,又无从获得生存条件时,就成为流民。这种流民,往往以百万计,辗转流移各地。

虽然城市是他们可以获得住处和就业的地方,但城市的发展水平还不可能容纳上百万的流民大军。所以流亡的农民只有流向山区去开垦,或是到农村地主田庄去充当佃户。一些地主也往往乘流民之危,对佃田的流民提出比一般佃户更为苛刻的条件。大约自成化以来,南直隶、浙江、江西、湖广、河南、广东、福建等地即先后出现了一种现象:许多地区的农民,由自耕农或佃农的地位,下降为一种类似农奴的佃仆。到嘉靖至万历时,这种现象更为普遍。

所谓"佃仆"又称"僮仆",与地主不只是主佃关系,还有"主仆名分"。他们除佃种地主土地之外,还要为地主看守荒山、坟茔、祠堂、为主人做种种无偿服役,不得自行迁徙,婚嫁也不自由。他们虽然可以有妻子儿女和微薄的家业,但社会地位有如农奴。历史上中国农民的社会地位,经常浮沉不定,由农民沦为农奴的事情,屡见不鲜。明代农民由流民沦为佃仆的情况是复杂的。江南等地的豪富势家,招诱流民为佃户,迫使他们成为佃仆。流民无家可归,要找到栖身之所,只有投入地主庄园,谋求生路。这种求生的迫切性,也决定了自身地位的下降。还有些农民为了逃避赋役,自动投靠新举人,成为佃仆。(王士性《广志绎》卷三)地主招诱的流民或投靠而来的农民,有男有女,地主使之婚配,成为所谓"义男",也沦为佃仆。甚至有些佃户因亲死埋葬在地主山场,后代即沦为地主家的佃仆。

明代法律上禁止蓄奴，但许多官宦、豪富之家，仍多蓄有男女奴婢。这种家奴大半用在家内使役，如被遣往庄田耕种，采取古代"免奴为客"的办法，便由奴而为佃，但与主人仍保持主奴关系，成为佃仆。

农民沦为佃仆，可以视为一种回流现象。农民成为流民，在某种意义上讲，是摆脱了封建依附关系，他有可能成为自由农民或其他行业的自由劳动者，但由于商品经济的发展还远不足以容纳，所以只有极少数人得以转入手工业生产，绝大多数流民就只好再一次依附于地主，并且处于比一般农民或佃户更为悲惨的境遇。

明初的手工业者，实际上就是农民，他们按照徭役制度的规定，为官府做工，被称为工匠，是为官府服劳役的农民。在实行轮班、住坐工匠制度之后，除给官府服役之外，获得了自己的劳动时间，可以自由做工或务农。嘉靖以后，原来的一些官匠成为私匠，是较有自由的独立手工业者。

江南的缫丝业中出现了自由出卖劳力的手工业工人。苏州"生齿最繁，恒产绝少，家杼轴而户篡组，机户出资，机工出力，相依为命久矣"。（《神宗实录》卷三六一）苏州城市"市民罔籍田业，大户张机为生，小户趁织为活。每晨起，小户数百人，嗷嗷相聚玄庙口，听大户呼织，日取分金为饔飧计。大户一日之机不织则束手，小户一日不就人织则腹枵，两者相资为生久矣"。(蒋以化《西台漫记》卷四)这里所说的小户,已不是为官府服劳役的工匠,而是与大户(机房主)有雇佣关系的出卖劳动力的自由手工业者。他们用自己的劳动来换取"分金",并且是"浮食奇民",生活完全靠从事手工劳动来维持,得业则生,失业则死。他们是丧失了任何生产资料的雇佣劳动者,是自食其力的所谓良民。

城市经济的发展使城市中聚集了属于不同阶级从事不同行业的居民,大的商业城市,可以北京为代表。北京作为首都,居民成分极为复杂,万历时城内人口大约已近百万。据天启时管理"京城戎政"的余懋衡调查,北京城内的社会阶层有:戚畹、勋爵、京官、内外乡绅、举监生员、土著、流寓、商贾等等。(《明经世文编》卷四七三,余懋衡《防守蓟镇京师疏》)戚畹、勋爵是城市的上层贵族,是居民中的少数,但权势最大。京官,内外乡绅是现职和致仕的官员,也是权势之家,由于北京是国都,这类官员人数不少。举监生员是预备官员,但每隔几年京师就要聚众多的举子应试,所以他们的人数,也不会太少。土著可能指在籍的人口,流寓则指流动人口,这两部分可能是北京人口中的大多数,他们从事的职业主要应是服务性行业。商贾在北京人口中也占相当比重。北京有相当巨大的消费性商业,大小商人都在这里聚集。

江南的城市苏州,由于纺织业发达,城中分东西两部分,城东居民几乎全部都从事纺织业,少数是"机

408

户"，绝大部分是"机工"。附近的盛泽镇居民也绝大多数从事丝织业和丝绸的买卖。这类城市，以手工业的发达为其特色。城市居民应以手工业者居多。

第四节　朝政的昏乱与人民的反抗

（一）皇室靡费与矿税剥夺

一、皇室的靡费

神宗万历时期，商品经济呈现空前的发展。皇室的靡费也达到惊人的地步。万历初年，已有人指责宫闱用度汰侈。一五八三年，御史孟一脉上疏指出："数年以来，御用不给，今日取之光禄，明日取之太仆。浮梁之磁，南海之珠，玩好之奇，器用之巧，日新月异。遇圣节则有寿服，元宵则有灯服，端阳则有五毒吉服，年例则有岁进龙服。以至覃恩锡赉，大小毕霑；谒陵犒赐，耗费钜万。"（《明史·孟一脉传》）神宗亲政以后，独揽大权，怠于政事而耽于享乐，日益挥霍侈靡，不知遏止。

御膳开支——嘉靖末年，皇帝曾削减日常膳食费用，光禄寺开支减至每年银十七万两，比额设银二十四万两节约七万两。神宗即位之初的二三年间，曾节缩至岁用十三、四万。但不久之后，光禄寺开支就岁增至二十六、七万，较初年增加近一倍。一六○四年十二月光禄寺卿王守素奏报寺帑殚竭，神宗令借户部银三万两，太仆寺银二万两。一六〇九年五月巡视光禄寺给事中韩光祐奏报，应支给光禄寺各行户的价银，自上年十一月到今，欠至二万七千未给。一六一一年，光禄寺一年所费，高达二十九万余两。

金珠珍宝——云南贡金始于嘉靖初年，每年一千两，嘉靖十三年增定为每年贡金二千两，万历时再加三千两，总数高达五千两。云南产金甚少，贡金须向川陕购办，金一两几费银十两。地方官员屡次请求减少贡额，神宗总借口"系年例成造各项典礼及各节宫分钱粮所需"，不予减少。神宗宫廷大量召买珍珠宝石，一五八七年南京工科给事中孙世祯等人上疏说，此前收买金珠宝石，已用银十九万有奇。一五九八年，吏科给事中吴文燦上疏说："买珠之价，动至四十万，及户部执奏，仅姑缓进其半，而尤严续进之旨，非所以明俭德也。"（《神宗实录》卷三二四）一五九九年，由于皇室召买珠宝数字太多，北京市场买多卖少，商人趁机抬价。户部急于上供，只好加价购买，比旧价增至五六倍，以至二十倍。

杂物召买——明朝宫廷设有许多内库，专受四方土贡，以供宫廷丝、绵、香、蜡、铜、锡、油、漆等各种物料需求。这些土贡，岁有定数。万历以前，或有召买，数亦不多。万历时，召买各种物料空前增多。仅万历元年至十三年，召买用银即达七十多万两。此后，召买数量仍旧很大,臣下或有劝谏,往往被斥。

典礼靡费——神宗时宫中举行婚、丧、册封等各种典礼,都要耗费大量资财。一五八二年,为准备神宗同母弟潞王翊镠的婚礼,内监款开各色金三千八百六十九两,青红宝石八千七百块,各样珍珠八万五千余颗,珊瑚珍珠二万四千八百余颗。户部官员要求裁减,神宗不准。这次婚礼办完,用银多至八万八千多两。一五八五年,神宗同母妹瑞安公主婚礼,内监索用各色金至二千三百余两,珠宝称是。世宗嘉靖时,公主下嫁索用不过三百两,这次超出七八倍。户部奏请裁减,神宗仅准减三分之一。一五九五年,长公主婚礼,用银至十二万两。一六〇四年,神宗第三子福王常洵婚礼用费三十余万两,为前此所未见。一六〇八年,七公主下嫁,内监宣索至数十万,户部尚书赵世卿引故事力争,诏减三分之一,赵世卿再争,说:"陛下大婚只七万,长公主下嫁只十二万,乞陛下再裁损,一仿长公主例。"神宗不得已诏准。

宫廷典礼和常赐,需用大量高等织品,例由各地"上供",取之于民。一五九四年,应天巡抚朱鸿谟上疏说:"织造一事,凡二十年于兹,袍服之进于上供者,何啻数万,而料价之取办于穷民者,又何啻百万!"(《神宗实录》卷二八〇)两年后,内阁大学士赵志皋等也上言:"段匹器用,皆上供所需,岂能一概减省?但近年增派数目日多一日,费至钜万。"(《神宗实录》卷二九五)

苏州地区的丝织品、陕西羊绒袍服和山西潞绸历年增派较多,情况如下:

苏杭地区的丝织品自一五七六年神宗结婚增派一次。一五八一年,又增派一次,数量约为十五万套匹。至一五九九年,前数将完,又派四万一千九百余匹。一六〇四年复传补二万六千余匹。一六一〇年,即将完供,内织染局金书杨进昇又题织上用龙袍、纻丝、纱罗等四万套匹。工科给事中马从龙、工部侍郎刘元霖及大学士叶向高等相继建言停止或减额,神宗准于新派四万匹中减三分之一,但又诏令“其余并先年传织未完者,都着陆续接织,分运解进,不得违误”。(《神宗实录》卷四七五)

陕西羊绒袍服的增派,自一五九五年令陕西织造羊绒袍服七万四千七百匹有奇,估价一百六十余万两,规定每岁解进一运,以四千匹为率。一六〇一年七月,令陕西羊绒袍服另织新样,但一年解进四千匹之额不改。次年七月,工部尚书姚继可奏称:已解绒服等物,充斥内库,积久易蛀,不无可惜,陕西累年土瘠民贫,民不堪命,请求将陕西织造羊绒袍服之事暂予停止。神宗敕:姑准织进三千匹,以示宽省民力。一六〇六年二月,李太后加上徽号,神宗又敕陕西进贡的羊绒袍服“今于每岁再减一千匹,以甦民困”。(《神宗实录》卷四一八)

山西潞绸之坐派始于一五七五年,数量为二千八

412

百四十匹,用银一万九千三百三十四两。一五八二年,再派四千七百三十匹,用银二万四千六百七十余两。神宗亲政后,于一五八七年派二千四百三十匹,用银一万二千余两;一五九〇年,又派五千匹,用银二万八千六十两。时万历十五年所派者尚有一千六百余匹未曾织解。这次增派,曾有工部尚书石星、工科都给事中张养蒙等人反对,但未被采纳。一五九五年十月,工部请停罢山西应解潞绸,以宽民力,神宗仍不允。一五九七年九月,并因织造违式违限,将山西抚按等夺俸半年,潞安知府等降一级。

供应皇室消费的"烧造",以江西瓷器的上供最为烦重。一五八二年秋七月,令江西饶州造瓷器九万六千六百多件。不仅数量巨大,而且多为无益之器或不急之物。一五八四年三月,工科都给事中王敬民极言瓷器烧造之苦,与玲珑奇巧之难。得旨:将其中的烛台、屏风、笔管等减半烧造。一五八五年四月,又因御史邓铼等的请求,烧造难成的屏风、烛台、棋盘、花瓶、新样大缸等,已造成者采进,未造者可停止。后来,江西巡抚陈有年等再加请求,神宗勉强同意再次减轻了一些江西的烧造。一五九一年,神宗又派江西烧造瓷器十五万九千余件,续派八万余件。后来才逐渐有所减轻。

山西潞安自嘉靖年间开始坐派砂器,一五六〇年(嘉靖三十九年)为五千个,次年为一万五千个。一五九〇年(万历十八年)继续坐派一万五千个。砂器一万五千并备余器,价值不过银一百一十余两。但这一万多个砂器运往京城,规定要用红柜装封,铜锁钥,黄绳扛,需费银二百余两;用夫一千三百名,费银一千八百余两;打点使用费银二百五十余两,以上几项合起来,共用银二千三百六十七两九钱。此外,装在红柜中的砂器还须用净绵塞垫。潞安不出绵花,要到外地采买,费银近二百两,加上打点使用三百五十余两。一万多件砂器运往京城共需运载费银二千八百三十三两六钱,比砂器本身的价格高出近三十倍。

随着宫廷生活的侈靡,宫中宦官、匠役等供役使的人员也日益增多。穆宗隆庆元年(一五六七年),曾规定内宫监局的匠役额数为一万五千八百八十四人,一五六九年更减少为一万三千三百六十七人。万历十四年(一五八六年)三月,有人指出,当时诸监局之匠役,不下一万六千四百,至于内廷的宦官也增至万余人。一次收用的新宦官即超过千人。一五八八年十一月,命选收净身男子二千人;一六〇一年四月竟连收两次,第一次收用净身男子三千名,第二次添收一千五百名。这时的宦官还不得干预朝政,但从宫廷的靡费中却可以中饱私囊。一六〇〇年三月工部尚书杨一魁揭发,景陵"插补桃梅,所需不过(银)千数上下,而内官监揭开物料数内,约费二万有奇,夫匠工食之费犹不与焉"。(《神宗实录》卷六四五)一六一二年,工科给事中马从龙奏称:"臣每见朝廷有重大典礼,中人群小视

414

为金穴,实用百无一、二,余尽耗蠹于若辈之手。"(《神宗实录》卷四九二)内廷宦官成为宫廷内部的一大贪污集团,皇室的靡费,更加难以节制了。

二、矿监税使的掠夺

宫廷侈靡过度,耗费日增。明初,宫廷年入税银一百万两,渐不敷用。一五七八年,神宗结婚,命户部太仓库增送银二十万两输内库。此后,每年依例命太仓库进上。户部因原无额派,不得不挪移他项钱粮,屡请除免,不得获准。直到一六〇九年,因阁臣力争,才被取消。此外,神宗还不时向户部索取国帑,移作宫廷用度,时称"传索帑金"。一五八四年,因内库缺乏,取太仓银十五万两,一五八七年又取二十万两。边赏首功例由内库支领,神宗改为万两以上的赏银,由太仆寺马价银内发给。此外,一五八四年还曾直接取太仆寺马价银十万两,进供内廷。光禄寺因前朝节缩,曾有积储。神宗不时传索,前后共传进宫银达一百一十万两。神宗不时传索帑金,不能不受到内阁和户部的抵制,但仍不能满足日益奢侈的需求。

一五九二年平宁夏哱拜之战,耗费帑金二百余万两。朝鲜之战,先后八年,耗帑七百余万两。庞大的军费开支,使国库枯竭,难以再负担皇室的消费。一五九六年三月,坤宁宫起火。延及乾清宫,两宫俱焚。次年六月,皇极、中极、建极三殿又遭火灾,三殿及周围廊房,都被烧毁。重建宫殿,需要巨大的费用,于是成为神宗搜刮财富的理由。自一五九六年以来的三年间,神宗遂以连年征讨,库藏匮竭,殿工财用,不忍加派小民为由,陆续派出大批内廷宦官,以"矿监"和"税使"的名义,展开了全国范围的大掠夺。

矿监由皇帝特派赴各地督领金银矿的开采,税使则奉皇帝特旨征收各地各行业的商税。矿监与税使均由宦官充任,因而又泛称为内使或中使。有些矿监也兼为税使。搜括所得可直接进奉内廷,供皇帝和皇室消费。

世宗嘉靖时,各地矿冶曾广泛开采。穆宗隆庆时,因防暴乱,曾在京畿地区禁止开矿。神宗派出矿监,始于一五九六年。这年六月,"府军前卫千户仲春等奏开采以济大工",七月二十日,神宗差承运库太监王虎同户部郎中戴绍科锦衣卫佥书张懋忠于真保蓟永等处开采样砂进览。(《神宗实录》卷二九九)此后,中使四出,矿监遍及各地。京畿附近之昌平、真、保、蓟、永、房山、蔚州、昌黎,河南之开封、彰德、卫辉、怀庆、叶县、信阳,山东之济南、青州、济宁、沂州、滕、费、蓬莱、福山、栖霞、招远、文登,山西之太原、平阳、潞安,南直隶之宁国、池州,湖广之德安,浙江之杭、严、金、衢、孝丰、诸暨,陕西之西安,以至四川、辽东、广东、广西、江西、福建、云南等地。三年之间,矿监几乎遍于全国。

矿监督领开矿,一般是只督百姓自行采取,不得支费公帑,地方上的抚按调兵防护。矿夫多是招集熟惯采取的盗矿的居民。开采之费全由富户供办，约定开采后偿还。矿头择富民担任。开矿所得，一般规定官民均分，以一半归矿监为代表的官方，另一半与民，作为开凿运送之费。也有"官四民六"，各地略有不同。由于报矿者对矿情多不明了，开采的矿洞，多属贫矿，加以开采技术不高，开采后常常是得不偿失，甚至全无所得。一些地方的矿监于是推行包矿法，把开矿收入改为由民间坐数纳银，或令富户包赔，或纳入一条鞭税额科派平民，甚至括取地方库银充作矿利代解。包赔矿银并经神宗敕准。《神宗实录》载：万历三十一年（一六〇三年）七月，准易州、阜平等十一州县派包矿银一千七百两，说是"以示朝廷虑恤畿辅地方之德意"。一六〇五年八月，准南直隶等处矿务银两听该府州包纳解进。如果说解除矿禁，多少有利于矿冶业的发展，那么，包矿制的实行则变成以采矿为名的巧取豪夺。富户至于平民，都凭空增加了科派的税银负担。

税使（又称税监）的派遣也始于一五九六年。这年十月命宦官张晔赴通州张家湾征税，又命宦官王朝用督征天津店租。此后税使四出，由督征变为自征。《明史·食货志》所记派出税使之地，自京畿的密云、卢沟桥，南直隶的京口、苏州，以至山东、山西、河南、陕西、四川、浙江、广东、广西各省的通都大邑和关津要道。税使所到之处，水陆行数十里，即树旗建厂收税，形成商品转运过程中的重复征税。一六〇一年五月巡按刘日梧上疏指陈南直隶长江沿岸的状况说："以臣所属，上有湖口，中有芜湖，下有仪扬。旧设有部臣，新设有税监，亦云密矣。湖口不二百里为安庆，安庆不百里为池口，池口不百里为荻港，荻港不百里为芜湖，芜湖不数十里为采石，采石不百里为金陵，金陵不数十里为瓜埠，瓜埠不数十里为仪真，处处收税。长江顺流扬帆，日可三、四百里，今三、四百里间五、六委官拦江把截，是一日而经五、六税地，谓非重征迭税可乎？"（《神宗实录》卷三五九）

税使不仅拦路把守，重征迭税，并且巧立"土商"名目，穷乡僻坞，米盐鸡豕，都要输税。顺天府所属各州县，增立"过路"、"落地"两种名目的税银。宝坻产银鱼，进贡朝廷。一六〇〇年起税使宦官又征其鱼税。随后邻县武清等县不产鱼之处，也征取鱼税。宣府地区因增加税收，商贩渐少。税使责令金报行户，包收定额的税银交纳。据说被金的行户，"大者破产，小者倾囊"。

矿监与税使的上述种种，还只是限于强征利税的范围。事实上，他们因是皇帝特命，得以专敕行事，往往纠集各地无赖作参随，任意敲诈勒索。如一六〇一年五月，吏部尚书李戴上疏说貂珰（恶宦）奉使四出，指某人屋下有矿，这家就立即破产，指某人漏税，立刻就要倾家。《明史·食货志》论述说：税使"视商贾懦者肆为攘夺，没其全赍，负戴行李，亦被搜索"，矿监遇"富家钜族则诬以盗矿，良田美宅则指以为下有矿脉，

418

率役围捕,辱及妇女,甚至断人手足投之江,其酷虐如此"。太监陈增的参随徽州人程守川因自己捐银助建宫殿,被授给中书舍人官衔。自称"钦差总理山东直隶矿税事务",勘究江淮不法大户及私藏珍宝之家。出巡太平、安庆等府,许人不时告密问理。所到之处,会地方无赖匿名告发某人"富而违法",某人"家藏珍宝"。被告发者即被枷锁示众或置于水牢,施以酷刑,只好献金乞命。多则万金,少亦不下数千。据统计,仅扬州、仪真地区被毒刑抄产者即有百余家。矿监甚至以采矿为名,盗掘古墓,攫取财宝。矿监税使在各地搜括所得,逐年进奉给宫廷内库,供皇室消费。明人文秉著《定陵注略》,在"内库进奉"卷内,按年月记录了矿监税使进奉内廷的金银和珍宝状况。一五九七年,进银不足万两。矿监税使陆续派出后,一五九九年进银将近二十五万两,金七百七十五两。一六〇一年进银超过百万两。此后历年多少不同,多者逾百万,少者七十余万,最少的一年也近五十万两。《定陵注略》所记自一五九七年至一六〇六年十年间进奉内廷的白银共计五百六十九万两,黄金一万二千四百余两。明《神宗实录》所记与《定陵注略》互有出入,历年实际进奉的金银要大于《定陵注略》的数字。皇室每年原有额定用银一百二十万两。矿监税使每年的进奉,大约与此相当,或者还要超过。进奉以白银为主。这时白银已是通用的货币。皇室每年得银万余两,自可任情挥霍。

但是,矿监税使在各地实际掠夺的财富,要大大超过进奉的数目。《明史·宦官传》载,湖广税监陈奉曾被揭发"水沮商舟,陆截贩贾,征三解一"。《定陵注略》卷四"内库进奉"记载,一六〇三年十月山西巡抚白希绣上疏揭发:"山西每年额解正税银四万五千二百两余,俱已尽数解纳,乃税监孙朝止进银一万五千八百两,余银侵匿不进,假称拖欠。"《神宗实录》卷四一六记载,万历三十三年(一六〇五年)十二月,山东巡抚黄克缵上疏揭发:"税监马堂每年抽取各项税银不下二十五、六万两,而一岁所进才七万八千两耳,约计七年之内所隐匿税银一百三十余万。"以上三例显示:矿监税使及其爪牙贪污税金,约在三分之二左右,解进皇室仅占三分之一。这大概是矿监税使贪污中饱的一般状况。但是,征收额定税金之外,矿监税使还要巧立名目,恃势滥征,以致敲诈勒索,归入私囊,其数量更为巨大。一五九九年,内阁大学士赵志皋说:矿监税使"挟官剥民,欺公肥己,所得进上者什之一、二,暗入私囊者什之八、九"。(《神宗实录》卷三三三)一六〇〇年,山西巡按赵文炳说,矿监税使的爪牙竞相攫取,"如肉入饿虎之吻,民输十倍,无一、二入官者"。(同上,卷三四三)一六〇一年,吏部尚书李戴说:"大约以十分为率,入于内帑者一,尅于中使者二,瓜分于参随者三,指骗于土棍者四。"(同上,卷三五九)一六〇三年,户部尚书赵世卿说:"中使所取于民者十,而群小

420

之侵渔者不啻千也。其献于皇上者百,而诸人所攘夺者又不啻万也。"(《定陵注略》卷四)综上诸说,矿监税使及其参随爪牙掠取各种利税的十分之九,而只将十分之一进奉内廷。这大概是当时的一般现象。

自世宗、张璁惩治恶宦,革罢镇守内臣以来,宦官势力大为削弱。神宗宫廷靡费,内宦从中渔利,形成贪污集团。矿监税使的派遣,形成为更大的贪污集团。广东税使李凤征多解少,入己的白银多至五十一万七千两,积有财富不下百万。陕西矿监赵钦因贪得无厌,也积有银两数十万。矿监税使到处吸吮民众膏血,成为蛀蚀社会的一群蛀虫!

三、民众的反抗

矿监税使四出掠夺利税,又从中贪污勒索,被剥夺的社会财富,难以计数。如从低估计,年进奉白银一百数十万两,"征三解一",每年也当有四百余万。如是贪污十之八九,则总数当在千万两以上。一六○三年,户部尚书赵世卿上疏说:国家钱粮征收,有正课、盐课、关课、杂课,"合此四项,方是四百余万之数,以当一岁之出"。(《神庙留中奏疏汇要》户部卷三)矿监税使掠夺的财富如此巨大,势必侵犯户部的正常税收。赵世卿在奏疏中陈述说:"近年开采之命一下,各处遂将一切杂课,如山东香商、福建屯折银、南直隶徽宁等府的税契银、江西的商税盐课,改归内使(矿监、税使),户部的杂课失掉了。又因杂课不敷,百姓将应征的正银、官员将应完的正税挪移充数,户部的正课减少了。山东运司分割部分盐税,两淮运司另立超单,户部的盐课难以实行了。原来的关课,因近年商贾萧条,大为减少,户部的关课被夺走了。关中军兴银、搏省银,尽抵矿税,户部的额外之课也空虚了。"内使四出的结果,宫廷进奉增加,朝廷税收减少,户部的财政,更加难以为继。

矿监税使的巧取豪夺、敲诈勒索,不仅迫使各地的大批富户破产,也迫使大批小商贩和手工业者失业流离。苏州一带是手工业特别是纺织业最为发展的地区。一六〇一年,巡抚应天右和都御史曹时聘上疏说,由于税使的横征,"吴中之转贩日稀,机户之机张日减",又说:"臣所睹记,染坊罢而染工散者数千人,机房罢而机工散者又数千人。"(《神宗实录》卷三六一)一六〇二年户部尚书赵世卿奏陈各地钞关(税关)情况,说他备查崇文门、河西务、临清、九江、诸暨钞关、扬州、北新关、淮安等钞关会计录,万历二十五年额定征银共四十万七千五百余两。二十七年以后,一年比一年减少,到二十九年(一六〇一年),各关解到本折约征银只有二十六万六千八百余两。他在奏疏中说:"臣不胜惊讶,随查各关监督预呈文案,在河西务关则称:税使征敛,以致商少,如先年布店计一百六十余名,今止三十余家矣。在临清关则称:往年夥商三十八人,皆为沿途税使抽罚折本,独存两人矣。又称:临清向来

422

段店三十二座，今闭门二十一家，布店七十三座，今闭门四十五家，杂货店今闭门四十一家，辽左布商绝无矣。在淮安关则称：河南一带货物，多为仪真、徐州税监差人挨捉，商畏缩不来矣。其他各关告穷告急之人，无日不至，不敢——陈渎。"（《神宗实录》卷三七六）各地日渐发展起来的工商业，由于内使的掠夺，遭到严重的摧残。大批商民、手工业者被迫失业，成为转徙各地的流民。

矿监税使所到之处，即自行创设衙门。中使可有随从百人，又可委任分遣官十人，分遣官也各有随从百人。一名宦官随带近千人驱使。这些人大都是招集当地的市井无赖、亡命贱流以及罪谪的官吏，四出掠夺，以拓私囊。时人比之为"群虎百出，逢人咆哮"。中使恃有皇帝的钦命，任意拘捕商民，严刑逼索，凌辱百端。地方府州县官，如有阻挠或裁抑，中使上奏陈诉，就要被处置或罢免。《明史·王正志传》记：自万历二十四年以来，历年都有地方官员，包括知县、知州、通判、海防同知以及参将、守备等官，因得罪矿监税使而被系诏狱，或削籍、贬官。一六〇一年，刑科都给事中杨应文说：自藩司、守令主武弁齐民，被逮者已不下一百五十余人。

矿监税使曾被指为"势凌抚按"。各地的巡抚、巡按如与中使相抗，也不免受到神宗的责斥或处分。一五九六年，中使王虎参奏保定巡抚李盛春"阻挠开采"，神宗严旨切责盛春。盛春疏奏王虎"骄横受贿"，神宗留中不理。一五九七年，中使陈增参奏福山知县韦国贤"阻挠开采"，山东巡抚万象春"党庇"，韦国贤被逮捕，万象春罚俸一年。一五九八年，益都知县吴宗尧参奏中使陈增诬指富民盗矿，三日间逮捕五百人等罪恶。山东巡抚尹应元疏劾陈增背旨虐民二十罪。神宗切责尹应元，逮捕吴宗尧下狱。一六○○年，山西巡抚魏允贞参奏中使张忠杖死太平县典史，逼死建雄县丞，张忠劾魏允贞"首倡阻挠，抗违钦命"。神宗将魏疏留中，下张疏部议。魏允贞于次年致仕。一六○六年，陕西巡抚余懋衡参奏中使梁永役使人马辇运私物于京畿。梁永遣其爪牙在余懋衡食物中下毒。余懋衡两次中毒得解，不死。次年正月愤而疏论梁永之罪。咸宁知县满朝荐将下毒者捕获。梁永又诬告满朝荐"劫上供物"。神宗诏逮满朝荐下诏狱。梁永调离陕西。余懋衡以丁忧离任。神宗曾自称："不从中使之言，不足厚集其利。"在矿监税使与抚按以下的地方官员的抗争中，神宗为了厚集其利，总是屈从中使，压制官员。自从遣使以来，阁部科道诸臣连年上疏，力论其害，神宗置之不理。

矿监税使，四出横行。神宗有意纵容，官员无力制止。被迫害的民众只有自己起来斗争了。

下面是旧史称为"民变"、"兵变"的反抗中使的斗争。

临清民变 天津税监马堂，兼辖临清。他到临清后，招纳当地亡命之徒数百人，整日巡行街上，见富有者即没收产业之半，对小商贩的斗粟尺布也要抢夺。

如有违抗,就以违禁论罪,罚作苦工,没收田产。于是,近远罢市,贩卖者都不敢进城,小民无法度日。以负贩为业的临清人王朝佐在一五九九年四月一天的凌晨,执杖到马堂衙门请见,州民欢呼随从者至万余人。马堂不敢出,令随从放箭,伤数人。朝佐攘臂大呼,破户而入,纵火焚其衙署。本州守备王炀将马堂救出。马堂的爪牙被打死三十余人,发现他们都是郡邑小偷。神宗敕山东抚按彻查为首倡乱之人。王朝佐挺身而出,说:"首难者我也,请独当之,勿累无辜。"山东巡抚刘易即以王朝佐一人抵罪,不再查问其余。七月,王朝佐被杀,史称"临刑,引颈受刃,神色不变。"(《神宗实录》卷三三七)被株连者俱得免罪。州民为王朝佐立祠祭祀。

湖广民变 一六〇〇年二月,中使陈奉来湖广,兼领数使,征税之外,还督领采矿及钱厂鼓铸等事。次年二月,内阁大学士沈一贯题奏:"陈奉入楚,始而武昌一变,继之汉口,继之黄州,继入襄阳,继之光化县,又青山镇、阳逻镇,又武昌县仙桃镇,又宝庆,又德安,又湘潭,又巴河镇,变经十起,几成大乱。"(《神宗实录》卷三四四)据此,陈奉来湖广不过一年,民变即已发生十起。其中最激烈的一次是一六〇〇年十二月至次年正月的武昌、汉阳民变。陈奉与其委官韦千户等指称搜税,诈骗官民之家。令人传意要奏请抄没,贿赠千金,可得解免。韦千户等往儒生之家,委官刘之良等往商贾之家,都是如此恐吓,勒索数千百金。遇到不能交银之家,便直搜入卧房,见妇女有姿色,即佯称藏带金银,逼捉脱衣,肆行奸辱,或掠入税监衙门。王生之女,沈生之妻,皆被逼辱,众生员愤愤不平,遂于当年十二月初二日齐赴抚按衙门,击鼓控诉。受害士民,涌至万余人,放声大哭,一时奋不顾身,甘愿与陈奉同死。接着打入税府,抛砖放火,打伤陈奉。抚按司府各级地方官赶来解谕,众势稍缓。数日后,民众才渐渐散去。次年正月,陈奉置酒邀诸司,以甲士千人自卫,举火箭焚烧民居。民众群拥陈奉门,被陈奉卫士打死多人。

一年之后,民变仍在继续发展。一六〇一年,达到高潮。湖广佥事冯应京曾逮治陈奉手下不法的随从,并抗疏列陈奉九罪。陈奉诬奏冯应京"挠命,凌敕使"。神宗罢免冯应京,押解京师。这年三月,逮捕冯应京的缇骑(特务人员)至武昌,民众相率痛哭。陈奉却大出告示,数冯应京过恶,夸张自得。民众被激愤怒,聚数万人围住陈奉的衙门。陈奉见势危急,逃匿于楚王府中。民众捉住陈奉的爪牙耿文登等十六人,投入江中,又打伤缇骑,焚烧巡抚府门。陈奉潜遣参随三百人,引兵追逐起事的民众,射杀数人,伤者不可胜计。冯应京囚服坐槛车中,劝解民众散去。陈奉藏匿楚王府,逾月不敢出,亟请还京。内阁大学士沈一贯及言官们纷纷请求将他撤回。江西税监李道弹劾陈奉"征三解一",病国剥民。四月,神宗召陈奉还京,又以工部左侍郎赵可怀接替民众怨恨的湖广巡抚支大可。赵可怀到达湖广荆州，当地民众拥车诉陈奉之恶，哭声如雷。他宣布陈奉取回治罪，民众欢呼万岁，散去。

苏州民变 一六〇一年，苏杭织造太监孙隆，兼管税务，苏州恶棍多纳贿营充委官。他们在水陆要冲拦攫取商贩，甚至只鸡束菜也不放过。又对机户牙行，广派税额，妄议每机一张，税银三钱，致使人情汹汹，机户杜门罢织，靠佣工为生的织工无处趁食。以织缯赁工为生的葛成（又名葛贤）与自知将要饿死的二千多织工，在这年六月六日发动民变起义。葛成在机户和织工经常集会的玄妙观内，集众誓神，要求大家一致行动，看他手中芭蕉扇挥指。参加者分成六队，每队一人前行，摇芭蕉扇为号，后执绞棍随之。斗争发动后，打死孙隆的参随黄建节，焚烧充当税官恶棍的汤莘之家。起义队伍逼近孙隆的衙门，孙隆连夜逃往杭州躲避。起义者保护居民利益，也不反对官府，纪律十分严格。应天巡抚曹时聘奏报民变情形说："不挟寸刃，不掠一物，预告邻里，防其延烧。殴死窃取之人，抛弃买免之财。有司往谕，则伏地请罪曰：若辈害已甚，愿得而甘心焉，不敢有他也。"（《神宗实录》卷三六一）一次，起义队伍误入一个百姓家中，为首者即率诸人罗拜，向主人谢罪。民变持续三天。第四天，诸税官已被次第剚除，城中出现了起义者贴出的榜文："税官肆虐，民不堪命，我等倡义为民除害。今事已大定，四方居民各安生理，

427

无得藉口生乱。"第五天,道府下令捕为乱者,葛成挺身而出,说:"倡义者我也,以我正法足矣。不要株连平民。株连则必生乱。"巡抚曹时聘奏请将奸民汤莘与为首的葛成等八人严究正法,其他参加者俱免追究。传说葛成被判处死刑后,遇赦得出。

江西民变 一六○一年三月,江西巡抚夏良心上言:"税使潘相欲开(广信)铜塘禁山,遣陆太等召商于上饶,上饶民群聚,欲杀太,知县李鸿佯言收太于禁,太乃得免。"(《神宗实录》卷三五七)

九月,浮梁县景德镇民万余人愤恨潘相爪牙王四横行不法,焚烧了御器厂的厂房,并声言欲杀潘相。署浮梁县印、饶州府通判陈奇可力行晓谕,才得散去。次年三月,江西巡抚夏良心上疏,请求停止广信铜塘山潘相所主持的采木之事,神宗不理。不久之后,上饶民鼓噪殴打潘相的爪牙陆太等人,几致于死。

辽东民变和兵变 一五九九年,内监高淮被派往辽东开矿征税,比至开原就有严刑激变的记事。第二年委官廖国泰虐民激变,高淮诬逮诸生数十人。一六○八年四月,前屯卫军因高淮扣除月粮及其他勒索,并且身受鞭打凌虐,遂各穿戴盔甲,齐赴教场,放炮歃血起事。参与起事者合营男妇数万人(一作数千人),声言要杀死高淮除害。后来由于一个参将的再四泣留,才还营。六月,由于高淮及其爪牙的迫害和敲诈勒索,锦州、松山军继前屯卫军之后又举行兵变。

428

云南民变和兵变　一五九九年，内监杨荣奉派来滇开矿收税。一六○三年三月腾越州居民不堪遭受杨荣的欺压，相率烧税厂，杀委官张安民。万历三十四年（一六○六年）正月，杨荣因操捕指挥樊明高（一作樊高明）后期，捕至私第，榜掠数十。不久，又因向管堡指挥贺瑞凤取马四十匹，不敷其数，将他拘捕。流言将尽捕六卫印操诸员。指挥贺世勋、韩光大等，遂与军民数千人（一作冤民万人）焚烧杨荣的住处，杀死杨荣，投尸火中。杨党二百余人也被杀死。神宗得知此事，欲逮问地方官员，经大学士沈鲤力争，只诛贺世勋等人结案。

上述几次民变和兵变之外，一些规模较小的民变也还时有发生。一五九九年南直隶仪真税监暨禄的委官马承恩因抽税而激变。一六○○年广东矿监李凤及其爪牙激起新会县的民变。山西蔚州民毕矿等殴伤太监王虎的参随王守富。一六○三年，广昌县民烧毁了太监王虎的生祠，并延烧银厂。同年，北直隶有北京西山窑户之变。一六○四年有易州矿徒之变。

综观这一时期各地反对矿监税使的民变和兵变，参加的人员，包括城镇中的工商业者、手工工人、小商贩、诸生、举人，以及其他城市居民，还有士兵和军官。地方官员参加民变者不多，但常以某种方式对民变给予一定的支持或同情。矿监税使的掠夺遭到近乎全民的反对，难以照旧实行了。

四、矿税征解改制

矿监税使派出后的约十年间，为皇室掠取了巨大的财富。但面对着此仆彼起的民众的反抗，神宗也终于不得不做出退让和妥协，对原来的掠夺方法做一些改变。一六〇五年以后，陆续对有关制度作了如下的改动。

停矿——一六〇五年十二月，神宗诏谕户、工二部："朕以频年天象示警，心常兢惕，责己省愆，不遑宁处……其开矿抽税，原为济助大工，不忍加派小民，采征天地自然之利。今开矿年久，各差内外官俱奏出砂微细，朕念得不偿费，都着停免。若有现在矿银，就着矿差内外官员一并解进，驰驿回京，原衙门应役。凡有矿洞，悉令各该地方官封闭培筑，不许私自擅开，务完地脉灵气。"(《神宗实录》卷四一六)

分税——即将榷税所得，分成两份，一归宫廷内库，一归户、工二部主管的国库。诏谕说："其各省直税课，俱着本处有司照旧征，解税监一半，并土产解进内库，以济进赐供应之用，一半解送该部(按指户、工二部)，以助各项工费之资，有余以济京边之用。"(《神宗实录》卷四一六)

分解——分税后，税务征收统由地方官府掌理，税银的解送，进内库者由税监负责，进国库者由地方官府掌管。《明史·李汝华传》记："三十三年十二月诏四

430

方税务尽领于有司,以其半输税监,进内府,半输户部。独江西潘相(税监)勒有司悉由己输。汝华极论相违诏。帝竟如相议,且准行之四方。"据此,送内库和国库的税收仍由税监输送。税务征收在江西地区也仍由税监管理。但在全国范围内,地方有司统征税收,已作为一种制度规定,从而消减了税使横征的弊病。

限制委官——各地中使随带的委官和役使人员,仗势横行,为害甚大。一六〇五年十二月的诏书中明确指出:"其各处奏带员役,只着押解催偾钱粮,行文差用,不许私设关津,指称委官,容令地方棍徒,肆行攘夺,致民生不安,商旅不行,反亏国家正课。"(《神宗实录》卷四一六)

减税——一六〇五年以后,一些省区的税额有所减轻。如一六〇六年二月,山东巡抚黄克缵要求将山东六府之税由六万两减至五万五千两,获准实行。一六一四年三月,神宗谕:"各省额进税课,准以每年所征三分,量减一分……其二分照旧征收分解进用,接济急需。"(《神宗实录》卷五一八)这是一次遍及全国的大幅度减税。

留用——一六〇五年以后,各地准留税银用于赈济灾荒。一六〇八年准留仪真税银,一六〇九年准留北直、河南、山陕税银。一六一〇年准留福建四川税银,以赈灾荒。一六一七年,江西水灾,准留二监额税银二万两赈济。次年,以广东水涝灾伤,准将四十五年

431

解部税银留赈。应解税银,也间或准当地留用于军费。一六〇九年,辽东税银准留充本镇饷,一六一九年,以天津、通州、江西、四川、广西一年税银尽充军费。

停遣中使——矿监税使亡故或撤回北京之后,不再派遣太监接替,其原管事宜交附近税监代管。矿监税使虽然尚未全部撤离,有此规定,即可逐渐减少。

神宗对矿税制度作了上述的改革,中使权限受到限制,有助于增加国家的税收,减轻民众的危害。但中使继续留在各地,仍可恃势虐民,依然是一大祸害。

(二)官僚倾轧与朋党之争

万历二十年(一五九二年)以来,明王朝面临边境内外的多次战争,神宗亲揽大权而又怠于听政,耽于搜括靡费,朝中阁部科道诸臣,相互结纳又相互攻讦,形成一片混战。明末有人评论说:"其始天子静摄,听臣工群类之自战而不为之理,所谓鼠斗穴中,将勇者胜耳。故其时其血玄黄,时胜时败"(《明史纪事本末》卷六十六引明末国子祭酒倪元璐语)。臣僚互斗,胜败无准,因为他们之间多是权力之争或意气之争,进而党同伐异,结为朋党,并无多少原则性的是非可言。矿监税使之为害,曾遭到朝官们近乎一致的反对,少有争议。他们的争端,并非关系国计民生的大政,而往往是凭借细事,小题大作,以至无事生非。臣僚间相互攻击又相互报复,朝政日益陷于昏乱之中。

明太祖时即立有官员考察制度。初为三年,后改十年一考。孝宗弘治十四年(一五〇一年),定为六年一考。武宗正德四年己巳年(一五〇九年)起,规定巳年与亥年为考察之年。朝廷京官的考察,简称为京察,又称内计。外官考察称为外察,又称外计。朝官四品以上京察后,或升或黜,由皇帝亲自裁决。神宗怠于政事,对官员的升黜,不免为廷臣言论所左右,或者任情用事,轻易裁处。臣僚趁机徇私毁誉,平时积累的恩怨都在京察中暴露出来。相互对立的官员,则在京察中,结援同党,与对手一决胜负。万历二十一年(一五九三年)癸巳京察以后的四次京察,大都演为群臣的大搏斗,一批又一批的大臣被罢免,一再掀起轩然大波。

一、阁部之争与癸巳京察

明制,吏部居六部之首,掌理官员选授封勋考课,直接向皇帝负责,权位特重。内阁诸臣以尚书衔兼殿阁大学士,协理朝政,与前朝宰相的最大区别,就在于不领铨选(《万历野获编》卷七)。万历以前,阁臣兼领吏部,只是偶然出现的特例。神宗以冲年即位,张居正独揽朝政,吏部遂受命于内阁首辅。张居正死后,神宗亲政,削弱内阁,但吏部尚书杨巍遇事仍请命于阁臣。万历十八年(一五九〇年)户部尚书宋纁改任吏部,遂力求摆脱内阁的控制,恢复吏部的权位。《明史·宋壎传》说他"绝请寄,奖廉抑贪,罪黜吏百余人,于执政(内阁)一无所关白。"《明史·陆光祖传》说:"时部权为内阁所夺,壎力矫之"。次年,宋壎卒于官。继任吏部尚书陆光祖继承其志,对首辅申时行不予理会。旧例,吏部尚书与阁臣在途中相遇,不避让。以后内阁权重,吏部尚书须引避。陆光祖据理力争,遂又恢复旧例,以提高吏部的地位。万历二十年(一五九二年),原南京吏部尚书继任京师吏部。《明史·孙铙传》说:"自宋壎及光祖为政,权始归部,至铙,守益坚"。首辅申时行于万历十九年三月致仕,继任首辅王家屏也于一年后致仕。原以礼部右侍郎引归的张位被起用入阁。二十一年(一五九三年)正月,阁臣王锡爵归省还朝,继为首辅。内阁大学士共三人:王、张与赵志皋(万历十九年九月以礼部尚书入阁)。《明史·张位传》说:"时黜陟权尽还吏部,政府(内阁)不得侵挠,位深憾之"。张位建议把原来由吏部廷推大臣,改为九卿各举一人类奏,由皇帝裁用。得神宗诏准。内阁与吏部的权力之争,仍在继续。

这年(癸巳年)三月,实行京察。例由吏部尚书孙铙主持其事。吏部考功郎中赵南星、左都御史李世达协理。这次京察,史称"秉公澄汰","无所徇私"。孙铙的外甥吏部文选郎吕胤昌、赵南星的姻亲都给事中王三余,均被斥黜。阁臣赵志皋之弟也在被贬斥的官员之中。许多由阁臣任用的私人,也因不称职而被黜。

前此的京察，对官员的去留，先告知阁臣，再上奏皇帝。孙鑨、赵南星等有意矫正此事，为吏部夺权，不经内阁，直接将察疏上奏神宗。首辅王锡爵原想有所庇护，察疏已上，无以为计。

明制，京察之后，言官仍可纠弹没有被察议的官员，称为"拾遗"。言官劾论吏部稽勋司员外郎虞淳熙、兵部职方郎中杨于庭、主事袁黄，孙鑨为虞、杨说解，只黜袁黄。刑科给事中刘道隆迎合内阁，遂上疏劾奏吏部非体。孙鑨回奏说："臣不忍以功为罪。若知其无罪，以科道之言而去之，昧心欺君，臣不能为"。神宗怒孙鑨不引罪自责，罚俸三月。内阁遂拟旨切责吏部专权结党。孙鑨愤而上疏自辩，说："今以留二庶僚为专权，则无往非专矣。以留二京职为结党，则无往非党矣。"（《明史纪事本末》卷六十六）辞官乞休。礼部署员外郎事陈泰来上长篇奏疏，说他历官四任，目睹四次京察，都没有像今春这样"旁咨博采，覈实称情，邪陷尽屏，贪墨必汰"。他在疏中直接揭露阁部之争，说："今除奸祛蠹之功未偿，而以怜才为过。割情捐爱之义不称而以品评为私。科臣或有独见，阁臣得无微指耶？"又说吏部权归内阁，始自高拱兼摄（代领）部事和张居正专擅国政。今借拾遗处分，"将来必挈权以阿阁臣而后为不专权，必植党以附阁臣而后为不结党"（《神宗实录》卷二五八）。神宗将陈泰来降级，发往极边。孙鑨罢免，赵南星削籍。吏科都给事中史孟麟也称病归里。礼部郎中于孔兼、主事顾允成、国子助教薛敷教等上疏申救,被指为"朋谋乱政",各降三级,调外任。被言官弹劾的虞淳熙、杨于庭,罢职削籍。

此次争论中,首辅王锡爵也上疏乞休,神宗手诏慰留,说:"朕因新春积火上升,两目疼痛。卿可即出,待朕火愈,召卿面商国事。"(《神宗实录》卷二五八)神宗将国事委付内阁,以王锡爵为首的阁臣在癸巳京察中获得全胜,进而追究吏部官员。

吏部右侍郎赵用贤素与王锡爵不和。孙鑨罢免后数月,赵用贤也被罢免。起因只是他的女儿出生三月时曾许配吴家,其后又退婚改嫁蒋氏。这原来只是家庭细事,却成为朝臣互攻的依据。吴家控诉赵用贤"论财逐婿"。赵用贤上疏自辩。王锡爵疏议"宜听用贤引疾",遂被免职归里。户部郎中杨应宿力诋赵用贤,仍请治罪。左都御史李世达力陈赵用贤无罪,杨应宿诏谀,遭到杨应宿等的反击。癸巳京察中,李世达协助孙鑨,已为阁臣所不满。至此,获准致仕,吏部行人司行人(官名)高攀龙上疏指杨应宿诏谀阁臣。杨应宿上疏反击高攀龙。高攀龙又上疏说,大臣则孙鑨、李世达、赵用贤罢去,小臣则赵南星、陈泰来、顾允成、于孔兼等贬斥,为(皇上)圣德累不小。神宗将杨应宿、高攀龙俱贬官外调。

次年(一五九四年)五月,王锡爵引疾致仕。廷推阁臣。吏部尚书陈有年推举被神宗罢免的前任首辅王家屏。神宗不纳,以礼部尚书、国史副总裁陈于陛与原任南京礼部尚书、国史副总裁沈一贯二人入阁。陈有年因请致仕。参预此事的吏部文选司郎中顾宪成也被削籍归里。都察院左都御史孙丕扬继任吏部尚书。

二、阁臣相攻与乙巳京察

一六○五年(万历三十三年)乙巳京察上距癸巳已十二年。中经一五九九年(万历二十七年)己亥京察,似无多争斗。乙巳京察又成为历年积怨的大爆发。

一五九四年十月,陈、沈二人入阁后,赵志皋为首辅,次为张位,合共四人。一五九六年十二月,陈于陛病死。一五九八年六月,张位落职闲住。十月,赵志皋养病家居。阁臣实际只有沈一贯一人。这种情形延续达三年之久,沈一贯独专内阁,为前此所少见。沈一贯原籍浙江鄞县,在任期间,浙江籍的官员多附丽门下,一时被指为"浙党"。一六○一年九月,赵志皋病死,沈一贯正式继任首辅,势须增选阁臣。神宗对大臣素来心存疑虑,更虑阁臣植党,因而不用在任官员,而在家居或已罢的人员中选用。河南归德人沈鲤,嘉靖时进士,神宗为太子时,曾任太子东宫讲官,即位后,为左赞善,累进礼部尚书。一五八八年,因与首辅申时行不和,被劾辞官,家居十余年,已七十一岁。被召以原官礼部尚书兼东阁大学士入阁。继沈鲤为礼部尚书的朱赓,浙江山阴人,万历初年,曾以侍读为神宗侍讲官。任礼部尚书的次年,即以母丧去官家居,也被召以故官兼东阁大学士入阁。沈鲤为人耿直，遇事秉正不挠，颇有威望，因是神宗幼时的讲官，也颇受神宗的礼重。沈一贯长期专擅朝政，得神宗倚信，深虑沈鲤入阁夺其权位，多有戒备。沈鲤以师保老臣自居，对沈一贯也不肯屈从。沈一贯在朝有浙党旧臣为依恃，沈鲤则结纳礼部侍郎郭正域、左都御史温纯等人相助。二沈之间，渐形对立。

一六〇三年四月，楚王案起，两沈集团展开了公开的角斗。

楚恭王朱英㷿（朱元璋第六子楚昭王朱桢之后）生前有"废疾"，隆庆五年死，宫人胡氏双生遗腹二子，华奎、华壁。万历八年（一五八〇年），华奎嗣楚王位，华壁封宣化王。一六〇三年六月，有楚王府宗人中尉朱华赿上疏告状，说华奎本是异姓之子，不当立。华奎向沈一贯行贿，使通政使沈子木将此疏压置，不予上奏。但不久之后，宗人华赿之疏奏上。神宗令"部院看议"。郭正域以侍郎署礼部事，主张"敕抚按公勘"，沈一贯提出"亲王不当勘，但当体访"。神宗采郭正域议，敕下"公勘"；华奎又向郭正域行贿，请求不再追究，并称事后将以馈赠沈一贯者赠郭。郭正域严辞拒绝。

抚按公勘的结果送到京城，都说事无佐证。公卿集议，意见不一，各写具一单。郭正域欲尽录诸人议，礼部左侍郎李廷机以辞太繁，摘要奏上。沈一贯遂使给事中杨应文、御史康丕扬，弹劾礼部"壅阏群议，不以实闻"。郭正域得沈鲤支持，上疏自辩，并揭发沈子本匿疏、沈一贯阻止公勘及受华奎贿赂等情状。沈一贯诬指郭正域"私庇华越"。又使给事中姚文蔚等上疏攻击郭正域有意陷害楚王。左都御史温纯上疏弹劾姚文蔚，并指沈一贯。给事中钱梦皋又劾郭正域并及沈鲤。六月神宗传旨："罢楚事勿按"，华越坐诬告，降为庶人，禁锢凤阳。郭正域只好自请休致。此案原无据可查，二沈相争，沈鲤集团不能不陷于失败。

一年半后的乙巳京察，旧案重提，两沈集团再次展开搏斗。这次京察始于万历三十三年（一六○五年）正月。吏部侍郎署尚书事杨时乔与左都御史温纯主持其事。沈一贯请改用兵部尚书萧大亨主持，遭到沈鲤的反对，未能获准。

杨时乔与温纯在考察中极力铲除沈一贯的私人亲信，特别是以弹劾为职事的言官。给事中钱梦皋、钟兆斗及御史张似渠、于永清等，都在斥逐之内。考察的给事中评为"浮躁"者二人，评为"不及"者二人，御史评为"浮躁"者三人，评为"不及"者三人，评为"不谨"者一人。察疏奏上后，二月间，广东巡按御史林秉汉上疏条陈时事，重提楚案，称："假王之说，未必全无影响，不一严勘，何以服诸宗之心？"钱梦皋乘机上疏，指林秉汉是侍郎郭正域的私人，并说他们被察，是当事大臣代郭正域驱除建白楚事之人，为楚事翻案。神宗轻信其说，将林秉汉降五级，调极边，说"钱梦皋尽职建言，忠义可嘉，著照旧供职"。（《神宗实录》卷四○六）杨时乔、温纯等呈上的察疏，留中不下。三月间，传谕吏部、都察院说："今大察各官本内，科道两衙门不称职的甚繁，岂皆不肖。内必有徇私之弊。因忿恚以洩之者有之，因结党以去之者有之，欲竖权以挟人者有之，欲立威以制人者有之。不然，何乃如此，朕不能无疑"。（《神宗实录》卷四〇七）杨时乔、温纯上疏陈辩，列举历次京察中被察科道官的数目，证明这次所察并不为多，但也不得不自承"圣谕严切，臣等无状"，请求罢免。四月，钱梦皋又提楚王事，请追夺郭正域侍郎职，并攻诋温纯，给事中、钟兆斗继续上疏劾温纯多赃。温纯被迫上疏求退，获准致仕。

五月，候补南京兵部职方司郎中刘元珍抗疏弹劾沈一贯，说"一贯自秉政以来，比暱憸人，丛集奸慝，假至尊之权以售私，窃朝廷之恩以市德，罔上不忠，孰大于是！近见梦皋有疏，每以党加人，从古小人未有不以朋党之说先空善类者，所关治乱安危之机，非细故也。"六月，南京御史朱吾弼上疏论察典，继续指责沈一贯。七月，兵部主事庞时雍"直攻一贯欺罔者十，误国者十。"神宗将刘元珍、庞时雍革职为民，朱吾弼罚俸。但迫于物议，终于发下察疏。考察不称职而被留任者，也不得不自请罢免去官。

乙巳京察之后，二沈之争仍在继续。沈一贯自京察以来，即称病闭门家居，但仍在家中草拟诏旨批答章奏，沈鲤极力说他不合规例。次年六月，南京吏科给事中陈嘉训、南京御史孙居相又交章、弹劾沈一贯奸贪。沈一贯上疏详辩,并再次请求辞官,说:"上如有意怜臣,则幸放臣,勿久留不决。"沈鲤也以年老,请求休致。七月,神宗诏降陈嘉训三级调外任,孙居相罚俸一年。同日罢免沈一贯、沈鲤,各赐路费,驰驿归里。

沈一贯与沈鲤两大臣长期互斗,两败俱伤,同日罢官而去。内阁大臣又只剩下了朱赓一人。

三、朋党之争与辛亥京察

神宗怠于朝政,又不愿为大臣所挟制,疑虑多重。因而阁部大臣出缺,常常久不选补,以至曹署常空。二沈去后,朱赓一人在阁,将近一年。一六〇七年才补任礼部尚书李廷机、叶向高入阁。次年,朱赓病死。李廷机因被言官攻击,杜门养病,不再赴阁。内阁大臣又只有叶向高一人。这种局面又延续了五年之久。叶向高,福建福清人,进士出身,曾任南京礼部右侍郎,改任吏部。在任期间,曾上疏说:今天下必乱必危之道,盖有数端,"廊庙空虚一也;上下否隔二也;士大夫好胜喜争,三也;多藏厚积必有悖出之衅四也;风声气习日趋日下莫可挽回,五也"。(《明史·叶向高传》)叶向高所说五大弊端,大体反映了当时昏乱的形势。"士大夫好胜喜争",进而结为朋党,相互攻讦,更加重了朝政的昏乱!

吏部文选司郎中顾宪成自一五九四年罢官后,在无锡故里家居。尔后,在无锡东林书院聚集文士讲学议政,被指为东林党人。东林书院原为宋代理学家杨时讲学之所,一六〇四年重新修建落成。学人除首领顾宪成外,还有高攀龙、薛敷教、史孟麟、于孔兼及宪成弟允成等人。薛敷教年龄最长,曾是顾宪成、允成兄弟的教师。高攀龙与顾宪成是万历十七年的同年进士,同出赵南星门下。不难看出,他们都是癸巳京察阁部之争中被罢免的官员,而且多曾供职吏部,熟悉朝廷官员情况,因而得以讽议朝政,裁量人物。又因为他们多已罢官家居多年,与地主、商人、文士时有交往,熟悉乡里情事,往往能够反映民众的呼声,抨击朝政的积弊,因而在社会上博得清名。致仕的御史武进人钱一本也来东林讲学,罢官家居的赵南星则与东林相呼应。叶向高入阁后,顾宪成即写信给叶向高,说近日辅相"贤否混淆",意在暗示李廷机出于沈一贯的浙党。一六〇八年十月,叶向高奏准起用顾宪成为南京光禄少卿,顾宪成辞官不就,以保持令名,但不时干预政事。东林党渐由民间的议政集团变成参与政争的朋党。

朝官中的文士也结为朋党,有宣党、昆党。宣党首领汤宾尹,宣城人,万历二十三年进士,授翰林院编修,一六〇六年进为右春坊右中允,一六〇九年为左春坊左谕德,署国子司业。顾天峻,昆山人,万历二十年进士,授编修,累迁至左谕德。汤宾尹和顾天峻都是翰林院编修,任太子东宫的文臣,却各自收召朋徒,干预时政。《国榷》(卷八十一)说"天峻高亢自得,宾尹淫污

442

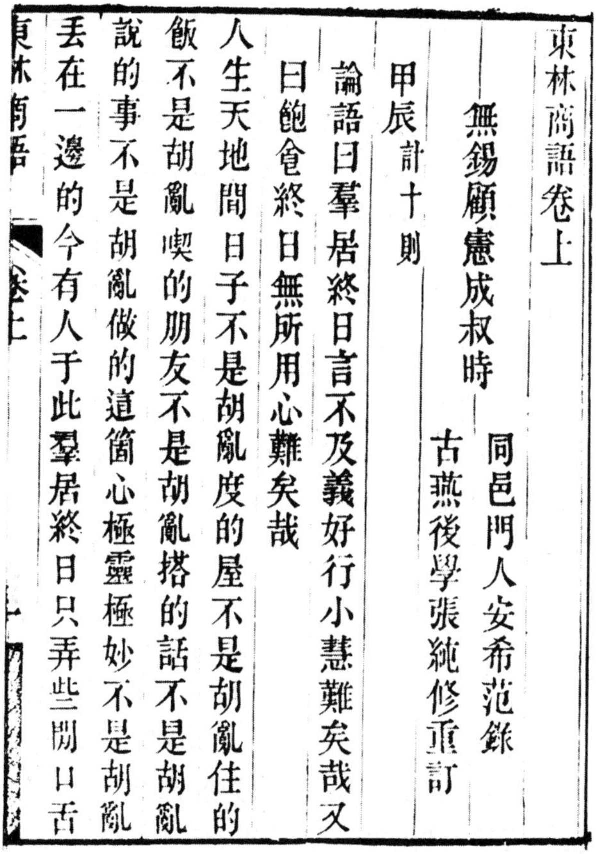

東林商語卷上

無錫顧憲成叔時　　同邑門人安希范錄
　　　　　　　　　古燕後學張純修重訂

甲辰計十則

論語曰羣居終日言不及義好行小慧難矣哉又
曰飽食終日無所用心難矣哉
人生天地間日子不是胡亂度的屋不是胡亂住的
飲不是胡亂喫的朋友不是胡亂搭的話不是胡亂
說的事不是胡亂做的道箇心極靈極妙不是胡亂
丟在一邊的今有人于此羣居終日只弄些言開口舌

顾宪成《东林商语》

无行",各自成一势力。东林以正人自诩,指他们为奸邪,两党则指东林为邪党。诸党之外,朝官与言官,北官与南官也各自结成大小不等的集团。是己非人，互攻不止。

　　阁臣李廷机晋江人，沈一贯在阁时，曾为吏部左侍郎，后代郭正域署理部事。处事公正，尤以廉洁著称，但不免偏愎固执。李廷机入阁后，一六〇七年六月，工科给事中云南宁州人王元翰等言官，上疏诬告李廷机受贿，辇金载玉，以图中伤。神宗诏责王元翰"呶呶求胜不已，疑君诬人，莫此为甚"（《国榷》卷八十），罚俸半年。王元翰曾请起用顾宪成等被罢免的官员，不报。宣党汤宾尹的门人、给事中王绍徽请王元翰扬誉汤宾尹，被元翰拒绝。一六〇九年二月，王绍徽指使御史郑继芳诬指王元翰"盗库金，克商人赀，奸赃数十万"。王元翰上疏自辩，并对郑继芳进行反击。王绍徽与同党刘文炳、刘国缙等连上十余疏攻击王元翰。南京给事中金士衡、御史刘兰等合词申救。阁臣叶向高请尽下诸疏，敕部院评曲直。神宗置此事不理。郑继芳不待神宗诏下，即遣人围守王元翰家。王元翰愤而尽出筐箧，置于国门，让吏士简括，痛哭辞朝，成为轰动一时的奇闻。六月，以擅离职守，降为刑部检校。

　　数月之后，又因淮抚李三才的擢用，掀起了一场纷争。李三才，顺天通州人。万历二年进士。一五九九年，以右佥都御史总督漕运，巡抚凤阳诸府。抚淮十三年，结交遍天下，与顾宪成也有交往。一六〇四年八月，顾宪成曾专程赴淮安，与李三才议论政事；一六〇

444

七年七月,李三才曾上疏请用"废弃",意在荐用顾宪成等人。李三才居官颇有成绩,被誉为大才,但为人好用机权,顾宪成曾见他用财如流水,也显有贪贿。

万历三十七年(一六〇九年)正月,李三才加户部尚书兼左副都御史衔。浙党官员谋划弹劾,并借此事力斥东林,因为劾李,"则东林必救,可布一网打尽之局"。这年十二月,沈一贯的亲戚、工部郎中邵辅忠(浙江定海人),参论李三才"大奸似忠,大诈似直,而为贪险假横之人"。次年正月,浙江道御史徐兆魁继续上疏劾论。李三才上四疏力辨,并请休致。给事中马从龙、御史董兆舒等相继上疏为李三才辨。大学士叶向高上言:李三才已"杜门待罪",为漕政计,应速定去留。神宗不答。御史刘国缙、乔应甲,给事中王绍徽、徐绍吉、周永春、姚宗文等,又连章弹劾李三才,给事中胡忻、曹于汴等,则交章论救。言官争论,数月不止。这时,顾宪成写信给叶向高和吏部尚书孙丕扬,力称李三才廉能,为其排解。李三才的友人御史吴亮,即将顾宪成的两信附传于邸报之中,言官见而大哗。乔应甲又上两疏,列举李三才十贪五奸,极力攻讦。李三才被迫疏请罢免,疏至十五上。久不得命,遂自引去。次年(一六一一年)二月,被正式罢免。

三月,举行辛亥京察(万历三十九年辛亥)。主持者是吏部尚书孙丕扬、侍郎萧云举及副都御史许弘纲。陕西高平人孙丕扬在癸巳京察后任吏部尚书,两年后罢去。自一六〇四年以来,吏部尚书即由左侍郎杨时乔代署,空缺至五年之久。一六〇八年,神宗再次起用孙丕扬。辛亥京察时,他已是年届八十的老臣。言官中御史徐兆魁、乔应甲、刘国缙、郑继芳,给事中王绍徽、朱一桂、姚宗文、徐绍吉、周永春等已在策划倾覆东林。有人向孙丕扬建策,散发访单,咨询是非,以便掀起党争,指东林为朋党予以钩察。吏部右御郎王图发觉其事,急告丕扬制止。王图,陕西耀州人,反对者曾指他与孙丕扬是秦党。王绍徽向王图极力称誉其师汤宾尹,并说言官中的南党,将要排陷汤宾尹和王图,请早为戒备,意在迴护汤宾尹,被王图严词拒绝。当时已晋为国子祭酒的汤宾尹遂与王绍徽设计,令御史金明时弹劾王图之子宝坻知县王淑抃"赃私巨万",又说王图将在京察拾遗时倾覆其兄保定巡抚王国。王图兄弟抗章力辩,其事乃止。

多年以来,言官弹劾朝官,略无虚日。言官中也结为南党和北党,互相攻击。明制,朝官一经言官弹劾,不论虚实,即须先上疏辞官,弹劾不当,再由皇帝慰留。因而,言官得以任意弹劾,以遂其私,朝官也结纳言官,以攻击对手。六年一次的京察,由吏部主持,言官也在被察之列,因而成为清查言官优劣,驱逐劣官的难得的时机。孙丕扬老谋深算,在阁臣叶向高的支持下,阁部一致,着重于驱逐党魁,纠察言官。

察疏奏上,宣党汤宾尹、崑党顾天峻,故御史康丕扬、徐大化，故给事中钟兆斗、陈治则、宋一韩、姚文蔚，主事郑振先、张嘉言以及现任御史刘国缙等都被察纠，给事中王绍徽、御史乔应甲依年例转外任。礼部主事丁元荐，恐察疏不下，又上疏揭发崑党、宣党。言官朱一桂、郑继芳、周永春、徐兆魁、姚宗文等想乘机动摇察疏，于是争相攻击丁元荐。丁元荐因而去官归乡。但这时内阁，叶向高独相，内援京察，察疏终于在五月间诏准下发，被纠察的诸人均被罢免出朝。孙丕扬主察，获得胜利。东林党人也由此避免了被钩察的危机。

辛亥京察之后，朝臣交攻，仍在继续。察疏发下前，京畿道御史徐兆魁曾上疏直攻东林，说："今年察典，尽趋东林"，"东林所至，倾动一时，能使南北交攻，角胜党附"（《国榷》卷八十一），又指称顾宪成受贿，但无左验。光禄丞吴炯疏辨，说"宪成贻书救三才，诚为出位，臣尝咎之，宪成亦自悔。今宪成被诬，天下将以讲学为戒"。神宗置之不问。

曾同王元翰一起攻击李廷机的给事中胡忻等人又弹劾户部尚书赵世卿，说他当年在楚案争论中，力言楚王非伪，与沈一贯议合，因而怀疑他是沈党。赵世卿为官颇有政绩，屡谏革除弊政，激切反对矿监税使，史称他"素励清操，当官尽职。"（《明史·赵世卿传》）被劾后愤而闭门辞官。上章十余次，神宗不予处理。一六一一年十月，不待诏下，自乘柴车去官归里。清乾隆帝在《资治通鉴三编发明》中论此事说："楚宗事至是几十年矣,而廷臣犹以世卿右王之故,相继论劾,借端攻击,报复相寻,朝事已不可问"。乾隆帝不拘党人正邪之论,洞察朋党相攻之害,所论是恰当的。

阁部大臣,长久缺员。京察后,科道官也有待补任。神宗长期拖延,不予选任,朝政渐形阻滞。阁臣叶向高上疏,激切陈言,说:"今自阁臣至九卿台省,曹署皆空,南都九卿亦只存其二","陛下万事不理,以为天下长如此,臣恐祸端一发不可收也"。吏部尚书孙丕扬,先后推荐沈鲤、郭正域、顾宪成、赵南星、高攀龙等人及原御史钱一本等被罢免的旧官。神宗俱不理。一六一二年二月,孙丕扬以年老自请致仕归里。五月,顾宪成在家中病死。

叶向高先后上疏百余次,请补阁臣。一六一三年九月,命吏部左侍郎方从哲、前吏部左侍郎吴道南入阁,次年八月,叶向高致仕,方从哲为首辅。

四、丁巳京察

万历四十五年(一六一七年)丁巳京察是神宗朝最后一次,三年后神宗病死。

辛亥京察后,科道言官依籍贯不同,又形成齐、楚、浙三党,权势渐盛,进而得以左右朝官,排斥异己。不附者即群起弹劾,借端寻衅,指为东林一党。一六一三年十二月,户部主事李朴曾上书,激切揭露齐、楚、浙党"深结戚畹近侍,威制大僚;日事请寄、广纳赂遗;袭衣小车,遨游市肆,狎比娼优;或就饮商贾之家,流连山人之室;身则鬼蜮,反诬他人";"百人合为一心,以挤排善类。"又说:"乃攻东林者,今日指为乱政,明日目为擅权,不知东林居何室?操何柄?在朝列言路者,反谓无权,而林下投闲杜门乐道者,反谓有权,此不可欺三尺竖子,而乃以欺陛下哉!"李朴最后说"望俯察臣言,立赐威断,先斩臣以谢诸奸,然后斩诸奸以谢天下"。(《明史·李朴传》)神宗责李朴"出位妄言",部议降三级调外任。

丁巳京察,由吏部尚书郑继之、刑部尚书兼署都察院事李镦主持。楚人郑继之已年逾八十,遇事即听从于楚党,李镦得到浙党的支持。佐理人员给事中徐绍吉依附于楚党,御史韩浚原属齐党。这次京察于是演为三党言官对辛亥京察以来异己者的报复。辛亥京察时揭发崑党、宣党的礼部主事丁元荐,原已家居,这时又以"不谨"削籍。李朴也被定为"不谨",落职。曾经力攻汤宾尹的御史王时熙被纠为"浮躁"。御史孙居相,曾先后弹劾过沈一贯、汤宾尹,与三党相抗,京察中以年例外转。刑部主事王之案因曾与韩浚不和,也在京察中被罢免。其后,熹宗天启时御史蒋允仪追论丁巳京察说:"当日八法之处分,台省之例转,大僚之拾遗,黑白颠倒,私意横行。""于是方从哲独居政府,亓(音齐)诗教、赵兴邦等分部要津。"(《明史·蒋允仪传》)

丁巳京察后,三党权势更盛。他们的主要人物是:

齐党给事中亓诗教、周永春,御史韩浚;楚党给事中官应震、吴亮嗣;浙党给事中姚允文、御史刘廷元。给事中赵兴邦等与之呼应。退职的汤宾尹仍在幕后操纵。(《明史·夏嘉遇传》)亓诗教是方从哲的门生,为三党的总首领,渐与楚、浙两党矛盾。一六一九年,礼部主事华亭人夏嘉遇连疏力攻亓诗教等,浙人御史唐世济、董元儒助嘉遇。朋党之争,愈演愈烈。

(三)明廷虚匮与农民起义

一、明廷的兵虚财匮

皇室侈靡无度,群臣倾轧不止,明朝走上了衰朽的道路。

随着商品经济的发展,晚明上层社会竞为奢侈,形成一时的风气。随之而来的则是官员们的贪污受贿,多方掠取。神宗一朝,贪贿案件,史不绝书。重大案件,贪赃至数十万两,一次行贿即可有数万以至十数万两。馈赠珍奇,请托送礼,更为官场所习见。神宗曾在一个诏书中斥责地方官员:"供张僭侈,费用浩繁,岁时庆贺之仪,不胜奔走。廪饩常供之外,复多馈遗。司道官又借视听于窝访,取私费于官库。以致贪官污吏,有恃无忌。"(《神宗实录》卷三一二)诏书说明:神宗对弥漫各地的贪风,并非无所觉察,但皇室费用浩繁,中使四出掠取,上行下效,也助长了地方上的贪风。神宗只知责人，不知责己，上下相蒙，充斥上下的贪官污吏，依然有恃无忌。

皇室靡费掠取，官员贪污成风，带来两方面的后果。一是各级军官相效贪贿，军兵日趋衰弱，一是朝廷财政匮乏，国用难支。神宗在位长达四十八年。即位之初，任用张居正以富国强兵的理想，经过几十年的演变，却铸成了兵虚财匮的败局。

军兵衰朽　神宗朝的军兵，在几次作战中曾经显示出足以克敌制胜的作战能力。但随着军队中腐败现象的滋长，到神宗晚年，军政日益昏暗，战斗力也随之锐减。

虚报战功——早在一五八三年，御史魏允贞就曾指责辽东战功奏报失真。一五九八年，吏科给事中刘道亨上奏，防御蒙古的边官，务以捣巢见奇。捣巢获首功，一则报十，十者报百。虚报战功即晋阶升官，因而军官数量大增。万历十九年（一五九一年）闰三月户部奏称："辽东近日用兵以来，假称捷报，冒功授官者甚多，在蓟镇一边分为四镇，一镇又分三路，设官比原额几二十倍。"（《神宗实录》卷二三四）

冒领粮饷——士兵逃跑或死亡，军官不上报，仍以空名支饷。上下串通，瓜分月粮。如庄浪参将杨定国，任职九年，与其部下的中军千、把总等下级军官，冒支军粮，每年约二千石。

贿赂公行——军官因接受贿赂而被惩处，屡见不鲜。未被揭露者更为普遍。贿赂公行不能不严重影响军法号令的执行。一六〇九年十一月，兵部奏称："将之号令而不能行于偏裨，则国之赏罚亦渐不能行于将帅也，皆缘寡廉债帅责问赘馈，以致节制之陵夷，文吏亦得因而掣肘之。"神宗说："近来交际恣滥，岂但大将受偏裨赘馈，即文官亦受将领赘馈。弊端不革，法安得行。"(《神宗实录》卷四六四)

克剥士兵——军官对士兵恣意克剥，诸如克扣军饷，侵占屯田，差遣役使等皆是。军官擅自差遣役使，为害尤大。一六一二年御史刘廷元指出，京营的三大营，"自副参游佐，下至千把总，共五百八十八员，即一把总月役军四十八名矣，其他侵占当不下三、四万人"。(《神宗实录》卷五〇三)次年正月，兵部尚书黄嘉善也指出，"镇臣路将有占(役)数百名，少亦不下百名者"。(《神宗实录》卷五七八)军官们还经常把士兵借给地方官员役使。如蓟镇过往官员，经常由当地军兵供役，"马供递送，军役扛抬"，"以致应付日烦，军疲马瘦"。(《神宗实录》卷三八七)京城太监占役士兵的现象也极为严重。一五九二年九月，礼科给事中马邦良等揭露：东安等门官军四百余名，宦官占役将近十分之九。万历四十六年(一六一八年)闰四月，戎政尚书薛三才说，京城"十六门原额军六千八百余名，每门分上下二班，领以指挥、千百户，而总隶于后府、兵部。不知起自何年，此外添差内监提督，逐门占役至四千三百

三十二名"。(同上,卷五六九)

兵力虚弱——军队的腐败不能不导致兵力的削弱。主要表现是:(一)疏于训练。一六一五年二月,巡视京营的礼科给事中姚永济等上疏说:"今春光入暮,开操无期,将不习军,军不习阵。弱者矢无簇,枪无头,刀剑尽成班锈,志气日就委靡。间得强有力者,又以鸷骜不肖之心,用之酗酒行泼,劫杀为邪……一旦有事,岂能以不教之军战哉!"(《神宗实录》卷二五九)(二)兵员减少。保卫京城的中都、河南、山东京操班军,多有具其名而无其人。士兵输钱给领班之官"包折",便可家居。"军便于家居,官便于厚利,稍出其金,以为雇点之资,上下各以文具相欺"。(同上,卷四九六)(三)士兵贫困。一六一〇年宣府巡抚都御史薛三才奏报宣镇士兵情况说:"诸军粮饷,月不过数钱,八口之家,率皆仰给。饷不时至,未免称贷而食。又不足,则草料、布花质钱于债家,银未入手,子钱已去其大半。欲冀士饱马腾,容可得乎!"(同上,卷四七六)

以上种种说明,此时的军兵,包括京营与边军,都已日益衰朽,不再是往日克敌制胜的强兵。如神宗所说:"兵数虽多,堪战者少。"但军费开支却日渐增加。九边年例,嘉靖末年约二百五十万两,万历三十六年(一六〇八年)激增到四百九十余万,此后每年也都在四百万左右。一六〇九年,兵部请削减皇室的靡费,以充军需,说:"何惜捐大内朽蠹之财,以安宗社。"福建巡抚金学曾上言，"至商税原系饷额，若归之内帑则饷不得有。若仍之饷额则课不能充。所当恳请特留，以给兵需"。(《神宗实录》卷四五九)辽东巡抚熊廷弼请为封疆计，早发内帑。神宗俱不听。

财政匮乏 神宗在位的最后十多年间，军费开支激增，皇室靡费不减。由于官员上下贪污，税使掠夺以及豪强欺隐赋税，朝廷的税收却是有减无增。明廷的财政，不能不日益匮乏。户部太仓库、工部节慎库以及太仆寺、光禄寺的库藏，大体反映了当时的财政状况。

户部太仓库——英宗时始设户部太仓库，贮藏各地折银交纳的各种税银，供应军官俸禄和皇帝御用，称金花银。神宗即位，历朝积蓄银两，存于老库，共二百万两，另有窖房银四百万两。神宗即位以来的十余年间，续有积存三百余万两，收藏在日常出纳的外库。积蓄总量约可供两年支出。神宗亲政后，连年入不敷出，渐用积蓄。一五八六年八月，外库余银只余四十六万余两。九月，又减至三十万。到次年三月，除老库、窖房外，只余银九万两。外库余银用尽，遂又动用窖房银。一五九九年，外库与窖房都已一空如洗，仅存老库二百万两。次年四月，借用老库银五十万分发积欠的各边镇额饷。到一六〇八年，户部太仓库就只有老库贮银八万两。一六〇九年，兵部上言"虽知饷之当处，无奈计穷，以天下之大，仅太仓八万两"。(《神宗实录》卷四五九)库藏空虚，边地军饷不能按时发放。一六〇八年,九边额欠一百二十万两。一六一一年欠饷至二百五十万两。一六一六年积欠军饷总计达五百万两。

工部节慎库——用以贮存工部料价的节慎库也渐匮乏。乾清宫与坤宁宫被焚后,一五九六年即着手兴建,费用浩繁。一六〇〇年二月,工部尚书杨一魁上疏说:"今见贮节慎库者,合四司(工部所属营缮、虞衡、都水、屯田四清吏司)止七、八万两,而浩大未竟之工程,急切应需之造办,监局年例之钱粮,又若库房、若城垣、若坟工,种种并集,一时之费约用八十余万两,即罄竭积贮,未当十分之一。"(《神宗实录》卷三四四)两宫建成后,又接连修建陵寝、宫内花园台榭。一六〇三年,又动工兴修被焚的三大殿,坐派湖广采办楠杉大木,合银四百二十万两。贵州采木,价银一百余万两,湖广、贵州、四川三省所派三殿木植大工钱粮至九百六十余万两。一六〇五年十一月,内阁大学士朱赓慨叹说:"两宫经始,节慎库尚百十万金,今罄然无分毫之蓄。"(同上,卷四一五)

太仆寺库——太仆寺库岁入马价、草料、籽粒等银约六十万两,岁出各边年例约四十万,赏赉修筑诸费约二三万,每年原可剩银二十万,备买马之用。太仆寺逐年皆有积存,神宗即位时,前朝积累,多至一千万两。神宗亲政后,内廷靡费每由户、工二部挪用太仆寺库银弥补。军费不足,也向太仆寺库挪借。以至库藏渐被

455

耗费。一六〇二年九月,太仆寺署印少卿连标上疏指出:嘉靖、隆庆年间太仆寺库存银达一千万两,"迩来国家多事,借讨纷纷,户工二部动去八百七十余万,见存库者仅一百万有奇"。(《神宗实录》卷三七六)一六〇七年八月,太仆寺少卿李思孝上疏说:"臣稽往牒,在嘉、隆间旧库积至一千余万,盛矣。迨万历十八年,西征哱、刘,借一百六十万;东征倭,借五百六十余万。二十七年为边饷借五十万,又为征播借三十三万。三十一年,又为边饷动老库二十一万、马价三十万。三十二年,又以年例借三十五万余。先是二十九年,以边饷不给,顿借百万。前后所借在计部者已九百八十三万矣。而二十九年,工部以大婚大礼借三十五万,三十一年,光禄寺以年例借二万,又借三十七万。今老库见存者二十七万耳。而东西两库每年所解,仅可以供各边年例之用,况重以各边功次赏赉,亦取于此。"(同上,卷四三七)到一六一七年十一月,太仆寺库老库仅余八万两。太仆寺库存银,原用以购买马匹以供军需,库藏空竭,军马也难以为继了。

光禄寺库——神宗即位之初,光禄寺库有前朝节余银两一百一十多万。一五八七年十二月,只剩下四万四千余两。次年三月,至于内供取用不敷。一六〇一年,光禄寺因库藏已空,为供应皇帝膳食,两次共借户部银约三万余两。

以上太仓库等四库贮藏税银至晚到万历四十年

（一六一二年），便已先后空虚。各地的税粮，主要是东南地区的粮米，由大运河运至京师，分储于北京、通州二地的粮仓。京仓五十六，通仓十六，分别供应京师军匠在官人等需用。万历初年，二仓储粮甚富。一五八三年十二月统计，京、通二仓实存粮共一千八百一十八万五千四百石有奇，每年军匠在官人等实支本色米二百二十万石。京仓积米足支八九年。但一六〇二年九月，京仓实在之数只有四百四十八万余石，仅够二年支用。

二、前仆后继的农民起义

皇室、贵族和各级官员，日益贪婪奢侈，广大农民则遭受越来越多的剥夺，日渐陷入极端贫困的境地。

明廷财政匮乏，便不断加派赋税，剥夺农民。早自一五八六年，阁臣申时行即奏称："比年以来，渐有加派。有因事而增者，若户部草料之类是也。有用不足而增者，若工部大炭之类是也。方今财绌民劳，惟正之供尚不能继，额外之派又何以堪！"（《神宗实录》卷一七二）此后，朝鲜之战曾有加派，平播州之乱又有加派。一五九九年，全国赋额比二十年前增加了十分之四。一六〇一年，"按丁增调，践亩加租"（同上，卷三五九），比二十年前增加了将近一倍。

一条鞭法推行后，州县征税已有定额。但地方官吏往往在定额之外，重复征收。一五八七年，神宗诏谕中就指出："各处编审粮差，于条鞭之外，重派里甲，系

457

有司任情扰害小民。"（同上，卷一八七）一六〇一年广东巡按李时华奏报广东的情形说："禁网常疎，吏奸法弊。条鞭之后，仍用甲首，均平所编，尽入私囊。上下相蒙，恬不为怪。"（同上，卷三六五）征税之外，又加收所谓"耗羡"。一六一三年北直隶、河南、山东等处州县粮羡多至十取二、三。一六一八年十一月，御史房壮丽指陈："官府借口验封，加收火耗，至一钱二钱，屡经严禁不遵。"（同上，卷五七六）

官府的赋税，依据一条鞭法的规定，本应依据田地的占有和人丁数分担。但是，占有数千顷以至上万顷田地的皇室、贵族、官员可依据"优免"的规定，任意扩大优免范围，逃避赋税。地方豪强也以"诡推"（诡称田已卖出）、"洒派"（税额分散于他户）等等办法，把应纳的赋税转嫁给广大民户。受害最大的还是穷苦的农民。

随着土地兼并的盛行，早已有一批又一批的农民被迫失去土地，沦为佃仆和流民。仅有小块土地的农民，在不断加派的赋税重压下，也不得不失去田地，背井离乡。如遇水旱灾荒，更是求生不能，求死不得，陷于极其悲惨的境地。一五九二年，陕西频年荒旱，农民流亡多至十分之七。一五九三年，河南卫辉获嘉县，因路居冲要，差役浩繁，加以瘟疫流行，农民流亡过半。一五九七年，刑部左侍郎吕坤上疏，说他"久历外任，熟知民艰"，他所见山东、山西、陕西各地农村的状况是：官仓空而库竭，民十室而九空。冬无破絮者有一半,一天只吃一餐者也有一半。破屋颓墙,风雨不蔽。流民未回乡井,弃地多荒。可是,存者还要代去者赔交税银,生者更为死者顶役。(参见《去伪斋集》卷一)一六〇一年,吏部尚书李戴上疏说:几年来,连续灾荒。陕西、山西首先受灾,农民吃土块求生。接着是河南受灾,农民吃雁粪过活。山东、江南、湖北以至京畿,也相续受灾。"老弱填委沟壑,壮者展转就食"。(《明经世文编》卷四四〇)

自一五八六年以来,一些地区不堪重压的农民,即相继举行武装起义,展开拼死的搏斗。随着明廷掠夺的加重,各个地区的农民起义,风起云涌,不断冲击着明廷的腐朽统治。

滑县饥民起义——一五八六年七月,河南滑县人车宗孔、王安等,因旱灾缺粮,向有麦数万斛的富商赵国英、张学书等借贷,遭到拒绝。车宗孔等聚集饥民上千人起而夺麦。官府前来镇压,饥民转展于淇县、汲县一带,与官兵发生激战,王安、车宗孔先后被俘。

陕甘回民起义——居住在陕甘宁交界处的回族人民约五百人,在一五八六年发动了起义。起义者流动于泾州、灵台、麟游、永寿、三水、淳化、耀州、白水等地,反抗官军,英勇作战。沿途汉族人民也陆续参加起义。起义军给予官府以沉重打击。次年,被镇压失败。

太湖农民起义——一五八八年,农民殷应采等利用太湖"港渎纵横,芦苇蓊翳"的条件,在太湖起义。

起义者略取附近富室的财产,多次与前来镇压的官军激战,三吴戒严。随后,遭到官军的残酷镇压而失败。

梅堂、刘汝国起义——一五八八年,蕲黄农民梅堂起义,"匠人"刘汝国(又名刘少溪)前来参加。梅堂在宿松古车岭被官府逮捕,刘汝国逃脱,继续领导起义者作战,自称顺天安民王。树立旗帜,上写铲富济贫替天元帅。起义军出没于英山、潜山、太湖、宿松、蕲州、黄梅、广济之间,在各处没收富豪谷米财产,招徕饥民就食,从者数万人。官府派人招降,刘汝国回信说:"豪家不法,吾取其财以济贫,此替天行道。"起义者多次打败前来镇压的官军,安庆指挥使陈越及蕲州州判陈策败死。安庆、宿松诸府县的地方官,慑于起义军的压力,纷纷借故离任而去。一五八九年二月,明廷命应天巡抚周继、湖广巡抚邵陛、江西巡抚庄国祯、提督操江王用汲等大员,督率领属,协力剿捕。起义失败,刘汝国被俘,在安庆被杀。

柯守岳起义——福建莆田广业里,方圆一百二十里,重冈迭阜,深峻迂回,便于起义活动。一五八九年,在这里开山而耕的农民柯守岳因岁饥民流,发动起义。自号游天王,下设队长、中将军、东方将、旗首等职。多次与官军作战,当年失败。

李圆朗起义——广东始兴人李圆朗,自称有起死回生之术,并能剪纸为人马,翁源人王子龙自称弥勒降生,又说是黄巢之后,在民间传布子丑年天有大灾。聚众数百人。一五八九年,龙南灾荒,禾黍不入。李圆朗与王子龙相结纳,聚众在龙南东桃隘鸣鼓祭旗,宣布起义。起义军曾转战南雄,被官军战败。王子龙战死,李圆朗被俘,押解到龙南被杀。

王自简起义——一五九四年春,河南农民王自简领导当地农民上千人起义,活动在新蔡、沈五、息县一带。明颖州兵备副使李骥千等用招抚的办法,离散起义部众。王自简在颖州被擒,随后被杀。

赵古元起义——一六〇〇年,两畿及各省出现灾荒,又苦于矿监税使的骚扰,各地兵民多起而反抗。浙江山阴人赵一平与妻王氏编成"指南经"等书,投散各省会及两京,策动起义。先去杭州,又去徐州,改名赵古元,自称是宋朝皇室后人,与友人孟化鲸等在徐州和丰、沛等地召集逃亡的流民和拼死起义的农民,约定明年二月诸方并起,先取淮扬,次取徐州,再取金陵与北京。起义计划泄露,遭到明徐州兵备徐光复等人的镇压,主要首领陆续被捕;赵古元逃到宝城后被擒,同年十一月,被押至北京处死。

吴建起义——一六〇四年,福建瓯宁县谢屯乡民吴建,奉白莲教,称世界将乱,聚众数千人起义。知县前来诱降,被拒。兵备道刘毅命乡兵发动进攻,起义失败。吴建自杀。(一说被害)

刘天绪起义——河南永城人刘天绪,流寓凤阳府临淮县朱龙桥,崇奉无为教主,当地人王宗、张名等信从传教。信徒多至千余人。刘天绪自称辟地定夺乾坤李王。一六〇六年十一月定议，本月二十三日长至节，乘南京百官出城谒陵的机会，在南京正式发动起义。刘天绪自号龙华帝王，王宗、张名等被封为国公侯伯将军指挥等职。因出现叛徒向官府告密，明南京兵部尚书孙钎等发兵捕刘天绪等四十九人，刘天绪受酷刑逼讯致死。

保定农民起义——一六一一年，保定等处有刘应第、董世耀聚众称王，在远近各地剽劫，被保定巡抚王国镇压。

山东农民起义——一六一五年，山东各地自正月至六月，无雨，田禾枯槁，千里如焚。安丘县，有千余起义者，攻入城内，劫库焚狱；蒙阴县，起义者竖旗称王，杀死官兵；沂州，有七百名起义者骑马弯弓，抢劫粮畜；费县、济阳，起义农民白昼打劫；昌乐县，起义者三百人啸聚抢掠，声势充斥。这些起义都是由于农民饥饿无食，不得不起而劫夺府库和富户。神宗诏令"破格区处"；同年十二月发太仆寺马价银十六万两，在山东进行赈济，但并不能消弭农民的反抗。此后不久，山东又有周尧德、张计绪等聚众起义，各立头目，在泰山、历城、章丘、莱芜等处，出没行劫。周尧德被起义者称为"红竿大王"，又改称"平师王"。起义军所到之处，截杀官兵，屡获胜利。直到一六一七年春季才被镇压而失败。

陕甘回民起义——陕甘地区的回民起义,前仆后继,仍在继续发展。一六〇八年,有数百人组成的起义队伍,由潼关进入山西,攻掠芮城等县,并攻入河津、稷山等四县。一六一一年,田有奇领导的起义者渡过黄河,进入山西平阳一带,田有奇被俘。一六一五年,以高尚千为首的起义回民,曾在宜君县劫狱。次年八月,高尚千在延安被俘。

田峨起义——一六一七年四月,山东钜野县有人奏报,乡人田峨自称仁义王,纠众数千,劫掠财物,强夺狱犯,谋杀县官。

李文起义——一六一八年九月,白莲教首李文在庆阳府聚众数百人,自号弥天一字王,建年号"天真混元",自称是李老君真达磨下生,赐有天书飞剑。策划于十月十二日发动起义。事前被人首告,李文被捕,次年被处死。

以上见于记载的这些起义,都不曾得到较大的发展。起义发动未久甚至未及发动,就遭到明朝官军的镇压。但是,起义由饥民的自发的夺粮发展为有组织的武装搏斗,以至建号称王,显示出推翻明朝统治的战斗意志。各地农民的武装起义,前仆后继,预示着一场规模巨大的农民战争的风暴就要到来。腐朽的明朝被推翻的日子不远了。

明 代 纪 年 表

（太祖至熹宗，附元、金）

公元纪年	干支纪年	明朝纪年	附　纪
一三六八 一三七一 一三七九	戊申 辛亥 己未	太祖洪武元年	元昭宗宣光元年 元脱古思帖木儿 天元元年
一三九九	己卯	惠宗建文元年	
一四〇三	癸未	成祖永乐元年	
一四二五	乙巳	仁宗洪熙元年	
一四二六	丙午	宣宗宣德元年	
一四三六	丙辰	英宗正统元年	
一四五〇	庚午	代宗景泰元年	
一四五七	丁丑	英宗天顺元年	
一四六五	乙酉	宪宗成化元年	
一四八八	戊申	孝宗弘治元年	
一五〇六	丙寅	武宗正德元年	

464

公元纪年	干支纪年	明朝纪年	附　纪
一五二二	壬午	世宗嘉靖元年	
一五六七	丁卯	穆宗隆庆元年	
一五七三	癸酉	神宗万历元年	
一六一六	丙辰		金（清）太祖天命元年
一六二〇	庚申	光宗泰昌元年	
一六二一	辛酉	熹宗天启元年	

明代行政区划简表

本表主要依据《明史·地理志》,列入直隶两京和十三布政使司所属府、州及相当的建置,以备读者检索。边地都司依《明史·兵志》所谓"羁縻卫所"表列。属于五军都督府的各地都司卫所,没有列入。

京师	府	顺天、保定、河间、真定、顺德、广平、大名、永平。
	州	延庆、保安。
南京	府	应天、凤阳、淮安、扬州、苏州、松江、常州、镇江、庐州、安庆、太平、池州、宁国、徽州。
	州	徐、滁、和、广德。
山东布政使司	府	济南、兖州、东昌、青州、莱州、登州。
山西布政使司	府	太原、平阳、汾州、潞安、大同。
	州	泽、沁、辽。

河南布政使司	府	开封、河南、归德、汝宁、南阳、怀庆、卫辉、彰德。
	州	汝。
陕西布政使司	府	西安、凤翔、汉中、延安、庆阳、平凉、鞏昌、临洮。
	州	灵、兴安。
四川布政使司	府	成都、保宁、顺庆、夔州、重庆、叙州、龙安、马湖、镇雄。
	军民府	遵义、乌蒙、乌撒、东川。
	州	潼川、眉、邛、嘉定、泸、雅。
	宣抚司	永宁。
	安抚司	黎州。
	长官司	平茶洞、溶溪芝蔴子坪。
江西布政使司	府	南昌、瑞州、九江、南康、饶州、广信、建昌、抚州、吉安、临江、袁州、赣州、南安。
湖广布政使司	府	武昌、汉阳、黄州、承天、德安、岳州、荆州、襄阳、郧阳、长沙、常德、衡州、永州、宝庆、辰州。
	州	郴、靖。

浙江布政使司	府	杭州、严州、嘉兴、湖州、绍兴、宁波、台州、金华、衢州、处州、温州。
福建布政使司	府	福州、兴化、建宁、延平、汀州、邵武、泉州、漳州。
	州	福宁。
广东布政使司	府	广州、肇庆、韶州、南雄、惠州、潮州、高州、雷州、廉州、琼州。
	州	罗定。
广西布政使司	府	桂林、平乐、梧州、浔州、柳州、庆远、南宁、太平、思明、镇安。
	军民府	思恩。
	州	田、归顺、泗城、向武、都康、龙、江、思陵、凭祥。
	长官司	安隆。
云南布政使司	府	云南、曲靖、寻甸、临安、徽州、广西、广南、楚雄、武定、景东、镇沅、大理、永宁、蒙化、顺宁。
	军民府	元江、姚安、鹤庆、丽江、永昌。
	州	北胜、广邑。
	军民宣慰使司	车里、缅甸、木邦、八百大甸、孟养、老挝、大古剌、底马撒。
	宣抚司	南甸、干崖、陇川、孟密。

云南布政使司	御夷府	孟定、孟艮。
	御夷州	威远、湾甸、镇康。
	安抚司	蛮莫。
	长官司	者乐甸。
	御夷长官司	钮兀、芒市。
贵州布政使司	府	都匀、黎平、思南、思州、镇远、铜仁、石阡。
	军民府	贵阳、安顺、平越。
	宣慰使司	贵州。
乌思藏都司朵甘卫都司	指挥使司	陇答卫。
	宣慰使司	朵甘、董卜韩胡、长河西鱼通宁远。
	招讨司	朵甘思、朵甘陇答、朵甘丹、朵甘仓溏、朵甘川、磨儿勘。
西北诸卫		赤斤蒙古、罕东、安定、阿端、曲先、哈密。
奴儿干都司		三百八十四卫、二十四所、七站、七地面、一寨。

地 名 表

本表所收,只限见于本书两章明初至万历时期的地名。古地名依笔画顺序排列。今地名只表示治所和城镇的大致方位。书中涉及的邻国地名,酌量收录,标示今地,以供参考。

一 画

一秃河　吉林长春市东

二 画

九　江　江西九江
力　山　广西东部

三 画

三万卫　吉林珲春附近
三万卫　辽宁开原县北
三　水　广东珠江三角洲西北端
三　河　河北三河
于　阗　新疆和田
大　田　福建大田
大　宁　辽宁朝阳西
大　同　山西大同
大　名　河北大名
大　兴　北京市

大同左卫　山西左云
大　足　四川大足
大　昌　四川大宁河东岸
大　理　云南大理
土木堡　河北怀来东南
土剌河　蒙古国土拉河
万　全　河北万全
万　安　江西万安
上　元　江苏南京市
上　杭　福建上杭
上　饶　江西上饶
上　海　上海市
山　阴　浙江绍兴
义　乌　浙江义乌
义　州　辽宁义县
广　元　四川广元
广　平　河北广平东南
广　宁　广东广宁
广　州　广东广州

广　安　四川广安
广　武　宁夏中宁北
广　昌　河北涞源北
广信府　江西上饶
广　济　湖北广济
卫　辉　河南汲县

四　画

云州堡　河北赤城北
无　锡　江苏无锡
天　长　安徽天长
天　成　山西天镇
天　津　天津市
开　化　浙江开化
开　封　河南开封
开　城　宁夏固原南
开　原　辽宁开原
五　开　贵州黎平县
五　河　安徽五河
丰　州　内蒙古呼和浩特地区
太　仓　江苏太仓
太　平　山西襄汾西
太　原　山西太原
太　康　河南太康
太　湖　安徽太湖
尤　溪　福建尤溪
历　城　山东历城
中　牟　河南中牟
内　乡　河南内乡

内　江　四川内江
日　照　山东日照
仁　寿　四川仁寿
仁　怀　贵州仁怀
化　州　广东化州
分　宜　江西分宜
长　乐　福建长乐
长　兴　浙江长兴
长　芦　河北沧州市
长　沙　湖南长沙市
乌　程　浙江乌程
乌斯藏　西藏前、后藏
乌　蒙　云南昭通
乌　撒　贵州威宁
凤　阳　安徽凤阳
文　水　山西文水
文　县　陕西文县
文　登　山东文登
六　安　安徽六安
火　州　新疆哈拉和卓

五　画

平　山　广东惠东
平　乐　广西平乐
平　阳　山西临汾
平　阳　浙江平阳
平　谷　北京平谷县
平定州　山西平定
平　南　广西平南

471

平　原	山东平原	北　流	广西北流
平　凉	宁夏平凉	叶　县	河南叶县
平海卫	福建平海卫	占　城	越南国南部
平　湖	浙江平湖	电　白	广东电白东南
平越卫	贵州福泉	代　州	山西代县
玉　山	江西玉山	仙　游	福建仙游
玉　田	河北玉田	仪　封	河南兰考东南
古　田	福建古田	仪　真	江苏仪征
本　溪	辽宁本溪	乍浦所	浙江平湖东南
甘　州	甘肃张掖	白　水	陕西白水
东　川	云南会泽	白羊口	山西天镇北
东　乡	四川宣汉	白沟河	河北定兴南
东　阿	山东东阿县南	瓜　州	江苏瓜州
东　明	河北东明	瓜　州	甘肃安西西南
东　昌	山东聊城	瓜　埠	江苏瓜埠
东胜州	内蒙古托克托县	处　州	浙江丽水
东　莞	广东东莞	乐　平	江西乐平
石　阡	贵州石阡	乐　安	山东广饶
石　州	山西离石	汀　州	福建长汀
石　城	江西石城	汉　口	湖北武汉市
龙　川	广东龙川	汉　中	陕西汉中
龙　门	广东龙门	玄钟所	福建诏安东南
龙　岩	福建龙岩	兰　州	甘肃兰州市
龙　南	江西龙南	兰　阳	河南兰考
龙　泉	江西遂川	宁　化	福建宁化
龙　泉	浙江龙泉	宁　州	云南宁州
龙　溪	福建漳州	宁　阳	山东宁阳
归　德	河南商丘	宁　国	安徽宁国
北　京	北京市	宁　波	浙江宁波

472

宁	都	江西宁都	扬	州	江苏扬州
宁	夏	宁夏银川	光	山	河南光山
宁	德	福建宁德	光	化	湖北光化
永	丰	江西永丰	光	泽	福建光泽
永	平	河北卢龙	吐鲁番		新疆吐鲁番
永	宁	四川叙永	同安县		福建同安
永	安	福建永安	同里镇		江苏吴江东
永	寿	陕西彬县南	曲	先	新疆库车
永	昌	甘肃永昌	曲	阳	河北曲阳
永	春	福建永春	曲	阜	山东曲阜
永	顺	湖南永顺	曲	靖	云南曲靖
永	嘉	浙江永嘉	朱仙镇		河南开封西南
奴儿干		俄罗斯国特林	休	宁	安徽休宁
台	州	浙江临海	任	丘	河北任丘

六 画

			华	亭	上海松江
			延	平	福建南平
巩	昌	甘肃陇西	延	安	陕西延安
芒	部	云南镇雄	延绥镇		陕西榆林
吉	水	江西吉水	全	宁	内蒙翁牛特旗
考	城	河南兰考	会	宁	甘肃会宁
西	山	北京西北	会	同	湖南会同
西	乡	陕西西乡	会	州	河北平泉
西	宁	青海西宁	会通河		山东境内
西	华	河南西华	合	江	四川合江
西	安	陕西西安	交	趾	越南国河内
西	凉	甘肃武威	庆	元	福建台湖山南
西	海	青海湖	庆	州	内蒙古巴林左旗西北
成	都	四川成都	江	阴	江苏江阴
夹	河	河北衡水北滏阳河	江	津	四川江津

473

江　夏　湖北武汉市
汲　县　河南汲县
池　口　安徽池口
池州府　安徽贵池
安　仁　江西余江北
安　丘　山东安丘
安　庆　安徽安庆
安　陆　湖北安陆
安　远　江西安远
安　定　甘肃定西
安　溪　福建安溪
安福县　江西安福
兴　化　江苏兴化
兴　国　江西兴国
兴和城　河北张北
兴　济　河北青县南
兴隆卫　贵州黄平
阳　山　广东阳山
阳　谷　山东阳谷
阳　武　河南阳武
阳　和　山西阳高
阳　城　山西阳城
阳逻镇　湖北武汉东北
红盐池　内蒙古红盐池

七　画

寿　宁　福建寿宁
寿　光　山东寿光
寿　州　安徽寿县

寿　阳　山西寿阳
寿　张　山东阳谷东南
进　贤　江西进贤
远　安　湖北远安
均　州　湖北均县西北
丽　水　浙江丽水
芜　湖　安徽芜湖
芮　城　山西芮城
苏　州　江苏苏州
苏门答刺　印度尼西亚西部大岛
赤城堡　河北赤城
孝　丰　浙江孝丰
严　州　浙江建德
巫　山　四川巫山
邳　州　江苏宿迁西北
辰　州　湖南沅陵
抚　州　江西抚州
连云岛　辽宁盖县西北
连　江　福建连江
别失八里　新疆吉木萨尔北
吴江县　江苏吴江
岑　冈　广东和平北
岑　港　浙江定海西北
佛山镇　广东佛山
余　干　江西余干
余　庆　贵州余庆
余　姚　浙江余姚
含　山　安徽含山
邹　县　山东邹县

474

应　山	湖北应山	
怀庆府	河南沁阳	
怀　来	河北怀来	
怀　柔	北京怀柔	
沅　州	湖南芷江	
沛　县	江苏沛县	
沔　县	陕西勉县西	
沙　州	甘肃敦煌	
沙　县	福建沙县	
沙　溪	江西吉安东	
沂　水	山东沂水	
沂　州	山东临沂	
沧　州	河北沧州	
汶　上	山东汶上	
沈　丘	河南沈丘	
沈　阳	辽宁沈阳市	
沁　州	山西沁县	
良　乡	北京市良乡	
张家湾	北京通县南	
即　墨	山东即墨	
灵　丘	山西灵丘	
灵　台	陕西灵台	
灵　州	宁夏灵武	
灵　璧	安徽灵璧	
阿　端	青海昆仑山北	
阿鲁浑河	蒙古国鄂尔浑河	
阿里麻里	新疆霍城	
陈　留	河南开封东南	
邵　武	福建邵武	

八　画

青　山	山西汾西西北
青山镇	江西九江东南
青　田	浙江青田
青　州	山东益都
武　州	山西五寨
武　进	江苏常州
武　昌	湖北武昌
武　宣	广西武宣
武　清	河北安次东
武　强	河北深县东
松　江	上海市松江
松　阳	浙江松阳溪北岸
松　溪	福建松政
松潘卫	四川松潘
杭　州	浙江杭州
直　沽	天津市
茂　州	四川茂汶羌族自治县
英　山	安徽英山
枣　阳	湖北枣阳
砀　山	江苏砀山
招　远	山东招远
岷　州	甘肃岷县
盱　眙	安徽盱眙
昆阳州	云南晋宁
昆　明	云南昆明
昌　平	北京昌平
昌　乐	山东昌乐

昌　黎	河北昌黎	泊头镇	河北南皮
易　州	河北易县	泌　阳	河南泌阳
罗　田	湖北罗田	泽　州	山西晋城
固　原	宁夏固原	郑村坝	北京市东北
固　始	河南固始	单　县	山东单县
和　平	浙江吴兴西	宝　庆	湖北邵阳
和　平	广东和平	宝　应	江苏宝应
和　州	安徽和县	宝　坻	天津宝坻
和　林	蒙古国哈尔和林	定　西	甘肃定西
阜　平	河北阜平	定　州	河北定县
金　山	江苏镇江金山	定　远	安徽定远
金　山	内蒙古西辽河南	定　海	浙江定海
金　华	浙江金华	宜　山	广西宜山
金　州	陕西紫阳东	宜　君	陕西宜君
金　齿	云南保山南	宜　春	江西宜春
金　陵	江苏南京	宛　平	北京丰台
采　石	安徽马鞍山市南	房　山	北京房山
鱼台县	山东鱼台	房　县	湖北房县
兖　州	山东兖州	肃宁县	河北肃宁
河平县	广东河平	肃　州	甘肃酒泉
河　州	甘肃导河	建　宁	福建建瓯
河西务	天津武清东北	建　阳	福建建阳
河间府	河北河间	建　昌	江西永修西北
河　津	山西河津	陕　州	河南陕县
河　源	广东河源	始　兴	广东始兴
泷　水	广东罗定江东	绍　兴	浙江绍兴
泸　州	四川泸州市		

九　画

泗　水	山东泗水
泗　州	安徽盱眙北
项　城	河南汾河南

476

柘 林	上海奉贤南		郧 阳	湖北郧县
柘 城	河南柘城		贵 州	贵州贵阳市
柳 州	广西柳州		贵 县	广西贵县
柳 城	广西柳州东北		贵 溪	江西贵溪
柳 城	新疆吐鲁番东南		毗 陵	江苏常州
政 和	福建松政东南		思 州	贵州岑巩
封 丘	河南封丘		思 南	贵州思南
荆 州	湖北江陵		思 恩	广西马山南
南 川	四川南川		钦 州	广西钦州
南丹卫	广西上林东北		香 山	广东中山
南 召	河南方城西北		香 河	河北香河
南 阳	河南南阳		重 庆	四川重庆市
南 昌	江西南昌		修 仁	广西荔浦西南
南 京	江苏南京		保 宁	四川阆中
南 海	广东广州市		保 安	陕西志丹
南 清	福建南清		保 定	河北霸县南
南 雄	广东南雄		保 靖	湖南保靖
南 漳	湖北南漳		信 丰	江西信丰
莒 州	山东莒县		信 阳	河南信阳
茶 陵	湖南茶陵		侯 官	福建福州市
荔 浦	广西荔浦		顺 义	北京顺义
荥 阳	河南荥阳		顺 昌	福建顺昌
咸 宁	陕西西安市		顺 德	河北邢台市
威虏堡	山西大同附近		泉 州	福建泉州
临江市	四川雾山南		禹 州	河南禹县
临 洮	甘肃省临洮		叙 州	四川宜宾市
临 清	山东临清		剑 州	四川剑阁
临 淮	安徽凤阳		独石堡	河北赤城县北
哈 密	新疆哈密		饶 平	广东饶平

饶州府　江西波阳

饶州洞源　江西万年县境内

胪朐河　蒙古国克鲁伦河

洗马林　河北张家口西

洮　州　甘肃卓尼一带

洛　阳　河南洛阳市

洛　容　广西柳州东北

济　宁　山东济宁市

济　阳　山东济阳

济　阴　山东菏泽

济　南　山东济南市

浑　源　山西浑源

浒墅关　江苏苏州西北

浔　州　广西桂平

宣　化　河北宣化

宣　城　安徽宣城

宣　德　河北宣化

冠　县　山东冠县

费　县　山东费县

眉　县　四川眉山

十　画

泰　宁　福建泰宁

泰　州　江苏泰州市

桂　平　广西桂平

桂　林　广西桂林市

桐　柏　河南桐柏

桐　梓　四川桐梓北

桃　源　江苏泗阳西南

桃渚所　浙江临海东

真　定　河北正定

袁　州　江西宜春

莆　田　福建莆田

莱　州　山东掖县

莱　芜　山东莱芜

荻　港　安徽繁昌县西北

莘　县　山东莘县

莫　州　河北任丘

盐　泽　新疆罗布泊

晋　江　福建泉州

原　武　河南原阳西南

捏工川　青海贵德、尖扎一带

鸭绿江　吉林鸭绿江

铁　岭　辽宁铁岭

铅　山　浙江铅山

称　海　蒙古国吉尔格朗图东

息　县　河南息县

徐　州　江苏徐州

翁　源　广东翁源

狼　山　江苏狼山

旅顺口　辽宁大连

高　州　广东高州

高　邮　江苏高邮

高　要　广东肇庆市

高　陵　陕西高陵

高家堰　江苏洪泽西

凉　州　甘肃武威

浦　城　福建浦城

478

海　门　福建龙海东
海　丰　山东无棣
海龙囤　贵州遵义北
海　阳　广东潮安
海　南　海南琼山
海　澄　福建龙海
浮　梁　江西景德镇北
朔　州　山西朔县
益　都　山东益都
宽　河　河北宽城
宾　州　广西宾阳东北
诸　城　山东诸城
诸　暨　浙江诸暨
祥　符　河南开封市
通　州　北京通县
通　州　江苏南通市
通　江　四川通江
通惠河　北京市昌平附近至通县
绥德州　陕西绥德
绥　阳　贵州绥阳

十一画

梧　州　广西梧州市
桶　冈　江西罗霄山脉东
萍乡县　江西萍乡市
黄　州　湖北黄冈
黄州团凤镇　湖北黄冈北
黄　岩　浙江黄岩
黄　梅　湖北黄梅

黄陵冈　山东曹县西南废黄河
　　　　北岸
曹　州　山东菏泽
盛泽镇　江苏吴江南
常　州　江苏常州市
常　熟　江苏常熟
略　阳　陕西略阳
野狐岭　河北张家口西北
崔　镇　江苏泗阳西北
崇　义　江西崇义
崇　庆　四川崇庆
崇　明　上海崇明岛
偏头关　山西偏关
偏桥卫　贵州施秉
馆　陶　河北馆陶
象　山　浙江象山
象　州　广西象州
商　城　河南商城
鹿　步　广东广州东南
鹿　邑　河南鹿邑
清江浦　江苏清江
清河县　江苏淮阴西南
淇　县　河南淇县
涿　州　河北涿县
淮　安　江苏淮安
淳　化　陕西淳化
盖　州　辽宁盖县
宿　迁　江苏宿迁
宿　州　安徽宿县

宿　松　安徽宿松
密　云　北京密云
随　州　湖北随县

十二画

博　罗　广东博罗
栖　霞　山东栖霞
鄚　州　河北任丘北鄚州镇
惠　州　广东惠州市
惠安县　福建惠安
雄　县　河北雄县
厦　门　福建厦门
雁　门　山西雁门
揭　阳　广东揭阳
景德镇　江西景德镇
番　禺　广东广州市
颍　川　安徽阜阳
颍　州　安徽阜阳
湖　州　浙江湖州
湘　潭　湖南湘潭
温　州　浙江温州
渭　南　陕西渭南
滑　县　河北滑县
滁　州　安徽滁县
富　平　陕西富平
普　安　贵州普安
普　定　贵州安顺
富　峪　河北平泉北
遂　安　浙江遂安

裕　州　河南方城
婺　源　广东婺源
登　州　山东蓬莱

十三画

瑞　州　江西高安
瑞　金　江西瑞金
榆　林　陕西榆林
鄞　县　浙江宁波
蓝　山　湖南蓝山
蓟　州　天津蓟县
蓬　莱　山东蓬莱
蒲　台　山东宾县南
蒲　州　山西永济西
蒲　城　陕西蒲城
蒙　化　云南巍山
蒙　阴　山东蒙阴
雷　州　广东海康
腾越州　云南腾冲
靖　安　江西靖安
新　会　广东新会
新　兴　广东新兴
新　郑　河南新郑
新　野　河南新野
新　淦　江西新干
新　喻　江西新余
新　蔡　河南新蔡
廉　州　广西合浦
福　山　山东福山

福　宁　福建霞浦
福　州　福建福州
福　安　福建福安
福　清　福建福清

十四画

嘉　兴　浙江嘉兴
嘉　定　四川乐山
嘉　善　浙江嘉善
蔚　州　河北蔚县
綦　江　四川綦江
鄱　阳　江西波阳
韶　州　广东韶关
彰　德　河南安阳
潢　河　内蒙古西拉木伦河
滹沱河　河北省西部,子牙河
　　　　北源
漳　州　福建漳州市
肇　庆　广东肇庆市

十五画

横　水　江西横水
樊　城　湖北襄樊市北
蕲　州　湖北赤东湖西南
震　泽　江苏吴县
播　州　贵州遵义市
镇　江　江苏镇江市
稷　山　山西稷山
德　化　福建德化

德　州　山东德州市
德　安　湖北安陆
德　兴　江西德兴
潜　山　安徽潜山
潮　州　广东潮安
潮　阳　广东汕头市
潼　关　陕西潼关
澄　海　广东澄海
遵　化　河北遵化
隰　宁　河北沽源南

十六画

霍　丘　安徽霍丘
歙　县　安徽歙县
潞　州　山西长治市
潞　安　山西长治
潞　城　山西潞城

十七画

繁　峙　山西繁峙
徽　州　甘肃徽县
徽州府　安徽歙县
襄　阳　湖北襄樊市
濮　州　山东范县南
濠　州　安徽蚌埠东

十八画

藤　县　广西藤县

481

二十画

耀　州　陕西耀县

二十一画

夔　州　四川奉节

霸　州　河北霸县

赣州大帽山　江西寻乌南

赣　州　江西赣州市

二十三画

麟　游　陕西宝鸡市东北

二十四画

衢　州　浙江衢县

482

人 名 索 引

485

486

487

490

492

494

495

496

497

499

八　画

501

503

504

506

508

509

511